책이 좋은 아이들

초등학교 독서교육 길잡이

행복한
아침독서

선생님이 희망입니다!

『책이 좋은 아이들』은 초등학교 교사들을 위한 독서교육 참고 자료입니다. 이 책은 2007년 7월 23일부터 28일까지 '책 읽는 교실, 행복한 학교' 라는 주제로 (사)행복한아침독서에서 진행한 '2007 아침독서학교' 강의안을 중심으로 만들었습니다. 일주일 동안 진행된 교사 연수는 일정이 무척 빡빡하여 힘들었지만, 참여한 선생님들의 열의 덕분에 즐겁고 의미 있는 시간으로 가슴에 남아 있습니다. 우리들은 열정적인 강사 선생님들의 강의를 들으면서 책을 매개로 학교에서 어떻게 아이들과 만날지를 진지하게 고민하였습니다. 그리고 주옥 같은 강의들을 더 많은 선생님과 나누고 싶어서 자료집을 내게 되었습니다. 이 책이 학교 현장에서 독서교육을 고민하는 선생님들에게 도움이 될 수 있기를 기대합니다.

우리의 교육 현장에는 일일이 언급하기조차 힘든 어려움이 많이 있지만 그런 문제들을 최소화하고 긍정적으로 바꿀 수 있는 힘은 선생님들에게 있다고 생각합니다. 독서교육에 열정을 가진 교사 한 명이 수백 명, 아니 수천 명의 아이를 변화시킬 수 있습니다. 한 교사의 열정은 주변에 있는 교사들에게 좋은 자극을 주고 긍정적인 변화를 일으킵니다. 아침독서운동을 펼치면서 이런 멋진 선생님을 많이 만날 수 있어서 참 반가웠습니다.

아침독서운동은 지역이나 가정에서 좋은 독서 환경에 있지 못한 아이들을 우선적으로 배려하려는 독서교육입니다. 지금 우리 사회에서는 지역 편차나 가정환경의 차이로 인한 교육기회의 불평등이 심각한 문제로 인식되고 있습니다. 이러한 현실에서 학교에서 이루어지는 아침독서운동은 '독서를 통한 교육 기회의 불평등 해소' 라는 사회 가치를 실현하는 아름다운 일입니다. 가능성이 없는 아이는 없으며 좋은 책이 그 아이의 가능성을 열어 줄 수 있다는 것이 우리의 소신입니다.

　좀 더 많은 선생님이 아침독서운동의 가능성에 주목하고 함께 참여하기를 희망합니다. 아이들과 함께 '책 읽는 문화'를 만들어 갔으면 합니다. 이렇게 학교에서 활짝 꽃핀 '책 읽는 문화'는 학교 담을 넘어 사회로 퍼져 나갈 것입니다. 책과 함께 생활한 아이들이 건실한 사회인으로 성장하여 우리 사회의 주역이 될 때 아름다운 나라가 될 수 있지 않을까 하는 기대를 가져 봅니다. 대화와 토론이 일상적으로 이루어져 서로 다른 생각들이 존중받는 사회, 소수자와 사회적 약자를 우선적으로 배려하는 사회, 모든 아이들이 태어난 환경에 상관없이 균등한 교육 기회를 갖는 사회, 무엇보다 모든 사회 구성원이 삶에 만족하며 행복하게 살아가는 사회를 꿈꿔 봅니다. 그런 아름다운 나라를 우리 선생님들이 만들 수 있습니다. 이렇듯 아침독서운동은 참여하는 한 사람 한 사람을 행복하게 만들면서 나라를 행복하게 만드는 일입니다.

　'한 명의 아이에게라도 책을 친구로 만들어 줄 수 있다면 의미 있는 일이라는 생각으로 시작한 아침독서운동이 지금 많은 아이들을 책과 만나게 하고 있습니다. 이렇게 되기까지 선생님들의 열정과 노력이 있었음을 잘 알고 있습니다. 참 고마운 일입니다.

　아침독서학교 강의를 기꺼이 맡아 주시고, 바쁜 중에도 책을 위해 다시 원고 손질을 해 주신 여러 선생님께 진심으로 감사를 드립니다. 이름만 열거해도 가슴이 벅찬 강백향, 강승숙, 김서영, 송언, 여희숙, 정병규, 최은희 선생님의 원고를 한 책에 모아 낼 수 있어서 너무 행복합니다.

　법인 운영에 늘 관심과 격려를 아끼지 않으시는 김택수, 변경수, 송호근 이사님과 법인 식구인 민경숙, 송해석, 김명옥, 이인영, 이경진, 홍주열 씨, 그리고 많은 정회원 선생님들, 법인이 어려울 때마다 큰 도움을 주시는 여러 후원자께도 이 자리를 빌어 감사의 인사를 꼭 전하고 싶습니다. 또한 완성도 있는 책을 내기 위해 많은 땀을 흘리신 담당 편집자 황은주 씨와 일러스트를 그린 조진옥 씨, 편집 디자이너 강현정 씨에게도 고마움을 전합니다.

　아이들을 진심으로 사랑하고 아이들 눈높이에서 함께 하려 애쓰는 이 땅의 모든 선생님들께 이 책을 드리고 싶습니다.

2007년 11월 23일

파주출판단지에서 한상수

나를 돌아보게 하는
특별한 인연

이동림(창원 사파초등학교 교사, 경남 학교 도서관을 생각하는 사람들의 모임 대표)

지난 여름, 파주 출판 단지에서 매우 흥미로운 연수를 받았다. (사)행복한아침독서에서 준비한 아침독서학교는 나에게 특별한 인연을 맺게 해 주었는데, 책을 통해 알게 되어 호감을 가졌던 분들과의 만남은 물론이고, 새로 만나는 분인데도 반가운 마음이 앞섰다. 무엇보다 (사)행복한아침독서 가족들과 6일 동안 함께 지내며 친근한 사이가 되었고, 부담 없이 연수를 마칠 수 있어서 지금도 감사한 마음을 간직하고 있다.

여희숙 선생님과의 만남은 선생님의 묘한 매력에 빨려들 수밖에 없다. 첫 만남에서 진한 감동을 받아서 그런지 늘 다시 만나고 싶다는 목마름이 있었다. 아침독서학교에서 강의 시간이 길어서 얼마나 반가웠는지! 선생님의 탁월한 독서 지도 활동을 하나씩 둘씩 따라해 보면 어렵지 않게 아이들과 선생님 모두 행복한 독서의 재미를 맛볼 수가 있다. 토론 활동도 아이들과 하나씩 실천해 볼 참이다.

송언 선생님의 매력은 뭐니 뭐니 해도 콧수염에 있다. 지난해 겨울, 처음 뵈었을 때 희끗한 머리에 팔자 콧수염의 선생님에게 팬이 되어 버렸다. 아이들의 마음에 작은 상처 하나 주지 않고 아이들을 이해하고 사랑하시는 선생님의 말씀에 웃음을 터트렸고 눈시울이 뜨거워졌다. 선생님은 교사로 살아가고 있는 나 자신을 은근히 반성하게 하고 거듭나게 하셨다.

정병규 선생님과의 만남은, 어딘가 모르게 낯이 익은 듯한 곳으로 여행을 갔는데 한 걸음 두 걸음 그곳에 들어갈수록 깊숙이 빠져 버리는 듯한 느낌이 들었다. 그림책에 관심을 가지기 시작하는 나에게 선생님의 말씀은 한마디도 놓치고 싶지 않아 귀를 세우고, 책상에 바짝 다가앉게 했다. 서양 그림책을 보면서 자꾸만 솟구치는 '우리 그림책은 왜?' 라는 안타까운 마음이 쓸데없는 생각이었음을 느끼면서 선생님께서 하고 있는 외로운 작업에 감사의 박수를 오랫동안 쳐 드리고 싶었다. 지금 빛나는 일도 아니고, 커다란 결과가 나타나는 일도 아닌 어린이 책 자료를 정리하는 작업은 미래에 우리 그림책의 위상을 멋지게 세워 줄 거라 굳게 믿는다.

강승숙, 강백향, 최은희 선생님의 탄탄한 독서 활동 경험담을 들으면서 따뜻하고 굳센 어머니의 힘을 보았다. 때론 동시로, 어떨 때는 그림책으로, 또는 동화책으로 상처 난 아이들의 마음을 포근하게 안아 주기도 하고 무럭무럭 자라게도 하는 대단한 힘을 가진 분들이시다. 세 분의 원고에는 독서교육의 진짜 알맹이가 가득 들어 있다. 좋은 책 소개, 다양한 독후 활동, 교과 교육 재구성하기, 독서 치료, 인성 교육, 상담, 성교육, 생활 지도 등 학급에서 아이들과의 모든 활동이 책과 연결되어 있다. 공교육이 무너졌다는 절망적인 현실에서 절대로 꺼지지 않을 촛불을 밝히고 계신 선생님들과의 만남은 아주 특별했다. 책과 함께 하는 행복한 교실 만들기를 실천하고 계시는 김서영 선생님의 열정이 느껴지는 사례 발표도 신선한 자극이었다.

아침독서학교는 일주일이었지만 늘 아쉬운 마음이 남아 있었는데 그 성과가 책으로 묶여 나오니 반갑고 고마운 일이다. 강의에서 부족했던 아쉬움은 책을 꼼꼼히 들여다보면서 그 분들의 영혼과 다시 만날 수 있을 것이다. 다양한 알짜배기 독서 지도 정보도 가득 들어 있는 이 책이 많은 선생님들에게 도움이 될 것이다. 또한 (사)행복한아침독서가 의미 있는 독서운동을 계속 펼칠 수 있었으면 하는 바람을 가져 본다.

차례

1부 아침독서운동

아침독서 사례

2부 어린이책 이해

3부 독서교육 사례

좋은 책을 읽으면 참 행복하다.
책과 함께 일생을 살아갈 수 있다면
그것만큼 행복한 일도 없을 것이다.
독서는 아이들에게 꿈을 주고
세상과 소통하는 길을 터 준다.

이 땅의 아이들이
살아 있는 모든 것을 사랑하고
함께 더불어 사는 것을 고민하며
바르고 곧게 자랄 수 있도록
행복한 책 세상으로 안내해 보자!

1부  아침독서운동

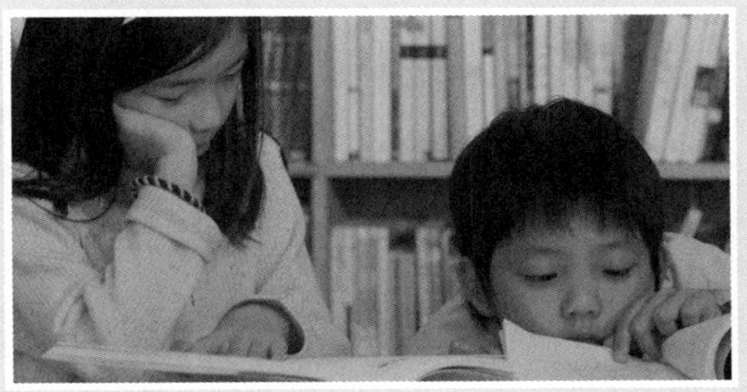

모두가 행복한 아침독서운동 _ 한상수

책과 함께 하는 행복한 교실 만들기 _ 김서영

아침독서 사례

모두가 행복한 아침독서운동

한상수

좋은 책을 읽으면 참 행복하다. 책을 좋아하는 사람이라면, 정말로 좋은 책을 읽었을 때 가슴 속 깊이 스며드는 기분 좋은 느낌을 한 번쯤은 경험했을 것이다. 마음 부자가 된 듯한 기분이랄까? 좋은 책을 만나는 것은 우리가 살아가면서 경험할 수 있는 소중한 행복 중 하나가 아닐까 생각한다. 독서는 아이들에게 꿈을 주고, 세상과 소통하는 길을 터 주는 소중한 습관이다. 좀 더 많은 아이들이 독서를 통한 행복을 직접 경험하고, 책과 함께 일생을 살아가면 좋겠다는 바람을 가져 본다.

제대로 운영되는 도서관 하나 없이 자랐던 나의 어린 시절을 생각해 보면 요즘 아이들이 여간 부러운 게 아니다. 학교마다 도서관이 있고, 미처 다 읽지 못할 정도로 좋은 책이 출간되는 것을 보면 더욱 그렇다. 그렇지만 우리 아이들이 책을 읽지 않는 현상에 대해 걱정하는 목소리가 많이 들린다. 요즘 아이들은 학교 수업이 끝나도 이런저런 학원에 다니느라 시간도 없고, 책보다 훨씬 재미있는 일들도 많아서 차분하게 책 볼 시간을 내기가 쉽지 않다. 가끔 책을 본다고 해도 주로 만화를 많이 보는 것도 걱정이다. 이러한 현상은 중·고등학교에 올라가면 더욱 심해진다.

여기에는 여러 가지 이유들이 있겠지만, 가장 중요한 것은 아이들이 책 읽는 습관을 기르지 못했기 때문일 것이다. 아이들에게 책 읽는 습관을 길러 주기 위해서는 공교육에서 일정한 역할을 해 주는 것이 가장 효과적이라고 생각하던 중에, 일본에서 진행되고 있다는 아침독서운동에 대한 소식을 접하고 마음 깊이 공감하게 되었다. 관련 서적과 인터넷을 통해 자세한 내용을 알게 되었고, 우리나라에서도 실시하면 좋은 성과를 거둘 수 있으리라는 확신을 가지게 되었다.

그래서 아침독서운동에 공감하는 주위 분들과 함께 아침독서추진본부[1]를 만들어 지금까지 아침독서운동의 확산을 위한 일들을 해 왔다. 한국과 일본의 아침독서 사례집 출간, 신간 중심의 추천 도서 목록 작성, 아침독서신문 발간(월간, 전국 학교 무료 배포), 학급문고 보내기 사업, 인터넷 누리집 운영, 아침독서운동 관련 세미나와 강연회 등을 진행해 왔다. 다행스럽게도 아침독서운동에 대한 사회적 관심이 뜨거웠고, 많은 학교에서 책 읽는 문화를 만드는 데 일조하고 있어 큰 보람을 느끼고 있다. 앞으로도 우리가 할 수 있는 일들을 찾아서 하려 한다.

1. 아침독서운동의 역사와 현황

아침독서운동은 학교에서 아침 자습 시간에 학생과 교사가 함께 책을 읽는 독서운동이다. 우리나라 학교에서도 오래전부터 다양한 형태로 독서교육이 이루어졌고, 아침독서도 부분적으로 진행되었다. 그렇지만 꾸준하게 이루어지지 못했고 학교 차원의 의미 있는 독서운동으로 발전하지 못한 아쉬움이 있다.

아침독서운동의 기원은 미국의 SSR(Sustained Silent Reading, 지속적 묵독, 혼자 조용히 읽기)에서 찾아볼 수 있다. SSR은 1960년대 초반에 버몬트 대학의 라이만 헌트 2세(Lyman C. Hunt Jr.)가 처음 제안했고, 독서 전문가인 맥크라켄 부부(Robert and Marlene McCracken)가 연구를 통해 그 효과를 입증했다고 한다.[2] 이렇게 미국에서 효과가 검증된 SSR에 대해 소개한 책을 보고, 일본의 하

1) 독서운동을 하는 비영리 시민단체로, 2007년 4월에 '사단법인 행복한아침독서'로 발전함
2) 짐 트렐리즈, 『하루 15분, 책 읽어주기의 힘』, 북라인, 175쪽

야시 히로시가 일본에 맞게 적용시켜 1988년에 자신이 재직하고 있던 여자고
등학교에서 처음 시작한 것이 일본의 아침독서운동이다. 이후 일본의 아침독서
운동은 꾸준하게 발전하여 현재 전체 소·중·고등학교의 66%인 25,144개
학교에서 활발하게 이루어지고 있다. 일본의 미래를 위해 아침독서운동이 꼭
필요하다는 사회적 공감대가 형성되면서 참여하는 학교가 꾸준히 늘고 있다.

2007년 11월 9일 기준 일본 아침독서추진협의회 조사

	소학교	중학교	고등학교	합계/전국 평균
실시 학교 수	15,825	7,511	1,808	25,144
실시율	71%	69%	36%	66%

　우리나라에서도 아침독서운동의 효과가 알려지고 사회적 관심을 불러 모으
면서 아침독서를 실시하는 학교들이 전국에 걸쳐 빠르게 늘어나고 있다. 교육
인적자원부에서도 아침독서 시간을 확보하여 운영할 것을 권장하고 있고, 여러
교육청에서도 관심을 갖고 적극적으로 추진하고 있다.

　특히 대구시의 경우 대구 교육청에서 적극적으로 관내 학교에 아침독서운동
을 권장하고 있는데, 현재 대부분의 학교에서 실시하고 있다. 2006년에는 아침
독서운동의 성과를 인정받아 독서 문화상 대통령상을 수상하기도 했다. 2007
년 1월 21일에 발표한 '2006년 대구 학생 독서 실태 조사 보고서'를 보면 놀랍
게도 대구시 학생들의 독서량이 전국 평균의 1.4~2.2배에 달하는 것으로 조사
되었다. 특히 초등학생의 경우에는 1인당 연평균 독서량이 104권으로 집계되
어 전국 평균(48권)의 2배가 넘었고, 중학생은 36.6권으로 전국 평균(20.4권)에
비해 월등하게 높은 것으로 나타났다. 또한 아침독서운동에 대한 학생들의 반
응도 긍정적인 것으로 나타났다.

　이러한 조사 결과는 아침독서운동이 학교의 독서 문화를 긍정적으로 변화시
키고 있음을 보여 주는 좋은 예라 할 수 있다. 다행히 여러 교육청과 학교, 교사

들이 아침독서운동에 관심을 갖고 실천하고 있어 좀 더 많은 학교에서 책 읽는 문화가 활성화되리라 기대하고 있다.

아침독서운동은 일시적인 바람으로 잠깐 일어났다가 그만둘 것이 아니라 학교에서 장기적으로 실천해야 할 독서교육이다. 학교와 교육청, 교사, 학부모, 기업, 언론사, 독서운동 단체 등이 힘을 모아 한국의 아침독서운동이 활짝 꽃피울 수 있기를 기대해 본다.

2. 아침독서운동의 네 가지 실천 원칙

아침독서운동의 효과가 알려지면서 전국의 많은 학교에서 새롭게 참여하고 있다는 반가운 소식이 들려온다. 하지만 그와 함께 교사들의 우려 섞인 목소리도 적지 않다. 아침독서운동에 대한 이해나 공감대 없이 시작할 경우 좋은 결과를 얻기가 쉽지 않기 때문이다.

아침독서운동은 분명 현재의 학교 여건에서 가장 현실적이고 실천적인 독서교육 방안이다. 그렇지만 무조건 한다고 해서 의미 있는 성과를 거둘 수 있는 것은 아니다. 자칫 잘못하다가는 오히려 안 하느니만 못한 결과를 가져올 수 있기에 세심한 노력이 필요하다. 아침독서운동의 주체라 할 수 있는 교사들이 상당한 의지를 가지고 원칙들을 지켜 가며 오랫동안 꾸준히 실천해야만 우리 모두가 원하는 결실을 거둘 수 있다.

아침독서운동에서 중요하게 여기는 4가지 실천 원칙만 제대로 지킨다면 아침독서 시간은 모두에게 행복한 시간이 될 수 있다. 아침독서운동에서 제안하고 있는 4가지 원칙에 대해 자세히 알아보도록 하자.

1원칙. **모두 읽어요!**

학생과 교사가 함께 한다는 의미를 담고 있는 이 원칙은 아침독서운동의 성패를 좌우하는 가장 중요한 원칙이다.

학교에서 아침독서운동이 제대로 자리 잡기 위한 관건은 이 시간을 대하는 교사의 마음가짐이다. 교사가 학생들에게 일방적으로 "너희들, 책 읽어라."라고 하는 게 아니라 "우리 함께 책 읽자."고 말할 때 학생들의 마음은 저절로 열릴 것이다. 따라서 이 시간에 교사가 함께 할 수 있는가 하는 점이 중요하다. 그렇기때문에 학교에서는 교사들이 아침독서 시간을 함께 할 수 있도록 시간적 배려를 해 줘야 한다. 그리고 교사는 이 시간에는 아무리 업무가 바쁘더라도 다른 일을 하지 말고 학생들과 함께 책을 읽어야만 한다. 교사의 모습은 학생들에게 그대로 본보기가 되기 때문이다. 아침독서 시간에 교사가 밀린 업무를 보면서 숙제를 하려는 학생들을 못 하게 한다면 설득력이 없을 것이다. 교사가 진지한 모습으로 책 읽기에 열중할 때 학생들은 자연스럽게 책에 몰입하게 마련이다.

아침독서운동은 학교 차원에서 진행하는 것이 가장 바람직하다. 왜냐하면 일부 학급에서만 진행할 경우, 만약 옆 반의 분위기가 산만하고 소란스러우면 차분하게 아침독서를 진행하는 데 방해가 되기 때문이다. 그렇지만 당장 학교 차원에서 진행하기가 어려운 상황이라면 자기 학급이라도 먼저 시작하기를 권하고 싶다. 몇 개월간 꾸준하게 4원칙을 지키며 아침독서를 하다 보면 차분해진 학생들의 모습을 보고 다른 선생님들도 분명히 관심을 가질 것이다. 이렇게 선생님들에게 아침독서의 효과를 실제로 보여 주고 설득한다면 학교 차원에서 진행할 수 있는 분위기가 자연스럽게 조성될 수 있을 것이다. 실제로 한 학급에서 시작된 아침독서운동이 학교 전체로 확산된 사례가 많이 있다.

2원칙. 날마다 읽어요!

학생들에게 책 읽는 습관을 길러 주기 위해 아침독서운동은 매일 꾸준하게 하는 것이 중요하다.

우리가 매일 밥을 먹는 것처럼 꾸준하게 책 읽는 시간을 가져야만 독서교육은 효과를 볼 수 있다. 습관이 무섭다는 말처럼 무엇이든 꾸준히 계속 하면 몸에 배고 힘이 된다. 단 10분에 불과하다고 해도 매일 아침 반복하기 때문에 학생들은 자연스럽게 책과 친해질 수 있다.

하지만 아침독서운동을 학교에서 이루어지는 여러 재량 활동 중 하나로 인식해서는 곤란하다. 많은 학교에서 한자 쓰기, 영어 듣기 등 다양한 재량 활동을 아침 자습 시간에 하고 있다. 이런 활동들도 나름대로 교육적인 효과가 있겠지만, 책을 읽고 이해하는 능력은 학생들에게 있어 가장 우선적으로 필요한 기본 교육이기 때문에 다른 활동보다 먼저 이루어져야 할 것이다. 따라서 일주일에 한두 번 하는 방식으로는 절대로 성과를 거둘 수 없으므로 최소한 4~5일은 아침독서 시간을 가져야 한다.

많은 교사들이 학기 초에는 아침독서가 잘 되다가 학기 중반이 되면 분위기가 흐트러지면서 흐지부지되는 경우가 많다고 얘기한다. 학생들에게는 흐름을 깨지 않고 지속적으로 분위기를 유지할 수 있도록 도와주는 것이 중요하다. 따라서 이런저런 일로 아침독서 시간을 소홀히 해서는 안 된다. 담임교사는 아침독서운동을 시작하기 전에 학생들에게 아침독서 시간의 중요성을 인식시켜야 한다. 또한 어떠한 일이 있어도 이 시간을 지키려는 굳은 의지를 가지고 노력해야 한다.

시험 당일에도 아침독서 시간을 가졌다고 하는 한 교사의 사례는 시사하는 바가 크다. 초등학교의 경우, 다른 행사 때문에 아침독서를 하지 못한 날은 1교시의 첫 10분을 아침독서 시간으로 가져도 좋을 것이다. 학교에서 아침독서운동으로 책 읽는 습관을 기른 학생들은 방학 때에도 이 시간에 자율적으로 아침독서를 실천하기도 한다. 학생들에게 습관이 얼마나 중요한지를 여실히 보여주는 좋은 예라 하겠다.

책 읽는 습관을 들이는 가장 좋은 방법 중 하나는 틈날 때마다 꺼내 읽을 수 있도록 항상 책을 갖고 다니는 것이다. 이것을 교사들도 실천하고 학생들에게도 꼭 지키도록 강조했으면 싶다. 시간이 없어 책을 못 읽는다고 얘기하는 학생들이 많지만 실상을 보면 하루 중 허투루 보내는 시간이 의외로 많은 것을 알 수 있다. 쉬는 시간이나 점심시간, 버스 타는 시간, 텔레비전 보는 시간 등 '잠깐 독서'를 할 시간은 얼마든지 있다. 아침독서 시간을 통해 책 읽는 재미를 알게 된 아이들은 이렇게 시간이 날 때마다 책을 가까이 하면서 자연스럽게 책 읽는 습관을 들이게 된다.

그리고 유의해야 할 점은 절대로 시간을 많이 잡아서는 안 된다는 사실이다. 일부 학교는 의욕을 가지고 30분 이상 긴 시간을 아침독서 시간으로 할애하기도 하는데 이럴 경우 제대로 안 될 가능성이 높다. 아침독서운동은 이 시간에 하루치 독서를 다 하자는 게 아니라 학생들에게 책 읽는 계기를 만들어 주자는 취지임을 인식해야 한다. 책 읽기에 대한 동기를 유발하고 자극을 주는 데 10분이면 충분하다.

3원칙. 좋아하는 책을 읽어요!

이 원칙은 본인이 좋아하고 원하는 책을 스스로 찾아 읽을 수 있도록 하자는 것으로, 책 선택권을 온전히 학생들에게 준다는 의미를 담고 있다.

학생들마다 관심 분야도 다르고 독서 수준도 다르다. 학생들이 아침독서 시간을 좋아하는 가장 큰 이유는 바로 자신이 좋아하는 책을 읽을 수 있기 때문이다. 다만 학생들이 좋은 책을 고를 수 있도록 학교 도서관과 학급문고를 좋은 책들로 채우는 일에는 교사와 학부모가 함께 힘을 모았으면 한다. 아침독서 시간에 학생들이 읽는 책을 보면 대부분 학교에 있는 책들이다. 따라서 학교 도서관과 학급문고에 좋은 책들이 가득 하다면 학생들이 어떤 책을 골라도 걱정이 없을 것이다.

그리고 좋아하는 책을 읽는 것이 원칙이지만 만화나 문학성이 거의 없는 판타지 책, 인터넷 소설 등은 예외로 하는 것이 바람직하다. 이런 책들은 아침독서 시간이 아니라도 학생들이 찾아서 보기 때문에, 이 시간에는 다양한 장르의 좋은 책을 보도록 지도하는 것이 좋다. 학생들과 함께 상의해서 우리 반의 아침독서 규칙을 만드는 것도 좋을 듯하다. 만화나 판타지 책만 보던 아이들에게 아침독서 시간을 통해 다양한 장르의 좋은 책을 읽으면서 책이 주는 진정한 재미를 느낄 수 있는 기회를 제공해 주는 것이 꼭 필요하다.

4원칙. **그냥 읽기만 해요!**

독후 활동을 하기 위한 독서가 아니라 책이 주는 즐거움에 빠질 수 있는 독서교육이 되어야 한다.

아침독서운동은 학교의 독서교육에 대한 관점에서 발상을 전환할 것을 제안하고 있다. 독후 활동 중심의 독서교육이 아니라, 학생들이 책과 가까워지면서 스스로 책이 주는 재미를 마음껏 느낄 수 있도록 환경을 만들어 주는 게 중요하다고 생각하기 때문이다. 일부에서 오해하는 것처럼 아침독서운동이 글쓰기나 독후 활동을 반대하는 것이 아니다. 오히려 독서, 토론, 글쓰기가 유기적으로 이루어져야 독서교육이 의미 있게 이루어질 수 있다고 생각한다. 다만 독후 활동을 전제로 한 독서는 학생들이 책을 대할 때 책에 몰입하기보다는 부담을 주어 책과 멀어지게 만들 수 있으므로 반대하는 것이다. 독후 활동에 대한 아무런 부담이 없을 때 학생들은 책이 주는 즐거움에 흠뻑 빠지게 된다.

학교의 독서교육은 오래전부터 있어 왔지만, 책은 무조건 많이 읽으면 좋다는 교사들의 생각이 오히려 학생들을 책과 멀어지게 만들었음을 인식해야 한다. 이제 교사들은 학생들에게 좋은 책을 마음껏 읽을 수 있는 좋은 독서 환경을 조성해 주고, 책을 읽으면서 자연스럽게 책이 주는 재미를 느낄 수 있도록 해 줘야 할 것이다.

3. 우리 교실을 도서관으로 만들어요

학생들이 아침독서 시간을 좋아하는 이유 중 하나는 자신이 좋아하는 책을 읽을 수 있기 때문이다. 책 선택권을 온전히 학생들에게 주기 때문에 학생들은 이 시간을 반긴다. 하지만 책 선택권을 줄 때 먼저 이루어져야 할 일이 한 가지 있다. 바로 좋은 책을 고를 수 있는 환경을 교실에 만들어 주는 것이다. 아침독서운동이 좋은 성과를 거두고 학생들에게 지속적으로 책에 대한 흥미를 갖게 하는 첫걸음은 바로 읽고 싶은 생각이 절로 드는 책들을 꾸준히 제공하는 것이다.

  아침독서는 1년 내내 하는 것인 만큼 3월 신학기에 학급문고를 만든 후 그 책
들로 학년 말까지 가는 것이 아니라 매월 꾸준하게 새 책을 제공하는 게 중요하
다. 예를 들어 동네에 있는 비디오 가게에 새로운 영화가 꾸준히 들어오지 않는
다면 아무도 이용하지 않을 것이다. 마찬가지로 읽고 싶은 마음이 절로 드는 책
들을 아이들 눈에 띄게 하는 것은 참 중요한 일이다. 1년 내내 싱싱한 학급문고
만들기에 관심을 가져 준다면 그 성과에 놀라게 될 것이다. (사)행복한아침독서
에서 벌이고 있는 교실 도서관 만들기 사업은 이러한 취지로 진행하는 것이다.
  독서교육 분야에서 성공을 거둔 교사들의 공통점은 좋은 책들로 구성된 나
만의 학급문고를 운영하고 있다는 것이다. 교직에 있을 때 천여 권의 책들로 꾸
려진 학급문고를 운영했다는 여희숙 씨는 "나만의 학급문고를 갖는 것은 독서
교육의 시작이며, 그것으로 독서교육의 절반은 이룬 것이나 다름없다."고 말하

면서 "아무리 좋은 계획이 있고 열정이 있어도, 잘 꾸려진 학급문고 없이는 독서교육을 꾸준히 할 수 없다."고 강조한다.

일반적으로 학급문고는 학기 초, 학생들이 집에서 가져온 책들로 꾸려지게 된다. 그러나 이럴 경우 양질의 학급문고를 만들기란 쉬운 일이 아니다. 이럴 때 학부모의 도움을 받는 것도 필요하겠지만 그 전에 담임교사들이 책을 구입하여 '나만의 학급문고'를 만드는 게 가장 좋은 방법이다.

실제로 많은 교사들이 학급문고를 꾸릴 때 교원 복지비나 성과급, 학급 운영비 등을 활용하고 있다. 학급문고가 학교 교육에서 중요한 교육 도구가 된다는 점에서 이런 일은 매우 바람직한 현상이다. 학급문고가 형식적인 책꽂이가 아니라 교육의 희망으로 자리를 잡으려면 교사 스스로 학급문고에 넣을 책을 확보하려는 의지를 가져야 한다. 인천 주안초등학교의 강승숙 씨는 "평생 아이들을 가르칠 거라면 좋은 책은 사두는 게 좋다"고 조언한다.

아침독서는 지속성이 중요하다. 1년 내내 아침독서를 하기 위해서는 독서에 흥미를 꾸준히 갖게 할 만한 좋은 새 책이 반드시 필요하다. 그런 점에서 교사는 새 책들을 꾸준히 확보하여 학급문고에 채우려는 노력을 해야 한다. 책이 부족할 경우, 옆 반과 바꿔 보거나 학교 도서관에서 단체 대출을 하는 것도 시도해 볼 만한 방법이다.

한편 학교의 독서교육은 학교 도서관이 중심이 되어야 하는데 아침독서운동에서 학급문고를 너무 강조하는 것이 아닌가 하는 의견이 있다. 학교 도서관이 학교의 독서교육에서 중심이 되어야 하는 것은 당연하다. 그렇지만 책과 그다지 친하지 않는 아이들이 처음부터 학교 도서관을 잘 이용하기란 쉽지 않다. 이런 아이들에게 매일 생활하는 교실에 양질의 학급문고가 있다면 책과 친숙해지는 계기가 될 것이다. 책을 많이 접할 기회가 없었던 아이들에게 책에 대한 첫 경험은 참 소중하므로 학급문고를 좋은 책들로 갖추는 것은 정말 중요한 일이다. 날마다 이루어지는 아침독서시간을 통해 책과 친해진 아이들은 학급문고로는 한계가 있으므로 더 많은 책을 보기 위해 자연스럽게 학교 도서관으로 가게 된다.

즉 학급문고는 아이들을 학교 도서관으로 이끌어 주는 가교 역할을 하는 것이다. 이처럼 학급문고와 학교 도서관은 학교의 독서교육에서 상호 보완적인 작용을 하게 된다. 여러 교사들은 교실에 책이 많으면 아이들이 한결 차분해지고, 항상 책과 가까이하는 분위기가 형성된다고 말한다. 책의 향기가 물씬 나는 교실이라면 아이들은 금세 책과 친해질 수 있을 것이고, 이러한 교실에서는 별도의 독서교육이 필요 없을 것이다.

(사)행복한아침독서에서는 앞으로 다양한 방법을 통해 교실 도서관 만들기 사업을 꾸준히 펼칠 계획이다. 도서관 같은 교실을 만들자는 의견에 공감하는 교사들의 많은 참여를 기대한다.

4. 평등한 독서권을 위한 학교의 독서교육

지금까지 학교에서 다양한 독서 활동을 했지만 결국 읽는 아이들은 읽고, 읽지 않는 아이들은 그대로인 경우가 많았다. 그렇지만 아침독서운동은 책과 친하지 않은 아이들이 자연스럽게 책을 읽을 수 있도록 하는 것을 가장 중요한 목표로 삼고 있다. 지금까지의 경험을 통해 확신할 수 있는 것은 *"책을 좋아하는 아이와 싫어하는 아이가 있는 것이 아니라, 책을 많이 접해 본 아이와 그렇지 않은 아이가 있을 뿐"*이라는 사실이다.

아이들은 기본적으로 책을 좋아한다. 문제는 자신이 책을 정말로 좋아하는지 깨달을 기회를 갖지 못하거나, 과다한 학습에 지쳐 차분하게 책을 읽을 시간이 부족하다는 점이다. 아침독서 시간은 아이들에게 학교 일과에서 가장 즐겁고 행복한 시간이 되고 있다. 좀 더 많은 학교에서 아침독서운동에 참여하여 여러모로 바쁘게 살고 있는 우리 아이들에게 책 읽을 시간을 마련해 주었으면 하는 바람을 가져 본다.

"지극히 개인적인 행위인 독서를 학교에서 강제로 읽게 하는 것이 비교육적이고 아이들의 자율성을 침해하는 것이 아니냐? 책 읽지 않을 자유도 보장해 주어야 하는 것이 아니냐?"는 의견이 있다. 이러한 의견은 일면 타당한 면이 있지만, 현실을 돌아보면 동의하기 어려운 측면이 많다. 이러한 의견은 너무나 이상적인 얘기이고, 책을 읽을 수 있는 아주 좋은 환경에 놓여 있는 아이들에게나 적용할 수 있는 주장이 아닌가 싶다.

책 읽는 아이로 키우는 가장 좋은 방법은 가정교육이다. 책 읽기를 즐겨 하는 부모와 좋은 책이 가득한 가정환경에서 자라는 아이들은 자연스럽게 좋은 독서가로 성장할 것이다. 그렇지만 모든 아이들이 그런 행운을 타고나지는 못한다. 아침독서운동은 좋은 독서 환경에서 자라나는 아이들을 중심에 두는 운동이 아니다. 이런 아이들은 별도의 독서교육이 없어도 알아서 책을 잘 읽는다. 그렇지만 많은 아이들은 가정에서 좋은 독서 환경에 있지 못하며, 이런 아이들에게는 학교에서 책과 친해질 수 있도록 교육적 배려를 해 주어야 한다.

『하루 15분, 책 읽어주기의 힘』의 저자 짐 트렐리즈는 "아이들에게 양치질은 가르치면서 왜 책은 읽으라고 하지 않을까?"라고 묻는다. 학교는 아이들에게 필요한 교육을 시킬 의무가 있다. 독서 능력은 한 사람이 인생을 살아가는 데 꼭 필요한 능력이다. 누구든지 제대로 된 독서 능력을 갖추지 못하면 큰 성취를 이룰 수 있는 기회를 가질 수 없다. 아이들의 숨겨진 가능성을 키워주기 위해 필요한 최소한의 전제조건이 책 읽는 능력이라고 생각한다. 이런 측면에서 봤을 때 아침독서운동이 학교에서 이루어지는 의미가 크다고 할 것이다.

5. 학교의 변화를 이끄는 한 사람이 되어 달라

여러 학교와 대구 교육청의 사례를 보면서 모든 변화는 한 사람에게서 시작된다는 사실을 새삼 깨닫고 있다. 아침독서운동을 먼저 실천하고 그 효과를 경험한 교사들이 학교의 변화를 이끌어 내는 바로 그 한 사람이 되어 주면 좋겠다. 아침독서운동은 교사들이 열정을 갖고 해 볼 만한 충분한 가치가 있다. 하지만 아직도 아침독서운동의 지향점과 실천 방법을 제대로 모르는 교사들이 많다. 이러한 교사들에게 아침독서운동을 먼저 경험한 교사들이 제대로 알려 주어야 한다.

우리가 딛고 있는 현실이 암울하다고 느껴질 때면 항상 저명한 인류학자인 마거릿 미드의 말을 떠올리곤 한다.

> **사려 깊고 헌신적인 사람들의 작은 집단이 세상을 바꿀 수 있음을 의심하지 말라. 지금까지 바로 이런 사람들이 세상을 바꿔 왔다.**

독서교육에 열정을 갖고 있는 교사들이 바로 세상을 바꾸는 사람들이라고 할 수 있다.

얼마 전에 『프리덤 라이터스 다이어리(Freedom Writers Diary)』(랜덤하우스코리아)를 읽으면서 많은 생각을 가졌다. 이 책에는 한 초임 교사의 열정적인 교육이, 상상이 안 될 정도로 절망적인 상황에 처한 아이들을 희망으로 이끈 감동적인 이야기가 담겨 있다. 아래는 한 잡지에 기고한 서평이다.

한 초임 교사가 있다. 첫 발령을 받고 맡은 반은 교사들이 가르치기를 포기한 학생들이 모여 있는 불량 학생들의 집합소. 이 반에는 흑인, 백인, 아시아계, 남미계 등 크레파스 색깔처럼 다양한 색깔을 가진 아이들이 모여 있다. 보호 관찰 대상인 아이, 마약 중독에 걸린 아이, 어린 나이에 낙태를 겪은 아이, 총을 갖고 다니는 아이, 학교와 가정의 일상적인 폭력에 시달리는 아이, 인종 차별과 편견에 멍든 아이들⋯⋯. 우리가 상상하기조차 힘든 절망만이 가득 차 있고 어느 한구석 희망을 찾기란 불가능한 것처럼 보이는 이 교실에서 햇병아리 교사가 할 수 있는 일이 과연 있을까?

우리의 영웅 에린 그루웰 선생님의 선택은 '독서와 글쓰기'였다. 이를 통해 아이들이 절망 속에서도 희망을 품을 수 있도록 열정을 다해 자신이 할 수 있는 최선의 노력을 다한다. 그래서 이 책의 부제는 '절망을 이기는 용기를 가르쳐 준 감동과 희망의 글쓰기 수업'이다. 인내는 쓰지만 열매는 달콤한 법. 스스로를 '자유의 작가들'로 명명한 기특한 이 아이들은 1998년에 150명 전원이 대학에 진학하였고, '자유의 작가 재단(Freedom Writers Foundation)'을 설립하여 미국 전역에 자유의 글쓰기 운동을 퍼뜨리고 있다. 에린 그루웰과 자유의 작가들이 이룬 기적 같은 국어 수업은 지금 미국의 많은 학교들에서 이어지고 있다. 에린 그루웰은 우수 교사로 선정되었고, 캘리포니아 주립대의 교수로 임명되어 교사가 될 학생들을 가르치고 있다. 이 감동적인 이야기는 2007년에 힐러리 스웽크 주연의 영화로 만들어져 〈죽은 시인의 사회〉를 뛰어넘는 감동을 많은 이들에게 선사하고 있다.

이 책을 보면서 가장 먼저 생각난 말은 "사람만이 희망이다."였다. 다소 식상할 수 있는 말이지만 사람과 세상을 바꾸는 것은 역시 사람의 열정일 수밖에 없다는 생각을 절로 하게 만든다. 지금 우리에게 필요한 것은 삶과 사람에 대한 열정이다.

학생들을 행복하게 하고 변화하게 하는 일, 그리고 그 학생들의 아름다운 미래를 위해 열정을 갖고 아침독서운동을 해 보기를 권하고 싶다. 내가 좋아하는 일을 해야 오래 할 수 있고 재미있게 할 수 있다. 교사들이 책을 좋아하고 즐겨 읽을 때 제자들을 책 좋아하는 학생으로 만들 수 있다. 책과 친구가 되는 것은 인생에서 가장 큰 행운이다. 이러한 행운을 사랑하는 우리 아이들에게 모두 선물로 줄 수 있다면 이보다 행복한 일은 없지 않을까?

한상수 _ 서강대 사학과 졸업. 아이에게 책을 읽어 주면서 어린이 책을 만난 것을 계기로, 1999년부터 어린이도서관을 운영하고 있다. 책이 주는 행복을 더 많은 이들이 느끼며 살아갈 수 있기를 바라며 살고 있는 전업 독서 운동가로, ㈜행복한아침독서의 이사장으로 일하고 있다. 지은 책으로는 『어린이도서관 길잡이』(공저), 『대한민국 희망 1교시 아침독서 10분』(편저)이 있고, 번역서로 『아침독서 10분이 기적을 만든다』, 『손정의 도전』이 있다.

# 책과 함께 하는 행복한 교실 만들기

김서영

1. 아이들과 함께 책 읽는 교사가 되기까지

나는 (사)행복한아침독서와 더불어 아이들과 행복한 책 읽기를 진행하고 있는 교사이다. 발령 초, 선배 교사 한 분이 "교직 생활 10년에 접어드니 선생을 한다는 것은 이런 것이구나!"하며 그때서야 선생으로서 감이 잡힌다는 말을 했다. 그 말을 듣는 순간, 그 '감'이라는 것을 빨리 느끼고 싶어 그때는 어서 빨리 10년차 교사가 되고 싶었다.

아이들과 함께 보내는 하루하루는 좌충우돌이었고, 잘해 보려고 노력해도 아이들이 내 진심을 몰라줘서 마음 아플 때가 많았다. 어느 순간 교사 경력 10년을 향해 달려가고는 있었으나 교사로서 발전하고 있다는 느낌보다는 하면 할수록 힘들다는 느낌만 무겁게 가슴을 눌렀다. 무엇 하나 내세울 것 없어 마음만 초조해지던 내게 (사)행복한아침독서는 새로운 가능성과 숙제를 던져 주었다. 내가 책과 만난 길, 그리고 우리 반 아이들이 책을 만나 행복했던 시간들을 여기에 하나하나 풀어 보려고 한다.

나에게는 책 하면 떠오르는 초등학교 은사님이 두 분 계시다. 한 분은 나의 5학년 때 담임이셨던 서영관 선생님으로, 선생님과 함께 보낸 1년이 얼마나 행복했던지, 지금도 그때를 생각하면 가슴이 설렌다. 선생님은 우리를 아버지 같은 따뜻한 마음으로 보살펴 주셨고 공부 시간에는 항상 즐겁게 가르쳐 주셨다. 선생님과 함께 수업했던 장면 하나하나가 떠오르고 수업 중 내가 발표했던 말이 떠오르고, 선생님께서 해 주신 칭찬과 격려가 아직도 마음속에 남아 있다. 우리에게 한 번도 화를 내지 않으셨던 선생님의 미소가 지금도 눈앞에 아른거린다. 나는 선생님 덕분에 처음으로 꿈이라는 것을 가졌고, 그리고 지금 교단에 서 있다. 그 당시 선생님이 주신 다독상은 지금도 잊혀지지 않는 내 마음의 선물이 되었다. 학급 경영에 빈틈이 없으셨던 선생님은 지금 돌이켜 보니 참 교육자셨고, 내 마음의 정신적 지주가 되어 주고 계시다.

또 한 분은 6학년 때 담임 선생님이셨던 강정원 선생님이시다. 선생님은 아이들에게 책 읽기를 체계적으로 지도하지는 않으셨지만, 언제나 책을 손에서 놓지 않으시는 모습을 통해 살아 있는 가르침을 주셨다. 쉬는 시간이면 언제나 책을 읽으시던 선생님께서 책 속에서 만난 재미난 이야기들을 우리에게 들려주실 때면 우리들은 숨을 죽이며 듣곤 했다. 아직도 그 시절의 일들이 문득문득 떠오를 때면 입가에 행복한 미소가 흐른다.

얼마 전, 책 사는 데 재미를 들인 남편이 내게 아이들 책을 한 권 내밀며 보여 주었다. 제목은 『왕도둑 호첸플로츠』. 어린 시절 참 재미있게 읽었던 책인데, 그 책이 눈에 띄길래 샀다고 한다. 그런데 어쩜 자신이 어렸을 때 읽었던 책과 내용도 같고, 그림도 똑같다며 아이처럼 좋아하는 모습을 보면서 내게도 그렇게 가슴 뛰게 하는 책이 있을까 생각해 보았다.

책이 귀했던 어린 시절, 언니가 성당에서 교리 경시 대회 상으로 받아 온 『금발 소년의 모험』이라는 책이 있었다. 그 그림의 화려함, 흥미진진한 이야기 전개는 어린 나에게는 정말로 새로운 세상이었고, 그 책이 정말 재미있어서 읽고 또 읽었다. 아마도 내가 1, 2학년 때였나 보다. 그러다가 문득 어린 시절의 그 느낌이 지금은 어떻게 와 닿을까 궁금해졌다. 책을 사려고 했으나 절판되어 구할 길이 없었는데, 마침 마산에 재고로 2권이 남아 있다는 말을 듣고 어렵게 구할 수 있었다. 책을 펼쳐드는 순간 어린 시절로 돌아간 듯한 설렘이 나를 흔들었다. 지금이야 눈부시게 빛나는 어린이 그림책이 많지만, 그래서 내가 어린 시절에 받았던 그 느낌이 지금의 아이들에게 전해지지 않을지도 모르겠지만, 우리 아이들에게 꼭 한 번 소개해 주고 싶은 마음이 들어 아이들에게 나의 추억을 들려주었다.

나는 우리 아이들이 책을 읽으면서 다양한 지식과 정보를 습득할 뿐만 아니라 가슴이 뛰고 아릴 수도 있으며, 울고 웃을 수도 있다는 사실을 알아 갔으면 한다. 먼 훗날 우리 아이들이 자신의 아이들에게 어린 시절을 돌이켜 보면서 책에 대한 추억도 함께 이야기할 수 있길 바라면서 우리 반 친구들이 책과 만난 이야기를 해 보고자 한다.

2. 학급문고 수집 및 정비 작업

1) 학급문고 수집

학교의 일 년은 항상 정신없이 바쁘지만, 그 중에서도 3월은 우리 학급의 일 년 농사가 잘 되느냐 못 되느냐를 결정하는 아주 중요한 시기이므로 많은 교사들이 심혈을 기울인다. 전반적인 학급 경영관을 알리고, 1년 동안 지켜 나가야 할 학급 규칙도 익히면서 서로를 탐색하고 이해하기 위한 기본 작업들이 이루어진다. 한 달여에 걸쳐서 새 생활에 적응하게 되고 숨 쉴 여유가 생기게 되면 나는 곧바로 학급문고 정비 작업에 들어간다. 이전 학년도에 아이들이 기증한 책을 2월경에 돌려주고 나면 내 개인 소장 책들과 새롭게 배정 받은 반에 있는 학급문고를 중심으로 기본 틀을 갖추어 본다. 하지만 새로운 학급에서 제대로 된 학급문고가 구비되어 있었던 경우는 지금껏 한 번도 없었다.

아침독서를 만나기 이전에 나는 학급문고를 다음의 과정을 거쳐 학부모님의 도움을 얻어 수집하였다. 독서교육에 애정을 가진 많은 선생님들이 이러한 과정을 통해 책을 수집하는 것으로 알고 있다. 아이들과 책을 왜 읽어야 되는가에

대한 이야기를 나누고 우리 반의 학급문고 목록을 만들어 본 후(초기에는 주로 어린이도서연구회의 권장도서를 참고하였다.) 학부모님께 학급문고 모집에 관한 가정통신문을 발송하고 새 책 기증 의사를 물어 회신을 받는다. 많게는 20여 권을 기부하시는 경우도 있었고, 대체적으로 2~3권은 기부하셔서 학급문고 확충에는 어려움이 없었다.

하지만 목록표를 만들고, 회신문을 받고, 중복되지 않게 도서가 기증되도록 하기 위해 다시 사 주실 책을 정해 드리고, 책 라벨을 붙이고, 대출 카드를 책에 부착하고, 우리 반 정식 학급문고 목록을 만들고……. 이런 일련의 과정들은 참 만만치 않은 시간을 필요로 했고, 아무리 부지런히 작업을 해도 각종 업무를 병행하다 보면 학급문고 정비는 5월경이나 되어야 가능했다.

하지만 작년부터 나는 학급문고 모집을 위한 가정 통신문을 발송하지 않아도 되었다. 이미 내가 가지고 있는 학급문고와 새롭게 기증 받은 책들을 중심으로 좀 더 빨리 학급문고를 정비하고 아이들과 함께 책 읽기를 시작할 수 있다는 점이 새 학년의 새 출발을 한결 힘차게 해 주었다.

내가 소장하고 있는 학급문고는 현재 500여 권이 되는데 다음의 과정을 통해 책을 모았다.

첫째, 가장 큰 힘이 되어 준 것은 ㈜행복한아침독서이다. 2년 전쯤 인디스쿨에서 여러 자료를 찾던 중 아침독서추진본부의 학급문고 지원 소식에 관해 어느 선생님이 소개한 글이 있어 처음으로 카페를 방문하게 되었다. 학급문고 1, 2차 지원이 끝난 상태여서 아쉬운 마음을 담아 가입 인사를 남겼더니, 그 마음을 읽으시고 남은 책이 조금 있으니 신청서를 잘 써서 보내면 책을 보내 주시겠다는 답글을 달아 주셨다. 그렇게 해서 처음으로 아침독서를 만난 이후 모두 6회(아침독서신문 원고 기고로 따로 책을 보내 주셔서 한 해에 두 번 정도 책을 기증받을 수 있었다.)에 걸쳐서 많은 책을 기증받게 되었다. 그렇게 해서 200여 권이 생겨났다.

둘째, 책의 맛을 알게 되면서 내가 사비를 들여 책을 사게 되었다. 아이들을 보고 지금도 이야기한다. 너희들이 책을 좋아하고 재미있게 읽는다면 얼마든지 선생님이 새 책을 보충해 주겠노라고. 처음에는 책 보는 안목이 많이 부족하였지만, 이제는 책을 보는 눈도 조금은 길러졌다. 주로 이용하는 방법은 독서 지도의 지침을 알려 주는 책들에 소개된 책들과 신문의 추천 도서들, 아침독서신문의 추천 도서, 인터넷 서점 리뷰 등을 참고로 하여 책에 대한 다양한 견해를 미리 살펴본 후 나름대로 꼼꼼하게 따져 책을 고르고 있다. 독자들의 서평은 무척이나 신뢰할 만하며, 특히 아침독서신문에 원고를 쓰시는 선생님들이 추천하시는 책은 거의 아이들에게 실패 없이 흡수되었다.

셋째, 여희숙 선생님의 『책 읽는 교실』을 읽고 많은 도움이 되었다. 그래서 선생님을 따라 생일을 맞은 친구에게 좋은 책 한 권씩을 선물하여 다 읽은 뒤 다시 학급 친구들과 돌려보게 하는 방식으로 학급문고를 보충하고 있다. 처음에는 자기 책으로 소유하지 못해 못내 아쉬운 마음을 표현했지만, 더 큰 것을 나눈다는 마음으로 모두 잘 동참해 주었다. 생일 축하 글을 곁들여 학급문고에 기증된 책들이 앞으로도 점점 늘어날 것이다.

넷째, 작년에 2학년을 맡아 교육 과정 중에 나오는 시장 놀이를 통해 발생한 수익금과 수익금에 상응하는 돈을 교사가 더 보태어 아이들과 함께 원하는 목록을 정해서 책을 산 의미 있는 학급 행사를 했다. 올해 우리 반 아이들과 『수일이와 수일이』(우리교육)라는 책을 가지고 뒷이야기 상상하기 공부를 하면서 이 책이 우리 손에 들어온 배경을 이야기해 주었다. 그 이야기를 들은 한 아이가 우리도 한 번 해 보자고 해서 2학기쯤 학급 행사로 실시해 볼 예정이다.

우리 힘으로 산 책이 학교에 배달되어 오던 날, 아이들의 기쁨은 (사)행복한아침독서로부터 기증받은 책을 만날 때와는 또 다른 느낌이었다. 아이들에게 설문 조사를 하여 그들이 원하는 책을 산 후, 책에 대해 간단한 소개를 하였다. 소개를 마치고 책꽂이에 꽂아 둔 후 읽고 싶은 책을 한 권씩 골라 읽으라고 했다.

아이들은 27명인데, 책은 20여 권이라 경쟁이 치열했다. 책을 향해 달려가는
아이들의 생생한 표정을 사진으로 담아 보았다.

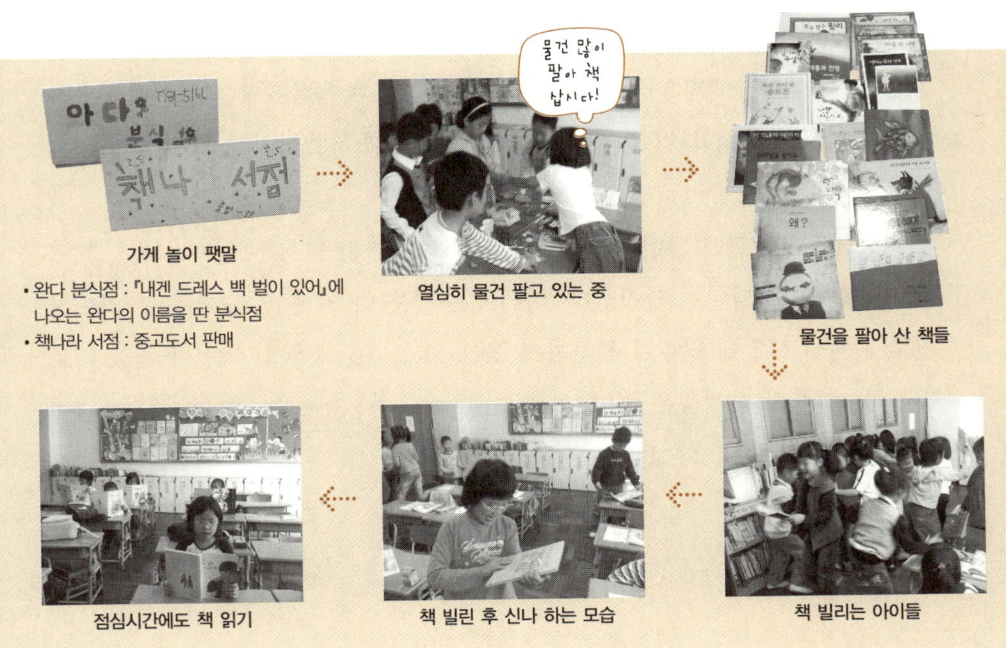

가게 놀이 팻말

• 완다 분식점 : 『내겐 드레스 백 벌이 있어』에
  나오는 완다의 이름을 딴 분식점
• 책나라 서점 : 중고도서 판매

열심히 물건 팔고 있는 중

물건을 팔아 산 책들

점심시간에도 책 읽기

책 빌린 후 신나 하는 모습

책 빌리는 아이들

2) 학급문고 정비

나는 학급문고를 다음과 같은 순서로 정리하였다.

첫째, 성격이 비슷한 도서들끼리 일단 책꽂이에 책을 꽂는다.

둘째, 책 라벨을 붙여서 번호를 붙여 나간다.(새롭게 확충되어 나갈 책을 고려하
여 50권 단위로 라벨을 붙이고, 각 단위별로 여분을 좀 두었다.)

셋째, 책 도장을 찍는다.

넷째, 도서 대출 카드를 넣기 위해 편지 봉투를 반 장 잘라 책 뒷면에 붙인다.

다섯째, 도서 대출 카드를 많이 복사하여 두고, 각각의 책에 꽂아 둔다. 책
제목은 처음 책을 읽을 친구가 적게 한다.

여섯째, 아이들에게 도서 대출 방법에 대해 안내한다.

　▶ **도서 대출 카드의 효과** : 학급문고 분실을 방지할 수 있으며 도서 대장을 따로 마련하여 관리하지 않아도 간단히 도서를 관리할 수 있다. 아이들에게 책을 많이 읽히기 위해서는 어느 정도 분실을 감수하고서라도 도서 대출을 시도해야 한다고 생각한다.

일곱째, 아이들에게 나누어 줄 우리 반 학급문고 목록표를 작성한다. 이 목록표는 나만의 독서 파일에 넣어 자신이 읽은 책에 동그라미를 쳐 나가는 것으로 활용한다.

여덟째, 도서 관리 당번을 둔다. 도서 대출 카드는 도서부가 관리하고, 책꽂이 정리는 역할 당번이 관리한다. 아이들은 책을 다 읽은 후 도서 대출 카드를 꽂고 각자의 색깔에 맞추어 책꽂이에 꽂아 두기 때문에 역할 당번이 책을 따로 정리하는 데 큰 어려움은 없다.(이왕이면 번호도 살펴 꽂으라고 하지만, 번호가 맞지 않을 경우 굳이 번호를 맞추려 애쓰지는 않고 있다.)

3. 재미있는 책 읽기를 위한 방법

1) 나만의 독서 파일 갖기

아침독서 4원칙에 맞추어 아이들과 함께 읽기 위주의 독서 활동을 하고 있지만, 꼭 기억하고 싶은 책이 생긴다면 기록을 해 두는 것이 필요하다. 어린 시절 재미있게 읽었던 책들을 한 번 더 보고 싶고, 우리 반 아이들에게 추천해 주고 싶어도 제목이 머릿속에서 맴맴 돌 때가 있다. 그래서 나는 아이들을 위해 독후감을 쓰기 시작했다. 인디스쿨과 같은 사이트를 이용하면 독후 양식지는 힘들이지 않고도 다양하게 구할 수 있다. 필요하다면 교사가 만들 수도 있으리라.

부산 교육청의 독서 지원 시스템도 다양한 독후 형식을 지향하면서 아이들에게 자신의 독서 이력을 남기도록 하고 있다. 그런데 나는 이러한 방식과 더불어 아이들에게 나만의 독서 파일을 선물하여 일 년 더불어 살이를 결산할 학급문집을 만들 때, 그 내용들을 함께 묶어 일 년 동안의 책 읽기를 추억할 수 있게 하고 있다.

독서 파일을 나누어 줄 때는 『조커, 학교 가기 싫을 때 쓰는 카드』(문학과지성사)라는 책 이야기를 해 주며 "노엘 선생님이 그런 것처럼 나도 너희들을 위해 선물을 준비했단다."라고 말하며 내밀면 무척이나 의미 있는 선물이 된다.

포함될 내용들은 ① 나만의 독서 파일 표지, ② 우리 반 학급문고 목록, ③ 가장 감동 깊게 읽은 책과 권수를 월별로 기록하도록 한 종이, ④ 책에서 찾은 보물 조각 꿈딱지 붙이는 종이, ⑤ '내가 읽은 책' 기록지(간단 독서 학습지), ⑥ 다양한 독후 양식지들이다.

이 중 나만의 독서 파일 표지를 꾸며 보는 활동은 아이들이 무척 재미있어 하는 활동 중 하나였다. 이 독서철을 기록하고 채워 나가는 것은 아이들 각자의 몫이며 교사는 전혀 관여하지 않는다. 대신 내가 읽은 책을 한 페이지 기록하면 꿈딱지 두 개를, 독서 학습지를 하나 하면 꿈딱지 한 개를 받을 수 있다고 이야기해 준다.

표지 : 각자의 개성에 맞게 꾸미기, 제목 정하기, 자기 이름 표시해 두기

2) 책갈피 만들기

책갈피 만들기는 3가지로 진행하였다. 하나는 아이들이 직접 자기 책갈피를 만들어 사용하도록 했고, 또 하나는 교사가 어린이날 기념으로 아이들 사진을 넣어 축하 글을 담아 만들어 나누어 주었다. 인디스쿨에 가면 공유할 수 있는 많은 자료들이 있다. 그리고 책 도장을 자투리 종이에 찍어 책갈피를 대신하는 간단한 방법도 있다.

아이들이 책을 소중히 여기는 마음을 가지도록 하는 하나의 방법이 되리라 생각되어 실시한 '나만의 책갈피'는 책 제목에 자신의 이름을 넣어 보도록 하였다. 그랬더니 다음과 같은 재미있는 제목이 생겨났다.

- **꼬마돌풍 세웅이** ← 『꼬마돌풍 미켈레』
- **지창이 병정의 모험** ← 『콩나물 병정의 모험』
- **지영이의 마시멜로 이야기** ← 『어린이를 위한 마시멜로 이야기』
- **진희와 보낸 하루** ← 『천사와 보낸 하루』
- **마주 보고 크는 선진** ← 『마주 보고 크는 나무』
- **성진이와 초콜릿 공장** ← 『찰리와 초콜릿 공장』
- **아낌없이 주는 유빈** ← 『아낌없이 주는 나무』
- **바다도 책 읽잖아요** ← 『엄마도 그러잖아요!』
- **나라를 구한 혜인이 재상의 재치** ← 『나라를 구한 난쟁이 재상의 재치』

3) 독서 스티커 보상

독서 스티커 보상은 우리 반의 꿈딱지, 코딱지 놀이와 관련이 있어 꿈*코 놀이에 대해 먼저 간단히 설명하겠다.

쉽게 말하자면, 황선미의 『나쁜 어린이표』(웅진주니어)라는 책을 떠올리면 된다. 칭찬할 만한 일을 많이 한 경우에는 꿈딱지라는 스티커를 받는다. 반대로 꾸중 들을 행동을 하면 코딱지라는 스티커를 받는다. 꿈딱지를 +로, 코딱지를 -로 계산하여 한 달의 합계를 내고, +가 일정 수에 이르면 학용품으로 보상하여 준다. 이러한 토큰 강화가 아이들에게는 아주 기억에 남는 재미있는 놀이가 된다. 처음에는 월별 최고수를 얻은 친구에게 보상을 했는데, 그렇게 하다 보니 다달이 가장 우수한 아이가 고정되는 경향이 있었다. 그래서 아이들의 행동을 조금이라도 긍정적으로 변화시키기 위해 개인 목표 도달제로 바꾸었다. 간혹 큰 칭찬을 받을 만한 행동을 했을 경우, 꿈딱지를 3개에서 10개 정도로 왕창 주기도 했는데 반응이 좋았다. 이러한 꿈딱지를 독서 활동에 같이 활용하니 아이들의 책에 대한 흥미가 무척 높아져 갔다.

♥ 월별 권장 도서

월별 권장 도서 4권을 정해 두고 그 책을 다 읽은 친구에게는 꿈딱지 4개와 함께 보너스 1개를 보태어 모두 5개의 꿈딱지를 준다. 지난 달의 책을 그 다음 달까지 읽은 경우에는 보너스 1개는 안 주더라도 4개의 꿈딱지를 주기로 약속 했다. 월별 권장 도서와 스티커 붙이는 종이는 뒷면 독서 환경 게시판을 이용해 거듭 보태어 보충해 나간다. 월별 권장 도서에 대한 독서 지도는 따로 하지 않 아도 아이들의 관심이 계속 이어졌다.

독서 환경 게시판 : 월별 권장 도서와 스티커판은 누가하여 붙여 둔다.

♥ 월별 독서왕

각 달의 마지막 날에는 나만의 독서 파일에 이 달에 내가 읽은 책을 표시하 고, 읽은 책의 권수와 가장 감명 깊게 읽은 책을 기록한다. 월별 독서왕에게는 특별 꿈딱지 10개를 주고 독서 환경 게시판에 이름을 붙여 칭찬해 준다. 다음 학기부터는 강백향 선생님처럼 책달력을 만들어 읽은 책 권수를 정리해 볼까 생각 중에 있다.

독서 파일에서 학습지를 하면 꿈딱지를 받을 수 있게 했다. 꼭 기억하고 싶은 책을 기록해 보도록 권했는데, 간단히 기록할 때는 '내가 읽은 책' 학습지에 기록하고, 좀 더 기억하고 싶은 책이라면 다양한 독후 학습 양식지에 기록하게 했다. 처음에는 아이들이 부담스럽지 않도록 독서 파일에는 독서 학습지를 5장에서 10장 정도 넣어 주면서 시작했고, 다 쓴 친구는 좀 더 주는 방향으로 하고 있다. 독서 학습지를 기록하면 1~2개의 꿈딱지를 주고, 부산 교육청의 독서 지원 시스템에서 독후감을 써도 꿈딱지로 보상해 주었다.

책 속에 조각 그림을 숨겨 두고 그 조각 그림을 찾아내면 적혀 있는 숫자에 해당하는 꿈딱지를 주었다. 우리는 이것을 '책속 보물찾기 놀이'라고 이름 지었다. 책의 길이에 따라 읽기 쉬운 책에는 꿈딱지 하나에 해당하는 보물을 숨겨 두었고, 참 좋은 책이지만 학년 수준에서 읽기 힘들겠다는 느낌이 드는 긴 글의 책에는 최고 여덟 개의 꿈딱지에 해당하는 보물을 숨겨 두었다. 그리고 보물을 찾으면 나만의 독서 파일의 '책 속 보물을 찾아라'에 붙여 두고, 학년 말에 다른 독서 학습지와 함께 학급문집을 제본할 때 묶어 주기로 약속하였다.

특히 책 속 보물찾기 활동은 아이들의 책에 대한 흥미를 높였으며 좀 더 긴 책을 읽어 보려는 마음을 가지게 하였다. 물론 이 효과는 우리 반 모든 아이들에게 해당되는 것은 아니었지만, 아이들이 책 읽기를 고된 여정이 아닌 놀이로 받아들임으로써 좀 더 책과 친숙하게 해 주었다. 아이들이 찾은 조각 그림에는 무슨 책에서 찾았는지 책 제목을 적어 보게 하고, 읽은 날짜를 적게 했다. 그리고 알림장 검사와 함께 검사를 해 주었는데, 책을 모두 다 읽고 검사받도록 하며, 검사를 하면서 간단한 질문을 통해 독서 지도 및 같은 책을 읽은 느낌 공유 등이 이루어질 수 있도록 했다. 조금은 손이 많이 가고 번거롭지만, 의미 있는 활동이라 여겨 올해도 계속하고 있다.

우리 반 책 속 보물찾기 놀이(2006년 6월부터 시작)

2006. 10. 23. 월

날씨 : 덥다가 시원했음

  나는 오늘 학교에서 보물을 찾았다. 내가 처음으로 보물을 찾았다. 나는 오늘 참 기뻤다. 왜냐하면 보물을 찾았기 때문이다. 보물을 찾는 재미로 책을 읽는 친구들이 있다. 나는 그 친구를 도와주어야겠다. 그런데 나도 보물을 찾고 싶다. 내일부터는 보물찾기 대작전을 할 것이다.

                                        — 승형이의 일기

보물

2006. 10. 25. 수

  오늘 효종이가 보물을 많이 찾아서 욕심이 생겼지만 축하해 주었다. 나도 책을 많이 읽어서 보물을 많이 많이 찾을 겁니다. 나는 현재 2개까지 밖에 못 찾았지만 점점 더 책을 많이 읽어서 보물을 찾을 겁니다.

                                        — 도원이의 일기

우리 반의 꿈딱지 왕

2006. 10. 25. 수

  3교시, 4교시 때 쉬는 시간에 효종이는 꿈딱지를 대박으로 찾았다. 효종이는 꿈딱지를 모두 내 책에서 찾았다고 했다. 효종이는 나의 책에서 많이 찾았다고 한다. 현지도 나의 책에서 많이 찾았다고 한다. 민지도 내 책에서 6개나 찾았다고 한다. 선생님은 왜 내 책에 많이 숨겨 두었을까? 나도 책을 열심히 읽어 꿈딱지를 대박으로 찾아야지!   — 보람이의 일기

효종이 꿈딱지 대박 난 날

▶▶ 열심히 읽지만 보물을 못 찾는 친구들이 있다. 그러한 문제를 해결하기
위해서 보물이 든 책을 교사가 골라 권해 주면서 책을 너무 열심히 읽어 보물이
든 책을 주는 거라고 모두가 들을 수 있게 이야기했다. 그러면 아이들의 책 읽
기를 더 자극할 수도 있고, 해당 어린이에게도 또 다른 자극이 될 수 있다고 생
각된다. 또 보물이 잘 안 나온다고 투정 부리는 아이들을 위해 거의 모든 책에
보물을 넣어 두기도 하는데, 이럴 경우 보물 찾는 재미에 쉬는 시간에도 책을
읽거나 남아서 책을 읽는 아이들도 많이 생긴다. 모든 책에 보물을 숨겨 두는
것은 한 학기에 한 번 정도 해도 충분할 듯하다. 독서 학습지와 함께 독서 파일
에 독서 꿈딱지를 잘 붙여 두도록 하면 보물이 쌓여 가면서 자기 스스로 무언가
를 해 냈다는 나름의 긍지를 느끼는 듯하고, 친구들에게 자랑하면서 서로에게
자극이 될 수도 있어 긍정적인 변화를 가지고 오는 의미 있는 활동이다.

4) 친구와 같은 책 읽기

아이들이 같은 책을 읽고 그 책에 대한 느낌을 함께 나누어 보는 것도 책 읽
기에서는 무척 중요한 활동이라 여겨진다. 그래서 수업과 연계하여 안내해 보
거나, 모둠 활동을 할 때 책 제목으로 모둠 이름을 정해 보게 하고, 그 책을 함
께 읽고 다 함께 이야기 나누는 시간을 가지기도 한다.

작년 10월경에 '차별과 왕따'를 주제로 하여 6권의 책을 정하고, 그 책 제목으로 모둠 이름을 정한 다음 '독서 퀴즈 대회'와 '작은 책 만들기' 등으로 수업을 진행했다. 아이들의 반응이 괜찮아서 올 초 학부모 총회 하는 날 같은 수업 지도안으로 수업을 진행해 보았다. 독서교육이 잘 이루어진 2학년과의 수업이 독서교육을 시작하지 않은 4학년과의 수업보다 훨씬 수업의 질이 높았다는 사실을 통해 꾸준한 독서 지도가 왜 필요한가를 실감할 수 있었다.

올해는 호국 보훈의 달을 맞아 전쟁 관련 책으로 모둠 이름을 정하여 보고 같은 모둠 친구끼리 책을 읽고 6월을 마무리하면서 그 책에 대한 이야기를 서로 간단히 나누어 보았다. 아이들은 『여섯 사람』, 『간디』, 『새똥과 전쟁』, 『냄비와 국자 전쟁』, 『왜?』, 『반딧불이의 무덤』을 모둠 이름으로 선택하였다.

7월이 되어 다시 짝과 모둠을 바꿀 때 모둠 이름을 무엇으로 정할까 물었더니 아이들이 책 속 주인공 이름으로 정하자고 해서 그렇게 해 보았다. 사미르(『팔레스타인 소년 사미르』), 모모(『모모』), 수일이(『수일이와 수일이』), 페니(『요술 연필 페니』) 등이 모둠 이름으로 정해졌다. 우리 반 아이들의 책에 대한 관심이 깊어지고 있음을 느낄 수 있다.

5) 수업을 활용한 안내

아이들 책을 조금 읽고 나니, 교과 지도를 하면서 소개해 주면 좋을 책들이 하나 둘씩 눈에 보이기 시작했다. 그럴 때마다 책에 대한 이야기를 해 주고 있다. 그러다가 독서 수업을 통해 아이들에게 책에 대한 안목을 키워 주는 것도 의미 있는 일이라 여겨져 독서 수업을 진행해 보았다.

♥ 재량수업 시간을 활용한 '차별과 왕따'에 관한 주제 학습

같은 주제를 가진 책 6권을 정하고 모둠별로 한 권씩 집중적으로 읽은 후 그 책에 관해 학습을 하였다. 다른 모둠 친구들과 다른 책을 읽기는 하였으나 각각의 책이 이야기하는 궁극적인 결론이 같으므로 학급 전체가 한 가지 주제에 대해 이야기를 나눌 수 있어 의미 있는 수업이 되었다.

책 제목	『까마귀 소년』, 『까막눈 삼디기』, 『내 짝꿍 최영대』, 『짜장 짬뽕 탕수육』, 『내겐 드레스 백 벌이 있어』, 『양파의 왕따 일기』	시간	40분
학습주제	차별 문제를 함께 생각하기		
학습목표	같은 주제를 가진 여러 가지 책을 함께 읽고 생각을 나눌 수 있다.		

활동 1 6권의 책에 대한 독서 퀴즈 대회(네모샘의 도전 골든벨 이용)

인디스쿨의 네모샘이 제공한 툴에 문제를 만들어 넣으면 독서 퀴즈 플래시가 만들어진다. (http://oksone.new21.org)

활동 2 작은 책 만들기

각 모둠별로 함께 읽은 책에 대해 작은 책 형식의 독후 활동을 함께 한다. 인디스쿨의 민서 아빠 김정식 선생님께서 제공해 준 작은 책 만들기 툴을 이용하여 다음과 같은 학습지를 만들어 보았다. 가운데 굵은 선 표시 부분을 칼로 잘라 접어 주면 된다.

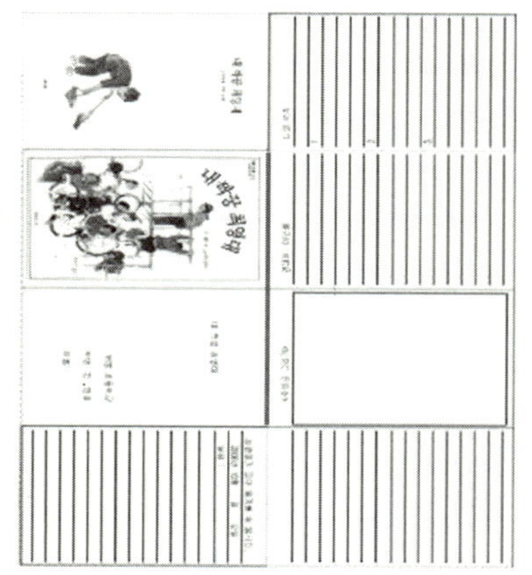

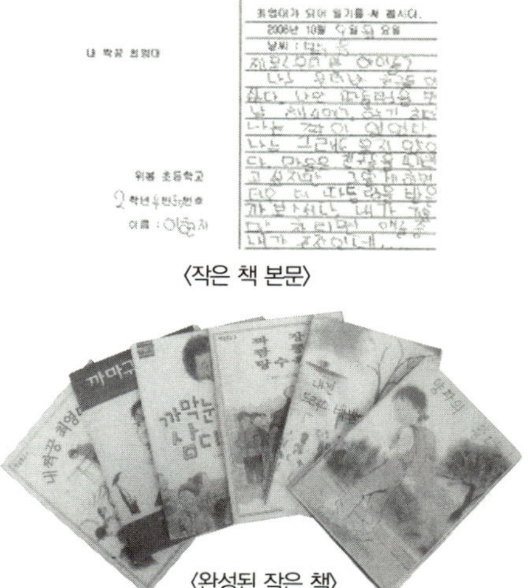

〈작은 책 본문〉

〈완성된 작은 책〉

활동 3 이야기 나누기

작은 책에 포함된 내용인 주인공이 되어 일기 쓰기, 따돌리는 친구가 되어 사과의 글쓰기, 나의 약속 중에서 하나를 선택하여 자유롭게 발표해 본다.

♥ 교과 연계 학습(국어, 읽기 4-1-둘째 마당-(1)이야기의 샘)

학습 목표에 도달하기 위해 아이들이 잘 알고 있는 교과서에서 제시된 전래 동화「요술 항아리」대신 아이들이 재미있게 읽을 만한 책인『수일이와 수일이』를 이용해 재구성해 보았다. 전래 동화「손톱 먹은 들쥐」이야기는 미리 들려 주었다.

단원	둘째 마당. 고운 꿈 아름답게 1. 이야기의 샘	차시	1/9	시간	40분
학습주제	이야기를 듣고, 이어질 내용 상상하기				
학습목표	이야기를 듣고, 뒷부분에 이어질 내용을 상상하여 말할 수 있다.				

1단계 동기 유발 단계

『터널』을 들려주고, 뒷이야기를 상상해 보게 한 후, 학습 목표를 이끌어 낸다.

2단계 이야기 일부분 들려주기(스캔 → 확대 출력 → 채색)

『수일이와 수일이』에서 삽화를 추출하여 큰 책을 제작한다.

3단계 다양한 형식으로 뒷이야기 상상하기

마인드 맵, 편지 쓰기, 만화로 표현하기, 역할극으로 나타내기, 인형극으로 표현하기, 작은 책 만들기의 형식을 빌려 모둠별로 뒷이야기를 모둠 토의를 거친 후 꾸며 보도록 한다.

4단계 결과 발표하기

우리 반 아이들에게는 가짜 수일이에게 고양이를 보여 줘도 끄덕하지 않았다는 장면까지 들려주고 뒷이야기를 상상하여 보게 하였다.

아이들이 낸 이야기의 결론은 다음과 같았다.

① 가짜 수일이에게 고양이의 손톱을 먹여서 고양이로 만들어 버린다.

② 고양이에게 가짜 수일이에게 달려들게 하면 가짜 수일이는 맥을 못 추고 다시 쥐의 모습으로 돌아갈 것이다.

③ 엄마에게 사실을 잘 말씀 드리고 가짜를 돌려보낸 다음, 학원에 다니기 싫어서 시작된 일이니 어머니와 잘 대화하여 학원 시간도 조정해 보고, 어머니와 갈등 없이 사이좋게 지내도록 노력해 본다.

④ 가짜 수일이를 치즈 등으로 유인하여 본다.

⑤ 집에 고양이를 잔뜩 키워서 가짜 수일이를 깜짝 놀라게 한다.

⑥ 가짜 수일이가 학원을 간 사이 쥐 한 마리를 집에 데리고 와서 가짜 수일이가 자기 친구를 보면서 옛날을 그리워하게 만든다.

⑦ 들쥐의 손톱을 잘라서 다시 가짜 수일이에게 먹이면 가짜는 다시 들쥐의 모습으로 바뀔 것이다.

⑧ 생일이나 집안의 중요한 사건 등을 따져 가짜를 가려내 본다. (옛이야기에도 나오는 해결책 중의 하나지요? 결국 실패하고 마는!)

⑨ 지문 감식과 DNA 검사 등을 거쳐 가짜를 과학적으로 가려낸다.

모둠 친구들끼리 뒷이야기를 서로 나누어 본 후 괜찮은 의견으로 하나를 결정하여 모둠의 발표 형식에 맞게 발표해 보았다.

6) 선생님의 책 소개

아이들은 선생님이 책을 읽으면서 우리 반 복도를 스쳐 지나가는 연극(?)을 한 번만 해도 그것이 무슨 책인지 무척이나 궁금해 한다지 않는가! 그런 아이들에게 교사가 적절한 호기심을 자극하면서 책을 잘 안내해 준다면 아이들의 책에 대한 흥미는 눈덩이처럼 불어날 수 있으리라 확신한다. 교사가 아침독서 시간에 함께 책을 읽는 것만으로도 우리 반 아침독서 활동을 정착시키기에 충분하지만, 조금만 더 힘을 내어 아이들에게 책을 권하기 시작하면 아이들은 이제 아침독서 시간만이 아닌 다른 시간에도 언제나 책을 옆에 두면서 읽기 시작할 것이다. 아이들 책을 소개할 때는 공통적인 특징으로 묶어서 여러 권의 책을 소개해 주는 것이 무척이나 효과적이었다.

♥ 같은 작가의 다른 책 소개하기

아이들은 책을 읽으면서 책 표지도 잘 안 보고, 작가나 출판사에도 관심이 없으며, 책머리나 책을 읽고 나서 읽어 보면 좋을 책 말미의 글들에도 전혀 관심이 없다. 오로지 책의 내용만 읽고 만다. 특히 저학년의 경우는 그런 현상이 더욱 심각하다. 이에 같은 작가의 다른 책을 안내하면 아동들에게 작가에 대한 관심을 불러일으킬 수 있고, 같은 작가의 이야기가 가지는 특유의 공통점에 대하여도 생각해 볼 수 있는 기회가 될 것이라 여겨져 작가별 책 읽기를 안내해 보았다.

아이들에게 인기 있는 책을 중심으로, 또 교육적으로 읽혀야 되겠다는 생각이 드는 책을 중심으로 다음과 같은 책들을 선정해 보았다. 아이들에게 이렇게 작가를 중심으로 책을 묶어 안내해 주면 책에 대해 좀 더 관심을 가지게 된다. 또, 작가의 일생이나, 작가에 얽힌 이야기 등을 소개해 주면 무척 흥미로워한다는 것을 알 수 있다. 아이들의 반응이 긍정적이어서 책 소개 방법으로 괜찮다는 생각이 들어 여러 작가들을 소개해 보았다. 가령 앤서니 브라운의 책을 몇 권 소개 한 후, 또 다른 책이 몇 권 더 책꽂이에 있으니 찾아보라고 하면 진짜 보물 찾는 기분으로 진지하게 찾는 아이들이 나타난다.

우리 반에서 소개한 작가는 다음과 같다.

- **앤서니 브라운** : 『터널』, 『고릴라』, 『돼지책』, 『동물원』, 『미술관에 간 윌리』, 『축구선수 윌리』
- **존 버닝햄** : 『지각대장 존』, 『알도』, 『셜리야, 물가에 가지 마!』, 『셜리야, 목욕은 이제 그만!』
- **미하엘 엔데** : 『냄비와 국자 전쟁』. 『모모』, 『마법의 설탕 두 조각』

● **권정생** : 『강아지똥』, 『도토리 예배당 종지기 아저씨』, 『또야 너구리가 기운 바지를 입었어요』, 『짱구네 고추밭 소동』, 『몽실언니』
● **황선미** : 『나쁜 어린이표』, 『초대받은 아이들』, 『일기 감추는 날』, 『들키고 싶은 비밀』, 『넌 누구야?』, 『막다른 골목집 친구』, 『마당을 나온 암탉』, 『처음 가진 열쇠』, 『나온의 숨어 있는 방』
● **고정욱** : 『아주 특별한 우리 형』, 『가방 들어주는 아이』, 『안내견 탄실이』, 『네 손가락의 피아니스트』, 『지붕 위의 바이올린』

같은 작가의 다른 책을 소개해 주는 것은 아이들에게 책을 바라보는 새로운 안목을 선사할 수 있다.

♥ 소재가 비슷한 책 소개하기

우리는 책을 읽으면서 이야기가 주는 교훈을 생각해 보곤 한다. 그것은 어린 시절부터 받은 교육의 영향 때문이다. 그러나 생각의 다름을 인정하는 것도 아이들에게는 좋은 공부 거리가 된다. 가령 예전에는 『흥부 놀부』를 읽으면서 마음씨 착한 흥부와 욕심 많은 놀부의 이야기를 통해 권선징악을 배웠으나 요즘은 경제 개념 없는 흥부를 비판하기도 하고, 『토끼와 거북이』의 이야기에서는 낮잠을 잔 토끼를 비난하고 부지런히 결승점까지 도달한 거북이를 칭찬하기보다는 잠자는 토끼를 깨우지 않고 저만 목표점을 향해 달려가는 거북이를 비판하거나, 육지 생물 토끼와 바다 생물 거북이의 경주는 출발점부터 잘못된 경주임을 꼬집는 경우도 있다. 아이들에게 같은 소재를 가지고 다양하게 해석되는 '다름의 사고'를 이야기해 주는 것도 새로운 방식의 글 읽기 중 하나가 될 수 있다.

『백설 공주』를 읽은 아이들에게 『어린이를 위한 흑설 공주 이야기』를 통해 동화의 결말을 다른 방식으로 이끌어 낼 수 있음을 알려 주는 것은 고정관념을 깨는 좋은 자극이 될 것이다.

또 전래 동화 『손톱 먹은 들쥐』에서 출발하여 『수일이와 수일이』를 읽고 다양한 결말을 예측해 보는 활동도 재미있겠다는 생각이 들어 수업에 적용해 보았다.

시중에 나와 있는 많은 패러디 동화 중에서도『아기 돼지 삼 형제』이야기가 아이들에게 친숙하게 다가갈 수 있겠다 싶어 여러 권의 책을 구입하였다.『아기 돼지 세 마리』,『아기 돼지 세 자매』,『늑대가 들려주는 아기 돼지 삼 형제』,『아기 늑대 세 마리와 못된 돼지』등의 다양한 패러디 동화를 통해 다양한 사고의 기회를 주는 것은 아이들에게 색다른 경험이 될 수 있다고 본다.

♥ 주제가 같은 책 소개하기

아이들과 함께 같은 주제의 책을 읽어 보는 것도 참 재미있는 활동이다. 나는 그 중에서도 차별과 왕따에 관한 이야기를 함께 읽고 학습을 해 보았다. 선정 도서로는『까막눈 삼디기』,『짜장 짬뽕 탕수육』,『내겐 드레스 백 벌이 있어』,『까마귀 소년』,『양파의 왕따 일기』,『내 짝꿍 최영대』를 소개해 보았다.

최근에 만난『편견』이라는 책도 주제가 같은 책 소개에서 다루면 좋을 듯하다. 그리고 월별로 주제를 정해서 아이들에게 책을 소개해 주고 있는데 무척 효과적인 방법이라 여겨진다. 월별 책 읽기에 대한 자세한 내용은 아래에 덧붙인다.

♥ 월별 권장 도서 소개하기

작년과 달리 올해는 월별 권장 도서 목록을 정하여 아이들에게 알리고 학급 환경판에 게시하고 있다. 또 월별 다독 어린이에게는 꿈딱지 보상을 실시하고 있다.

권장 도서는 월별 주제에 맞게 4권으로 정하여 보았는데, 수준은 저학년 수준 한 권과 중학년 수준 두 권, 고학년 수준 한 권으로 맞추었다. 권장 도서로 정해 둔 책은 아이들이 계속해서 관심을 가지고 읽는 것을 볼 수 있었고, 읽은 아이들은 모두 책의 내용에 만족스러워했다.

3월은 책 '읽기를 왜 해야 하나?'를 생각해 보게 하는 책으로 선정하였다. 강백향 선생님의 누리집을 방문했더니 좋은 책이 소개 되어 있어, 아이들에게 꼭 읽히고 싶어 주제 도서로 선정했는데, 책 읽기의 중요성을 주저리주저리 늘어놓는 것보다 잘 씌어진 책 한 권을 통해 스스로 필요성을 느끼게 하는 것이 무척 중요하리라는 생각이 들었다.

4월은 장애우와 관련된 책으로 선정하였는데, 학급에 관련 도서가 너무 많아 3권은 교사가 정해 주고, 마지막 한 권은 자유롭게 골라 읽어 보도록 하였다.

5월은 가정의 달을 맞아 가족애를 생각해 볼 수 있는 책으로 선정했다.

6월은 호국 보훈의 달을 맞아 전쟁에 관해 생각해 볼 수 있는 도서를 선정하였다.

7월의 주제는 똥에 관련 된 책으로 정해 보았는데, 아이들이 의외로 똥 이야기를 좋아하는 듯하여 재미있는 글 읽기가 필요하겠다는 생각에 주제로 선정해 보았다.

도서관에서 교실에 없는 책을 찾아오면 꿈딱지를 한 개씩 주겠다고 했더니, 도서관 나들이를 하지 않는 친구들이 도서관에서 보물을 찾아오는 성의를 보이기도 하여 기분이 좋았던 기억이 난다. 이 모든 것들은 교실 뒷면 게시판에 누적되게 전시하여 아이들이 언제나 관심을 가지고 살펴보도록 하였다. 2학기의 주제 도서는 친구애, 글 없는 그림책, 성교육, 인권, 미술로 정하고 아이들과 함께 관련 책들을 보았다.

한편 연간 교육 계획에 발맞추어 월별로 큰 주제를 정하여 책을 소개한 것을 도표로 정리하여 보았다. 이렇게 책을 소개함으로서 아동들에게 책에 대한 흥미를 더 불러일으킬 수 있었고, 주변 현상에 좀 더 관심을 가지고 대하는 모습을 볼 수 있었다. 책 읽기와 함께 할 수 있는 활동들도 재량 시간을 이용하여 해 봄으로써 아동들의 책에 대한 이해를 더 높일 수 있었다.

월	중점사항	기억할 일	함께 읽을 책	함께 할 활동
3	왜 책을 읽는가?	책을 읽어야 하는 이유를 책 속에서 찾아보기	『샤를마뉴 대왕의 위대한 보물』, 『책 먹는 여우』, 『책벌레 멜리타, 날씬해지고 사랑받고 부자되다』, 『세상을 바꾼 위대한 책벌레들』	• 나만의 책갈피 만들기 • 나만의 독서 파일 만들기
4	다름에 대한 이해	장애인의 날	『어떤 느낌일까?』, 『가방 들어주는 아이』, 『네 손가락의 피아니스트』, 『내 친구는 시각 장애인』, 『휠체어를 타는 친구』, 『루이 브라이』, 『안내견 탄실이』, 『아주 특별한 우리 형』, 『내게는 소리를 듣지 못하는 여동생이 있습니다』 등	• 애니메이션 〈우리 사이 짱〉 보기
5	가족애	가정의 달	『돼지책』, 『금붕어 2마리와 아빠를 바꾼 날』, 『로테와 루이제』, 『우리는 말썽꾼이야』	• 부모님께 사랑을 담아 감사 편지 쓰기 • 칭찬 프로젝트
6	전쟁에 대하여	호국보훈의 달	『왜?』, 『반딧불이의 무덤』, 『여섯 사람』, 『쇠를 먹는 불가사리』, 『냄비와 국자 전쟁』, 『새똥과 전쟁』, 『안네의 일기』	• 호국보훈의 달 그리기, 편지 쓰기 대회
7	똥	작은 것의 소중함	『똥떡』, 『똥이 어디로 갔을까?』, 『누가 내 머리에 똥 쌌어?』, 『똥 똥 귀한 똥』, 『똥벼락』, 『똥봉투 들고 학교 가는 날』, 『똥은 참 대단해』, 『강아지똥』	• '똥'자 들어간 속담 찾아보기 • 애니메이션 〈강아지똥〉 감상하기
8	책 읽기 도전장	독서 지원 시스템	방학 동안 읽을 책 권수 도전해 보기	• 독서 지원 시스템 이용이나 '내가 읽은 책' 기록 권장

9	친구애	나눔의 기쁨 알기	『무지개 물고기』, 『장갑』, 『봄이 오면』, 『내 친구 재덕이』, 『구리와 구라의 빵 만들기』, 『구룬파 유치원』	• 나도 그림 작가 (나만의 책 만들어 보기) - 북아트
10	글 없는 그림책	한글 사랑 생각하기, 그림에 들어 있는 뜻 생각하기	『작은 기적』, 『눈사람 아저씨』, 『이상한 자연사 박물관』, 『구름 공항』, 『사고뭉치 맞춤법 박사』, 『초정리 편지』	• 다양한 학교 독서행사
11	성교육	남·녀 차이 알기 자기 방어하기	『떠들썩한 성』, 『성폭력 싫어요』, 『가족앨범』, 『슬픈 란돌린』	• 선생님과 함께하는 성교육시간 갖기
12	인권	세계 인권의 날에 대하여 이야기하기	『뚝딱뚝딱 인권 짓기』, 『블루시아의 가위바위보』, 『인권이 뭐예요?』, 『편견』, 『나는 소중해』, 『좀 다를 뿐이야』	• 에즈라잭키츠의 작품 속 인물 피터에 대해 이야기 해 주기 • 인권을 주제로 한 일기 쓰기
1	2차 책 읽기 도전장	독서 지원 시스템	방학 동안 읽을 책 권 수 도전해 보기 도서관 이용하기	• 독서 지원 시스템 활용 및 '내가 읽은 책' 기록 권장하기
2	미술	그림에 친숙해지기	『미술관에 간 윌리』, 『미술관에서 만난 모나리자』, 『미술관에 핀 해바라기』, 『미술관 여행』, 『그림 그리는 아이 김홍도』, 『세상 모든 화가들의 그림 이야기』	• 시립 미술관 이용 안내하기

♥ 교과와 관련하여 소개하기

작년에 아이들과 함께 공부하면서 정리해 본 교과 관련 도서들이다. 저학년의 경우 전래 동화를 꼭 읽도록 지도해 보는 것이 아이들에게 무척 도움이 되리라 생각한다. 다시 저학년을 맡게 된다면 중고 도서라도 전래 동화 한질을 꼭 사서 아이들에게 읽힐 계획이다. 우리 반의 한 아이가 학급문고로 전래 동화 한질을 기증했는데, 아이들의 책 읽기에 큰 도움이 되었기 때문이다.

학년-학기	교과	쪽수	단원	관련도서	특기사항
2-1	말듣	26~27	2-(1)주인공이 되어	개미와 비둘기	이솝 우화
		48~49		혹부리 영감	호야토야
		50		콩쥐 팥쥐	기탄전래
		50	3-(2)즐거운 마음	흥부 놀부	기탄전래
		50		효녀 심청	기탄전래
		50		피노키오	삼성출판사
		66~67	4-(2)서로 다른 생각	여우와 두루미	이솝 우화
		92		여우와 두루미	이솝 우화
		92	5-한 걸음 더	호랑이와 곶감	국민서관
		94~95		해와 달이 된 오누이	기탄전래
	읽기	26~27	1-한 걸음 더	→『메아리』	길벗어린이
		68~75	3-(2)즐거운 마음	→『오른쪽이와 동네 한 바퀴』	느림보
		128	5-한 걸음 더	흉내 도깨비	기탄전래
		142~149	함께 꾸며 보아요	도깨비와 개암	기탄전래
	쓰기	30~31	2-(1)소중한 말과 글	→『소피의 달빛 담요』	파란자전거
		44	3-(1)말의 재미	선녀와 나무꾼	기탄전래
		60~65	2-(1)주인공이 되어	개미와 비둘기	이솝 우화
	수학	전영역	전영역	→『놀이수학』	한림출판사
				→『영부터 열까지 숫자 이야기』	승산
	바생	38~51	4.아껴 쓰는 생활	→『아이들이 읽어야 할 경제 이야기』	사계절
		68~71	6.즐거운 우리 집	→『돼지책』	웅진주니어
2-1	슬생	15	1-❷자라면서 많이 달라져요	→『꽃들에게 희망을』	시공주니어

		68~69	6-❶약속 시각	→『시계를 볼 줄 아는 사자 임금님』	한국 어린이 육영회
	즐생	36~39	4.찾아보세요	→『구름빵』,『아기 돼지 세 마리』	꼴라주 기법
		61	6.올라가고 내려오고	해와 달이 된 오누이	기탄전래
2-2	말듣	8	1-(1)처음부터 하나씩	→『겁쟁이 공룡 티라노사우루스』/ 『공룡도시락』/『공룡을 찾아서』/ 『아빠 어렸을 적엔 공룡이 살았단다』	삼성출판사/시공 주니어/아이세움/ 작가정신
		12~13	1-(1)처음부터 하나씩	→백창우 노래 '조그만 꽃에도 저마다 빛깔이 있지요' 부르기	플래시 노래방
		24~25	2.이야기가 재미있어요	은혜 갚은 꿩	기탄전래
		36~37	2-(2)상상의 나라	구슬을 삼킨 거위	기탄전래
		56~59	2-한 걸음 더	은혜 갚은 호랑이	아이들 책
	읽기	44~47	2-(2)상상의 나라	→『쿨쿨 할아버지 잠 깬 날』	사계절
		52~53	2-한 걸음 더	소금장수와 기름장수	기탄전래
		56~59	2-한 걸음 더	나무꾼과 사슴(선녀와 나무꾼)	기탄전래
		68~71	3-(1)너와 나의 생각	나이 자랑	기탄전래
		92~93	4-(1)간직하고 싶은 이야기	사자와 생쥐	이솝 우화
		94~95	4-(1)간직하고 싶은 이야기	소가 된 게으름뱅이 →『까막눈 삼디기』	기탄전래 웅진주니어
		98~101	4-(2)우리 서로 한마음	독장수 구구	기탄전래
		108~109	4-한 걸음 더	여우와 포도밭	아이들 책
	쓰기	20	1-한 걸음 더	잭과 콩나무	삼성출판사
		28~29	2-(1)주인공이 되어	선문대 할망	기탄전래
		30~31	2-(2)상상의 나라	→『모기는 왜 귓가에서 앵앵거릴까?』	보림
		40	2-한 걸음 더	혹부리 영감	호야토야
		40	2-한 걸음 더	개와 고양이	웅진주니어
		68~69	4-(1)간직하고 싶은 이야기	토끼의 재판	기탄전래
	바생	18~31	2.깨끗한 환경	→『파차마마』	바다출판사
		72~83	6.우리는 한겨레	→『통발신을 신었던 누렁소』	사계절
	슬생	64~65	4-❶ 겨울나기	→『봄이 오면』	길벗어린이
		20~37	2.가게 놀이	→『시장에 간 길동이, 경제 박사가 되다』	파란자전거

4. 아이들이 달라졌어요

1) 작년 우리 반 아이들

작년에 아이들과 한 책 읽기 활동은 나 스스로도 무척이나 재미있었다. 또한 아이들의 반응은 다시 나를 분발하게도 하였다. 그 아이들이 아직도 우리 반 학급 누리집에 들러 작년에 대한 추억을 이야기하곤 한다. 그 중 일부분을 글자 수정 없이 그대로 실어 본다.

이현지 선생님이 독서를 가르쳐 주셨잖아요. 저는 선생님과 만나기 전엔 독서도 잘 못했고, 발표도 잘 못했어요. 하지만 지금은 그와 달리 독서도 하게 되었고, 발표도 잘하게 되었어요. 선생님이 2학년을 마치며 도서 상품권을 주면서 약속했잖아요. 앞으로도 계속 책을 열심히 잘 읽으라고요. 저는 선생님을 만나서 400권 조금 넘게 읽었어요. 앞으로도 책을 많이 읽으며 글자를 더 많이 알고 뜻도 배울게요.(2007. 03. 03)

최재웅 선생님, 저는 책, 매일 1권씩 읽고 있어요.(2007. 03. 12)

장지윤 선생님 너무 보고싶어요. 2학년때 정말 재미있었어요. 2학년때 책 속에 보물을 찾아라도 정말 제미있었어요.(2007. 06. 25)

김보람 오늘 4교시에 도서실에서 책을 봤습니다. 저는 『콩쥐 팥쥐』를 보고 감동을 느꼈습니다. 장면도 그렸구요. 이 이야기를 하니 10분 독서가 기적을 만든다!라는 말이 생각납니다. 3학년 선생님께서 이제부터 하루에 도서관에 간대요. 앞으로 책 열심히 보고 훌륭한 사람이 될게요. 선생님이 자꾸 생각납니다.(2007. 07. 05)

 올해 누리집 상반기 우수 활동 회원으로 뽑혀서 (사)행복한아침독서로부터 10권의 책을 선물 받았다. 그냥 풀기에는 아까운 느낌이 들어 아이들에게 '책을 통해 얻은 것들이 무엇이 있을까?' 생각해 보게 했다. 자신의 생각을 잘 표현한 친구들에게 책을 고를 우선권을 준다고 했더니 무척이나 정성껏 쓰는 것을 볼 수 있었다. 아이들의 글이 너무 솔직해서 생일 선물로 주려고 내 사물함에 남겨 둔 책까지 몽땅 풀어서 책 잔치를 했다.

 작년에는 아이들 스스로 책에 관한 이야기를 참 많이 했었다. 누가 시키지 않았건만 동생에게 책을 읽어 주면서 둘이 웃었다는 이야기, 자기 전에 엄마가 책을 읽어 주셔서 도서관에서 책을 꼭 빌려 간다는 이야기 등을 자연스럽게 늘어놓곤 했다. 하지만 올해 맡은 아이들은 머리가 조금 더 커서인지 그런 표현들이 적어 아이들의 변화가 큰 느낌으로 가슴에 와 닿지 않았는데, 아이들이 쓴 글을 읽어 보니 제대로 되어 가고 있다는 느낌이 들었다. 아침독서 씨에게 띄운 우리 반 아이들의 편지 글을 몇 개 옮겨 본다.

 조민우 안녕, 난 조민우라고 해. 나는 너를 만나기 전 만화책이나 어린이가 보는 동화책을 좋아했었어. 그런데 너를 만나고 나선 소설책이 재미있어서 책과 가까이 하게 되었어. 전의 모습을 되돌아 보면 난 내가 왜 만화책만 보았을까 하는 생각이 들어. 아침독서를 하고 난 후 난 상상력이 풍부해지고 책을 읽으며 모르는 상식들도 알게 되었어. 또 글짓기 실력도 하루하루 가며 늘어나는 것 같아. 아침독서는 참 좋은 활동이라는 생각이 들었어. 내가 읽은 책 중 지식을 얻은 책은 『배려』라는 책이고, 소설책 중 재미있는 책은 『요술연필 페니』, 내 입에서 탄성이 나온 책은 『빨간 소파의 비밀』, 너무 감동적이고 마음이 따뜻해지는 책은 『마주 보고 크는 나무』였어. 이 외에도 눈물이 나올 만큼 슬픈책도 있었는데 난 우리 동생에게 『숲속으로』라는 책을 들려주면 좋겠다는 생각이 들어. 그리고 앞으로도 아침독서를 잘 할거야.

권지창 아침독서야. 나는 널 만나기 전엔 게임만 했단다. 숙제도 안 했어. 그런데 널 만난 후엔 책에 흥미가 생겼어. 그리고 게임하는 시간이 줄어들었어. 또 아침독서, 너를 만나지 않았으면 나는 그대로였을 거야. 난 네가 정말 좋아. 왜냐하면 아무리 나쁜 아이라도 네가 그 아이를 만나면 금방 변할 거야. 그리고 내가 읽은 책 중에 『모모』라는 책이 제일 재미 있었단다. 모모는 존경받고 용감하고 모험심 많고 사랑받는 어린 여자 아이였단다. 난 처음엔 주인공이 여자 아이란 게 믿어지지 않았어. 그리고 쪽수도 3백 몇 쪽이어서 지루하다고 생각했는데 보니깐 흥미진진하고 멋진 작품이었어. 그리고 아침 독서야, 나를 1등하게 해 줘. 그럼 안녕! 난 영원히 책을 읽을 거야. 너도 나를 잊지마.

강신효 아침독서야, 네가 나한테 보이자 말자 나에게 변화를 줬어. 그 변화 덕분에 게임을 많이 하고 많이 혼나는 나한테 '아침독서' 즉 네 덕분에 책을 별로 안 읽던 내가 책 30, 40쪽을 맨 처음에 읽었더니 게임보다도 흥미를 가졌어. 그리고 한 달쯤 지난 어느 날이었어. 그때부터 제대로 변화가 생겼지. 바로 30, 40쪽 짧은 책을 보니 책 바꾸러 가는 게 귀찮아져서 180쪽쯤 되는 『조이, 열쇠를 삼키다』라는 책을 보았지. 그러고부터 15일이 지났어. 그때 180쪽에서 한 225쪽쯤 되는 『수일이와 수일이』를 본 다음 한 7월 5일쯤이었어. 어머니, 아버지가 야단을 칠 때였어. 학년이 올라갔으니 소설을 좀 읽으라 하셨어. 그래서 생각했지. 300, 400, 500, 700쪽 같은 긴 책을 읽으려고 찾아 헤매서 겨우겨우 1권을 찾았어. 그 책을 쑥 뽑았지. 꼭 만화책을 집어든 것처럼 그 책의 쪽수를 알아보니 354쪽인가 해서 그 책을 보았어. 그 책을 얼마보진 않았지만 41쪽까지는 읽었어. 지금 내 서랍 안에 있는데 그 책이 바로 『삼총사』라는 책이야. 우리 어머니는 책을 좋아하시는데 벌써부터 삼총사 이야기를 알고 있어서 달타냥이 나온다는 것도 다 알고 있어서 막 뭐라뭐라 했었어. 앞으로 더욱더 책을 읽기에 더 신경을 쓸게. 안녕.

이소희 저는 아침독서를 만나기 전에는 책을 안 읽었습니다. 그런데 4학년 때 아침독서를 만난 거예요. 그 뒤로 책을 많이 읽고 있어요. 저는 차근차근 동화책부터 나갈 거예요. 아침독서를 통해서 얻은 것들은 참 많아요. 지식, 생각, 집중력 등을 많이 얻었습니다. 저는 아침독서를 계속 실천했으면 좋겠어요. 그리고 우리 반에서 책을 열심히 읽어요. 저는 책 읽는 것이 너무나 즐거워요. 저의 목표는 독서왕이 되는 거예요. 책이 많아서 무슨 책을 읽어야 할까 고민도 많이 해요. 그럼 안녕히 계세요.

정바다 아침독서야, 안녕, 난 바다야. 이름이 너무 길어서 독서라고 부를게. 그래, 독서야. 난 널 만나고 나서 나의 인생이 달라진 것 같아. 왜냐하면 난 널 만나고 참을성하고 집중력이 생기게 되었어. 난 친구들을 옛날에는 아주 많이 때렸단다. 난 그런데 독서 널 만나고 나서 애들이 놀려도 참을 수 있게 됐어.

아침독서

고마워. 그리고 난 원래 집중력이 아주 떨어졌어. 그런데 독서 널 만나고 나서는 내가 공부를 쪼금은 잘하게 되었단다. 전엔 평균이 **점인가 그랬을 거야, 아마. 그런데 널 만나고 나서 집중력이 키워지고 많은 걸 얻게 되어 **점으로 급상승했단다. ^^ 난 니가 너무너무 고마운걸. 그러니까 언제나 내 곁에서 나에게 지식 공부를 해 줘. 아침독서야, 고마워.

🐾박경윤 안녕, 나는 위봉초등학교 박경윤이야. 나는 아침독서를 하면서 책을 많이 읽게 되었어. 하지만 아직은 긴 책을 읽는 데 조금 오래 걸려. 하지만 책은 많이 읽게 되었어. 『신통방통 왕집중』이란 책이 있어. 내가 가장 재미있게 읽은 책이야. 얼마나 재미있는지 아니? 진짜 재미있어. 너도 읽었으면 좋겠어. 만약 못 읽었으면 도서관에서 빌려 봐. 너도 그 책을 보고 웃을걸? 나도 웃었어. 만약 도서관에 없으면 말해. 우리 교실에 있으니까. 내가 빌려 줄게. 그럼 안녕.

🐾박수현 아침독서야, 안녕? 난 수현이라고 해. 내가 너를 만나기 전까지는 책에 관심도 없고, 오로지 공부에만 집중을 하였어. 그래서 그런지 공부가 더 힘들어지는 것 같았어. 그런데 4학년이 되어 선생님의 도움을 받아 아침독서를 만나게 될 수 있었어. 그리고 너 덕분에 책에 관심이 쑥쑥 자라고 공부에 집중이 더 잘 되어 이번 기말 고사에서 3등을 하였어. 비록 1등을 못 했지만 말이야. 아침 독서를 통해 책도 많이 읽고, 주인공들이 살아가는 삶을 알 수 있게 되었어. 아침독서는 자신이 책을 읽음으로써 여러 가지의 공부에 도움이 많이 되고 있어. 앞으로도 독서를 매일 하고 감상문도 많이 쓸게. 고마워, 그럼 안녕.

3) 책 때문에 꾸중을 들을 때도 있어요

 1

미애 : 선생님, 저 어제 엄마한테 혼났어요?

선생님 : 왜?

미애 : 잠 안 자고 책 읽는다고 그만 읽고 빨리 자래요.

선생님 : 그래, 어머니 말씀이 맞네.

미애 : 그래서 책이 너무 읽고 싶어 오늘 아침에 일찍 일어나서 읽었어요.
책이 너무 재미있어요.

선생님 : 우와~ 우리 미애, 정말 대단하구나.

 2

남희 : 선생님, 저 어제 아빠한테 혼났어요.

선생님 : 왜?

남희 : 밥 안 먹고 책 읽는다고요.

선생님 : 그래, 밥 먹을 때 책 보지 말고, 밥 빨리 다 먹고 책 봐라.

남희 : 책이 너무 재밌어요. 읽고 또 읽어도 재밌어서 자꾸자꾸 보게 돼요.

선생님 : 남희가 그렇게 책을 좋아해서 선생님은 무척 기쁘구나.

4) 책 때문에 싸우기도 해요 (2006년 10월 26일의 교단 일기 중에서)

아침 독서 시간이 소란스럽다.

읽기 교과서에서 꽃담이 이야기를 배우던 날! 아이들에게 『쿨쿨 할아버지 잠 깬 날』이라는 책을 소개하였다. 이 책 속에 꽃담이 이야기가 있다고 했더니 재웅이는 벌써 읽었단다. 다혜는 벌써 여러 번 읽었지만 또 읽겠단다. 효종이는 예약할 거라 했다. 그러자 너도 나도 예약을 외치며 대출 카드에 다혜, 다슬이, 다은이, 효종이, 주영이, 승형이, 도원이, 남희, 지환이가 미리 이름을 써 두었다. 그런데 오늘 아침

효종 : 선생님, 쿨쿨 할아버지가 제 손에 안 들어와요.

선생님 : 누가 들고 있는지 조사해 봐라.

효종 : 야, 이다혜! 니 쿨쿨 할아버지 책 어쨌는데?

다혜 : 다슬이 줬는데. 다슬아, 니 책 다 읽고 누구 줬는데?

다슬 : 남희 줬는데.

다혜 : 남희 주면 어떡하노? 다은이 줘야지.

다슬 : 남희가 지 달라던데…….

그 날 다슬이는 이런 일기를 썼다.

2006년 10월 26일 목, 실망

나는 오늘 책을 빌리고 있는데, 다혜가 나를 불렀다. 『쿨쿨 할아버지 잠 깬 날』을 다 읽고 남희에게 줬는데 그게 잘못 됐다나, 뭐라나? 또 주다은한테 줘야 하는데 모르고 남희에게 주어 버렸다. 그런데 정주영도 예약해 놓았었는데 "야! 김다슬 니 때문에 애들 못 읽게 됐다 아이가!" '그래? 몰라서 그랬다. 미안! 사람이 실수 할 수도 있지. 억울해! 치~'

『호랑이와 곶감』이라는 책을 내밀며 이 책을 위기철이라는 분이 썼는데 생각나는 책이 없냐니까 여러 명의 아이들이 입을 모아 "『쿨쿨 할아버지 잠 깬 날』요!" 한다. 아이들은 이제 자연스럽게 작가의 이름을 기억해 나가고 있는 중이다.

▶ 올해 우리 반 아이들에게서도 책 예약 현상은 나타나고 있는데, 학년이 조금 올랐다고 자기들 나름의 규칙을 정해서 예약은 안 되고 책꽂이에 꽂아 두면 먼저 찜하는 사람이 임자라는 해결책을 내어 실천 중에 있다.

5) 책을 안 읽던 아이가 책 읽기를 시작했어요

작년에 있었던 일이다.

우리 반 ○영이는 우리 반에서도 가장 책을 안 읽던 아이였다. 아침독서 시간이면 친구들을 위해 10분이 끝나 간다고 시간을 알려 주느라 바빴고, 책이라고는 오직 한 학기 내내 『잭과 콩나무』만 읽었다. 가장 재미있게 읽은 책도 『잭과 콩나무』요, 가장 감명 깊게 읽은 책도 『잭과 콩나무』요, 친구에게 추천해 주고 싶은 책도 『잭과 콩나무』였다. 그런 ○영이가 2학기에 들어서 변화하기 시작했다. 친구들이 재미있다고 추천한 책을 읽기 시작했고, 급기야 그 책을 들고서 친구들에게 "이 책 진짜 재밌데이~"라고 이야기하기도 했다. ○영이에게 2학기 들어와서 독서 파일에 있는 우리 반 책 목록에서 읽은 책들을 표시해 보라고 했더니 다음과 같은 책들에 표시를 했다. 실로 놀라운 변화가 아닐 수 없다.

> 응급 처치, 높이 더 높이, 오른쪽이와 동네 한 바퀴, 강아지똥, 고양이는 나만 따라해, 초대받은 아이들, 마스크맨 우리 아빠, 차별 싫어요, 제비꽃과 개미, 비 오는 날 또 만나자, 엄마도 그러잖아요, 잭과 콩나무, 봄날 호랑나비를 보았니, 책 먹는 여우, 비아조 할아버지, 학대 싫어요, 거인 사냥꾼을 조심하세요, 따르릉 따르릉 비켜 나세요, 사라지는 물고기, 세 친구, 배 장수와 이상한 나그네, 팥죽 할머니와 호랑이, 즐거운 비, 모기는 왜 귓가에서 앵앵거릴까?, 모기와 황소, 풍덩, 개와 고양이, 색깔들의 숨은 이야기, 피터와 늑대, 파리가 지나간다, 꼴찌 없는 교실, 성폭력 싫어요, 빨간 소파의 비밀, 책 먹는 여우, 어린 왕자, 도깨비를 빨아 버린 우리 엄마, 황소와 도깨비, 화가 나는 건 당연해, 지각대장 존, 잔소리 없는 날

동네에 붙어 있는 〈누가 내 머리에 똥 쌌어?〉 공연 포스터를 보고 온 날 "선생님, 저 『누가 내 머리에 똥 쌌어?』라는 책 보고 싶어요." 하길래 집에 있던 책을 가지고 와서 빌려 주었다. ○영이의 표정은 신이 나 있었다.

▶▶ 올 초 아이들에게 설문 조사를 하는 과정 중에 책 읽기에 아주 흥미가 없

는 아이가 둘이 있음을 알게 되었다. 그 아이들이 어떻게 하면 책에 흥미를 느끼게 할까를 올 한 해 목표로 정했는데, 벌써 반응이 나타나고 있다. 교과와 관련해서 집에 있는 기탄 전래 동화 몇 권을 가져 와서 아이들에게 며칠간 읽도록 하였다. 지금은 아이들의 관심을 잃어 가고 있어 내 책꽂이에 얌전히 꽂혀 있는 책을 보며 아이가 내게 묻는다. "선생님, 이 책 저 좀 읽어도 돼요?" 나는 힘껏 답해 주었다. "그럼, 물론이지!"

6) 수업 분위기가 많이 차분해졌어요

작년 우리 반 아이들은 2학년이었지만, 모두 나만 쳐다보면서 눈을 반짝였는데, 올해는 3년 동안 같은 반을 한 친구에, 같은 학원에, 같은 동네에……. 새 학년 첫 날부터 친구 이름을 거의 다 알고 있을 정도로 서로가 친숙하여 교실의 분위기는 새 학년 첫날부터 어수선하기 그지없었다. 하지만 지금은 집중하는 힘이 많이 키워졌음이 느껴진다. 모두가 잘 듣는 것은 아니지만, 친구가 잘 안 듣는다 싶을 때는 서로 붙잡아 주기도 하면서 수업 분위기가 긍정적인 방향으로 바뀌고 있음이 느껴진다.

7) 확실히 책을 좋아하게 되었어요

재미있는 책이 교실에 가득하고, 책이 재미있다는 것을 선생님을 통해, 친구들을 통해, 또 자신을 통해 알아 가면서 깊이 있고 수준 높은 독서를 하게 된 것이 사실이다. 책의 재미를 알지 못하던 아이들이 하나하나 그 재미에 눈을 뜨는 것을 바라보는 재미가 참으로 쏠쏠함을 직접 경험해 보지 않으면 알지 못하리라.

우리 반 아이들 글 몇 개를 함께 실어 본다.

독서 활동은 참 재미있다. 난 더군다나 도서부다. 너무너무 좋다. 난 독서 꿈딱지도 많고 너무 좋다. 그리고 재미있는 책이 많다. 내가 1, 2, 3학년 때의 책은 재미없었는데 4학년이 되어 많은 책을 읽고 많은 걸 느꼈다. 그 중 제일 재밌는 책은 내 생일 때 받은 책『지붕 위의 바이올린』이다. 그 책을 읽고 울 뻔했다. 너무 감동적이며 재미있고 왠지 모르게 너무 좋았다. 책을 적으신 작가분도 참 대단하시다. 독서는 나의 꿈을 이루는 방법에 포함된다. 그만큼 독서는 좋은 것이다. 나의 희망을 실어 준 독서가 참 좋다. _ 임혜영

오늘 일기 제목은 선생님께서 독서로 인해 바뀐 나에 대해 적어 보라 하셨다. 독서 10분은 우리한테 아주 좋다. 왜냐하면 집에서 못 읽은 책은 독서 10분에서 하면 되니깐. 그런데 아이들이 책 속의 보물을 찾는다고 정신이 없다. 나는 아무거나 골라서 책을 보면 그냥 보물이 쏙쏙 나온다. 그래서 나는 신이 난다. _ 김경연

나는 다른 학교에서 독서를 할 시간조차 주지 않았는데 위봉초에 오니 독서 할 시간을 10분이나 주고 너무 좋다. 그리고 옛날보다 독서에 더 많은 관심도 가질 수 있게 되었다. 그리고 책을 통해서 좋은 정보도 얻을 수 있기 때문에 나는 독서 활동이 너무너무 좋다. _ 양예은

지금까지 주로 작년 반 아이들의 이야기를 썼는데, 지금 우리 반에서도 조그마한 변화가 서서히 나타나고 있어 잘 정리해 보려 하고 있다. 제대로 된 독서 지도를 시작한 작년에는 아이들의 행동 하나하나가 크게 가슴에 와 닿았는데, 거기에 비해 올해는 작년보다 강도가 센 변화를 나 스스로 기대하게 되어서인지 아이들에게서 뿜어져 나오는 살아 있는 변화가 덜 느껴진다. 하지만 2학기 때는 좀 더 잘 궁리해서 아이들이 더욱 즐겁게 독서 활동을 할 수 있도록 도와주려 한다. 아침독서를 실시하고 있는 많은 반에서 나타나고 있는 긍정적인 변화가 우리 반에서도 계속 이어지리라 자신한다.

예년과 달리 아이들에게 좀 더 단기간에 성취감을 맛보도록 하기 위해서 월별 독서왕을 뽑기 시작했다. 아이들의 칭찬받고 싶어 하는 욕구가 커서인지 나도 모르는 사이에 경쟁의식을 너무 부추겼는지, 두 번째 달에 읽지 않은 책을 읽었다고 하는 아이가 있었다.

끝까지 다 안 읽어 놓고 읽었다고 말하는 아이, 독서왕이 되고 싶어 보지도 않은 책을 보았다고 하는 아이가 아주 소수이지만 생겼다. 아이들이 하는 거짓말이란 그들이 가진, 순진하고 어설프기 그지없는 행동으로 금방 탄로 날 때가 많다. 그래서 아이들은 아직도 순수하다.

책을 읽지 않을 권리, 건너뛰며 읽을 권리, 끝까지 읽지 않을 권리가 있다고 다니엘 페나크가 말했다지만, 그래도 아이들이 읽지 않은 책을 다 읽었다고 할 때 나는 왠지 그들에게 거짓말을 하게 한 듯하여 마음이 불편하다. 이럴 경우 알면서 모르는 척해 주는 것이 아이들에게 도움이 될지, 꼭꼭 짚어 지적을 해 주는 것이 옳은 것인지 아직도 갈등이다.

아이들에게 쓰는 토큰 강화가 아이들에게 거짓을 가르치는 부촉매가 아닌 책의 재미를 제대로 알아 가는 정촉매가 될 수 있도록 최선을 다해야겠다.

5. 아직도 진행형

공부란 끝이 없다고 한다. 학교를 졸업하고서도, 그리고 늙어 할아버지, 할머니가 되어서도 공부를 계속하여야 하듯이 책 읽기 또한 그러해야 하리라 생각한다. 아이들이 책과 좋은 친구가 될 수 있도록 도와주기 위해 나는 항상 궁리하고, 먼저 실천하신 선생님들의 지혜를 많이 빌리고 있다.

대학 시절, 체육과 교수법 수업은 우리 교대생들에게 참 힘든 시간이었다. 다리 걸어 철봉 오르기와 국민 체조, 청소년 체조 순서 익히기……. 정확한 동작과 어김없는 순서를 기억하지 못하면 재시, 삼시, 사시를 쳐야 했고, 기말 고사 기간에는 새벽 티켓을 끊어 시험을 쳐야 했다. 교수님의 열정도 대단하셨지만, 학생들은 그 속에서 참 많이 힘들어 했었다. 그런데 다행스럽게도 우리 과는 초등학교 교사인 강사 선생님께서 수업을 진행해 주셨고, 교사에게 요구되는 것은 기능이 아니라 아이들이 실제로 뜀틀을 넘고, 철봉에 오를 수 있도록 보조해 주고 지도해 줄 수 있는 능력이라 말씀하시며 조금 다른 방향의 평가를 진행하셨다. 교사란 바로 그러해야 하리라 생각한다.

돌이켜 보면 책을 싫어하는 사람들에 비하면 그래도 제법 책을 읽었지만, 책을 많이 읽는다는 사람들에게는 명함도 못 내밀 정도로 나의 책 읽기는 내세울 것이 없다. 하지만 독서교육에 관심을 가지면서, 또 아이들의 책을 읽기 시작하면서, 아이들에게 이제 제법 할 말이 있는 교사가 되었다. 그리고 아이들이 주변의 많은 유혹들 속에서 재미있는 책 읽기의 맛을 알아 가도록 지도해 줄 수 있는 나만의 어떤 것을 가질 수 있게 되었다.

철봉을 잘 하지는 못하지만 잘 가르칠 수 있듯이, 책에 대해 많이 알지는 못하지만, 이제는 관심만으로도 아이들에게 책에 대해 잘 알려 줄 수 있는 교사가 되었다. 또 앞으로 진행될 계속적인 독서 활동을 위해 내가 준비해 나가야 할 일들에 대해 끊임없이 생각해 보는 것이 더욱 발전된 나를 만들어 나갈 수 있으리라 믿고 있다.

그래서 다음과 같은 나름의 원칙을 마음에 새기고 있다.

1) 아이들을 힘들게 하지 않기

아이들과 함께 책 읽기를 하다 보니 자연스럽게 아이들을 위한 여러 활동들을 고민하게 되고, 그것들을 기록하게 되었다. 그것들을 잘 정리하여 독서 실천 사례를 준비해야겠다는 생각이 들었는데, 그러려면 독서 활동에 관련된 많은 결과물이 필요하였다. 그래서 때론 아이들에게 독서 관련 과제들을 제시해 보고 싶은 유혹이 굴뚝같지만, 그것이 오히려 아이들의 책 읽기를 방해하는 요소라면 실적에 연연하지 않기로 했다. 내가 숙제를 내주지 않아도, 어떤 활동을 제시하지 않아도 책에 대한 관심이 높아지면 아이들은 다양한 방식으로 자기 생각을 표현한다는 것을 시간이 지나면서 알게 되었다.

2) 아이들 책을 함께 읽고 이야기를 나눌 수 있는 교사가 되기

아이들 책을 함께 읽으면서 나는 아이들의 마음을 조금 더 이해하게 되었다. 초심으로 돌아가게 되었다고 할까? 신참 교사 시절 아이들을 바라보던 따뜻한 마음이 세월이 흐르면서 많이 변하였는데, 책이 그런 나의 마음을 많이 다잡아 주고 있다. 올 초, 아이들 책을 매일 한 권씩 읽자는 목표를 잡았는데(저학년용 도서는 가능하다.) 그것이 뜻대로 되고 있지는 않지만, 이러한 목표는 계속 실천하려 노력할 것이다. 내가 읽은 아이들 책을 차곡히 기록해 나감으로써 아이들에게 책에 관해 할 말 있는 교사가 되고자 한다.

3) 학급문고 계속 늘리기

우리 반 학급문고가 고여 있는 웅덩이 물이 아닌 샘물이 될 수 있도록 아이들에게 항상 새로운 책을 제시하여 책에 대한 관심을 불러일으키게 하고 싶다. (사)행복한아침독서에서는 학급문고 500권 갖기 교사 운동을 벌이고 있다고 한다. 좀 더 나아가서 1,000권에 도전해 봐야겠다는 욕심이 생긴다. 비록 이사가 힘들지라도 말이다.

4) 책 읽기 힘들어 하는 친구들을 배려하기

독서 지도에서 책을 싫어하는 아이들이 소외되지 않도록 특별한 관심을 가지고 지도해야 할 필요가 있다고 생각한다. 대부분의 아이들은 조금만 끌어 주어도 쉽게 변하지만, 그렇지 않은 아이들에게는 특별히 관심 어린 지도가 필요하리라 생각한다. 파멜라 메츠는 『배움의 도』에서 "좋은 학생은 나쁜 학생의 교사 아닌가? 나쁜 학생은 좋은 교사에게 도전 아닌가?" 라고 말하지 않았던가? 잘하는 아이를 격려하는 것도 잊지 않아야겠지만, 소외되기 쉬운 열등아들에게

도 관심 어린 지도를 한다면 조금이나마 그들을 변화시킬 수 있음을 잊지 말아야겠다.

5) 아이들을 위한 글쓰기

『쟈쟈표도르, 말하는 고양이와 개』를 우리말로 옮긴 김서윤 씨는 옮긴이의 말에서 너무나도 재미있는 이 글을 자신이 쓴 글이 아니라는 것이 무척 안타깝다고 했다. 나 또한 재미있는 책을 읽으면서 이런 생각을 하던 차라 김서윤 씨의 이야기에 무릎을 쳤다. 아이들 책을 읽다 보니 작가들의 놀라운 상상력에 고개가 숙여지면서 나도 어린이 책을 많이 읽으면 좋은 동화 한 편 지을 수 있지 않을까 하는 꿈을 꾸어 본다. 자신의 손자를 위해 기차를 타고 가며 즉석에서 그림을 그려 만들었다는 레오 리오니의 『파랑이와 노랑이』(물구나무)를 보면서, 또 예순 살이 넘어서 어린이 책을 쓰기 시작했다는 윌리엄 스타이그가 생각난다. 언젠가 나도 나의 아이와 우리 반 아이들을 위해, 그리고 나의 손녀, 손자를 위해 동화 작가가 될 수도 있지 않을까 하는 꿈을 꾸어 보는 것은 참 신나는 일이다. 그것이 꿈에 머무르게 되더라도 말이다.

6) 전래 동화 한 질 갖기

저학년을 맡은 선생님은 아이들을 위해 전래 동화 한 질을 소유하는 것이 좋을 듯하다. 작년에 우리 반 한 학부모님께서 아이가 아끼던 전래 동화 한 질을 1년간 기증해 주셨다. 책 읽기를 싫어하던 아이들에게 무척 긍정적인 영향을 미쳤고, 국어 실력 향상에 큰 도움이 되었다. 아직 전래 동화를 제대로 읽지 못한 친구들에게는 한 질의 동화책을 꼭 읽도록 해 주고 싶다.

덧붙여서 내가 학급에서 하고 있는 많은 활동들을 여러 시행착오를 거쳐 단순화하는 작업도 필요하리라 생각한다. 또 아이들에게 책 읽기와 더불어 자신이 읽은 책을 기록하는 것이 얼마나 중요한가도 이야기해야겠다. 그냥 읽기에서 한층 발전한 책 읽기, 내가 읽은 책에 대한 한 줄 느낌 쓰기의 필요성에 대해서 다음 학년으로 올라가기 전에 꼭 알게 해 주고 싶은 욕심이 있다. 지금 쓰지 않더라도 언젠가는 쓰고 싶은 마음이 들게 말이다.

6. 새로운 시작

작년 우리 반 아이들은 이렇게 말한다. 나와 함께 책을 읽었던 시간이 참 재미있고 행복했노라고! 그리고 그때 400권이라는 어마어마한 책을 어떻게 읽을 수 있었는지 지금 생각해 보니 놀라울 따름이라고! (2명의 친구가 400권 이상을 읽어 냈다.)

놀다 놀다 더 이상 할 게 없어 심심해서 책을 읽었던 우리의 어린 시절, 책이 없어 책에 목말라 하면서 읽었던 책을 읽고 또 읽었던 나의 어린 시절과는 달리 요즘 아이들은 빈틈없는 학원 시간표에 얽매이거나 게임과 텔레비전 만화 영화의 노예가 되고 있다. 그리고 홍수처럼 쏟아지는 아동용 도서 중에 어느 것이 좋고 나쁜가를 가늠하기 어렵다. 그런 아이들에게 교사가 제대로 안내자 역할을 잘해 줄 수만 있다면, 그래서 그들이 책과 좋은 친구가 될 수 있다면 교사로서 큰 보람을 느낄 수 있으리라 생각한다.

내가 5학년 때, 어린이날 선물을 들고 오신 어머님들 앞에서 우리 선생님은 아이들에게 장래 희망을 이야기해 보라고 하셨다. 나는 그때 "저는 이다음에 크면 우리 선생님처럼 아이들을 아끼고 사랑하는 훌륭한 선생님이 되고 싶습니다. 선생님은 의사도 키워 낼 수 있고, 변호사도 키워 낼 수 있어서 저는 의사보다도 변호사보다도 선생님이 더 좋다고 생각합니다."라고 말했었다. 아직 의사도 변호사도 한 명 키워 내지 못했지만, 책 읽기를 통해 가슴 따뜻한 미래의 주인공들을 키우고 있다는 자긍심은 나에게 조금 먼 길을 돌아왔지만 교사가 되길 참 잘했다는 생각을 하게 한다.

매일 매일은 나에게 있어 새로운 시작이다. 지금, 여기가 바로 새로운 시작

의 출발점이다. 책과 만나는 행복한 여행길을 우리 아이들과 미래의 나의 아이
들과 함께 오래오래 걷고 싶다. 언제나 새로운 마음으로!

김서영 _ 부산교육대학교를 졸업하였으며, 부산 위봉초등학교에서 아이들과 함께 생활하고 있다. 아이들과 함께 책
을 읽으면서 독서 교육의 중요성을 하나하나 알아 가며 아이들을 통해 희망을 배우고 있다.

한상수

대구시 학생 독서량 비약적인 증가
– 2006 대구 학생 독서 실태 조사 결과

대구광역시 교육청이 아침독서운동의 효과를 검증하고 학교 독서교육 정책 자료로 활용하기 위하여 계명대학교 문헌 정보학과 김종성 교수팀에 위탁하여 대구 학생 독서 실태 조사를 한 결과(조사 기간 2006년 11월 20일 ~ 11월 30일) 2006년 대구 학생들의 연간 독서량이 초등학생 104.5권, 중학생 35.6권, 고등학생 21.3권으로 각각 나타났다. 아침독서운동을 적극적으로 실시하고 있는 대구시 학생들의 연간 독서량이 아침독서 실시 이전보다 훨씬 많아졌고, 전국 학생의 평균보다도 월등하게 높은 것으로 나타난 것이다.

연간 독서량의 경우 아침독서운동을 실시하기 전인 2004년의 조사에서는 연간 10권 미만의 책을 읽는다고 응답한 학생 비율이 44.3%였고, 30권 이상 읽는다고 응답한 학생 비율이 24.1%였다. 그런데 이번 조사에서는 10권 미만으로 읽는다고 답한 학생 비율은 32.2%로 줄었고, 31권 이상 읽는다고 답한 학생 비율은 41.0%로 늘었다. 그리고 전혀 읽지 않는다고 응답한 학생의 비율은 4.0%에서 1.6%로 줄어 아침독서운동을 꾸준히 실천한 지난 2년 동안 학생

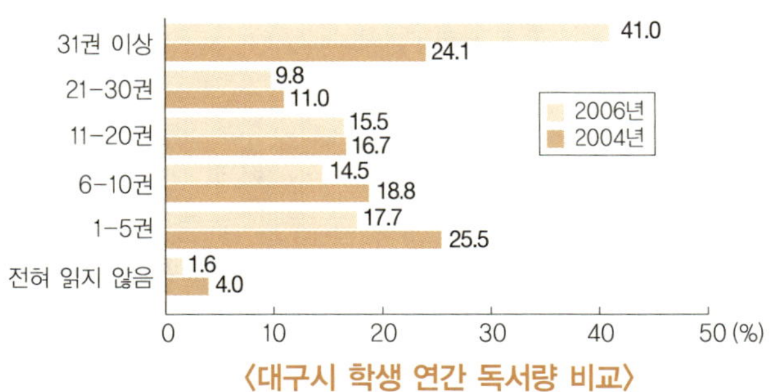

〈대구시 학생 연간 독서량 비교〉

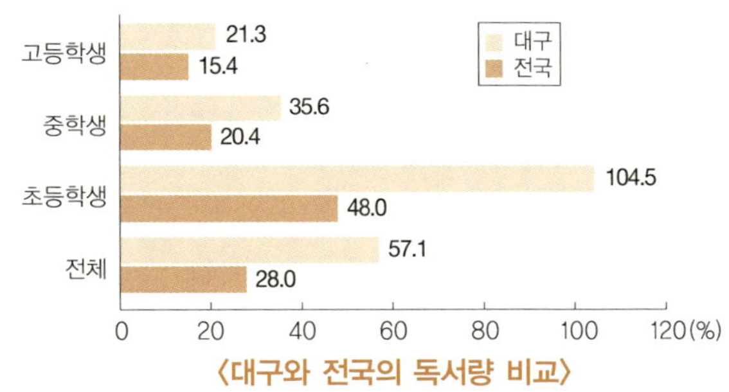

〈대구와 전국의 독서량 비교〉

들의 독서량이 현저하게 늘어났음을 알 수 있다.

국립중앙도서관이 한국출판연구소에 의뢰해서 조사·발표한 2006년 국민 독서 실태 조사 결과에서는 전국 학생의 한 학기 평균 독서량이 초등학생 24.0권, 중학생 10.2권, 고등학생 7.7권으로 나타났다.(조사 기간 2006년 9월 1일 ~ 9월 30일) 이러한 수치는 1년을 기준으로 비교할 때 대구시 학생들이 초등학생은 2.17배, 중학생은 1.75배, 고등학생은 1.38배가량 독서량이 많은 것으로, 아침독서운동과 독서량이 밀접한 상관관계가 있음을 여실히 보여 주는 결과라 할 수 있다.

이러한 조사 결과는 아침독서운동이 학교의 독서 현실을 개선하는 데 상당히 긍정적인 영향을 끼칠 수 있음을 시사한다. 따라서 지적된 문제점들을 보완하면서 각 교육 주체들이 힘을 합한다면 '책 읽는 학교 문화'를 만드는 것은 결코 요원한 일이 아니라고 생각한다.

2006 대구 학생 독서 실태 조사
- 아침독서운동 관련 문항 분석 결과

아침독서운동과 관련된 질문에서는 2005년 3월부터 초·중·고등학생을 대상으로 전개하고 있는 아침독서운동이 독서량, 도서 구입량, 독서 습관 형성에 긍정적 영향을 미치는 것으로 분석되었다. 학생들은 전반적으로 아침독서 프로그램에 대해 긍정적인 입장을 가지고 있는 것으로 나타났으며(긍정 45.6%, 부정 19.4%), 80% 이상의 학생들이 아침독서 시간에 읽은 책을 다른 시간에도 읽은 경험이 있다고 응답하여 아침독서가 일상생활에서 책을 가까이하는 계기를 만들어 줌으로써 독서 활동을 확대하는 데 긍정적인 기능을 하고 있음을 보여 주었다. 또한 학생들은 아침독서가 독서 습관을 기르는 데 도움이 되고, 학습 능률에도 상관관계가 있다는 평가를 했으며, 70% 이상의 학생들이 아침독서 시간의 연장을 희망하는 것으로 나타났다.

설문에서는 아침독서운동의 실태와 학생들의 태도를 확인하고 발전 방안을 탐색하였다. 그리고 아침독서운동이 실제로 독서 생활 활성화에 어떤 영향을 끼치며 어떤 성과를 가져올 수 있는지 살펴보았다.

가. 아침독서 시행

1) 아침독서 시행 횟수

조사 대상 학생의 54.3%는 매일, 17.1%는 주당 3~4일, 17.8%는 주당 1~2일 아침독서를 시행한다고 응답했다. 아침독서를 전혀 시행하지 않는다고 응답한 비율은 10.9%이다. 약 90%의 학생들은 1주일에 1회 이상 아침독서를 시행하고 있는 것으로 나타났다.

1주일에 3~4회 이상 시행하는 비율을 학교급별로 보면 초등학생 78.3%, 중학생 65.6%, 고등학생 70.7%로 나타나 초등학교, 고등학교, 중학교의 순으

로 시행률이 높다는 것을 알 수 있다. 이러한 사실은 전혀 시행하지 않는다고 응답한 비율에서도 그대로 나타났다.

2) 아침독서 시행 시간

아침독서를 실제로 몇 분 정도 하는지 조사한 결과 10분 이하가 39.5%, 11~20분이 41.7%로 20분 이내로 시행하는 비율이 가장 많은 비중을 차지했다. 21~30분 시행한다는 응답도 14.6% 있었으며, 31~60분 시행한다는 응답도 3.6%나 되었다. 그리고 1시간을 초과한다는 응답도 0.7% 나타났다. 실제로 아침독서를 10분 이상 시행한다는 응답이 전체의 60%를 초과한 것이다.

학교급별로 아침독서 시행 시간에서 다소 차이가 나타났다. 초등학교는 11~20분이 46%로 가장 높았고, 그 다음이 10분 이하(40.8%), 21~30분(19.5%)으로 나타났다. 고등학교는 10분 이하가 63.1%로 가장 높게 나타났고, 11~20분이 29.3%로 그 다음을 차지했다.

3) 아침독서 적정 시간

아침독서를 하기에 적당한 시간을 물은 결과, 11~20분이 37%, 21~30분이 32.1%, 10분 이하가 17.7%, 31~60분이 8.2%, 1시간 이상이 4.9%로 나타났다. 대부분의 학생들은 11~30분을 아침독서를 하기에 적당한 시간이라고 응답한 것이다. 그리고 31분 이상이 적당한 시간이라고 응답한 학생을 모두 합하면 초등학생이 13.6%, 중학생이 13.8%, 고등학생이 11.5%로 나타났다. 이와 같은 사실을 보면 학생들은 실제로 아침독서를 시행하는 시간이 다소 부족하다고 느끼고 있으며 시간을 더 늘리기를 바라는 것으로 보인다.

4) 아침독서 지속 희망

아침독서의 지속에 대한 질문에 대해 48.7%의 학생들이 긍정적인 응답을 했고, 15.9%의 학생들이 부정적인 응답을 했다. 5점 척도 기준으로 볼 때 아침독서 지속 여부에 대한 의견은 평점 3.5점으로 나타났다. 전체적으로 학생들은 아침독서가 지속되기를 희망하고 있는 것으로 보인다.

학교급별로 보면 다소 차별적인 양상이 있다. 아침독서 지속에 대해 부정적인 답을 한 비율이 초등학생은 8.3%인데 반해, 중학생은 18.9%, 고등학생은 22.9%로 높게 나왔다. 5점 척도 기준으로 초등학생은 평점 3.8점, 중학생은 3.3점, 고등학생은 3.2점을 나타냈다. 초등학생에 비해 중학생과 고등학생이 아침독서에 대해 부정적인 생각을 갖고 있다고 할 수 있다.

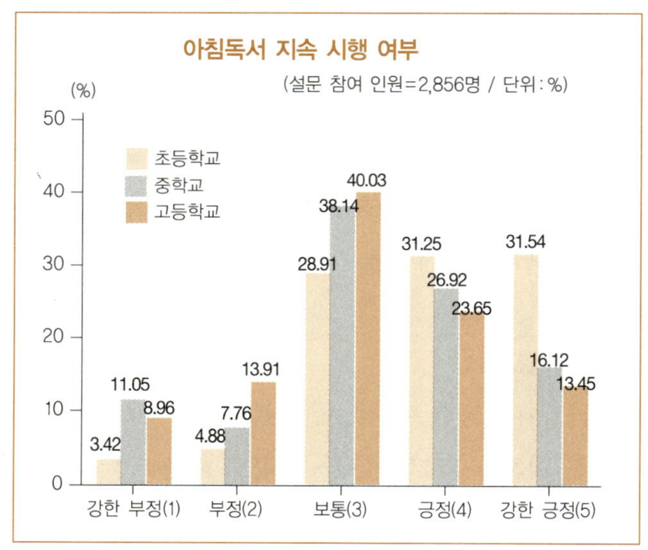

나. 아침독서와 독서 습관의 상관관계

'아침독서가 독서 습관 형성에 도움이 되는가?' 하는 질문에 긍정적인 응답을 한 학생이 45.6%, 부정적인 응답을 한 학생이 19.4%로 나타났다. 5점 척도 기준으로 평점 3.3점으로 학생들은 아침독서가 독서 습관 형성에 도움이 된다는 생각을 하는 것으로 나타났다.

한편 아침독서와 독서 습관의 상관관계에서도 학교급별로 차이가 나타났다. 5점 척도 기준으로 볼 때 초등학생은 3.7점으로 강한 긍정에 가까운 반면, 중학생과 고등학생은 각각 3.2와 3.0점으로 중간 수준에 가까운 것으로 나타났다. 이를 보면 초등학생에 비해 중학생과 고등학생은 상대적으로 아침독서가 독서 습관 형성에 도움이 된다는 생각을 많이 하지 않는다고 할 수 있다.

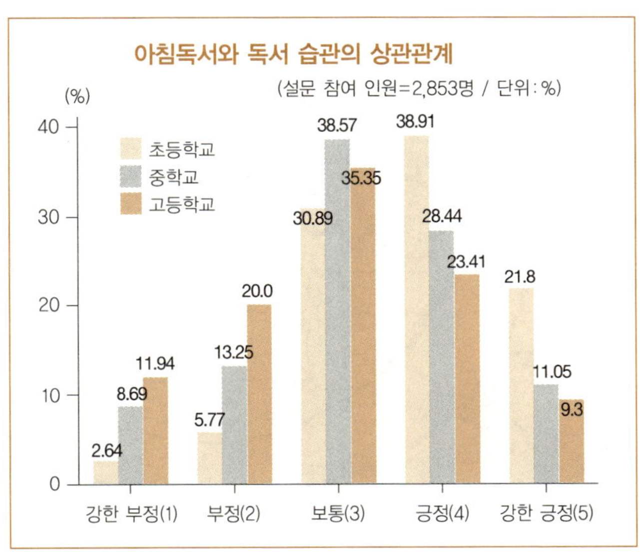

다. 아침독서와 학업 능률의 상관관계

학생들은 아침독서가 독서 습관 형성에는 긍정적인 영향을 끼친다고 생각하지만, 학업 능률에는 별로 영향을 주지 않는다고 생각하는 것으로 나타났다. 긍정적인 응답을 한 비율이 33.1%, 부정적인 응답을 한 비율이 28.3%로 큰 격차가 없다. 5점 척도 기준으로 볼 때 평점 3.1점으로 아침독서와 학업 능률 간에는 큰 관련성이 없다고 생각하는 것을 알 수 있다.

그리고 이런 태도는 학교급에 따라서 편차가 나타나기도 한다. 초등학생은 3.4점으로 비교적 긍정적인 입장을 취하고 있지만, 중학생은 3.0점으로 중간 입장을, 고등학생은 2.6점으로 부정에 가까운 입장을 취하고 있다. 요컨대 초등학생은 아침독서가 학업 능률 향상에 도움이 된다고 생각하지만, 고등학생은 큰 도움이 되지 않는다고 생각하는 것이다.

라. 아침독서의 일상 독서 연결

아침독서 시간에 읽은 책을 다른 시간에 읽은 경험이 있다고 응답한 학생은 80%로 나타났다. 아침독서가 일상 독서에 연계되는 빈도가 잦은 경우는 22.7%로 그다지 높지 않지만, 대부분의 학생들은 아침독서 시간에 읽은 책을 그 이외의 시간에도 읽은 경험이 있다는 것을 알 수 있다. 이런 경향은 중·고등학생보다 초등학생의 경우 더 높게 나타나는 것을 알 수 있다. 아침독서가 일상

적인 독서 욕구를 자극하고 확대하는 기능을 할 수 있다는 근거를 확인하게 해 주는 사실이라고 볼 수 있을 것이다.

마. 아침독서 시간에 읽는 책의 출처

학생들이 아침독서 시간에 읽는 책은 주로 학급문고(33.1%)에 있는 책이나 집(29.4%)에서 가져온 책, 또는 학교 도서관(21.0%)에 있는 책이라고 응답했다. 초등학생과 중학생은 학급문고의 책을 본다고 응답한 비율이 각각 40.7%와 40.8%로 가장 높게 나타났고 고등학생은 학교 도서관에서 빌려 본다는 응답이 38.3%로 가장 높게 나타났다.

학교 도서관에서 빌린다는 응답의 경우 학교 도서관 활성화 사업 대상 학교(24.3%)의 학생들은 비대상 학교(17.2%)의 학생들에 비해 비율이 높게 나타났고, 전담 사서(교사)가 배치되어 있는 학교(33.9%)의 학생들이 미배치 학교(12.1%)의 학생들에 비해 비율이 높게 나타났다. 이런 경향은 학급문고 설치여부와 도서관 운영 상황이 밀접하게 관련되어 있다고 추론할 수 있을 것이다.

바. 아침독서 방해 요인과 개선 사항

학생들은 아침독서를 방해하는 요인으로 과제와 과다한 학습 의무를 들었다. 33.7%의 학생들이 과제 등 할 일이 많아서 아침독서를 잘 할 수 없다고 답했다. 그 다음으로 피곤하고 졸려서(18.7%), 친구들이 시끄럽게 해서(18.0%), 독서 습관이 안 들어서(13.0%), 읽을 책이 부족해서(9.3%)라는 답변들이 이어졌다.

이런 경향은 학교급에 따라 다소 차이를 보이는데, 초등학생의 경우 친구들이 시끄럽게 해서 아침독서가 방해된다는 응답이 28.1%로 가장 높았고, 고등학생의 경우 피곤하고 졸려서가 29.8%로 다른 학교급에 비해 높게 나타났다. 결과적으로 학생들은 과중한 학습 부담과 과다한 학습 시간으로 인해 10분 정도의 아침독서 시간을 제대로 하기 어렵다고 이야기하고 있다.

　학생들은 아침독서를 활성화하고 정착하기 위해서는 충분한 시간 확보(29.9%), 충분한 도서 확보(27.7%), 조용한 독서 분위기 조성(22.2%) 등의 문제가 선결되어야 한다고 응답했다. 충분한 시간 확보에 대해서는 상대적으로 고등학생들이 많이 응답하였고, 초·중학생들은 충분한 자료 확보에 많이 응답하였다.

아침독서로 희망을 꿈꾸는 아이들

홍미화 _ 인천 만석초등학교 교사

아침부터 책 한 권으로 하루를 시작하는 여유로움과 편안함을 아는 사람이 얼마나 될까? 짧은 시간이지만 우리들에게 얼마나 많은 변화를 가져다 주는지 아는 사람이 얼마나 될까?

아침독서 10분을 시작한 지 이제 1년이 흘렀다. 작년에는 같은 학년 선생님들의 협조를 구해 4학년 전체가 아침독서를 하면서 '아이들에게 아침마다 내가 좋은 선물을 하고 있구나.' 하는 생각에 뿌듯했다. 그러면서 한편으로는 만석초등학교에서 4년 동안 담임과 학교 도서관 담당을 맡고 있으면서 떠날 때 얼마나 만족하며 떠날 수 있을지를 생각하게 되었다. '마지막 마무리를 어떻게 할 것인가? 어떻게 하면 우리반뿐만 아니라 전교생에게 책을 많이 읽히고, 학교 도서관을 활성화시킬 수 있을까?' 고민하다가 '전교생이 아침독서 10분을 실시한다면…….' 하는 생각이 퍼뜩 드는 순간 나는 흥분하기 시작했다. 내가 왜 미처 그 생각을 못 했을까? 다른 선생님들께서 동의하실까? 이런 저런 고민과 설렘으로 작년 가을부터 서서히 준비 작업에 돌입했다.

1. 전교생 아침독서 10분 추진을 위한 작전 개시

● 양질의 학급문고 마련을 위한 교과서 연계 권장 도서 목록 선정

작년에 아이들과 1년 동안 아침독서를 하고난 후 설문 결과 아이들이 가장 많이 읽는 책이 바로 학급문고였다. 우리반이 도서실 바로 옆 교실이어서 도서관 이용률이 제일 높았는데도 학급문고를 더 많이 이용하고 있다는 점은 교실의 독서 환경이 아이들에게 얼마나 중요한가를 일깨워 주는 부분이다. 한 권의 책을 읽더라도 교과서와 연계된 권장 도서를 읽는다면 독서의 효과가 배가될 것이다. 물론 독서 그 자체가 목적이 되어야 하고 독서의 즐거움을 느끼게 해 주는 것이 중요하지만 논술이니 뭐니 하는 교육 현실을 생각하면 독서를 통한 교육 효과를 생각하지 않을 수가 없다. 그래서 2007년에는 학교 도서관뿐만 아니라 전 학년 교실에 양질의 학급문고를 구비해 두어야겠다는 욕심으로 겨울 방학 동안 다양한 책을 참조하여 '교과서와 연계된 권장 도서 목록'을 만들었다. 또한 올해 2월 말에는 (사)행복한아침독서에서 발표한 학년별 권장 도서 목록을 선생님들에게 권하여 엄선한 좋은 책들을 아이들에게 보여 줄 수 있었다.

● 전교생 '아침독서 10분' 확정!

봄 방학 때 교장, 교감 선생님과 부장 선생님들의 새학기 업무 추진을 위한 1박 2일 워크숍이 있었다. 1년 동안 우리 반에서 실시했던 아침독서의 효과와 아침독서운동과 관련된 신문 기사들을 모두 모아 소개했다. 또한 교장, 교감 선생님과 여러 부장 선생님들의 눈빛을 애절하게 바라보며 대구 교육청의 성공 사례와 이 운동이 전국에 얼마나 퍼져 가고 있는지, 교육 환경이 열악한 우리 학교에서 왜 아침독서를 실시해야만 하는지 등에 대해서 열변(?)을 토하였다. 떨리는 가슴을 진정시키며 주위를 둘러보고 있는데,

"그럼 우리 학교도 하죠, 뭐."

그토록 듣고 싶었던 한마디! 교장 선생님의 그 말씀에 부장 선생님들이 격려의 박수를 보내 주었다.

2. 전교생 아침독서 10분 실시

1) '아침독서 10분' 실시를 위한 전직원 연수

전교생 아침독서 10분을 하기 위해 먼저 3월 2일, 모든 선생님에게 아침독서의 취지와 원칙, 방법 등을 연수하였다. 그리고 3월 5일, 월요일부터 전교생이 아침독서를 시작했다.

2) 시종표 변경

전교생이 10분 아침독서를 실시하기 위해서는 시종표를 바꿔야 했다. 아침 8:40~9:00시까지 아침 자습 시간이던 것을 8:40~8:50분으로 바꾸고, 1교시 후 쉬는 시간을 9:50~10:00시에서 9:40~10:00시로 20분으로 늘린 다음 아이들은 우유를 마시고, 선생님들은 협의 시간으로 활용하기로 했다.

3) 학급문고 마련

또한 학급문고 마련을 위한 전교생 학부모 설문지를 나눠 주고, 각 학년 부장 선생님들은 '교과서와 연계된 권장 도서 목록'과 '2007 아침독서 권장 도서 목록'을 참고하여 학급문고 목록을 작성하였다. 그리고 학부모 설문 결과 분석 후 목록을 각 가정에 보내어 학생들이 2~3권씩 책을 사왔고, 3월 한 달 동안 양질의 학급문고를 마련하게 되었다.

4) 학교 도서관에서 권장 도서 구입

학급에서 학급문고를 구비하는 데는 한정이 될 수밖에 없기 때문에 학교 도서관에서 '교과서와 연계된 권장 도서 목록'과 '2007 아침독서 권장 도서 초등용' 도서를 모두 구입하였다. 주문한 새 책을 받는 심정을 담당자가 아니면 누가 아랴! 그것도 방학 동안 고생해서 뽑은 권장 도서와 (사)행복한아침독서의 검증된 책들을 3월, 도서관을 개방하기 전에 미리 들여와 아이들 눈에 띄는 곳에 진열해 놓고, 올해는 전교생이 아침독서를 하니까 더 많은 아이들이 몰려오리라 기대하며 도서관을 개방한 첫날! 난리가 났다. 첫날뿐만 아니라 1주 내내 대출자가 밀려 점심시간이 끝날 때까지 대출하기 위해 선 줄이 줄어들지 않았다. 결국 교사용 컴퓨터를 2대로 늘려 작업을 할 수밖에 없었다.

5) 학교 특색 사업으로 '아침독서 10분' 선정

인천 남부 교육청의 올해 특색 사업은 '독서·논술(토론) 교육을 통한 자기

주도적 학습력 신장'이다. 더불어 우리 학교에서도 '아침독서 10분'을 특색 사업으로 지정해 추진하기로 하였다. 내가 가졌던 욕심 그 이상으로 짧은 시간에 아침독서가 우리 학교에 자리잡게 되는 느낌이다.

3. 아침독서에 빠져 버린 우리 반 아이들

어머님들의 행복한 목소리가 가끔 들려온다.
8시 10분쯤 교실 문에 들어서면 나보다도 더 빨리 와서 책을 읽고 있는 아이

들이 있다. 그 분위기에 눌려 40분이 되기도 전에 우리반 아이들은 소리라도 날까 조심조심 책을 꺼내 든다. 아침독서가 끝난 시간에도 내가 책을 내려놓기가 미안할 만큼 계속해서 책 속에 빠져들고 있는 예쁜이들…….

3학년 때는 한 달에 한 권도 읽지 않았다는 아이들이 많았는데, 이제는 책을 잘 안 읽는다는 아이들도 1주에 한 권 이상은 읽고 있다. 점심시간엔 학교 도서관에 가서 책을 2권씩 가슴에 품고 교실에 들어온다.

하루 동안 학교에서 아침독서 시간과 쉬는 시간, 점심시간 등 자투리 시간을 모두 합하면 70~80분 정도 된다. 그 시간 중 30분만이라도 책을 읽는다면 1주일에 2~3시간이다. 4학년 수준의 책을 1~2권 읽을 수 있는 시간이다. 한 달이면 4~8권, 1년이면, 2년이면……. 나는 이것이 아침독서를 하는 아이들과 하지 않는 아이들의 사고력에 영향을 줄 거라고 생각한다.

책을 즐기고 생각이 깊은 멋진 아이들

허진숙 _ 부산 백운초등학교 교사

지난해 교사로 일하는 친한 친구에게 우연히 아침독서운동에 관한 정보를 듣게 되었다. 그 친구는 평소 독서 지도에 많은 관심을 갖고 독서 지도 연수도 여러 번 받았고, 독서 치료사 자격증도 갖고 있었다. 친구는 몇 년 전에 아침독서운동을 알았고, 아이들을 지도하여 많은 효과를 보았다고 했다. 평소 독서 지도에 대한 열정만큼은 그 친구 못지않았던 나는 그 소식을 접하자 귀가 번쩍 뜨였다. *'나도 한 번 해 보리라!'*

교사로 일하며 아이들을 지도하고 또 내가 결혼을 하고 아이를 낳고 키우면서 독서에 대한 중요성을 뼈저리게 느끼게 되었다. 내 아이들은 어릴 때부터 여가 시간 대부분은 자연스럽게 책을 접하게 하였다. 그래서 수업 시간까지 책을 봐서 지적을 당한 적도 있다는 고등학교 3학년인 아들은 독서를 통해 많은 이득을 보고 있다. 중학교 2학년인 딸아이 역시 부산에 있는 교보문고를 초등학교 3학년 때부터 주 1회 이상 방문하여 하루 종일 그곳에서 책을 읽었고, 심지어 명절날에도 서점을 가겠다고 할 만큼 독서광으로 자랐다. 지금은 다독, 정독을 넘어 속독까지도 가능한 수준이다.

어릴 때의 독서 습관이 중요하다는 점은 누구나 다 알고 있다. 그러나 아이도 부모님도 작심삼일에 그치는 예가 적지 않음을 많이 보아 왔던 터라 교사로서 '어떻게 하면 아이들에게 책 읽는 습관을 갖게 해 줄 것인가?'라는 고민이 늘 떠나지 않는 과제였으며, 내가 맡은 아이들에게 이 습관을 갖게 하기 위해 매년 다양한 독서 지도 활동을 해 오고 있다.

10년 정도 나름대로 독서 지도에 대하여 큰 비중을 두고 꾸준히 지도를 해 오면서 느낀 점도, 보람도 많았다. 아무리 강조해도 지나치지 않는 독서 습관은 아이들에게 사고력, 학습 집중력을 길러 주며, 거기에다 자연스럽게 책에 녹아 있는 인성의 씨앗을 통하여 따뜻한 품성까지도 갖춰 가도록 해 준다.

아침독서운동은 자칫 지나쳐 버리기 쉬운 아침 시간을 책을 읽는 활동으로 유도하여 책에 대해 흥미를 가지게 하고 나아가 차분한 수업으로 이끌 수 있는 좋은 방법인 것 같았다. 그래서 나는 어느 때보다 3월 새학기를 들뜬 마음으로 기다리게 되었다.

아침독서운동을 위한 준비

먼저 아침독서운동 시작에 앞서서 5학년에 맞는 도서 목록을 만들었다. 교육청과 (사)행복한아침독서 누리집을 참고로 하여 올해의 좋은 책 120권을 선별해 본 것이다. 이를 교실에 게시하고 학교 누리집에도 목록을 올려놓아 언제든지 참고할 수 있도록 배려하였다.

다음은 이미 구비되어 있던 학급문고와 아이들에게 기증받은 책을 종류별로 분류하여 창작 동화 및 소설은 연두색, 국어와 철학은 검은색, 위인전기는 노란색으로 붙이고 과학 문고는 파란색, 기타는 나무색 색종이로 구분하여 손쉽게 책을 고르고 정리할 수 있도록 하였다. 물론 학급문고 목록도 작성하여 효율적인 관리가 되도록 하였다. 그리고 아이들의 독서에 대한 설문도 실시하고, 학부모 총회 때 학부모들의 협조도 요청하였다.

이렇게 실천하기로 약속했어요!

- 아침 8시 40분까지 학교에 등교하여 시간표와 일기장을 내고 바로 가져온 책이나 학급문고 책을 펼친다.(되도록이면 1주일 동안 읽고자 하는 책을 읽는다.)
- 10분 이상 조용히 책을 읽는다.(주로 8시 40분~9시까지 20분 정도 읽었다.)
- 선생님과 모든 친구들이 다 같이 지킨다.(교사인 나도 할 일을 끝내고 같이 책을 읽었다.)
- 한번 잡은 책은 끝까지 읽는다.(처음엔 지켜지지 않았으나 지금은 잘 지켜지고 있다.)

완성
학습력

- 아침독서 목록을 게시하여 한 아이당 2권 정도의 책을 구하여 읽는다.
- 읽을 책은 직접 구입하거나 학교 도서실과 부산시 남구 도서관, 친구 등 여러 방법으로 구하여 읽는다.

이런 점이 좋아졌어요

아침독서운동을 두 달 동안 꾸준히 실시해 오면서 좋아진 점이 너무나 많았다. 무엇보다도 먼저 책을 싫어했던 많은 아이들이 책에 대하여 관심을 가지게 되었다는 점이다. 지도한 교사로서 이 점에 보람을 가장 크게 느낀다. 우리 반 30명의 아이들이 주 두 권 정도의 책을 별 불만 없이 읽게 되었으며 몇몇 아이들은 하루 한 권의 책을 읽기도 한다.

다음으로는 아이들의 정숙한 생활 태도와 올바른 학습 태도가 정착되었다는 것이다. 어느 날부터인가 복도나 교실 내에서 떠드는 소리가 사라졌고, 학습 태도도 다른 해에 비해 매우 좋은 편이며 발표력도 자연스럽게 향상되었다.

독서는 학력과도 깊은 관련이 있다는 걸 깨닫게 되었다. 1단원부터 수학 단원 평가를 치렀는데 시간이 갈수록 성적이 많이 향상되고, 다른 반 수준보다 더 월등하다는 것을 느끼게 되었다. 물론 수학을 열심히 가르치려고 한 부분도 있지만, 3월 초에는 다른 반과 비슷하게 부진아가 3~4명 있었지만 현재는 1명 그것도 50점대 성적의 아이들이라 구제할 가능성이 많아 보인다. 이는 독서를 통해 학습에 집중하는 분위기가 정착된 결과라고 볼 수 있을 것이다.

또 하나 눈여겨볼 점은 학생들 간에 생각이 깊어지고 서로를 배려하는 마음이 많이 생겼다는 점이다. 우리 반 아이들은 점심 식사만 끝나면 교실에는 한 명도 남은 친구가 없고 모두가 손을 잡고 운동장이나 뜰에 가서 술래잡기나 재미있는 놀이를 많이 한다. 다른 반보다 비만인 아동이 많은 우리 반이라 담임인 나도 어쩔 수 없이 가만히 지켜보고 있다가 며칠 전 아이들에게 슬쩍 물어 보았더니 "아침에는 책을 열심히 읽으니까 점심때만이라도 열심히 놀기로 친구들과 약속했어요. 그렇다고 우리가 공부를 못하는 것도 아니잖아요? 그리고 책도 우리반 친구들 여럿이 손잡고 도서실에 가서 빌려서 봐요."라며 자랑스럽게 이야기하였다. 못말리는 제자들이다.

지금도 우리 반 아이들은 주에 책 두 권은 반드시 읽기로 약속하여 실천하고 있다. 대부분 학교 도서실과 도서관에서 책을 대출한다. 주어진 공부를 다 하고 나면 너나 할 것 없이 책상 속에 있는 책을 꺼내서 읽고 있다. 이제는 너무나 익숙한 풍경이 되었다.

아이들도 아침독서를 하는 자신들이 뭔가 뿌듯하고 모범생이 된 듯한 기분이라고 하였고, 왠지 공부도 훨씬 잘 된다고 했다. 그리고 학부모들도 아이들이 5학년에 올라와 더 의욕적이고 책을 즐기며 많이 의젓해졌노라고 전한다.

교육은 갑자기 드러나는 것이 아니란 걸 잘 알고 있다. 나름대로는 열심히 교육 활동을 한다고 생각하지만 그에 대한 결과는 세월이 한참 흐른 뒤에야 나타나는 것이 교육의 효과다. 이런 점에 교사인 나는 조바심이 나고 답답할 때가 많았다.

그러나 연달아 2년간을 지속적으로 독서 지도를 하며 그 효과가 눈에 띄게 드러나는 것을 보고 나 자신도 한편으로는 보람을 느끼면서 책임감을 많이 가지게 된다. 올해는 아침독서까지 합세하게 되었으니 내가 맡은 이 아이들은 그 어느 아이들보다도 책을 즐기고 자기의 생각을 정립해 가는 멋진 아이들로 자라나게 되리라!

책이 있어 행복한 아이들

박미령 _ 광주 계림초등학교 교사

3월 초, 여느 해처럼 아침독서 시간을 강조하며 교실의 아침 풍경을 관찰하는 기간이었다. 교실 입구에 들어서기도 전에 아이들의 떠드는 소리가 들리기 시작했다. 몇몇 친구들은 교실에 들어와서 책가방을 채 내려놓기도 전에 가방을 맨 채 주변을 서성이며 큰 소리로 떠들고 있었다. 보통 8시 30분쯤 되면 반 아이들의 절반 정도가 등교했고, 책을 읽는 아이는 한두 명쯤 되었다. 아침 시간이 끝나가도 책을 읽고 있는 아이는 서너 명에 불과하였다. 이 아이들에게 어떻게 독서의 즐거움을 알게 해 줄 것인가? 나는 심각한 고민에 빠져들었다.

그 동안 교직 생활을 하면서 꾸준히 아침독서를 실천해 오고 있지만, 올해는 학급 운영에서 특히 중점을 두고 구체적인 계획을 세워 실천해 보아야겠다고 마음먹었다. 인생을 살아가는 데 책처럼 좋은 평생 친구가 또 있을까? 평소에 책 읽기를 좋아하고, 읽는 즐거움과 그 행복한 시간을 알기에, 나는 주저 없이 우리 아이들에게 그 즐거움과 행복을 나누어 주어야겠다고 마음먹었다.

아침독서운동을 만나다

내가 아침독서를 만난 건 지난 2월 말이다. 우연히 교무실에 들렀다가 책상 위에 있는 「초등 아침독서」라는 신문을 발견하고 눈이 번쩍 뜨였다. 독서 지도에 대해 고민을 하던 나에게 '아침독서 4원칙'과 '10분 아침독서'는 신선한 충격이었다. 신문을 처음부터 끝까지 꼼꼼히 읽었다. 정말 도움이 되는 내용들이 많았다. 그러나 아침독서에 대한 나의 갈증은 해소되지 않아 곧바로 도서관으로 가서 하야시 히로시가 쓴 『아침독서 10분이 기적을 만든다』라는 책을 찾아 읽었다.

‘혼자서 읽는다, 마음으로 읽는다, 한 권의 책을 차분하게 읽는다.’ 정말 마음에 와 닿는 말이었다. 책을 대충 읽는 우리 아이들에게 정말 필요한 말이라고 생각되어 교실 독서 환경 게시물에 적어두기로 했다.

책을 읽으면서 그 동안 내가 해 온 독서 지도를 되돌아보게 되었다. 독후감을 쓰기 위해서 책을 읽고, 아이들에게 “읽어라!”만 했지 나는 아이들과 마음으로 함께 하지 않았다. 아이들과 나는 따로였던 것이다. 이런 나에게 이 책은 독서 지도에 대한 새로운 방향을 제시해 주었으며 좋은 안내자가 되어 주었다. 아침독서 4원칙을 토대로 나는 우리 반의 독서운동을 펼치기로 마음먹었다. 그리고 나도 아이들과 더불어 책을 읽어야겠다고 결심했다.

교실 속의 작은 도서관

이러한 생각으로 맨 먼저 시작한 것이 독서할 수 있는 분위기를 조성하는 일이었다. 3월 첫날 교실에 들어와 살펴보니 책꽂이가 텅 비어 있었다. 그래서 학급문고가 들어오기 전까지는 각자 읽을 책을 가져와서 아침독서를 하기로 했다. 마침 학교 도서관이 우리 교실과 가까워 학교 도서관을 안내하고 도서관을 활용하도록 했다. 3월 중순쯤에 드디어 53권의 학급문고가 새로 들어왔다. 나는 교실 속에 작은 도서관을 꾸미기로 마음먹었다.

아이들과 교실 속의 도서관을 만들기로 약속하고, 가정에도 학급문고 마련을 위한 가정 통신문을 보내 학부모들의 협조를 구했다. 아이들은 각자 집에서 학급에 소개하고 싶은 좋은 책들을 하나 둘씩 가져오기 시작했다. 내가 가지고 있는 책들까지 합하니 책꽂이는 그런대로 제모습을 갖추었다. 그리하여 3월 말쯤에는 교실 속에 멋진 도서관이 생겼다.

아침독서 시간

교실 속의 작은 도서관으로 인해 우리 반의 아침독서 시간은 점점 활기를 띠어 갔다. 그러나 아침에 책을 읽는 동안에는 책을 대강 보고 다른 책을 가지러

가거나, 읽다가 옆 친구와 이야기하는 친구들이 있어서 독서에 집중하기가 어려웠다. 그래서 아이들과 상의하여 '집중 독서 시간'을 정하여 8시 30분부터 10분 동안 책 읽기를 하였다. 그러나 아이들이 10분은 너무 짧다고 하여 20분으로 늘렸다. 그리하여 우리 반은 매일 아침 8시 20분까지 등교하여 8시 40분까지 20분 동안은 집중 독서를 하기로 하고 그 시간만큼은 자리를 뜨거나 말을 하지 않고 독서에만 열중하기로 했다. 처음에는 아이들이 쉽게 집중하지 못하여 약간 산만하였으나 어느 정도 시간이 지나자 독서 분위기가 점점 자리를 잡아가기 시작했다. 나도 아이들과 동참하여 집중 독서 시간에는 내 자리에 앉아 책을 읽었다. 처음에는 바쁜 아침 시간에 모든 일을 제쳐 두고 책을 읽기가 쉽지 않았다. 아침 시간 20분이면 얼마나 많은 일을 처리할 수 있는가! 나를 기다

리는 일들의 유혹을 떨치기가 어려웠다. 그러나 사제동행이 아이들의 독서 습관 형성의 첫걸음이라 생각하고 마음을 다잡으며 아이들과 책 읽기에 몰두했다. 같이 학급문고를 읽으며 읽은 책에 대해 이야기를 나누기도 했다.

3월 초에는 8시 30분이 되어도 절반 정도밖에 등교하지 않던 아이들이 지금은 20분이 되면 대부분 자기 자리에 앉아서 독서를 하고 있다. 그리고 집중 독서 시간이 끝나면 각자 읽은 책을 더 읽거나, '책하고 놀자(독서 기록장)'에 책 제목과 내용, 느낌 등을 한두 줄 정도 기록하기도 한다. 그리고 아직 덜 읽은 책은 학급문고 책꽂이 한쪽에 따로 마련되어 있는 '지금은 독서 중'에 자기의 책갈피를 꽂아 따로 보관해 둔다.

아이들은 쉬는 시간이나 중간 놀이 시간에 수시로 '지금은 독서 중'에 꽂아 둔 자신의 책을 가져다 읽기도 하고, 집에 가기 전에는 자신의 책상 위에 읽을 책을 올려 두고 간다.

다양한 독후 활동

아침 방송이 끝나면 우리 반은 '아침 협의 시간'을 갖는다. 그 시간에는 돌아가면서 아침에 읽은 책의 제목과 간단한 내용을 말하게 한다. 학기 초에는 책의 제목만 말하다가 점점 내용을 덧붙이기로 했다. 2학기가 된 지금은 간단한 내용과 함께 자신의 생각과 느낌까지 덧붙이는 아이들도 있다. 물론 말하기가 어려운 친구들은 간단히 적은 내용을 보고 발표하기도 한다.

그 동안 독서 활동을 해 오면서 계속 고민하던 것 중의 하나가 아이들이 책을 대충 읽는다는 것이었다. 물론 정독하는 친구들도 몇몇 있었지만 대부분의 아이들은 책장을 넘기다가 다른 책으로 옮겨 가기가 일쑤였다. 그래서 독서 의욕을 북돋아 줌과 동시에 정독의 습관을 길러 주기 위해 마련한 것이 독서 퀴즈를 비롯한 다양한 독후 활동이었다.

자신이 읽은 책의 내용을 좀 더 깊게 이해하고 책에 대한 관심을 높여 주기 위해 재량 활동 시간과 국어 시간을 활용하여 다양한 독후 활동을 마련하였다.

자신이 읽은 책의 내용이나 느낌을 생각그물로 표현하기, 4단 독서 감상화, 주인공에게 편지 쓰기, 독서 골든벨, 학급 독서신문 만들기 등.

다양한 독후 활동으로 인한 칭찬과 격려가 아이들의 독서 생활 습관 형성에 영양분이 되었으며, 아이들의 표현력이 많이 향상되어 감을 발견할 수 있었다.

2학기에 실시된 학급문고 보내기 행사에 우리 학급이 선정되어 정말 좋은 책 60여 권이 아이들 곁으로 왔다. 아이들의 책 읽는 속도가 무섭다. 학급문고에 읽을 책이 부족해 걱정이었는데 새로운 책들이 아침독서 시간을 더 즐겁게 만들 것 같아 반가웠다. 독서에 대한 새로운 눈을 뜨게 해 준 아침독서. 내가 아침독서를 만난 것은 정말 행운이다.

따라서 더 많은 학교에서 아침독서운동을 하여 책 읽기의 즐거움을 알아 가는 어린이들이 많아지기를 바란다. 조금이라도 어렸을 때 시작하는 것이 좋은 결과를 얻을 것이라 생각한다. 아주 어린 유년 시절부터 엄마와 함께 책을 읽은 아이는 커서도 책을 좋아하고 사물을 보고 생각하는 능력이 남다르듯이 학교에서 선생님, 친구들과 함께 하는 독서 활동이 아이들의 사고력과 표현력을 발전시키는 초석이 될 것임을 의심치 않는다.

함께 읽는 책, 함께 크는 생각
– 생각을 나누는 아침독서

김민이 _ 대구 매천초등학교 교사

아침독서가 정착된 지 이제 1년 6개월이 지났다. 이제 아침독서 시간은 누구에게나 기다려지는 시간이 되었다. 자신이 읽을 책을 스스로 정하고 아무에게도 간섭받지 않는 시간. 아침독서를 할 때만큼은 '왜 이 책을 읽니?', '왜 그렇게 생각을 하니?', '왜 책을 읽고 나서 독후감을 쓰지 않니?'라는 선생님의 잔소리를 듣지 않아도 된다.

나는 아침독서 시간이 아이들이 학교에서 생활하는 시간 중에서 가장 자율성이 보장되는 시간이라고 생각한다.

이제 아이들은 등교를 하면 가방을 정리하자마자 책을 펴들기 시작한다. 아침독서가 정착되면서 책을 읽는 조용한 아침 풍경은 무엇보다 나의 하루를 기분 좋게 열어 주는 기쁨이 되고 있다.

혼자 읽고, 혼자 생각하는 아이들

독서교육을 맡아 여러 가지 독서 행사와 활동을 전개하는 중 오늘날 독서교육이 독후감 쓰기와 그리기 위주로 이루어진다는 점을 깨달았다. 아이들은 교내에서 독서 행사를 한다고 하면 부랴부랴 전에 읽었던 책을 떠올려 줄거리만 잔뜩 쓴 독후감을 냈다. 이러한 모습을 보면서 지금 우리 아이들이 하고 있는 독서 방법에 뭔가 문제점이 있다고 생각하였고, 어떻게 하면 글씨를 읽는 독서가 아닌 생각하는 독서가 될 수 있을지 고민하기 시작했다. 학습지 위주, 글쓰기 위주의 독서교육은 더 이상 아이들에게 독서에 흥미를 갖게 하지도, 생각을

키우게 하지도 못했으며 오히려 책을 읽은 후에는 학습지를 해야 한다는 강박 관념이 자리 잡혀 독서를 즐기지 못하게 하는 원인이 되고 있는 듯했다.

이러한 문제들을 바라보면서 아이들이 책을 함께 읽고 이야기를 나누는 시간이 있으면 좋겠다는 생각을 했다. 책을 읽고 이야기를 나누면 좀 더 책의 내용을 깊이 있게 이해할 것이고 생각을 하면서 책을 읽을 것이기 때문이었다.

함께 읽는 방법을 찾다

고민 끝에 생각해 낸 방법이 바로 '모둠 독서'였다. 모둠 독서는 4명이 한 모둠이 되어 같은 책을 돌려 있는 것이다. 먼저 매월 1일에 '우리 모둠의 이달의 책'을 정한다. 모둠원 각자가 읽고 싶은 책을 한 권씩 선정한 뒤 어떤 책을 이 달의 책으로 할지 의견을 나누는 시간을 가진다. 가지고 온 책을 비교해 보고 자신은 왜 이 책을 이달의 책으로 선정하고 싶은지 그 이유도 모둠원들에게 설 명하는 시간을 갖는다. 모둠원들과 토의를 한 후 가장 마음에 드는 책 한 권을 결정하면 교사는 모둠별로 사진을 찍어 교실 뒤에 붙여 둔다. 우리 모둠이 읽고 있는 책을 다른 친구들에게도 알리고, 의욕을 가지고 열심히 읽도록 하기 위해 서다.

한 주에 한 명씩 책을 읽고 그 다음 학생에게 그 책을 넘겨주는 방식으로 독 서가 이루어지므로 한 달이 지나면 모둠원 전체가 한 권의 책을 함께 읽게 되는 것이다. 물론 우리 모둠의 책은 아침독서 시간에 읽는다. 다른 시간에 읽어도 상 관은 없다. '읽고 싶은 책을 읽는다.'라는 아침독서의 원칙에 위배되는 것 같아 보이지만 모둠원들이 함께 고심해서 고른 것이라 이 책도 역시 아이들이 스스로 선택한 '읽고 싶은 책'인 것이다. 그리고 '이달의 책'은 일주일 이상 읽지 않으 므로 남은 시간에는 그 외에 자신이 읽고 싶어 했던 책을 골라서 읽으면 된다.

함께 생각하고 함께 표현한다

모둠 독서는 단순히 같은 책을 읽는 것으로 끝나는 것은 아니다. 같은 책을 읽었으므로 매월 말에 책을 읽고 각자가 생각한 재미있었던 점이나 감동적이었 던 점, 가장 인상적이었던 부분 등을 이야기하며 의견을 나누는 시간을 갖는다. 이 시간을 통해 같은 책을 읽고도 다양한 생각을 할 수 있음을 깨닫게 되고, 다 른 친구의 생각과 내 생각을 비교해 보는 기회도 가질 수 있게 된다. 책의 내용 을 깊이 있게 이해하는 것은 당연한 결과다.

이렇게 책에 대한 이해를 높이고 의견을 나누고 나면 모둠원들은 협력하여 독후 활동을 한다. 지금까지 혼자서 재미없이 했던 독서 학습지에서 벗어나 친 구들과 함께 계획하여 다양하고 창의적인 독후 활동을 전개하는 것이다. 단순

108

하게 읽은 책을 광고하는 '책 광고지 만들기', 콜라주를 이용한 '협동 독후 감상화 만들기', 모둠원 한 사람씩 기사를 써서 '협동 독서신문 만들기', 우유팩에 책을 읽고 느낀 점을 표현한 후 모둠별로 연결하여 모빌을 만드는 등의 활동을 전개했다. 횟수가 거듭될수록 '이야기 바꾸어 역할극 하기' 등 좀 더 복합적인 사고가 요구되는 활동으로 그 영역을 넓혀 나갔다.

함께 책을 읽고 의견을 나눈 뒤 즐겁고 활동적인 독후 활동으로 전개하니 아이들이 더 책읽기에 즐겁게 참여하였으며, 다음 달에는 어떤 활동을 할지 기대하는 아이들도 늘어나기 시작했다.

이렇게 변했어요!

아침독서 활동과 모둠 독서를 통해 아이들에게 많은 변화가 있었다. 아침독서의 성과는 이것을 시행해 본 교사들이면 누구나 알고 인정하리라 생각한다. 책을 가까이하고 즐기게 되었으며, 아침독서로 하루를 차분하게 시작할 수 있다. 독서량이 늘어난 것은 당연한 결과다. 여기에 모둠 독서의 효과까지 보태면 그 성과는 기대 이상이었다.

첫 번째 성과는 아이들이 스스로 유익한 책을 골라 읽는 능력이 길러졌다는 점이다. 친구들이 가지고 온 책을 살펴보고 고르는 활동만으로도 어떤 책이 재미있고 유익한지 교사가 설명하지 않아도 스스로 느낄 수 있게 되었다. 책을 잘 고르지 못해 아침독서 시간에 무슨 책을 읽어야 할지 고민하던 아이들도 우선 모둠원들과 함께 책을 읽으면서 친구들이 읽는 책을 똑같이 보게 되었고, 시간이 지날수록 자신이 좋아하는 책, 자신이 읽기 좋은 책을 고르는 힘이 커졌다.

두 번째 성과는 생각하며 책을 읽는 능력이 길러졌다는 것이다. 단순히 글자만 읽는 것이 아니라 책에서 재미있었던 점과 감동적인 부분을 찾고 친구들과 생각을 비교해 보는 시간을 가짐으로써 문장 해석 능력이 좋아졌고 사고하는 습관이 생겨났다.

세 번째 성과는 말하는 능력이 향상되었다는 것이다. 모둠 독서는 단순히 읽는 데 그치는 것이 아니라 책을 읽고 생각한 점을 모둠원들과 이야기하는 시간을 주기 때문에 자신의 의사를 조리 있게 표현하는 기회가 생기고 자신 있게 이야기하는 능력을 향상시켜 주었다.

네 번째 성과는 혼자서 놀며 자기중심적인 사고를 하는 요즘 아이들이 친구들과 이야기하고 생각을 나누는 기회가 생겨 협동심이 길러지고 함께 활동하게 된다는 점이다.

이러한 독서 지도의 성과는 교사인 나 혼자만이 아니라 우리 반 아이들도 같이 느끼고 있다.

앞으로도 계속해 나갈 거예요!

모둠 독서도 아침독서 시간이 없었다면 할 수 없었을 것이다. 아침독서와 모둠 독서, 이 두 가지는 모두 많은 시간을 투자하는 것도 아니고, 교사가 큰 노력을 들여야 하는 활동도 아니다. 다만 친구들과 함께 책을 돌려 읽고 이야기를 하는 과정만으로도 아이들의 의사 표현 능력 및 사고력이 향상되었으며, 책을 읽는 습관이 형성되었다. 또한 다양한 활동을 통해 독서에 대한 관심과 흥미가 높아지고 창의적 표현 능력 또한 향상되었다. 이제 억지로 책을 읽게 하는 독서 교육은 아이들에게 의미가 없다. 아침독서를 통해 즐겁게 책을 읽고, 모둠 독서를 통해 읽은 책을 활용해 간다면 아이들에게 앞으로 살아가면서 꼭 필요한 말하기, 듣기, 읽기, 표현하기의 기본 능력들이 자연스레 형성되리라 믿는다.

3학년 2반의 행복한 책 읽기

나혜정 _ 서울 망원초등학교 교사

아이들에게 독서의 중요성을 강조하고 싶다는 생각이 들 즈음, 우연히 서점에서 『대한민국 희망1교시 아침독서 10분』을 발견하였다. 이 책을 통해 아침독서를 알게 되었고, 아침독서에 관한 자료를 좀 더 찾아보니 아침독서가 아이들에게는 매우 유익한 활동이 될 거라는 확신이 들었다. 본격적으로 아침독서에 관한 자료를 찾아보았고, 아침독서 활동을 어떻게 꾸려 나갈지에 대해 계획을 세우기 시작하였다.

아침독서를 시작하기 전에 책에 흥미를 가질 수 있는 기회를 갖기 위해 아이들에게 책을 읽어 주기로 하였다. 책에 관심이 많은 아이들도 있지만 책보다는 게임이나 영상에만 흥미를 가진 아이들이 훨씬 많기 때문에 무턱 대고 아침독서를 시작하면 실패할 가능성도 있었기 때문이다. 그래서 평소 책을 좋아하지 않는 아이들도 아침독서에 흥미를 가질 수 있는 방법으로 선생님이 책을 읽어 주는 시간을 가져 보기로 했다. 아직 3학년인 아이들은 선생님이 책을 읽어 준다는 것 자체만으로 신기하게 생각하고 흥미를 갖기 시작했다.

책에 관심이 없던 아이들도 선생님이 내일은 어떤 내용을 읽어줄지 궁금해하며 책의 뒷이야기를 물어 보거나, 아침에 책을 읽어 주는 시간을 갖지 못한 날이면 다음 날엔 꼭 읽어 달라고 부탁하기도 하였다.

아침에 책을 읽어 주는 시간을 통해 아이들이 책에 점차 흥미를 갖는 것을 보고, 그 다음에 아이들이 책에 가까워질 수 있는 방법이 무엇일까 생각해 보았다. 책에 대한 심리적인 거리는 가까워졌는데, 물리적인 거리는 어떠한가 생각해 보니 교실에 비치한 학급문고가 매우 중요한 역할을 하고 있음을 새삼 깨달았다. 대부분의 시간을 교실에서 보내는 아이들이 가장 손쉽게 책을 접할 수 있는 수단이 바로 교실에 있는 학급문고이기 때문이다. 곧장 학급문고에서 아이들 수준에 맞지 않거나 너무 낡은 책들은 골라내고, 정리를 시작했다.

아이들은 평소에는 눈길도 안 주던 학급문고에 관심을 갖기 시작하더니 학급문고 정리가 끝나자 평소보다 책에 관심을 보이며 책을 꺼내 읽기 시작했다. 쉬는 시간에도 학급문고에 푹 빠져든 아이들을 보며 정리한 보람을 느끼게 되었다.

시작이 좋았던 아침독서운동

이제 아침독서운동을 본격적으로 시작할 수 있는 모든 준비가 되었다는 생각이 들어 아이들에게 아침에 등교해서 10분 동안 독서하는 것이 왜 필요한지 설명하는 시간을 가졌다. 일부 아이들은 내가 책을 읽어 주는 것을 더 좋아했지만, 대부분의 아이들은 찬성을 하였다. 이어서 아침에 자신이 좋아하는 책을 읽는 것이 얼마나 즐겁고 소중한 것인지 설명을 덧붙이자 아침독서를 만장일치로 하게 되었다.

우선 아이들에게 학급문고나 학교 도서관에서 자기가 읽고 싶은 책을 한 권씩 빌려 읽도록 했다. 책에 대해서 많이 알지 못하는 아이들은 책을 고르는 데 어려움을 느꼈다. 그래서 아이들에게 맞는 3학년 추천 도서를 소개하여 어려움을 해소하도록 도왔다. 자신이 고른 책은 항시 가지고 다니며 아침 8시 40분부터 50분까지는 무슨 일이 있어도 10분 독서를 하기로 약속을 하였다.

아침독서 시간에는 자신이 정한 책 한 권만 보도록 하였다. 10분은 매우 짧은 시간임에도 책에 집중하지 못해 이 책, 저 책을 뒤적이거나 서성거려 주위 아이들에게 방해가 되지 않도록 하기 위해서였다. 물론 스스로에게도 좋지 않은 독서 습관이 될 듯하여 정한 규칙이었다. 또한 만화, 잡지, 신문은 읽지 않는 것을 원칙으로 하였다. 아이들은 긴 호흡의 문장을 읽고 이해하는 것에 서툰데 처음부터 만화 위주의 독서를 할 경우 자칫 만화가 아닌 책은 멀리하는 독서 편식이 생기지 않을까 하는 우려에서였다.

비록 10분이라는 짧은 시간이었지만, 아이들은 첫날부터 그 어느 때보다도 진지하고 열중하는 모습으로 책에 빠져들었다. 혹시 처음 며칠만 그렇지 않을까 걱정도 들었지만 아이들은 자신이 좋아하는 책에 금방 빠져들었고 1교시가 시작되는 것을 아쉬워하기 일쑤였다.

"선생님! 책 조금만 더 읽으면 안 돼요?"

라고 말하는 아이들이 많아질수록 나는 미안한 마음으로 웃으면서,

"선생님도 아쉽지만, 나중에 자투리 시간이 생기면 읽도록 하자."

라며 아이들 마음을 달래는 일이 점점 늘어갔다.

아침독서운동이 가져온 변화들

아이들의 변화

아침독서운동의 결과 얻은 가장 큰 소득은 아이들이 변화했다는 것이다. 아침에 일찍 왔는데도 매일 똑같은 한자 쓰기 자습이 하기 싫어 친구들과 장난치고 떠드는 아이들이 조용히 좋아하는 책에 빠져 시간 가는 줄 모르고 독서를 하기 시작하였다. 아침 자습 시간에 선생님이 없으면 시끌벅적하던 아이들은 내가 있든 없든 간에 무서운 집중력을 발휘해 책에 빠져들었다. 어느 날 아침에는 아이가 놓고 간 준비물을 가져다주러 오셨던 어머님께서 교실이 너무 조용한 나머지 한참 망설이다가 자기 아이를 살짝 불러 미안해하며 준비물을 전해 주고 간 적도 있었다.

대체로 저학년 아이들의 경우, 스스로 무언가에 열중하는 모습을 보이는 일이 많지 않다. 왜냐하면 저학년 아이들은 집중 시간이 매우 짧기 때문이다. 또한 일부 아이들은 금방 지루해하고 집중을 하지 못해 딴 곳에 관심을 가지고 장난을 치는데, 그러다 보면 전체적인 분위기가 산만해지기 쉽다. 그러나 한 아이도 빠짐없이 마치 좋아하는 컴퓨터 게임에 빠지기라도 한 듯 책에 열중하는 모

습은 매우 놀라운 변화였다.

아이들의 변화는 아침 자습 시간에서 그치지 않았다. 아이들은 수업 태도가 좋아졌고 수업에 대한 참여도도 매우 높아졌다. 이는 아침독서운동의 결과로 아이들이 차분해지고, 집중력이 좋아졌기 때문이다. 단지 책을 읽기만 할 뿐인데도 아이들은 정서가 안정되고, 수업 태도, 수업에 대한 집중력, 이해력이 높아지면서 자연스럽게 학습 능력도 향상되고 학습에 대한 평가 결과도 이전보다 훨씬 상승하게 된 것이다.

아이들은 이제 자투리 시간이나, 쉬는 시간, 점심시간에도 책을 읽는 것을 즐기게 되었다. 다만 점심시간에는 아이들의 건강을 위해서 책을 읽기보다는 운동장에서 친구들과 뛰어놀 것을 권유한다. 그러나 책을 읽는 것을 무엇보다 좋아하는 아이들을 보면서 흐뭇한 마음을 갖지 않을 수가 없다.

학부모들의 변화

아이들의 변화는 자연스럽게 학부모들의 변화를 가져오기 시작했다. 평소 같으면 늦은 시간까지 텔레비전이나 컴퓨터 게임에 빠져 있던 아이들이 책을 읽는 시간이 늘어나자 점차 아이들의 독서에 직접적으로 관심을 가지게 된 것이다. 아이가 좋아할 만한 책을 인터넷으로 검색해 보고, 주말에는 대형 서점에 가서 아이들 책을 함께 골라 주거나 아이들과 도서관을 함께 찾는 경우가 많이 늘었다. 아이가 책을 좋아하자 부모도 아이가 좋아하는 책에 관심을 갖고 자연스레 독서에 흥미를 붙이면서 가족의 관심과 취미가 독서 쪽으로 흐르는 경우도 있었다.

흥미 있는 독후 활동

아침독서운동은 아이들의 생활 전반에 많은 변화를 가져왔고 그것은 다양한 파급 효과를 가져왔다. 그러나 '아이들의 더 큰 발전을 위해 아침독서운동을 기반으로 다른 활동을 할 수 없을까?' 구상한 끝에, 다양한 독후 활동을 통해 아이들의 창의성을 키워 줘야겠다고 생각했다.

아침독서운동이 성공을 거둘 수 있었던 것은 선생님과 아이들이 하나가 되어 정해진 시간에 자신이 좋아하는 책을 단지 읽기만 한다는 기본 원칙을 지켰기 때문이었다. 그래서 한편으로는 독서 후 활동을 하는 것이 아침독서를 하는 아이들에게 부담을 주어 지금까지의 성공을 수포로 돌아가게 하지는 않을까 하는 우려도 들었다. 그리하여 독후 활동을 단순한 감상문 쓰기로만 제한하지 않고, 아이들이 재미있어할 만한 다양한 방법을 시도해 보기로 했다.

먼저 아이들에게 그 동안 읽은 책 중에서 자신이 재미있게 읽은 책 한 권을 가져오게 한 후, 자기가 상상한 주인공의 모습이나 내용의 한 장면을 그리도록 하였다. 그리고 간단하게 주인공이 어떤 인물인지, 어떤 장면인지, 주인공이 좋은 이유 혹은 그 장면이 재미있거나 인상 깊은 이유를 그림 아래에 적도록 하였다.

아이들은 기존의 감상문 쓰기보다 훨씬 더 흥미를 가지고 자신이 좋아하는 인물이나 장면을 상상하여 표현하려고 노력했다. 그림에 덧붙인 설명은 짧았지만 아이들의 솔직한 생각이 표현되어 있어 아이들이 책을 읽으면서 흥미를 느낀 부분이 무엇인지 충분히 알 수 있었다.

이후 동시 짓기, 생각 열차 만들기, 줄거리 이어 적기, 이야기 바꾸어 적기 등 다양한 활동을 통해 자신이 읽은 책을 창의적으로 표현하는 방법과 읽은 책을 되돌아보는 활동에도 자연스럽게 친숙해지기 시작했다. 그러나 눈으로 보이는 결과물보다는 독서 활동 자체에 비중을 두었으며 이러한 활동은 주 1회 정도로 제한하되 알차게 할 수 있도록 노력했다.

아이들과 학부모, 선생님 모두가 행복한 책 읽기

책과 친해지면서 아이들은 꿈과 희망을 되찾기 시작하였다. 아이들은 책 속의 주인공과 울고 웃으며 친구가 되었고, 책 속에 담긴 교훈과 감동을 마음에 담고 자신의 소중한 꿈을 키워 나갔다. 아이들이 되찾은 꿈은 학부모들의 희망이 되고, 선생님의 기쁨이 되었다. 그리고 아이들뿐만 아니라 어른들까지 행복한 책 읽기를 하게 된 아침독서운동은 작은 변화라도 큰 결실을 낳을 수 있다는 것을 보여 주었다.

'세 살 버릇 여든까지 간다.'는 속담처럼 짧은 기간이나마 아이들 몸에 밴 독서 습관이 평생 함께 하기를 바란다. 물론 학년이 바뀐 후에도 아이들이 지속적으로 독서를 하게 될지 확신할 수는 없지만 책의 즐거움을 알게 된 아이들이라면 앞으로도 책을 사랑할 것이라고 믿는다.

오히려 저학년이기에 책의 즐거움에 쉽게 빠져든 것이 아닐까 하는 생각이 든다.

아직은 책보다 게임이 좋다고 솔직하게 말하는 아이들이지만, 아이들이 자신의 꿈과 희망을 책을 통해 얻는 법을 배웠다는 사실만으로도 아침독서운동을 한 것에 보람을 느낀다. 책을 보며 눈을 반짝이는 모습을 볼 때마다 느끼는 행복감은 어떠한 것과도 비교할 수 없는 큰 기쁨이고 보람임을 다시 한 번 생각하게 된다.

많은 학교에서 시작되기를

아침독서운동의 효과는 작지만 크다. 단순히 아침에 10분 동안 책을 읽는 것인데도 교사, 아이들 할 것 없이 모두 조용히 책에 빠진다는 것은 학교생활 전반에 큰 변화를 가져온다. 하루의 시작을 자신의 조용한 호흡 속에서 책의 세계

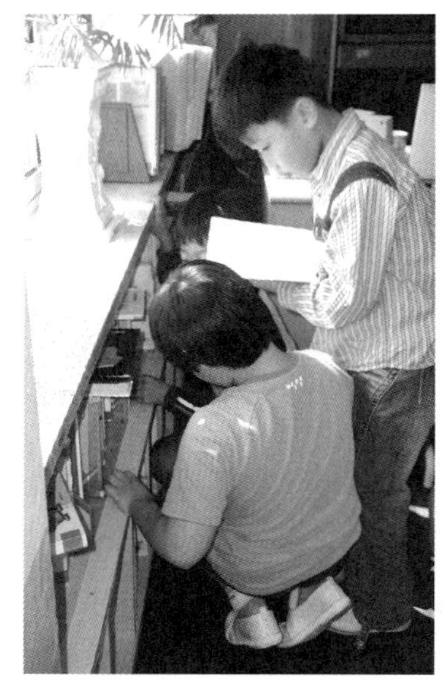

로 빠져든 아이들은 더욱 풍부한 상상력으로 사물을 보고 관찰하게 된다. 더불어 사고력과 창의력이 발달하면서 표현력까지 발달하게 된다. 독서의 힘은 우리의 생각보다 크고 아이들은 그것을 빨리 흡수하고 표현하기 때문에 그 효과가 더 큰 것이다.

따라서 보다 많은 학교에서 아침독서운동을 하여 책 읽기의 즐거움을 알아가는 어린이들이 더 많아지기를 바란다. 조금이라도 어렸을 때 시작하는 것이 좋은 결과를 얻을 것이라 생각한다. 아주 어린 유년 시절부터 엄마와 함께 책을 읽은 아이는 커서도 책을 좋아하고 사물을 보고 생각하는 능력이 남다르듯이 학교에서 선생님, 친구들과 함께 하는 독서활동이 아이들의 사고력과 표현력을 발전시키는 초석이 될 것임을 의심치 않는다.

밥 한 술에 글 한 모금

이문희 _ 안양 비산초등학교 교사

"어머, 선생님. 어떻게 하셨기에 황희가 집에 와서 책을 읽어요. 저희 애 아빠가 그러는데 학원에 온 애들도 우리 반 아이들은 하나같이 가방에서 책 꺼내서 읽고 있대요. 도대체 어떻게 하신 거에요?"

학교 앞에서 태권도 학원을 경영하는 황희 어머니의 입이 한껏 벌어지셨다.

"글쎄요. 별로 한 것 없는데요."

"황희가 전에는 아무리 읽으라고 해도 책을 안 읽던 앤데……. 요즘은 깜짝 놀라겠어요. 정말."

어머님께 전해 들은 아이들의 태도는 전혀 예상치 못한 바였다. 정말 별달리 한 일도 없는데 아이들이 왜 그러지? 독서록을 쓰는 것도 아니고, 독서 릴레이나 독서 퀴즈를 하는 것도 아니고, 그저 급식 시간에 잠시 책 읽을 시간을 준 것뿐인데 그렇게까지 되나? 그럴 리가? 뭐 대단한 거 했다고…….

우리 반은 아침 10분 독서를 하지 못한다. 학교 차원에서 정해 놓은 아침 활동을 제대로 소화하려다 보니 아이들은 화장실 갈 시간도 아껴 가며 1교시를 연속으로 해야 할 때가 많다. 그런 상황에서 아침독서 10분은 아무래도 무리였다. 그렇지만 슬퍼할 필요는 없다. 이가 없으면 잇몸으로 씹어야지. 아침 시간이 안 되면 급식 시간이 있다.

4교시 마치는 종이 울리면, 아이들은 우루루 일어나서 화장실을 향해 달려가고 다른 반에 있는 친구를 향해 달려갔다. 또는 다른 반 친구들과 뒷문에 서서 와글와글 수다를 떠느라 선생님은 안중에도 없었다. 이런 아이들의 모습을 지켜보면서 마침내 급식 10분 독서를 결심하고, 알림장에 "책 한 권 매일 가지고 다니기"라고 써 주었다.

　다음 날 아침 학교에 도착하니 한두 명의 아이들만이 가져 온 책을 꺼내 말없이 읽고 있었다. 나머지 친구들은 선생님 책상에 조롱조롱 매달려 "책은 왜 가지고 오라고 하셨어요?", "만화책도 괜찮아요?", "『무서운 것이 딱 좋아』도 괜찮아요?" 하고 참새처럼 떠들어 댈 뿐이었다.

　이윽고, 급식 시간. 아이들이 자리에서 우루루 일어나 뒷문을 향해 달려 나가기 시작했다. 그때 카랑카랑한 목소리가 아이들의 목덜미를 잡아챘다.

　"얼음!"

　아이들이 깜짝 놀란 표정으로 나를 쳐다봤다.

"나간 친구들도 모두 불러오십시오."

화장실로 달려간 친구들과 옆반에 나들이 간 친구들이 모두 불려와 37명의 어린이들이 제자리에 조용히 앉았다.

"자, 오늘부터 급식 시간에 우리 교실은 그냥 교실이 아니라 '5반 도서실'이 됩니다."

아이들은 내 말을 이해하지 못한 듯했다. 그러나 상관하지 않고 계속 이야기를 이어 나갔다.

"도서실은 어떤 곳인가요?"

"네, 책을 읽는 곳입니다.."

눈치 빠른 아이들이 하나 둘 가져온 책을 꺼내 책상 위에 올려놓았다.

"도서실에서 책을 읽을 때, 어떻게 해야 할까요?"

"다른 사람에게 방해가 되지 않도록 조용히 해야 합니다."

"네, 그럼 지금부터 5반 도서실을 열겠습니다."

하루 이틀이 지나자 급식 시간의 소란함이 줄어들고 점심종이 울리면 교실은 도서실로 바뀌었다. 아이들은 생각보다 쉽게 '급식 10분 독서'에 적응하였다. 종이 치면 화장실에 가는 아이들도 책을 책상 위에 꺼내 놓은 후에 살금살금 고양이 걸음으로 뒷문을 열고 빠져나갔다.

독서에도 관성의 법칙이 있어 한번 책에 빠지면 놓을 수 없는 것 아닌가? 마음이 온통 책에 빠진 아이들은 급식 차례가 되어도 부르지 않으면 나올 줄을 몰랐다. 급식 당번 아이가 "6조, 6조 나오십시오."하고 크게 외쳐도, 책에서 눈을 떼지 못한 채 엉거주춤 서 있게 마련이었다. 급식판을 자리에 놓고도 밥 한 술, 글 한 줄을 함께 떠 먹었다.

"밥 다 먹고 읽으십시오."

한껏 엄하게 이야기를 하였건만, 아이들은 내가 잠시 한눈 파는 사이 미처 못 읽은 페이지에 엄지손가락을 끼우고, 슬쩍슬쩍 책을 읽고 있었다.

알 듯도 모를 듯도 한 아이들의 독서 습관. 정말 10분, 혹은 10분도 안 되는 독서 시간을 가진 덕분에 우리 아이들이 집에 가서도 스스로 책을 꺼내 드는 걸까?

어머니는 선생님 덕분에 황희가 책을 읽으니 이보다 고마울 데가 없다고 하시는데……. 한 일 없이 칭찬을 받으니 왠지 얼굴이 간질간질했다.

"글쎄요. 특별히 한 것도 없는데."

"아휴, 선생님께서 늘 신경 쓰시니까 그런 거죠. 뭐. 오호호호."

너무 겸손을 떨면 그것도 교만이라 하였으나,

"그냥, 학교에서 읽던 거라서 끝이 궁금한가 보죠. 뭐……."

아, 그 외에는 드릴 말씀이 없다. 뭐, 대단한 거 했다고.

올해는 시간에 쫓겨 변변한 독서 행사 하나 치르지 못하고 있었기에 늘 숙제를 못 다한 아이처럼 초조했는데, 뜻밖의 칭찬을 들으니 도저히 믿기지 않았다. 깜짝 놀라 아이들에게 물어보았다.

"급식 시간에 조금씩 책을 읽은 것이 도움이 되었던 사람, 집에 가서도 책 읽는 사람 손 들어 보세요."

그랬더니 37명 중에 30명 남짓의 어린이들이 손을 들었다. 그 때, "아차!" 하는 비명이 절로 나왔다.

내가 하고 있는 일에 대해서 나조차도 아무 생각이 없었다는 생각이 든 것이다. 지나간 시간 동안 아이들을 좀 더 주의 깊게 관찰하고 책의 종류나 수준을 조절해 주었더라면 얼마나 좋았을까 하는 후회도 들었다.

그저 '읽으면 조금은 도움이 되겠지.' 하는 막연한 생각으로 "책 가져와라, 읽어라." 하는 말 외에 해 준 것이 없었는데, 아이들이 스스로 크고 있었다는 것에 깜짝 놀랐고 스스로를 돌아보게 되었다.

　그 이후로 교실을 돌아보며 아이들이 읽고 있는 책을 살펴보고, 10분 독서가 도움이 되는 것은 무엇인지, 어떻게 운영하면 더욱 효과적일지 고민해 보고 있다. 특별히 독서록을 쓰거나, 독서 활동을 하는 것은 아니지만 교사가 어린이들의 책을 한 번씩 살펴봐 주는 것만으로도 아이들의 책 고르는 안목이 높아지는 것 같다. 그리고 이런 아이들의 변화를 보신 부모님들께서 어린이날, 40권이나 되는 책을 직접 골라 선물해 주신 기쁜 일도 있었다.

　아침 10분 독서를 알기 전부터 급식 10분 독서를 작년에 이어 올해 2년째 하고 있다. 이전에는 학급 경영의 큰 흐름으로 매달 독서 퀴즈 대회를 실시하였지만, 주 5일제로 수업 시간이 줄어들면서 고학년 교육 과정을 소화해 내느라 독서행사를 따로 가질 수가 없었다. 그래서 급식 시간, 배식을 기다리는 동안이라도 책을 읽혀야겠다고 생각했다. 올해 초, 도서 담당 선생님으로부터 아침 10분 독서 운동이 있다는 도움 말씀을 들었을 때는, 우리 반에서 하고 있는 급식 10분 독서와 그 의미가 통하는 일이라 스스로도 뿌듯했다.

　(사)행복한아침독서에서 진행하는 학급문고 보내기 행사에 참여하면서 '10분 독서'의 효과가 더욱 빛을 발하며, 아이들의 독서 의지가 더욱 높아졌다. 자기에게 맞는 좋은 책을 찾아 읽겠노라는 결심의 눈빛들이 초롱초롱 빛났다. 책을 좋아하지 않노라고 말하기는 감히 부끄러운 분위기가 되었다. 책을 좋아하던 아이들뿐 아니라 무심히 책을 읽던 아이들, 또는 선생님의 강제에 의해서 책을 읽는다고 생각했던 아이들이 스스로를 한 번 더 돌아보고, 또 스스로에게 '나는 책을 많이 읽고 있어, 책은 조금씩이라도 여가를 이용해서 읽는 거야.'라는 최면을 걸고 있는 것 같다.

책! 책을 읽자! 지식을 모아 보자!

이연우 _ 대구 죽전초등학교 6학년 3반

우리가 가장 많이 들어 본 말, 어머니께서 하시던 "책 읽어라!" 하는 소리는 귓속, 머릿속에 남는 말이다. 그런데 우리 학교에서 하는 '아침독서 10분' 이것이 나를 바꾸는 것 같다. 아직 책을 많이 읽는 것은 아니지만 책을 읽으려고 노력하는데, 집에서 읽는 것보다 학교에서 읽는 것이 더 재미있는 것 같다. 왜냐하면 10분의 시간만큼은 학교의 전 교실이 조용해서 나만의 시간에 빠질 수 있고, 또 읽은 책에 대해 친구들과 이야기도 나눌 수 있기 때문이다.

어머니나 선생님들이 그토록 책! 책! 책! 하고 외칠 때면 귀를 틀어막고 싶은 심정이었으나, 이제는 나 스스로 조금씩 책을 찾아 읽기 시작하는 모습이 참 신기하고 행복하기만 하다. '나도 책을 좋아할 수 있구나!', '다음에는 무슨 책을 읽을까?'를 생각하면 즐겁다.

1학기 때는 책을 읽고 와서 수업에 적용해 보는 독서 과제가 있어서 어쩌면 더욱 도움이 된 것 같다. 단순히 읽는 데만 그쳤다면 아무런 목적 없이 읽었을 수도 있다. 하지만 수업 내용과 연관지어 읽다 보니 공부에도 많은 도움이 되는 것 같았다.

책은 좋은 것이라고 하면서 우리는 그 좋은 것에 대한 경험을 할 기회가 적다. 우리 학교에서 하고 있듯이 책과 공부와 관련된 읽기가 시행된다면 친구들이 좀 더 적극적으로 읽을 수 있다고 생각한다. 또한 어떤 책이 좋은지 몰라서 읽지 못하는 경우도 많은데, 선생님들이 읽을 책을 추천해 주니 더욱 좋은 것 같다.

작년부터 나의 행복한 책 읽기가 시작되었다. 행복은 먼 곳에 있지 않다. 나 스스로가 행복하다고 느끼면 되듯이 책을 읽고 책 속 내용에 푹 빠지게 되면 나는 행복해진다.

우리 학교 친구들 역시 같은 경험을 많이 할 거라 생각한다. 우리가 경험하는 것을 이제는 우리 국민이 모두 함께 경험하게 되길 바란다. 행복한 책 읽기는 지금도 늦지 않았다.

1시간 공부보다 귀중한 10분 아침독서

김민수 _ 수원 중앙기독초등학교 6학년 향반

6학년에 들어와 좋은 선생님을 만나게 되어 아침독서를 하게 되었다.

처음에는 두꺼운 책이 멋져 보여 두꺼운 책만 읽던 나를 바꿔 놓은 것이 10분 아침독서 시간이다. 얇은 책이지만 두꺼운 책보다 그 안에 있는 더 의미 있는 교훈들을 발견할 수 있었다. 아침독서 10분을 시작했을 때 나는 매우 귀찮아했다.

"겨우 10분해서 뭐 하나? 1시간도 아니고……."

라고 생각하며 그저 하찮고 귀찮은 하나의 '일'이라 생각했다.

그러나 그건 잘못된 생각이었다. 중요한 건 바로 '아침'이었다. 아침에 일어나 학교에 오자마자 맑은 정신으로 책을 읽으니 나의 모든 면이 좋아지기 시작했다. 국어 성적이 몰라보게 올라가고 사회나 과학 같은 과목에서도 서술형 문제가 잘 풀어졌다.

　책을 읽는 시간이 아침이라 그런지 더욱 더 집중이 잘 되고 책 읽는 속도도 점점 빨라졌다. 무엇보다 내가 가장 크게 얻은 것은 바로 '책 속에 있는 즐거움'이다. 책을 읽으면서 머릿속에 여러 가지 생각을 떠올리고 상상을 했다.

그러면서 생각도 깊어지고 '책'이라는 지겨웠던 단어가 '책'이란 소리만 들어도 얼른 읽어 버리고 싶은 단어가 되고 말았다.

　난 앞으로 열심히 책을 읽어 생각이 깊은 사람이 되려고 노력할 것이다. 1시간 공부보다 더 귀중한 '10분 아침독서….' 10분 아침독서는 또 하나의 기적이다.

학교 가기가 행복해요

오경아 _ 용인 고림초등학교 5학년 5반

　1학기 때에는 아침에 학교 가기가 싫었다. 그 이유는 아침에 거의 매일 한자를 썼기 때문이다. 하지만 2학기부터는 아침에 학교를 가는 일이 너무나도 행복해졌다.

　그 이유는 바로, 우리 반에서 아침에 10분씩 아침독서를 하기 때문이다. 독서록도 쓰지 않고, 그냥 무작정 책을 읽는 것, 그것은 나에게 아주 많은 변화를 가져왔다. 내가 거의 매일 책을 읽게 된 것이다. 책에 흥미를 붙이고 보니, 책은 우리가 생활하는 데 꼭 필요한 것 같다. 6학년이 되어서도, 어른이 되어서도 책을 잊지 않을 것이다.

10분 아침독서 육행시

최현준 _ 대구 죽전초등학교 6학년 3반

10 분이라는 짧은 시간 동안

분 수처럼 뿜어져 나오는 소리가

아 침부터 조용해졌다.

침 울한 분위기로 시작된

독 서시간

서 서히 즐겨 가고 있다.

윤고은 _ 대구 죽전초등학교 6학년 3반

10 분은 아주 짧은 시간입니다.

분 수를 생각해 보세요. 처음에는 물줄기가 약하지만 조금씩 길어지고 강해지는 것을

아 침독서도 같습니다. 처음에는 10분이 아주 짧게 느껴지지만 지금은 길게 느껴집니다.

침 대에서 일어나 새로운 아침맞이를 해 보세요. 10분 동안의 여유를 가지면서 말이죠.

독 서의 힘은 우리의 생활 모습도 바꿔 줄 만한 기적을 불러온답니다.

서 로가 행복하게 빠질 수 있는 마술 같은 것이기 때문이에요.

박은진 _ 대구 죽전초등학교

원다경 _ 대구 죽전초등학교

고양 송포초등학교 5학년 1반 친구들이 함께 만들었어요.

한 번 청소했다고 언제나 깨끗한 교실이 되지 않는 것처럼
독서 지도도 한 번 마음먹고 했다고 해서 다 되는 것이 아니다.
아이들의 관심과 흥미가 꾸준히 이어지도록
이끌어 주고 밀어 주는 일
이것이 더 힘들고 중요한 일이다.
이러한 노력들이 쉼 없이 이루어져야
비로소 아이들도 책 읽기를 즐기게 된다.

— 본문 중

2부

어린이책 이해

삽화의 시대에서 옛이야기 그림책 탄생까지 _ 정병규

우리나라 어린이 책 삽화의 흐름 _ 정병규

왜 옛이야기인가? _ 김명옥

현실보다 더 사실적인 판타지 세계 _ 김명옥

삽화의 시대에서
옛이야기 그림책 탄생까지

정병규

1990년, 볼로냐 도서전에 류재수 씨의 『홍부 놀부』가 소개되었다. 그 후 한국의 옛이야기 그림책이 국제 사회에 소개되기 시작하였고, 지금까지 수십여 종의 출품작과 수상작이 나왔다. 그 중 많은 비중이 옛이야기 그림책이나 전통 문화를 소재로 하는 책이었다. 이 점은 여러모로 우리의 옛이야기 그림책이 자리매김하는 데 시사하는 바가 크다. 이제 지금까지 우리가 만들고 쌓아 온 성과들을 좀 더 넓은 시야로 돌이켜 봐야 할 때가 되었다.

올해는 우리나라 어린이 책의 역사가 100년이 되는 해이다. 아동 잡지 「소년」(1908년)이 최초의 근대적 종합 교육지이자 아동 잡지의 효시로 본다면 그렇다.[1] 4년간에 걸쳐 23권을 발행한 이 잡지는 오늘날의 관점으로 보면 여러 결함이 없지 않으나 당시로서는 신문학을 선도하는 중요한 구실을 했다.

그 후 20년간의 아동 문학 태동기를 거친 뒤 소파 방정환의 출현으로 겨우 명맥을 이어 오던 초창기 아동 문학이 본격적인 출발을 하기에 이른다. 방정환

---

1) 1906년 소년반도사에서 발행된 「소년 한반도」를 첫 어린이 책으로 보는 견해도 있다.

의 주도로 1923년 3월에 창간되어 통권 122호까지 발행 후 폐간된(1948년 속간) 「어린이」지는 한편으로는 아동 문예지로, 다른 한편으로는 아동문화 운동의 중심을 이루며 아동 잡지의 황금시대를 열었다. 여기서 만약 삽화를 얘기한다면 가장 먼저 시도했음직한 「어린이」를 얘기하지 않을 수 없다.

「어린이」 1933년 2월호

오늘에야 일러스트레이션, 또는 컷이나 타이포 그래픽이라는 용어를 일상적으로 쓰고 있지만 이 무렵에는 말 그대로 삽화라는 형태였다. 「어린이」의 편집을 자세히 보면 글이 시작하는 첫머리에 제목과 함께 붓과 펜을 사용한 작은 그림이 3∼5cm 크기로 원형과 사각 선 안에 그려 있고, 소재는 주로 어린이 얼굴, 식물 등이었다. 그러나 발행 시기 후반 속간된 본문(통권 123호:1948년 / 복간호)에 들어가면 삽화의 형태가 크게 달라지기 시작한다. 본문 속의 그림이 중앙에 절반 이상을 차지하거나 연재 중인 이야기의 상황을 묘사하는 수준까지 발전한다. 아마 복간호부터 해방 이후에 만들어졌다는 것을 감안한다면 폐간(1934년) 때와는 편집 구성원 및 제작 여건 상황이 많이 다르지 않았을까 하는 추측을 해 볼 수 있겠다. 제호와 서체 역시 네 차례 정도의 변화를 거치며 좀 더 시각 이미지 표현을 중시하는 쪽으로 가는 것을 엿볼 수 있다.

이 시기에 방정환은 동요, 동화, 아동극, 해외 아동 문학 번역 등 여러 장르를 소개하면서 전래 동화의 중요성을 역설하였다. 「개벽」(1923년 1월 호)에 실린 '새로 개척되는 동화에 관하여'는 이 같은 소파의 생각을 짐작할 수 있게 한다. "외국 동화의 수입보다 더 중요하고 긴급한 문제는 우리 동화 무대의 기초가 될 고래 동화의 발굴이며 그 어느 것보다 어려운 일이다. 이것이야말로 실로 어렵고도 어려운 일이다." 이런 소파의 바람과는 전혀 다른 맥락에서 나온 간행물이겠지만 옛이야기만을 채집하여 모은 최초의 단행본 어린이 책이 나오게 된다. 그러나 3·1운동 이후 불가피하게 문화 정책을 표방하지 않을 수 없었던 시기, 즉 신교육령(1922년) 이후 조선 총독부에 의해 발행되었던 탓에 정치적 의도가 엿보이기도 한다.

『조선 동화집』이라는 제목으로 나온 이 책은 1924년, 조선 총독부 학무국 편집과 관리 및 관학자들이 조선의 민담을 채집해 엮은 것으로 현재 우리가 한국의 대표적 전래 동화 작품이라 꼽을 만한 25편의 이야기를 뽑아내었다. 이 작품집에 들어 있는 「혹 떼이기 혹 받기(혹부리 영감)」, 「심부름꾼 거북이(토끼전)」, 「천벌 받은 호랑이(해와 달이 된 오누이)」 등 여러 편은 오늘날까지 초등학교 교과서와 어린이 책 출판물에 많이 수록되고 있다. 그런 점에서 『조선 동화집』은 특별한 목적에서 만들어지기는 했지만 이후 전래 동화 선집 작업에 본보기가 되는 책이라 할 만하다.

하지만 이후에도 전래 동화에 대한 선집 작업은 활발하지 않아서 1950년대에 들어서야 간혹 해마다 한 종 남짓 나타난다. 우리나라 출판 역사에서 「전래 동화집」으로 옛이야기가 묶여 나온 것은 「선녀와 날개옷」(손희조, 교문사, 1950년)이 처음이다. 그 후 「떠먹은 부처님」(대양출판사, 1952년), 「팥이 영감」(임석재·홍웅선 편, 백영사, 1954년), 「미련이 나라」(이영석, 글벗집, 1957년), 「참 재미있는 한국 동화집」(이영석, 글벗집, 1958년), 「한국 고전 동화집」(김진태, 동아출판사, 1959년), 「이야기는 이야기」(임석재, 남산소년교호소, 1959년) 등이 10년 동안 선보였다.[2] 「이야기는 이야기」는 당시 발행소가 남산소년교호상담소로 되어 있는 책으로 모두 46편의 이야기가 실려 있고, 이야기마다 삽화가 있는 옛이야기 그림책의 원형을 볼 수 있다는 점에서 돋보인다. 한편 요즘 옛이야기 그림책에 자주 등장하는 소재가 이 책에서는 거의 보이지 않는 것도 큰 차이를 보인다.

그러나 이때의 표지 장정 형태, 색도의 경향이 지금의 일부 책에서 나타나고 있는 것은 우연일지 모르지만 흥미로운 부분이다. 이무렵 인쇄술은 아직 옵셋 인쇄 방식 전이어서 장정 및 삽화에 원색을 사용하지 않았다. 그러나 석판화의

2) 이재철, 『아동 문학의 이론』, 형성출판사, 1983년, 아동 문학 서지 참조

독특한 조형적인 시각 이미지는 지금은 볼 수 없는 근대적 제작 방식에서 맛볼 수 있는 단아함을 풍긴다. 또한 이런 시각 이미지는 비슷한 시기 1950~60년대 미국의 그림책과 읽기 동화책에서도 많이 나타난다. 오히려 단순하면서도 소박한 장정 및 삽화는 출판 산업이 대량 생산에 접어들면서 아쉽게도 사라져 버린다.

1950년대를 이어 1960년대의 전래 동화 선집 작업은 3종 가량 나타나면서 1970년대까지 다른 장르에 비하여 활발하지 못했다.『한국 전래 동화 독본』(이상로, 을유문화사, 1962년),『전래 동화집』(이원수, 현대사, 1963년, 이 선집은 이때까지 출간된 옛이야기 책 가운데 가장 많은 분량으로 양장 제본으로 묶였다.),『우리 겨레의 옛이야기』(방기환, 삼성출판사, 1964년) 등이 고작 선을 보였을 뿐 상대적으로 많은 작품이 쏟아져 나온 동화·동시 부문에 비하여 거의 눈에 띄지 않는다. 오히려 1980년대로 접어들면서 그림책이 등장하고부터 그 양상은 변하기 시작한다. 일부 출판사의 초등학교 어린이용 단행본이 드물게 선집 형태로 나온 것 외에는 그 역할을 그림책이 넘겨받는다.

1. 삽화의 시대에서 옛이야기 그림책이 나오기까지

역설적이게도「한글 맞춤법 통일안」(1988년)이 어린이 책의 옛 자료들을 한 꺼번에 없애는 역할을 했다면 이를 어떻게 받아들여야 할까? 마치 '분서갱유' 처럼 맞춤법이 잘못된 책은 불온서적(?)으로 취급해 일순간에 사라져 버린 것이다. 그것도 1970~1980년대의 책들이 집중적으로 그 표적이 된 듯하고, 오히려 그 이전 시기의 책들은 고서로 취급되어 헌책방이 아닌 고서점에 간혹 수장되어 있거나 일부 애서가들의 서고에 보관되어 있기도 하다.

이는 책의 보관이 힘든 아파트 주거 생활로의 이전이 우리들의 옛 책을 밀어낸 듯싶고 한편으로는 한국 사회의 교육에 대한 열정이 특히 맞춤법 표기가 틀린 책을 용납하기 힘들었을 것이란 생각을 한다.

　그렇다고 우리나라의 그림책 자료가 아주 없는 것은 아니다. 다행스런 점은 그림책의 역사가 그리 오래되지 않았기에 이를 꿰는 작업은 지금이라도 정성을 기울이면 가능한 일이라고 보기 때문이다. 그리고 이 분야에 여러 연구자들이 나와 주었으면 하는 바람도 가져 본다.

　거슬러 올라가면 우리 그림책의 역사가 짧은 것만도 아니다. 이미 「시 그림책」 형식으로 「우리들 노래」(을유문화사, 1947년)가 조선아동문화협회라는 이름으로 발행된 적이 있기 때문이다. 현재 모 교육대학교 도서관에 작고한 원로 동화 작가의 기증본에 포함되어 있는 이 자료는 원형이 훼손되지 않은 채 소장되어 어린이 책의 당시 활동을 짐작할 수 있게 한다.

　모두 열 편의 전래 동요, 동시가 한 면마다 꽉 차게 그려진 그림 위에 한 편씩의 동요, 동시가 올려져 있다. 글 작가와 화가가 각각 쓰고 그린 형식을 취하면서 때때로 그림에 따라 글 작품이 본문 맨 위쪽 또는 가운데와 맨 아래쪽에 앉혀 있어서 독자가 그림과 함께 감상할 수 있도록 시각적으로 배려한 듯하다. 만약 「우리들 노래」 이전에 같은 형식의 책이 존재하지 않는다면 사실상 이 자료를 우리나라 그림책의 첫 출발로 볼 수 있다.

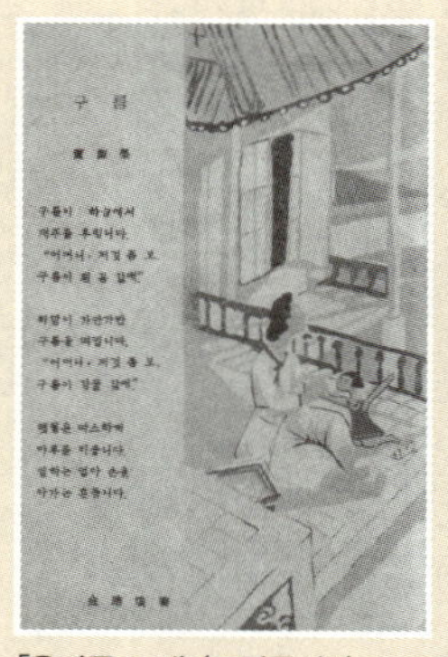

「우리들 노래」(그림동산5) 1~4쪽

「진달래」 1949년 11월호

그리고 이 같은 현상은 이 시기에 발행된 어린이 잡지 「어린이 나라」(1949년), 「진달래」(1949년) 등의 본문에서도 나타난다. 이를 미루어 보면 1920년대 어린이지 「소년」 이후, 잡지 발행이 활발했던 때로부터 문학과 그림이 짝을 이루는 삽화가 등장하고, 이 삽화의 시대가 해를 거듭하면서 오늘날 그림책의 바탕이 되었으리라고 본다.

「우리들 노래」 이후 「어깨동무 씨동무」(계몽사, 1966년)가 역시 한국 그림 동요집 시리즈로 나온다. 15편의 옛 자장가와 동요를 각각 다른 작가가 쓰고 그림만 수묵화로 한 화가가 그린 이 책은 2색상으로 인쇄되어 있으며 요즘의 보드북인 합지 처리되어 4·6배판 체제를 갖추었다. 이 작품집 역시 우리나라 보드북 그림책의 출판 원형을 엿보게 한다. (현재까지 추출된 자료 상황으로 파악함)

이어서 「토끼와 거북」(한문당, 1969년)과 「나무꾼과 선녀」(한문당, 1968년)는 현재 자료로서는 가장 드물게 접하는 옛이야기 그림책 중 하나다. 순서도 그림 김인평, 글 어효선으로 표기되어 있어서 그림에 중심을 더 두는 듯한 느낌을 갖게 한다. 인쇄도 4원색을 모두 쓰고 있고 4·6배판 크기와 종이도 합지를 쓰면서 위아래 모서리 부분을 둥글게 처리한 공정이 어린이를 배려한 정성스런 그림책으로 보인다.

2. 전집이 싹트는 시기 – 1980년대

이 후로 80년대에 들어서면서 눈여겨볼 책들이 등장한다. 먼저 「어린이 그림 동화 극장」(세진출판, 1980년)은 한국 명작 24권, 세계 명작 24권으로 구성되었는데 한국 명작은 모두 옛이야기 고전에서 뽑았다. 본문까지 모두 합지로 제작되어 있는 경우로 유아 그림책의 시장 환경이 형성되어 가는 시점에 이 책들을 눈여겨볼 만하다.(국립어린이청소년도서관 소장) 또 그 이듬해에 「재미있는 어린이 한국 전래 동화」(어문각, 1981년) 선집으로 모두 12권이 '재미있는 어문각 픽처북스'라는 또 다른 명칭으로 나온다. 사실 각각의 글과 그림 작가가 한 작품을 온전하게 완성시키는 작품집은 여기부터라고 말하기에 부족함이 없다.

우선 지금 보기에도 익숙한 옛이야기의 소재가 12편 뽑혀 있고 아직 어린이 그림책의 전업 작가가 없던 시절 성인 문학의 글 작가와 기성 화가들이 나섰다는 점에서 이채롭다.(138쪽 표 참조) 그림을 그린 그림 작가들의 층도 다양해서 디자이너, 구상화가, 삽화가 등이 고루 참여해 작품의 개성이 뚜렷하다. 글 작가 또한 소설가, 시인, 동화 작가들로 장르가 다양하다. 그러다 보니 작품의 형태도 자수를 놓고 그 실물을 원색 분해해서 문장을 배치하여 입체감을 살린(왕비가 된 심청) 구성을 비롯해 그래픽 요소가 강한(은혜 갚은 까치) 것과 수묵화, 서양화 방식 등 여러 가지이다. 이에 더하여 「그림나라 100선집」(동화출판공사, 1882년) 또한 독특한 작가 구성과 시대에 따른 변화를 수년간에 걸쳐 이어 갔다는 점에서 흥미로운 어린이 책 역사의 한 토막으로 이야기할 수 있다.

이름 그대로 모두 100권 발행 예정이었던 이 시리즈는 1차 기린 세트 20권, 2차 코끼리 세트 20권, 그리고 다람쥐 세트 옛이야기, 우화 20권 등 모두 60권을 발행하고 추가로 20권의 작품을 준비하면서 원고까지 받아둔 채 중단되고 만다.(「그림나라 100선집」 기획편집인 이상배 구술 기록) 1978년 초부터 시작하여 꼬박 4년간 일백수십 명의 작가가 참여한 출간 작업은 그만큼 일화도 많이 남겼다.

원로 화가로 명망 있는 박서보 화백은 「반달곰 미순이」 작업 후 당시 이런 글을 남겼다. "어린이 그림책이라 하여 처음엔 쉽게 생각하였으나, 그리다 보니 참으로 힘든 작업이라 여겨졌다. 10여 년 동안 내가 추구했던 묘법의 세계를 잠시 떠나 어린이들에게 희망과 꿈을 심어 줄 수도 있도록 사실적 기법으로 부드러운 색조를 썼다. 곰의 털 하나하나를 그리면서 나는 기뻐하는 아이들의 모습을 떠올리며 흐뭇했었다."

한편 이런 과정을 거친 「그림나라 100선집」은 앞선 「재미있는 어린이 한국 전래 동화」에 비해 그림 작가가 몇 배 더 늘어났을 뿐만 아니라, 글 작가 층도 다양해진다. 이들의 구성을 살펴보면 다음과 같다.

글 작가

극작가-차범석 / 철학자-김형석 / 수필가-김소운 / 농학 박사-류달영

물리학자-김정흠 / 희곡 작가-노경식

시인-김후란, 박재상, 구상, 김형영, 강은교

소설가-박완서, 김은국, 조해일, 박화성, 전광용, 최인호, 최인훈, 김동리, 이청준 외

아동 교육 심리학자-주정일 / 무용 평론가-조동화

신부-오지영 / 목사-김관석

아동 문학가-신현득, 류근원, 김은숙, 배익천, 김요섭, 어효선, 신지식,
　　　　　　엄기원, 차원재, 심경석, 손기원, 윤석중

그림 작가들

서양화가-박서보, 이만익, 이세득, 문학진, 한운성, 구상, 손장섭

동양화가-송수남, 이숙자, 이종상, 홍순주 외

판화가-백금남, 김종학, 오세영

그러나 1989년 계속되는 같은 출판사 시리즈의 중판 작업에는 거의 모두 아동 문학가와 어린이 출판 미술(잡지, 만화, 삽화)에 작업을 해 오던 일러스트레이터로 자리바꿈을 한다. 비로소 이 시기에 그림책의 전업 작가층이 생기고 명칭도 '일러스트레이터'로 표기된다. 지금은 고인이 되었거나 우리나라 문화 예술 분야에서 중요한 위치를 차지하고 있는 이들의 어린이 책 작업은 그러기에 남다른 의미가 더 있는지 모르겠다.

권	제목	구성	글
1	왕비가 된 심청	김　현	박완서
2	혹부리 할아버지	전갑배	정인섭
3	해님 달님	안정언	정인섭
4	견우와 직녀	김교만	오정희
5	금빛 구슬	김　억	유경환
6	콩쥐 팥쥐	구동조	방기환
7	흥부와 놀부	김　현	신경림
8	도깨비 방망이	이윤영	이상현
9	용감한 홍길동	한호림	이외수
10	꾀 많은 토끼	김영기	신지식
11	나무꾼과 선녀	안정언	강은교
12	은혜 갚은 까치	김교만	어효선

〈재미있는 어린이 한국 전래 동화 : 전 12권, 1981, 어문각〉

3. 어린이 책 발행 전문출판사의 출발에서 얻은 것과 잃은 것

이때까지는 어린이 책을 발행한 출판사들이 성인용을 함께 내기도 하였다. 하지만 「재미있는 어린이 한국 전래 동화」 이후 변화가 생기기 시작한다. 먼저 여섯 곳의 어린이·청소년 전문 출판사가 생기면서 해마다 다양한 선집들을 발행하는데 그 중 많은 경우가 전래 동화 분야에 집중하여 냈다는 것이다.

먼저 「어린이 정서 교육 365일 이야기」(국민서관, 1982년), 「한국 전래 동화 전집」(국민서관, 1981년), 「어린이 마을」(웅진, 1984년), 「한국 교육 동화」(금성, 1984년), 「한국 전래 동화」(웅진, 1985년), 「어린이 한국의 동화」(계몽사, 1988년), 「그림 한국 전래 동화」(교학사, 1988년), 「위대한 탄생」(보림, 1989년) 등으로 이 가운데 「어린이 정서 교육 365일 이야기」, 「어린이 마을」은 모두 몇 편씩의 전래 동화를 포함하고 있다. 그리고 「위대한 탄생」은 1989년 초판 발행 때 선집

144종 중 전래 동화 10종을 내었으나 이후 2쇄 때부터는 국내 전래 동화를 뺀 외국 그림책만으로 계속 발행했다.

그리고 「어린이 마을」은 출간 당시 우리나라 교육·문화·사회 부문의 많은 인력을 기획 자문 위원 및 미술, 디자인, 사진, 자료 제공에 이르기까지 협찬으로 끌어들여 야심찬 기획을 이루었다. 그에 걸맞게 책의 구성도 역사, 문화 생태, 문학, 지리에 이르기까지 실로 방대한 작업을 진행한다.

12권 분량의 이 시리즈는 책에 시도할 수 있는 다양한 기법을 각 장면마다 다르게 사용하여 어린이 책으로서 종합 백과라 해도 과언이 아닐 정도다. 12권의 의미는 월별로 나누어 해당되는 달마다 특징 있는 자연 현상, 옛 문화 고증, 또 그 계절에 유사한 문학 소재를 삽화와 함께 실어서 정보와 문학의 영역까지 담은, 요즘 얘기로 픽션과 논픽션, 문학과 비문학이 어우러지고 넘나드는 종합 세트였던 셈이다. 각 권이 120여 쪽 되는 12권 세트를 구입해 읽고 보았던 부모 세대는 지금은 거의 50대 장년층이 되었고, 당시 어린이들은 20~30대 성인으로 자랐다. 옛 성인 월간지 「뿌리 깊은 나무」에서부터 발현된 이 출판사의 창조적인 실험은 실험이 아닌 커다란 상업적 성취로 이어졌고 현재의 탄탄한 기업을 이루는 데 적지 않은 기반으로 작용한다.

여기에 「어린이 마을」과 비슷한 시기에 출간된 「한국 교육 동화」(전24권, 금성 출판사, 1984년)는 지금의 옛이야기 그림책이 독립된 형태로 나오기 직전의 선집으로 분류해 볼 수 있다. 이 책에서부터 글과 그림 작가가 낯설지 않은 어린이 문학 쪽의 인사들과 그림 작업을 해 온 분들이 다수 참여하기 시작했다는 점에서 또 다른 의미를 갖는 것이다. 김성도, 이원수, 최인학, 장수철, 이주홍 외에 그림에서도 이우경, 신동우, 김광배, 최병선 등 그때까지 활동하고 있던 아동 문학과 삽화, 만화 영역의 화가들이 제자리를 찾아 나선 것이다. 다만 한 권의 책에 3편에서 10편까지의 이야기를 담아내다 보니 완결된 형태의 그림책 형식을 취할 수 없었던 점은 과도기의 한계로 볼 수 있다. 하지만 그림은 단순한 삽화 수준을 벗어나고 있다는 데서 상당한 진전과 어린이 전문 출판의 홍수

시대를 예고해 준다.

한편으로는 화려함과는 거리가 멀지만 우리가 잊고 가서는 안 될 저작물 또한 존재한다. '이우경 그리고 어효선이 다시 쓴 「그림 한국 전래 동화」가 그것이다. 지금은 글을 쓰고 그림을 그린 두 작가 분이 고인이 되었지만 두 분이 남긴 유산은 이제 20권의 작품으로 남겨졌다. 한 권당 두 편의 옛이야기가 들어 있으니 합하여 마흔 가지 이야기를 담았다. 이전 자료에서도 발견된 바 없거니와 최근도 그렇고 앞으로도 한 작가가 쓰고 그린 20권 분량의 옛이야기 그림책은 만들어지기가 어려울 것이라는 생각이다. 더구나 지금까지 소개한 선집이나 단행본의 전부는 절판되었거나 흔적조차 없어졌는데, 이 시리즈만큼은 현재도 여전히 판매 중이고 낱권(단행본)으로 존재한다는 점 또한 다른 책들과 구별된다. 그뿐만 아니라 17년이 넘는 시간이 흘렀지만 약간의 작품을 빼놓고 많은 양의 원화가 지금까지 훼손됨이 없이 보존되고 있다는 것도 대단한 일임에 분명하다.

책의 판형도 24.5×32cm로, 이때까지 나왔던 책들에 비해 가장 크다. 그러다 보니 본문에서 그림의 배치도 매우 대범해서 마치 큰 액자에 담겨진 인물화를 연상하거나 와이드 북을 보고 있다는 착각을 일으킬 정도다. 11권 「도깨비

140

감투」의 부자 영감의 인물 묘사는 어찌나 큰지 상체만으로 어른 손의 한 뼘을
훨씬 넘는다. 그리고 옛이야기 속의 인물, 사물, 풍경 등이 정밀한 스케치가 아
닌 캐리커처 방식, 채색의 화려함, 굵은 붓 터치에 의해 다분히 해학적으로 보
인다. 재료의 사용 또한 수채 물감, 아크릴 물감, 펜, 포스터 물감 등을 고루 사
용하여 곳곳에서 파격을 이룬다. 전체적으로 보면 어린이의 천진난만한 구상화
작품으로 여겨질 만큼 어떤 장애도 거리낌 없이 그려졌지만 자세히 들여다보면
한 장면 한 장면이 구도가 치밀하게 계산되어 있다. 글 또한 이전 책들에서는
볼 수 없었던 입말을 살려 쓴 본보기로 남을 만하다. 마치 할아버지가 손자와
손녀에게 들려주는 듯 구수한 말솜씨로 시종일관 이어져 어디서든 가감 없이
활용할 수 있을 정도다. 길지 않은 우리나라 그림책의 역사에서 이 정도의 독창
적인 화풍의 작품이 후학에게 전해지고 있다는 사실이 무척 다행스럽고 행운이
라고 볼 수 있지 않을까?

다만 안타깝게 여기는 것은 낱권 판매용 시리즈, 묶음 판매용 전집 모두 어
린이 책의 양적 성장과 기술을 발전시키는 데 기여한 바는 적지 않으나 1950~
60년대에서 실현된 수공업적인 미감이 끊어져 버렸다는 점이다. 마치 우리 옛
민화의 전통적 요소가 오늘날의 그림책 작가 이억배, 이영경, 권윤덕 등에서 일

부 계승되어 나타나듯 이 시기의 현상 역시 후학에 의해 다시금 어떤 시도가 있
기를 바랄 뿐이다.

4. 묶음책에서 단행본의 시대로
– 1980년대 후반~1990년대 초

그림책 특히 시각 분야에서 우리들의 선배 세대, 1세대는 빛을 발하는 시절
도 영광도 없이 잊혀져 가고 있다. 크든 작든 여러 형태의 유산을 물려받았음에
도 이를 기리는 자그마한 움직임도 없다. 그러는 사이 1970~80년대 학창 시
절을 보낸 젊은 디자이너, 일러스트레이터 화가들이 그림책에 관심을 보이며
한 사람 두 사람 발을 들여놓기 시작하면서 이들에 의해 1990년대 어린이 책은
큰 변화를 몰고 온다.

하지만 1990년대로 넘어 가기 전 우리의 정통성을 확인하는 걸출한 작품 하
나가 탄생한다. 류재수의 『백두산 이야기』(통나무, 1988년)는 단행본 그림책이
흔치 않던 시기에 마치 평지에서 산봉우리가 우뚝 솟아오른 형상처럼 4년여의
작업 끝에 나왔다. 같은 책 끝에 '동화 이해를 위한 성인 강좌'라는 긴 원고를
게재했던 철학자 김용옥은 1999년 개정판에 다음과 같은 글을 싣는다.

> 이 『백두산 이야기』라는 책은 우리나라에 일러스트레이션의 개념이나 바람직
> 한 모범이 아직 정립되지 않았던 동화책의 불모지 시절에 오늘 여러분들이
> 보시는 거대 판형과 고급 인쇄로 출판되어 한국 동화책의 수준을 비약시켰을
> 뿐 아니라 국제적으로 한국 문화의 충격을 전달하는 선구적 사명을 달성한
> 위대한 책입니다. 향후 한국의 일러스트레이터들에게 이 책은 서낭당 고개에
> 우뚝 솟은 낙랑장송과도 같은 모습으로 끊임없는 영감을 불어 넣었습니다.
> 세계적으로 그림책 출판의 권위를 자랑하는 일본 후쿠인칸쇼텐 출판사의 마
> 쓰이 사장은 이 책 한 권으로 한국 문화의 저력을 실감했다고 만방에 외치면

서 일본어판으로 출판하여 세계의 동화책 시장에 내어 놓았습니다. 　**,,**

우리 민족의 신화 『백두산 이야기』를 언어와 색다른 이미지로 그려 놓은 것 자체가 쉽지 않은 작업이었지만 작가는 이 웅장한 소재를 위해 색감을 자제하는 과감한 시도를 택한다. 즉 땅의 색깔, 황토색을 주색으로 쓰면서 지금까지 화려한 색감을 섞어 넣는 어린이 그림책의 획일성에도 단호한 입장을 취한 것이다. 수십 권의 묶음책, 즉 전집보다 단 한 권의 그림책이 나오는 것이 이렇게 힘들었던 것일까? 『백두산 이야기』를 출간하기 위해 출판사 역시 여러 설문 조사와 함께 통계를 구하고 결론을 내린 것이 민심과는 정반대인 이 작품을 내기로 한 것인데 당시의 분위기는 『소공녀』, 『엄마 찾아 삼만 리』 등 익숙한 제목들이 압도적이어서 오히려 작가와 출판사 모두가 스스로 어려운 결단을 내리는 데 위의 통계가 작용을 했는지 모를 일이다.

옛이야기로 보자면 낱권 그림책(단행본)이 이 시기를 전후로 서서히 나타나기 시작한다. 『큰 도둑 거문이』(분도, 1986년), 『나무꾼과 호랑이 형님』(디자인하우스 영문 초판, 1988년 / 한림 한글 초판, 1998년), 『용감한 홍길동』(한림, 1988년), 「그림 한국 전래 동화 20종」(교학사, 1988년) 등이 모두 방문 판매가 아닌 서점에서 판매된다. 1990년대는 이처럼 특별한 움직임을 경험한 후 여러 방면에서 어린이 책의 개념이 바뀌고 탈바꿈하면서 넘어온다.

5. 그림책 전업 작가의 등장 – 1990년대

먼저 젊은 일러스트레이터들의 등장이다. 이들은 다양한 기법과 실험, 이전 세대와 다른 세계관으로 표지와 삽화, 그림책에서 활동 공간을 넓혀 간다. 이미 1980년대 후반부터 여러 선집 작업에 참여해 오던 이들은 1990년대 들어 단행본 그림책의 분위기가 형성되기 시작하면서 두 경계를 넘나들며 기량을 발휘한다.

그 중 「두손 옛이야기 그림책」(출간 당시 두손미디어, 현재 덕암클래스, 1996년)의 경우 10년이 지난 현재의 그림책 형식과 가장 유사한 형태를 띠고 있다는 점에서 기억할 만하지만 일반적인 유통 현장에서 사라져 아쉬움이 있다. 이 선집 작업에 참여했던 글 작가와 그림 작가 대부분이 지금 활발하게 활동 중에 있거나 이 작품들에서 작가들의 특징적 묘사를 감상해 볼 수 있다는 점이 또 하나의 소득이라 할 수 있다.

권	제목	글	그림
1	단군신화	김장성	문성근
2	해와 달이 된 오누이	배명희	이억배
3	땅과 바다가 생긴 유래	최만영	김우정
4	사윗감을 찾아 나선 두더지	김철오	최성민
5	팥죽 할머니와 호랑이	곽정란	이형진
6	구렁덩덩 신선비	이송희	유승하
7	반쪽이	오호선	정승각
8	재주군 오형제	김중철	강우근
9	우렁이 색시	조호상	김달성
10	콩쥐 팥쥐	이성실	최숙희
11	소가 된 게으름뱅이	김해순	송진헌
12	전우치전	임병주	이영경
13	홍길동전	조호상	이원우
14	효녀심청	조봉호	권문희
15	흥부와 놀부	김장성	한병호
16	토끼와 자라	오호선	유진희
17	쥐전	조호상	최미숙
18	유래에 얽힌 이야기	김해순 외	여찬호 외
19	재미있는 동물이야기		
20	재치 넘치는 옛이야기	조호상	김성민 외

이 1990년대에 30여 종의 전래 동화 그림책 전집이 발행되면서 전성기를 이루고, 단행본 부문에서는 6종의 시리즈가 선을 보였다.

단행본

한국의 민화 전10권 국민서관 (1992년)

우리나라 신선 선녀 이야기 전5권 민음사 (1993년)

내가 처음 가 본 그림 박물관 전6권 길벗어린이 (1995년)

바보 이야기 전10권 계몽사 (1996년)

옛이야기 그림책 까치 호랑이 시리즈 보림 (1996년)

두껍아 두껍아 옛날 옛적에 시리즈 웅진주니어 (1998년)

우선 위와 같은 단행본들이 속속 출간되면서 파급 효과는 여러 분야에 확산되기 시작한다.

둘째, 이를 계기로 인문, 사회, 문학 쪽에 전념해 오던 출판사들의 어린이 책 시장 진입이 서서히 이루어지면서 글과 그림 작가의 수요가 급증한 것도 하나의 특징이다.

셋째, 올해로 44회가 되는 '이탈리아 볼로냐 국제 어린이 도서전'이 국내 어린이 책 환경에도 적지 않은 영향을 미치면서 1998년 이후에는 국내 출판 관계자들이 평균 500여 명가량 참관하고 있다. 지금까지 여러 작가들이 도서전 위원회 쪽으로부터 출품 의뢰를 받고 도록에 실리기도 했지만 상대적으로 저작권 수입 쪽에 쏠림 현상이 두드러지면서 국내 어린이 책 출판에 급격한 팽창 요인으로 작용하기도 했다. 이러한 상황에서도 개별 작가들의 옛이야기 그림책 작업은 꾸준히 늘어왔다. 이는 또한 우리 문화 전반을 소재로 삼은 기획으로까지 점차 확장하는 추세여서 한동안 이런 움직임은 지속될 것으로 보인다.

1990년대가 우리 그림책에 남긴 흔적과 유산은 그대로 2000년대에 가감 없이 이어졌고 아직도 건재하다. 우직하지만 꼼꼼하고, 질감의 느낌 때문에 보는 맛이 훨씬 좋은 『까막나라에서 온 삽사리』(초방책방), 독특한 도깨비 캐릭터를 잉태시킨 『도깨비 방망이』(보림), 자유분방한 붓놀림으로 해학적인 완성도를 높인 『까치와 호랑이와 토끼』(웅진주니어), 수묵화로 영미권과 독일어권에까지 번역 출간된 『나무꾼과 호랑이 형님』(한림출판사), 고전 『규중칠우쟁론기』를 현대적 해석으로 쉽게 풀어 그린 『아씨방 일곱 동무』(비룡소) 등 모두 예전에 볼 수 없었던 개성적인 작품들이다.

단행본 그림책이 전집과 확연하게 구분되는 것은 좀처럼 소멸되지 않는다는 점이다. 비록 규모나 양으로는 턱없이 못 미치지만 한 권 한 권이 갖는 의미는 결코 적지 않다. 역사로 남는 것은 결국 드문드문 나오는 이들 작품들로 인해서 기록된다. 그러나 지난 시기, 오늘이 있기까지 버팀목이 되어 주고 다리가 되어 준 100년 남짓 숱하게 많았던 선배들의 이름 없는 작업과 유산이 있었기에 가능하지 않았을까? 이 소중한 자료들이 더 사라지기 전에 기록으로 남겨야 할 의무가 우리들에게 주어졌다면 더 늦기 전에 써야 한다. 누가, 언제, 어디에, 글과 그림을 쓰고 그렸는지.

자료 협조 : 국립어린이청소년도서관
춘천교육대학교 도서관
(재)출판도시문화재단 어린이책예술센터
동화출판공사 전 편집인 이상배
참고 문헌 : 『아동 문학의 이론』(이재철, 형설출판사, 1983년)
『조선 동화집』(1924년)
「소년」(영인본)
「어린이」(영인본 1923~1949년)

정병규 _ 어린이 책을 사랑하는, 어린이와 같은 심성을 갖고 있는 따뜻한 아저씨이다. 어린이 책 전문 서점인 '헤이리동화 나라'의 대표이며, 파주 출판 도시 '어린이 책 예술 센터'의 책임 연구원으로 일하고 있다. '어린이 책 예술 센터'에서는 국내외에서 출간된 어린이 책 자료를 모아 분류하고 데이터화하는 작업을 하고 있다.

우린 개성으로 수학여행 간다!

때는 2012년.
아직 통일은 이루어지지 않았지만
남북은 더 이상 서로 총부리를 겨누는
사이가 아닙니다.
남북의 도로가 이어지고,
철로가 이어지고,
이어진 길로 사람들이 자유롭게 오가는
평화로운 한반도가

이 이야기의 배경입니다.
'…저는 왜 분단이 되었는지 잘 모릅니다.
통일에 대해서도 잘 모릅니다.
하지만 이번 개성 수학여행을 와서
한 가지는 분명히 깨닫게 되었습니다.
내가 누군가와 같은
기억을 간직하고 있다면,
그 사람과는 절대 남으로
살아갈 수 없다는 사실입니다…'

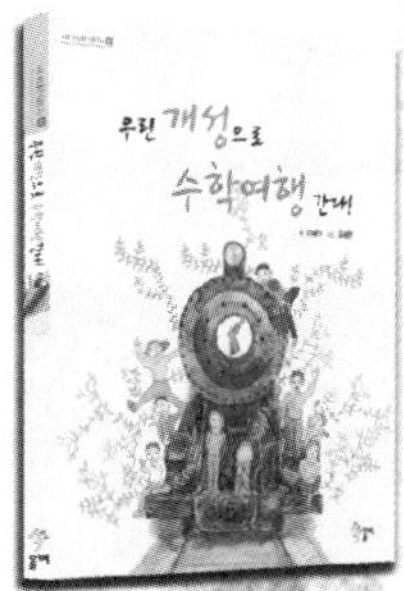

글 **이광수**
그림 **김윤환**
정가 8,500원

# 우리나라 어린이 책 삽화의 흐름

정병규

세상의 모든 것에는 내력과 흐름이 있게 마련이다. 그것이 역사라면 어린이 책도 그 역사가 남겨져야 한다. 그 중 문학과 교육 관련 자료는 개인 및 기관, 사립 박물관 등에 소장되어 있거나 전시 목록이 갖추어져 있다.[1] 그러나 시각 분야, 다시 말해 그림책과 삽화 분야는 아직 체계적으로 정리된 역사가 보이지 않는다. 지금이라도 1차 자료가 거의 전무한 현실에서 부족하나마 우리 그림책 원형을 찾는 시도가 있어야 하리라고 본다. 그런 의미에서 해방공간과 1950~60년대에 활동한 초기 삽화가들에 대한 개괄을 해 보고자 한다. 그러나 우선 그림책 역사에 앞서 훨씬 전 시기 삽화 변천사를 거론해야 하고, 그러자면 우리나라에 맨 처음 선을 보인 어린이 잡지에서부터 탐색해야 마땅하다.

어린이 잡지 흐름을 거슬러 올라가다 보면 「소년 한반도」가 나온다. 어린이 책이라고 볼 수 있는 최초 자료가 「소년 한반도」(1906년 11월~1907년 4월 통권 6호 발행, 소년한반도사)였고, 이 잡지가 근대 우리나라 최초의 소년 잡지라는 것이 현재까지의 정설이다.[2] 그러나 이 잡지는 삽화와 관련한 시각 이미지와는 거리가 멀고 우리나라 어린이 책 사료로서의 의미가 더 크다고 할 수 있다.

---

1) 『한국 아동 문학 100년사 희귀 자료집』, 한국아동문학학회, 2005년
   『일제 강점기 교과서저 도록』, 삼성출판박물관, 2006년
2) 이재철, 『세계 아동 문학 사전』, 계몽사, 1989년

어린이 책에서 시각적 요소가 등장하기 시작한 자료는 육당 최남선이 발간한 「아이들 보이」(1913년 9월~1914년 8월 폐간)이다. 제호에서 보듯 '아이들'과 '보이다'라는 보조 동사에서 '보이'를 따와 아이들이 보는 잡지라는 것을 특별히 강조하고 있다. 국판(218×152) 크기에 40여 쪽 분량의 이 책은 표지를 '책거죽'이라 표기하고 표지 그림을 당시 유명한 화가에게 그리게 했다. 이 그림은 붉은색 바탕에 갑옷을 입은 장수가 화살 통을 등에 지고 긴 창과 화살을 들고 백마를 탄 모습이 전체 지면을 거의 차지하고 있다. 왼쪽 아래에는 호랑이의 얼굴이, 왼쪽 상단에는 '아이들 보이'가 사각형의 모양으로 씌어 있다. 전체적으로 보면 활자와 그림의 배치가 견고하게 자리 잡고 있어서 이 시기 장식 형태를 엿볼 수 있다. 본문 그림은 목각으로 새겨서 삽화의 기능을 하게 했고 패턴화된 문양이 동시에 사용되기도 하면서 활자들과 조화를 이루게 했다. 이로 미루어 '아이들 보이'는 여러 형태(사진, 목각, 삽화, 패턴 문양, 한글 쓰기)의 실험과 시도를 했던 어린이 잡지로 기록에 남을 만하다.

이로부터 10여 년 뒤 소파 방정환이 중심이 되어 「어린이」(1923년 3월 창간, 통권 122호로 정간, 개벽사)가 발행된다. 어린이 대상의 순수 아동 잡지로는 처음이었고 제호의 서체가 몇 차례 바뀌고 본문 삽화 역시 다양한 변화(사진, 만화, 컷, 패턴 문양, 목판화 등)가 나타나기 시작한다.

「어린이」는 매호마다 평균 70면 정도의 당시로서는 적지 않은 분량이었다. 게다가 다양한 삽화와 사진, 활자의 변화 등을 엿볼 수 있다는 점이 주목할 만하다. 요즘처럼 편집 디자이너와 일러스트레이터가 따로 없던 시절, 수록된 작품 첫 머리에 들어가 있던 작은 삽화나 활자의 배치, 구성 등은 쉽지 않았을 것이다. 그럼에도 어린이를 대상으로 하는 잡지였기에, 특히 지면의 변화에 많은 공을 들였으리라 짐작된다. 한편으로 1925년에 창간 2주년 기념으로 안석주의 '씨동이의 말타기', 여섯 칸 만화 '복동이와 문예', 그리고 1927년 「아희 생활」에 '복동군의 탐험'을 박천석이 연재하면서 만화가들의 어린이 책 삽화 작업이 병행되기도 한다. 이 과정에서 잡지 「어린이」는 1934년 정간되기까지 잡지의 여러 형식과 시도가 이루어진 점으로 미루어 어린이 책 삽화를 살펴보는 데 적지 않은 단서를 제공할 것으로 보인다.

「어린이」 이후 1945년 무렵까지 40여 종 이상의 어린이 잡지가 창간되고 폐간되는 잡지 춘추 전국 시대를 맞는다. 이들 모두 열거하기에도 벅찰 만큼 활발한 활동을 벌였고, 그 족적을 남기고 사라졌으나 그림책의 근원을 찾기에는 「우리들 노래」만큼 크지 않다.

1947년 제5집이 발행된 작품집 「우리들 노래」는 조선아동문화협회에서 공모한 동요들을 모아 낸 당선작 선집이다. 모두 10편의 동요를 실으면서 각 편마다 한 면 또는 두 면 펼친 상태의 그림이 그려져 있어서 요즘 얘기로 하면 '시 그림책'이라 볼 수 있다. 그림이 그려진 면에 동요 문장은 맨 왼편과 오른편, 아니면 맨 위에 앉혀 있어서 동요 선집임에도 불구하고 그림의 훼손 없이 배치되어 있다. 다른 시각으로 보면 오히려 그림이 중심이고 글이 보조 수단으로 보일 만큼 이에 대한 배려가 각별하다. 그러니 그림을 감상하면서 동요를 읊조리는 형태가 된다.

이 책 5, 6면을 할애하고 있는 「우리 닭」의 장면은 암탉과 수탉이 서로 마주보고 그 사이에 병아리 다섯 마리가 모이를 쪼아 먹는 평화로운 광경이 있다. 동요는 오른쪽 맨 위에 올려져 있어 마치 옛 민화 한 폭을 감상하는 것처럼 정갈하고 시원하게 보는 이를 압도한다. 색감도 강한 군청색과 누런

「우리들 노래」(그림동산5) 5~6쪽

황토색이 주색으로 배합되어 석판화의 묘미가 한껏 드러난다. 7면 「나무를 심자」, 8면 「아침 해」는 짙은 겨자색과 감청색, 주황색이 어우러져 두 장면임에도 균형을 이루어 장면 전환을 자연스럽게 이어준다. 10, 11면의 「나는 산에서」는 한 폭의 풍경화가 당시 정경을 말하고 있다. 왼편에서는 증기 기관차가 터널에

서 하얀 증기를 내뿜으며 막 나오고 있고, 바로 옆 바닷가에는 푸른 물결을 헤치며 똑딱선이 기차가 나오는 반대 방향으로 가고 있는 것을 산등성이에서 한복 입은 소녀가 소나무 아래서 내려다보고 있는 모습이다. 하늘에서는 비행기가 날고 있다. 어린이에게 보여 줄 수 있는 모든 것을 화폭에 담아 천연덕스레 펼쳐 놓았다.

기차는 칙칙 폭폭
산을 뚫고 다니고,
비행기는 윙윙윙
구름 속을 다니고,
똑딱선은 통통통
물을 차고 다니고,
나비는 너울너울
꽃 속으로 다니고
나는 나는 산에서
숲 속으로 다니고
― 김원용 동요, 김규택 그림

마치 동요 구절과 그림이 한데 어우러져 일체화되어 있는 것 같다. 여기서는 맑고 투명한 수채화로 붓놀림이 절제되어 절반에 가까운 여백과 물감의 농담이 어색하지 않아 보인다. 마지막 면인 「바다 너머 저쪽」에 오면 절정을 이룬다. 오로지 푸른색 수채물감의 채색만으로 입체와 질감을 모두 표현한, 보기 드문 장면이 이 작품집을 마감한다. 잔잔하게 물결치는 바다 저쪽 끝, 수평선 너머에 흰 구름이 뭉실뭉실 떠 있고 그곳이 또한 파란 하늘과 닿아 있다. 맑은 농담의 한국화 분위기 같으면서도 출렁이는 바다를 보고 있으면 세밀한 입체감이 보이는 기교가 혼합되어 있다. 이만한 작품집이 오늘날까지 전해져 볼 수 있다는 것이 퍽이나 다행스럽다. 아직 단정하기에는 이르나 이보다 더 완성도 높은 그림 책이 나오지 않는다면 충분히 전형으로 삼기에 부족함이 없다.

이 시기에 삽화 형태를 띤 그림책을 오늘날 글과 그림은 전혀 다르지만 같은 장르로 다시 만나고 있음을 볼 때 우연이라고 생각할 수 없다. 「우리들 노래」 이후로도 그림 동요집은 60년대까지 그 맥이 끊이지 않고 이어져 있기 때문이다.

2년 뒤인 1949년 1월과 3월, 어린이 책의 단행본 출간이 희박했던 시절 잡지 「어린이 나라」와 「진달래」가 연이어 창간된다. 「어린이 나라」는 그 이듬해

5월에 폐간되어 아쉽게도 통권 17호에 그쳤지만 이 잡지를 장식한 표지 및 본문 삽화는 당시 걸출한 화가들에 의해 그려져 오늘날 다시 보면 특별한 감회를 갖지 않을 수 없다. 190×255mm 크기의 지면을 이용한 화폭에 다양한 작가들의 화풍이 전개되는데 이들은 이쾌대, 정현웅, 박성규, 백영수, 김용환, 임동은 등 당대를 풍미한 화가들이 그 주인공들이다. 어린이 책에 전업으로 그림 그리는 시절이 아니었을 때 이들의 이력 역시 모두 다르다.

먼저 1930년 이후 활발하게 활동한 서양화가로, 서구 미술 속에서 한국의 '근대'를 적극적으로 해석했던 이쾌대, 사실주의 화풍의 인물, 풍경화를 주로 그렸던 정현웅과 임동은, 신사실파 동인으로 활동하면서 광복 이후 순수하고 분명한 조형의식을 바탕으로 한 추상 회화의 선구자로 평가되는 백영수, 「더 서울 타임스」에 만화 '코주부' 연재를 시작으로 시사만화, 어린이 만화, 삽화 등 한국 현대 만화의 대표적 인물로 손꼽히는 김용환에 이르기까지 모두 개성 있는 표현을 유감없이 발휘한다.

특히 1949년 5월호 「어린이 나라」의 표지 그림(노란색 바탕에 많은 어린이들이 손에 손을 잡고 율동을 하고 있는 모습)은 보는 이로 하여금 이들의 행렬에 뛰어들고 싶은 충동을 느낄 만큼 시선을 압도한다. 또한 같은 해 「진달래」 11월호 임동은의 표지화는 농촌 마을에서 연 날리는 아이들, 감나무에 걸린 연을 바라보거나 가면을 쓰고 마을 강아지와 장난을 치는 장면을 모두 담은 풍경화로 색채와 검정 붓 선이 간명하다. 전체적으로 구도가 청명하기 이를 데 없다.

그에 비하면 1949년 7월호의 말 타는 소년 모습의 김용환 작품, 1950년 12월호 정현웅의 망토를 쓰고 자루에서 뭔가를 꺼내고 있는 할아버지의 그림은 앞의 작품들에 비하여 전혀 다른 분위기를 자아낸다. 이런 흐름은 1950년 1월호부터 「진달래」가 「아동구락부」라는 이름으로 바뀐 뒤로도 이쾌태, 임동은, 김용환에 의해 근대 어린이 풍속화 작업으로 계속된다. 이들 「진달래」, 「어린이나라」, 「아동구락부」 등이 특히 의미 있는 점은 해방 후부터 1950년 전쟁 직전까지 안정되지 않았던 사회 분위기 속에서 마치 일정한 양식을 창조해 가는 것처럼 어린이 세계를 형상화했다는 것이다.

실제로 1950년 1월호부터 6월호까지 겉장 그림을 보면 제기차기, 얼음을 지치는 모습, 어미닭과 병아리들이 모이를 쪼아 먹는 풍경, 팽이치기, 씨름하는 장면과 마을 고목나무에 줄을 매달아 아이들이 그네를 타는 장면에 이르기까지 우리의 옛 민화를 근대적으로 재현해 보인다. 그림책이라는 일정한 형식과 언어가 있기 전 우리나라의 화가들은 어떤 영역도 무관하게 경계 없이 넘나들어 활동한 흔적들이 고스란히 남아 있는 것이다.

1950~1960년대 어린이 책과 월간지들에 그림을 그렸던 이들은 배종근, 정현웅, 백영수, 김세종, 김태형, 김윤식, 이주홍, 우경희, 김광배, 정준용, 홍성찬, 이순재, 변종하, 신동헌, 신동우, 김영주, 송영방 등으로 많지 않았던 책의 삽화가로 자주 등장한다.

그 중 김태형은 초등학교 교과서 삽화가로 널리 알려져 있고, 신동우는 만화가로, 1929년에 소설로 등단하여 아동 문학가, 만화가 등 다채로운 활동을 보였던 이주홍은 자신의 동화 작품『섬에서 온 아이』(태화출판사, 1968년)에 표지 그림을 그린 화가로도 등장한다. 홍성찬은 1964년「새소년」8월호부터 최근에 이르기까지 전통 화법을 사용하여 고증을 토대로 한 사실화를 일관성 있게 그려오고 있는 독보적인 인물이다.

이 시기 화가들의 표지 그림을 나열해 놓고 보면 장면 하나하나가 예사롭게 보이지 않는다. 어쩌면 하나의 독립된 그림처럼 작가의 화풍을 보이기도 하고 비구상과 구상, 콜라주, 펜화에 이르기까지 여러 형태의 작법을 보여 주지만 한 편으로는 유사성도 보인다. 요즘처럼 컴퓨터에서 서체를 골라 쓰기가 없던 때 한 글자 한 글자를 그려서 표지화와 함께 배치하였던 것이다. 이런 활자의 손 그림 작업은 1960년 중반까지 이어져 그 후의 장정과 구분이 된다.

송영방은「조그만 하늘」(강소천 아동문학전집 6집, 배영사, 1968년)에서 앞, 뒷면을 모두 활용하는 넓은 지면에 도시의 풍경과 기차를 그려 넣었다. 이 그림도 표제어와 절묘하게 어우러져 어느 것 하나 도드라져 보이지 않는다. 표제어도 하나의 이미지로 감정이입 된듯하다. 그리고 『구멍가게 집 세 남매』(황영애, 숭문사, 1965년)는 이들 작품 중 가장 좋은 사례를 보여 준다. 장정과 속 그림을 모두 그린 김광배는 2000년대 그림책에서 볼 수 없는 독특한 자신만의 세계를 평면의 종이 위에 펼친다. 특별한 과장이나 왜곡 없이 네 사람의 인물과 입체감 없는 구멍가게의 정면 모습을 석판화 작품처럼 감상하게 한다. 뿐만 아니라 『재미있는 세계 명작』(어문각, 1963년), 『일곱 개의 얼굴』(한국교육도서출판사, 1970년)에서 극도의 절제된 구성을 보이면서 절정을 이룬다. 굵은 선과 면의 분할로 이루어지는 조형 이미지는 한 장의 작은 포스터이면서 표제어와 어우러져 구조가 튼튼하다. 가히 한 뼘 크기의 예술이라 하기에 부족함이 없다.

이런 독특한 표지 장정을 선보이면서 오늘날의 표지 디자인 개념이 이미 그때 한 화가에 의해서 정밀하게 시도되었다는 것을 우리들은 다시금 되짚어 볼 일이다. 불과 50여 년 전의 일이지만 이 같은 명장면들을 한때의 경향으로 덮어 두기에는 그 성과가 무척 크고 흔적이 아쉽다. 오히려 지금 눈에 익숙한 최근의 그림책과 표지 및 본문 삽화를 보면서 발전적으로 계승되어 왔는지 비교해 보는 것도 의미 있는 일일 수 있다. 결국 삽화의 역사는 어린이 책의 역사와 함께 해 왔고 앞으로도 그럴 것이기 때문이다.

100여 년에 가까운 세월 동안 문학과 어울리며 성장해 온 어린이 책 그림. 짧지 않은 기간에 여러 작가들의 탄생과 그들에 의한 갖가지 조형 활동은 끊이지 않고 이어져 왔다. 이는 우리의 미술 문화에서 서양화법 수용의 분위기가 성숙되고 처음으로 양화 활동을 시작한 것을 1910년대 후반으로 본다면, 결국 어린이 책 삽화의 시대는 우리나라 신미술 시대의 개막과 거의 궤를 같이 한 것으로 보면 될 것이다.

정병규 _ 어린이 책을 사랑하는, 어린이와 같은 심성을 갖고 있는 따뜻한 아저씨이다. 어린이 책 전문 서점인 '동화나라' 의 대표이며, 파주 출판 도시 '어린이 책 예술 센터' 의 책임 연구원으로 일하고 있다. '어린이 책 예술 센터' 에서는 국내외에서 출간된 어린이 책 자료를 모아 분류하고 데이터화하는 작업을 하고 있다.

# 왜 옛이야기인가?

김명옥

오늘날 한국 사회는 커다란 두 개의 흐름 속에 놓여 있다. 최첨단을 추구하는 과학 기술 세계와 그로 인해 잃어버린 정서를 찾고자 하는 흐름이다. 이 두 흐름은 동전의 양면처럼 따라다닌다.

빠르게 발달하고 있는 과학 기술을 보면 인간의 한계가 어디까지일까? 아니 한계가 있기나 한 것일까 하는 생각이 든다. 그 중 하나가 웹이다. 웹은 세계를 하나의 그물망으로 엮어서 검색자가 클릭 몇 번으로 지구 반대편에서 일어난 일을 실시간으로 확인할 수 있게 한다. 그래서 현대인들은 지식과 정보의 홍수 속에 살고 있다고 해도 지나친 말이 아니다.

한편으로는 1960~1970년대의 향수를 불러일으키는 복고풍이 우리 사회에 일고 있다. 또한 그 시절의 놀이를 소재로 공연을 하거나 생활을 담은 박물관이 만들어지고 있다. 최근 들어 출간된 어린이 책들을 보면 잊혀진 우리 문화를 아이들에게 알리고자 하는 책들과 아울러 옛이야기를 '다시 쓰거나 고쳐 쓰거나 새로 쓴'[1] 책들이 부쩍 늘어났다. 어린이 책 출판 경향이 복고 문화의 영향 탓이라고 할 수 없을 것이다.

 1) 서정오는 『옛이야기 들려주기』에서 전래 동화의 재화나 개작을 우리말로 고쳐 쓰자고 제안 한다.

그러면 왜 잊힌 문화에 대한 관심과 옛이야기가 어린이 문학의 중요한 소재로 떠오르는지 의문이 든다. 그런데 이 두 가지는 서로 다름이 아니다. 공동체의 삶에서 하나는 생활이요, 하나는 정신이다. 옛사람들은 자신들의 삶의 경험을 보태어 이야기를 만들고 전달했기 때문에 그들의 정신이 가장 잘 스며들어 있다.

이 글은 오랜 세월동안 끊임없이 이어져 내려오는 옛이야기의 생명력은 무엇인가 물질적인 풍요 속에 살고 있는 현대인들이 왜 어렵고 힘들었던 시대를 그리워하는 것일까? 옛이야기의 본질은 무엇이며 옛이야기를 통해 회복하려는 것은 무엇인가에 대한 답을 찾아가는 과정이다.

1. 옛이야기란 무엇인가?

오랫동안 입에서 입으로 전해 내려온 이야기들을 글로 다시 써 아이들에게 읽히고 있다. 옛이야기는 다른 글 문학보다 그 생명력이 훨씬 길다. 동화책은 스테디셀러가 아닌 이상 곧 묻혀 버리지만, 옛이야기 책은 해가 거듭날수록 계속해서 새로운 이야기책을 생산해 낸다.

옛이야기는 전혀 새로울 것이 없고, 아주 오래된 케케묵은 이야기이고, 정형화된 구조여서 빤한 내용을 담고 있다. 그러함에도 오랫동안 이어져 내려오는 생명력은 어디에서 기인하는가? 그것은 생산자와 기록 방식에 있다.

소설은 개인이 생산한다면, 옛이야기는 공동체가 생산한다. 소설은 개인의 내밀한 기록이라면, 옛이야기는 공동체 사람들의 경험이 보태진 기록이다. 옛이야기 기록은 언제 어디서든 둘만 모이면 가능하고 듣는 사람은 그것을 기억했다가 자신의 경험을 보태어 다른 사람에게 전달했다. 그래서 옛이야기의 주인공들은 민중이고 민중은 자신들의 삶을 입에서 입으로 기록(?)해 전달한 것이다.

발터 벤야민은 옛이야기를 하는 사람이나 듣는 사람이 "옛이야기가 자신의 경험이 되도록 만들어"낸다고 한다. 이는 이야기를 듣는 사람이 자신의 실제적인 삶의 경험을 바탕으로 한 상상력이라 할 수 있다.

어릴 적, 할머니에게 들은 이야기 가운데 지금도 생생하게 머릿속에 자리 잡고 있는 영상 하나가 있다. 앞 뒤 내용은 까맣게 잊어 버렸다. 기억한 장면은 이렇다.

호랑이가 부엌에서 칼을 갈고 있다. 오누이는 방에 있다. 칼 가는 소리를 듣고 몰래 방에 빠져 나와 텃밭에 숨었다. 호랑이는 툭툭 하는 소리를 내며 무엇인가 잘랐다. 그리고 조금 지나자 호랑이는 텃밭에 그것을 휙 던졌다. 누이의 치마폭으로 그것이 떨어졌다. 주워서 보니 사람 뼈였다. 오누이는 입을 막으며 울었다.

머릿속에 남아 있는 내용은 이것뿐이고, 영상은 한 컷으로 남아 있다. 캄캄한 밤, 달도 별도 없는 밤에 호랑이는 부엌에서 무엇인가를 썰고 있고, 오누이는 집 앞에 있는 콩밭에 숨어서 부엌 한 칸과 방 한 칸인 초가집을 바라보고 있다.

그런데 기억하고 있는 이야기 내용과 영상은 차이가 있다. 별도 달도 없는 캄캄한 밤과 콩밭이다. 텃밭 대신 콩밭 이미지를 떠올리는 것은 나름의 이유가 있다. 우리 집 텃밭은 집에서 고추나 파, 상추 등 양념을 심었고 그것들은 가늘고 키가 작았다. 반면, 콩밭이 무성하면 콩 나무들은 키가 크고 잎이 넓적해서 아이들이 앉아 있는 키보다 컸다. 그래서 텃밭 대신 콩밭으로 이미지를 바꾼 것이다.

그런데 좀 더 중요한 사실은, 이야기의 어디에도 없는 별도 달도 없는 깜깜한 밤중의 이미지와 텃밭 대신 콩밭의 이미지를 지니고 있다. 이는 시골에서 나고 자라는 경험과 관련이 있다. 오누이가 호랑이에게 들키지 않고 무사히 달아나려면 호랑이가 아이들을 보지 못할 정도로 깜깜한 밤이어야 하고, 우리 집 텃밭은 오누이가 숨으면 금방 들킬 게 뻔하기 때문에 오누이를 더 잘 가려 줄 수 있는 콩밭을 만들어 낸 것이다. 아마 이 이야기를 들으면서 오누이가 호랑이에게 들키지 않으려면 텃밭보다는 콩밭이 훨씬 유리하다고 생각했던 모양이다. 그러고 보니 간단한 이미지 하나에도 내 삶의 경험이 토대가 된 것이다. 이 이야기가 「해와 달이 된 오누이」의 각 편 가운데 하나라는 것을 옛이야기를 공부하면서 알게 되었다.

2. 「구렁덩덩 신선비」의 분석과 의미

옛이야기의 생명력이 긴 이유 중 하나는 다양한 해석이 가능하다는 것이다. 옛이야기는 옛사람들이 사는 사회를 담고 있다.[2] 옛이야기는 옛사람들의 생각과 생활방식 그리고 이루고자 했던 온갖 노력의 흔적들이다. 그래서 옛이야기는 듣는 사람마다 다르게 해석한다. 사회학적 방법론으로 해석하는 학자가 있는 반면, 인간 정신의 원형으로 보고자 하는 학자들도 있다.

여기에서 서정오 판본, 「구렁덩덩 신선비」[3]를 나름대로 해석할 것이다. 이 글은 학문적인 논의를 위한 글이 아닌 단순한 청자(독자)로서 느끼는 감상문일 뿐이다.

「구렁덩덩 신선비」는 제목에서 알 수 있듯 뱀 신랑 이야기다. 제목을 보면 신선비가 주인공 같은데, 초점은 신선비를 찾아 떠나는 새색시에게 맞춰져 있다. 그렇다면 제목은 새색시가 되어야 마땅하다. 옛이야기의 제목 대부분은 주인공들의 이름이거나 주인공이 해결해야 하는 문제가 제목으로 전해져 내려온다. 옛사람들은 제목을 통해 그들이 꼭 전달하고 싶은 이야기의 전반적인 것을 함축적으로 전달한다. 「해와 달이 된 오누」, 「여우 누이」, 「콩쥐 팥쥐」등 일일이 여기에 나열할 수는 없지만 대부분 그렇다.

그런데 「구렁덩덩 신선비」는 새색시가 아닌 신선비가 제목으로 남아 있다. 왜 신선비가 제목으로 살아남았고, 하필이면 혐오감을 주는 뱀이 신랑일까?라는 의문이 들기 시작했다.

옛사람들은 뱀을 어떻게 생각 했는지 살펴보니 신성한 존재, 영원히 사는 불사의 존재, 풍요와 다산을 의미하는 존재로 생각했다. 뱀의 신성성은 박혁거세 신화와 제주도 무속 신화에 집중적으로 나타난다.[4] 옛사람들이 뱀을 신성시 한

---

2) V.Y. 프로프, 최애리, 『민담의 역사적 기원』, 문학과지성사, 1999년, 58쪽
3) 「구렁덩덩 신선비」에 대해 깊이 있는 공부를 해 보고 싶은 사람은 김환희의 『옛이야기의 발견』(우리교육)을 참고하길 바란다.
4) 『한국문화상징사전1』, 두산동아, 2006년, 326~327쪽

까닭은 뱀이 성장할 때 허물을 벗는 생태적인 이유 때문이다. 옛사람들은 허물을 벗는 뱀의 모습을 "죽음으로부터 매번 재생하는 영원한 생명을 누리는 존재"[5]로 인식했다. "유사는 유사를 낳으며 결과는 그 원인과 유사성을 가진"[6]다는 사고가 엿보인다.

옛사람들은 뱀이 허물을 벗는 생태적인 현상을 보고 죽지 않은 영원 불사의 존재로 보고 있기 때문에 뱀을 자연의 순화라고도 생각했다. 봄, 여름, 가을, 겨울이 끝없이 돌고 돌듯 뱀의 허물 속에는 벗어도 없어지지 않는 생명의 원천이 있다고 생각한 것이다. 때문에 「구렁덩덩 신선비」가 겉으로 보면 '동물 신랑' 이야기이지만 또 다른 면에서 보면 농경 사회 민중들의 간절한 소망을 담고 있는 것처럼 보인다.

「구렁덩덩 신선비」이야기를 간단하게 정리해 본다.

옛날에 한 아낙이 아이를 낳았는데 구렁이를 낳았다. 이웃집에는 세 자매가 살았는데 아낙이 구렁이를 낳았다는 말에 구경 왔다. 첫째, 둘째 딸은 구렁이를 보고 징그럽다고 하지만 셋째 딸은 사람들이 신선비를 몰라줘서 천대받는다고 한다. 구렁이는 아낙에게 이웃집 딸에게 장가가겠다고 한다. 아낙이 이웃 집에가서 혼인을 청하자 첫째 딸과 둘째딸은 모두 거절하고 셋째 딸만 어머니가 허락하면 혼인하겠다고 한다.

혼인 첫날밤, 신선비는 구렁이 허물을 벗고 허물을 잘 간수하라고 한다. 어느 날 신선비는 과거를 보러 떠나면서 그 허물을 잃어버리면, 돌아올 수 없다고 말한다. 언니들은 새색시를 꾀어 허물을 꺼내게 해 놓고선 화로 불에 태워 버린다. 몇 년이 지나도 새신랑이 돌아오지 않자 새색시가 새신랑을 찾아 나선다. 가는 길을 몰라 무작정 걸었다. 새색시가 까마귀를 만나 새신랑 가는 곳을 물으니 산에 있는 구더기를 잡아서 깨끗이 씻어 주면 알려 준다고 해서 그렇게 했더니 멧돼지에게 물어보라고 했다. 멧돼지에게 물었더니 칡뿌리를

5) 『한국문화상징사전1』, 두산동아, 2006년, 326~327쪽
6) 제임스 조지 프레이저, 박규태, 『황금가지 I 』, 을유문화사, 2005년

160

캐서 깨끗이 씻어서 속살이 들어나게 다듬어 주면 알려 준다고 해서 그렇게 했더니 논 갈고 있는 아저씨에게 물어보라고 했다. 아저씨에게 물었더니 논을 다 갈아 주면 알려 준다고 해서 그렇게 했더니 빨래하는 할머니에게 물어보라고 했다. 할머니에게 새신랑 가는 곳을 물었더니 검은 빨래 희게, 흰 빨래 검게 빨면 알려 준다고 해서 그렇게 했더니 주발과 젓가락을 주어서 그것을 타고 강을 건너갔다. 신선비네 집의 헛간에서 하룻밤 묶는데 그날따라 달빛이 휘영청 밝았다. 달빛을 보며 신선비가 새색시를 그리워하는 노래를 하고 새색시가 응답하여 서로 만났다. 그런데 신선비는 새로 장가를 들어 둘째 부인과 살고 있었다. 그래서 새색시와 둘째 부인이 내기를 해서 이긴 사람이 새신랑과 살기로 했다. 처음 내기는 참새가 앉아 있는 채로 나뭇가지 꺾어 오기, 두 번째는 얼음 위를 나막신 신고 항아리에 물을 담아 떠 오기, 세 번째는 호랑이 눈썹 뽑아 오기였다. 새색시가 모두 이겨 새신랑과 오래오래 행복하게 살았다.

이야기는 모두 세 부분으로 나뉘어져 있다. 초반부는 구렁이의 탄생과 결혼으로 인한 동물 탈피 과정 그리고 금기를 어긴 새색시의 과실로 신선비가 떠난다.

중반부는 남편을 찾아 길을 떠나는 새색시의 여정이다. 새색시는 남편을 찾을 마법적인 도구를 얻기 위해 네 번에 걸친 난제를 해결한다. 후반부는 새색시가 신선비를 만나나 신선비에게 이미 둘째 부인이 있다. 새색시는 둘째 부인과 내기를 통해 남편을 되찾는다.

초반부 신선비와 새색시의 결혼은 생명의 잉태로 볼 수 있다. 그런데 문제는 신선비의 떠남이다. 이것을 싹이 나고 자라 열매를 맺기까지의 필요한 물리적인 시간으로 보인다.

새색시가 신선비를 찾아 나서는 길에 만나는 동물이나 사람은 모두 넷이다. 새색시가 처음 만난 동물은 까마귀이다. 까마귀는 불길한 소식을 알리는 새로 알고 있으나 "어떤 사건의 징조"를 상징하기도 한다. 한편 까마귀는 농사와 밀접한 관계가 있다. 까마귀가 "새끼 치는 상태를 보고 그 해의 농사를 점"치기도 하고 "농사를 시작할 때 까마귀가 오면 농사가 잘"된다고 믿었다. "까마귀가 농작물에 피해를 주는 굼벵이를 잡아먹기"[7] 때문이다.

까마귀가 어떤 사건 징조를 상징하는 것은 매우 의미심장하다. 1년은 12달이고, 계절은 봄, 여름, 가을, 겨울 사계절이다. 1년의 시작은 1월이지만 계절의 시작은 봄이다. 봄은 음력 2월 중순 이후부터 시작된다.

새색시가 처음 만난 동물이 까마귀이고, 까마귀의 여러 의미 가운데 하나인 '시작'으로 본다면 까마귀를 봄으로 볼 수 있다. 봄은 만물이 깨어난 '사건'이 일어난다. 겨우내 땅 속에 묻혀 있던 씨앗은 자신의 몸을 썩혀서 새순을 싹 틔운다. 땅 속에서 싹을 틔운 새순은 흰 빛깔을 띠며 그 모양이 오글오글한 것이 마치 구더기와 같다. 까마귀가 새색시에게 구더기를 깨끗이 헹구어 달라고 하는 것은 해충을 제거하는 것으로 볼 수 있다. 막 땅을 뚫고 나온 새순을 굼벵이가 먹어 버리면 농사는 흉년이 되고 말기 때문이다.

새색시가 두 번째 만나는 동물은 멧돼지다. 멧돼지가 칡뿌리를 캐서 깨끗이 씻어 속살이 드러나도록 다듬어 달라고 한다. 1960~1970년대만 해도 우리 민족은 보릿고개를 겪었다. 가을에 수확한 양식이 봄이면 떨어지고 보리가 무르익어 타작하기까지 양식이 없기 때문에 산과 들에 나는 푸성귀나 칡뿌리 등으로 연명했다. 멧돼지가 낸 난제는 보릿고개를 무사히 견뎌 내고자 하는 민중들의 소망으로 보인다.

새색시가 세 번째로 해결해야 하는 난제는 논 갈기이다. 보리를 벤 논에 물을 대고 논을 갈아 모내기를 하는 것은 보리타작이 끝나야 가능하다. 보리타작은 주로 5월 말에서 6월 초에 이루어지고 모내기는 6월 중순까지는 끝내야 한다. 7, 8월에 자란 곡식은 9, 10월에 햇볕과 바람을 먹고 제대로 알곡이 영글면 가을에 거둬들여 일 년 먹을 양식이 된다.

검은 빨래는 희게, 흰 빨래는 검게 빠는 것은 가을을 지나 겨울을 상징[8]한 것

7) 「까마귀」, 『한국문화상징사전』, 두산동아, 2006년, 111쪽
8) 『한국문화상징사전』, 두산동아, 2006년, 179~183쪽

으로 볼 수 있다. 농사 절기로 보면 늦가을과 초겨울 사이에 보리갈이를 한다. 보리 씨앗은 땅속으로 파고들어가 겨울을 난다. 겨울은 어두컴컴한 잿빛이다. 모든 빛깔이 색을 잃고 잿빛이 되거나 눈이 내리면 흰색이 된다. 눈은 '시련과 고난, 죽음과 재생을 상징'하기도 하고 풍년을 상징하기도 한다. 눈은 차가워 죽음을 연상하며, 죽음을 통해 다시 태어나기 때문에 자연에서 죽음은 재생을 의미하기도 한다. 네 번째의 난제는 씨앗이 추위를 잘 견뎌 하나의 씨앗이 썩어 여러 개의 싹으로 다시 태어나기를 바라는 민중들의 소망으로 보인다.

프로프는 옛이야기의 보조 기능으로 3회 반복을 들고 있다.[9] 주인공이 마법적 도구를 얻기 위해서 세 번의 시험을 치루는 것을 말한다. 모든 옛이야기가 난제를 해결하기 위해서 세 번 반복한다고 할 수 없으나 대부분 3회 반복을 통해 이야기를 이끌어 가고 있다. 3회 반복은 이야기를 하는 사람과 듣는 사람이 기억하기 쉬운 장치이다. 한두 번만 이야기 하면 이야기를 다른 사람에게 전달할 때 잊어버리기 쉽고 3회 이상 반복하면 지루해지고 이야기의 흥미를 잃기 쉽다.

「구렁덩덩 신선비」의 새색시는 네 번의 난제를 해결한다. 옛이야기의 주인공이 단순한 마법적 도구를 획득하기 위해 네 번의 시험을 치루지만은 않았을 것이다. 위에서 살폈듯이 네 번의 시험은 사계절과 관련이 있으며 사계절을 무사히 보내어 농작물의 풍요에 대한 민중들의 염원을 담은 것으로 해석된다. 그런 연유는 새색시가 치른 네 번의 시험 모두 물과 관련이 있기 때문이다.

물은 "상징적 죽음의 통과 제의를 거쳐야 하고 생명의 근원이며 재생을 뜻한다. 재생은 다시 시작되는 풍요라는 복합 상징성을 띤다."[10]라고 할 때 물의 의미는 좀 더 뚜렷해진다. 농경 시대에 민중들이 간절히 바라는 것은 무엇일까? 그들에게 농작물의 풍요보다 더 소중한 것이 있었을까? 따라서 새색시가 치른 시험은 농작물의 풍요를 바라는 민중들의 간절한 바람으로 볼 수 있다.

새색시는 강을 건너 신선비가 살고 있는 저승 세계로 들어가 신선비를 만난

---

9) 블라디미르 프롭, 『민담형태론』, 예림기획, 1998년
10) 「물」, 『한국문화상징사전』, 두산동아, 2006년, 284쪽

다. 옛사람들은 삶과 죽음의 세계 사이에 흐르고 있는 것이 강이라 생각했다. 신화나 옛이야기에 나타나듯 강은 이승에서 저승으로, 혹은 저승에서 이승으로 갈 때 반드시 건너는 곳이다.

새색시가 강을 건너 신선비를 만날 수 있었던 것은 달 때문이다. 영원과 순환을 상징하는 뱀과 씨앗을 생산하는 새색시, 그리고 풍요와 다산을 상징하는 달의 만남은 다음 해의 풍년을 기원한 민중들의 간절한 소망으로 볼 수 있다. 하나의 씨앗은 땅 속에서 썩어서 여러 개의 밀알을 만들어 내듯 민중들은 땅 속에서 뱀과 여인과 달이 만나 많은 밀알이 태어나기를 바라는 소망이 담긴 것이다.

땅은 싹을 품고 틔우고 키우기 때문에 전통적으로 어머니에 비유한다. 어머니는 아이를 낳고 기를 때 온갖 정성을 다 한다. 새색시가 신선비의 둘째 부인과 대결하는 것은 자식을 길러 내는 어머니로서의 품성을 시험한 것으로 볼 수 있다. 지혜와 인내심과 어떤 상항에도 씨앗을 지킬 수 있는가를 시험한 것이다. 둘째 부인은 어머니로서 씨앗을 지킬 수 있는 조심성과 담력이 없기 때문에 진 것이다.

다시 이 옛이야기의 제목으로 돌아가 보자. 새색시는 생산성을 가지고 있지만 그것은 자연의 품안에서이다. 자연은 끊임없이 순환하면서 민중들의 삶을 지속가능하게 한다. 옛사람들은 자연이 순환하듯 뱀이 허물을 벗는 모습에서 자연과 닮았다고 생각했다. 그래서 민중들은 자신들의 소망, 농작물의 풍요에 대한 절실한 마음을 잃어버린 남편을 찾는 여인의 절박함에 빗댄 것이다. 새색시가 아닌 '신선비'가 제목이 될 수밖에 없었던 까닭이다.

3. 「선녀와 나뭇꾼」으로 살펴보는 옛이야기의 본질

옛이야기 생명력의 또 하나는 오늘을 비추는 거울이 되기 때문일 것이다. 옛이야기는 선과 악을 구별하고 듣는 사람에게 적절한 조언을 해 준다. 옛이야기가 모두 똑같은 것은 없다. 같은 이야기인 것처럼 보이지만 지방에 따라 모티프들이 달라진다. 「선녀와 나뭇꾼」만 보더라도 '선녀 승천담', '나무꾼 승천담', '천상 시련 극복담', '수탉 유래담'이다.[11]

'선녀 승천담'은 선녀가 아이들을 데리고 하늘에 올라가는 것으로, '나무꾼 승천담'은 '나무꾼이 두레박 타고 선녀가 있는 하늘에 올라가 행복하게 살았다.'로 끝난다. '천상 시련 극복담'은 나무꾼이 하늘에 올라가 선녀의 가족들이 내준 시험을 통과해 행복하게 산 이야기로, '수탉 유래담'은 나무꾼이 어머니가 그리워 땅에 내려왔다가 어머니가 준 팥죽 때문에 수탉이 된 이야기다.

'수탉 유래담'은 어머니가 아들의 날개를 꺾은, 또는 아들이 어머니로부터 독립하지 못해 어머니와 아내 사이에 갈등으로 읽을 수 있다. 이는 듣는 이의 상황에 따라 어떻게 해석하고 어떻게 문제를 풀어 갈 것인가의 실마리를 제공한다. 오래된 이야기이지만 오늘날에도 해당하는 문제이다.

한동안 '마마보이'라는 말이 유행했다. 엄마가 알아서 뭐든지 해결해 주다 보니 성인이 되어서도 문제가 생기면 엄마에게 달려간다. 이는 고부간 갈등의 원인 가운데 하나이다. 우리는 '수탉 유래담'을 통해 어머니의 지나친 사랑이 아이의 삶을 망칠 수 있음을 깨닫게 된다. 어머니는 아이가 자신의 삶의 주인이 될 수 있도록 키워야 한다. 이것이 옛이야기의 조언이다. 그래서 진정한 옛이야기는 듣는 사람에게 적절한 조언을 해 주는 것이라고 벤야민은 말한다.

> **조언이란 결국 어떤 의문에 대한 대답이라기보다는 오히려 지금 막 펼쳐지려는 어떤 얘기의 연속과 관계되는 하나의 제안이다. (중략) 실제적 삶의 재료로 짜여진 조언은 지혜이다.**[12]

듣는 사람에게 적절한 조언을 해 주는 것이야말로 이야기의 본질이다. 옛이야기를 듣는 사람이 안고 있는 문제를 이야기를 통해 문제의 해결 실마리를 풀

11) 김환희, 『열린어린이』 vol.53, 2007년
12) 발터 벤야민, 반성완, 『발터 벤야민의 문예이론』, 민음사, 2006년, 169쪽

수도 있는 것이고, 꼭 실마리를 찾지 않더라도 그 속에서 위안을 받을 수 있는 것이 옛이야기이다.

옛이야기가 이렇게 사람들에게 적절한 조언이 되는 것은 오랜 세월 동안 다양한 사람들의 경험이 쌓이고 쌓였기 때문이다. 그런 다양한 경험이야 말로 듣는 이에게 가치 있는 조언이 된다.

4. 교육 현장에서 실천할 수 있는 옛이야기 들려주기

옛이야기는 최소한의 공동체 삶을 꾸릴 수 있게 해 준다. 옛이야기는 어디에서든 시간과 장소나 도구에 구애받지 않고 삶을 나눌 수 있다. 연극은 공연장이 필요하다. 연극은 배우가 무대 위에서 연기를 하고 관람자는 무대 밖에서 그들의 몸짓과 소리를 듣는다. 같은 공간에 있기는 하지만 무대라는 장치로 배우와 관객이 철저하게 분리되어 있다. 텔레비전의 드라마는 기계를 통해서만 볼 수 있다. 일방적인 공중 전파 방송은 가족을 모이게 했다. 그러나 이것도 곧 옛말이 될 것이다. 정보 통신 기술의 발달은 방송을 보는 사람이 언제든지 프로그램을 볼 수 있다. 게다가 굳이 텔레비전이 아니더라도 컴퓨터로 검색해서 볼 수 있다. 기술은 발달할수록 사람을 모이게 하기보다는 격리시킨다.

정보가 넘칠수록, 기술이 발달할수록 우리는 우리의 근원적인 정서와 멀어지고 있다. 직장에 나가지 않아도 일을 처리한다. 월말이면 공과금을 내기 위해 북적북적하던 은행 풍경은 보기 힘들다. 돈을 찾는 데에 은행원이 꼭 필요한 것도 아니다. 사람이 해 왔던 일을 기계가 대신하면서 사람과 사람이 만나서 하는 일은 점차 줄어들고 있다.

그래서일까? 현대인들은 풍요로운 물질 시대를 살면서도 어렵게 살던 그 시절을 그리워한다. 사람이 그리워서일 것이다. 사람과 사람 사이에 흐르는 인정을 그리워하는 것이다. 인정이란 사람사이에 오고가는 정이다. 담 너머 옆집에 옆집 숟가락이 몇 개이고, 누구네 아들은 공부를 잘하고, 누구네 딸은 예쁘고……

166

등등 서로와 부대끼며 살았던 시절, 그때는 사람 사는 냄새가 있었다. 그러나 기술이 발달하면 할수록 사람과 사람 사이가 멀어지고 있다. 주거 형태가 바뀌고 개인의 생활을 존중하는 문화가 발달하면서 부모와 자식 혹은 친구 간의 소통이 단절되고 있다. 혼자 있는 시간이 늘어나니 타인에 대한 이해와 배려하는 시간은 그만큼 줄어들었다. 그래서 혼자만의 시간을 즐기며 세상 밖으로 나가기를 두려워하는 '히키코모리'도 늘고 있다.

교육 현장에서 심심찮게 들려오는 집단 따돌림 문제와 집단 폭력 문제도 인정이 메말랐기 때문이다. 남들보다 앞서야 하는 경쟁 사회에서 인정은 불필요한 덕목이다. 학교 교육은 아이들에게 지식뿐 아니라 인성을 키우는 데 도움을 주는 곳이다. 인성을 키우는 데 여러 가지 방법이 있다. 그 가운데 하나가 옛이야기이다. 옛이야기는 아이들의 인성과 인정이 가슴에 자리 잡도록 해 준다.

'옛이야기 들려주기'는 교육 현장에서 실천하기에 가장 쉬운 방법 가운데 하나이다. 학교는 아이들이 공부하기 위해 매일 모이니 자연스럽게 이야기판이 짜진다. 옛이야기는 시간과 장소에 구애받지 않고 도구도 필요 없다. '들려주는 자'와 '듣는 자' 둘 이상만 있으면 언제든지 가능하다. 다만 선생님들이 옛이야기를 해야 하는 수고로움이 있다. 일주일에 한 편 아니, 한 달에 한 편만 들려줘도 아이들은 정서적인 풍요로움을 느낄 것이다.

옛이야기는 친밀감을 만들어 낸 묘한 무엇인가가 있다. 얘기를 듣고 교감이 오고 가니 친구들 간에 소통이 가능해진다. 소통이 되니 사람을 이해하게 된다. 아이들은 옛이야기를 통해 자신이 처한 상황에 실마리를 찾을 수 있다. 나아가 인간을 이해하고 배려하는 삶을 회복할 것이다. 그것이 옛이야기의 힘이다.

김명옥 _ 산과 들과 바다가 있는 강진에서 태어났다. 엄마가 된 후 그림책을 보기 시작했고 아직까지 손에서 어린이 책을 못 놓고 있다. 어린이도서관 사서로 아이들과 같이 책을 보다 지금은 아침독서신문 만드는 일을 하고 있다. 마흔을 바라보고 있는 지금, 꿈을 위해 건국대 대학원 동화미디어창작학과에서 공부하고 있다.

 # 현실보다 더 사실적인 **판타지** 세계

김명옥

　판타지 동화에 대한 인식은 허무맹랑한 것, 거짓 세계, 자칫 아이들의 정신 세계를 교란할 수 있는 위험한 책 등 대부분이 부정적이었다. 그러나 요즘 들어 판타지에 대한 인식이 변화되고 있다. 거기에 『해리포터』시리즈와 『반지의 제왕』이 한 몫을 했다. 이 책들은 상상력이 바로 창의성이라는 긍정적인 인식을 끌어냈다.

　그렇다고 판타지에 대한 부정적인 인식이 없어진 것은 아니다. 여전히 남아 있다. 그러나 판타지 동화는 결코 허무맹랑하고 거짓된 세계를 다루지 않는다. 현실을 다루는 동화 또는 사실 동화보다 더 현실적이고 사실적인 진실을 다룬다.

　이 글에서는 한국 판타지 동화 두 편, 『웅철이의 모험』과 『영모가 사라졌다』와 외국 판타지 동화 『사자왕 형제의 모험』을 중심으로 그 예를 찾아 본다. 세 편을 다루는 까닭은, 『웅철이의 모험』은 우리나라 최초의 판타지 동화이고, 『영모가 사라졌다』는 한국의 판타지에서는 새로운 장을 연 작품으로 평가받고 있기 때문이다. 『사자왕 형제의 모험』을 선택한 까닭은 우리나라에 판타지 동화에 대한 인식이 거의 없었던, 1983년에 번역되어 오랫동안 아이들이 즐겨 읽는 작품이기 때문이다.

　우리나라의 어린이 문학은 서구의 어린이 문학보다 훨씬 늦은 1920년대에 태동한다. 그리고 판타지 장르는 그보다 15년쯤 뒤인 1937년에 처음으로 창작된다. 주요섭의 『웅철이의 모험』이 발굴되기 전에는 1949년에 발간된 이원수의 『숲 속 나라』를 판타지 동화의 시초로 보았으나 지금은 최근에 발굴된 『웅철이의 모험』을 시초로 보고자 하는 논의가 있다.[1]

우리나라의 판타지 장르에 획을 긋는 두 편의 동화를 통해 판타지가 어떻게 당대 사회 현실을 반영하고 있는지 살펴본다. 우선 출간 연대기 순으로 일제 강점기 시대에 탄생한, 『웅철이의 모험』과 현대 우리 사회의 일그러진 자화상인 『영모가 사라졌다』를 차례로 살펴보자.

1. 일제 강점기 시대의 판타지 『웅철이의 모험』

주요섭은 1920년대부터 활발하게 창작 활동을 했던 작가이다. 20년대 문학은 카프 계열의 문학으로 문학에 계급의식과 당시의 빈민층 문학을 소재로 삼았다. 그러다 30년대는 카프 계열의 문학과 고별하고 순수 문학을 지향한다. 그의 이런 문학 사상의 흐름은 『웅철이의 모험』에서 모두 드러난다. 이 책은 주인공 웅철이가 땅나라, 달나라, 해나라, 별나라를 여행하면서 겪은 모험 이야기다.

주요섭의 『웅철이의 모험』은 영국의 판타지 소설 『이상한 나라의 앨리스』에서 많은 영향을 받았다. 작가는 이야기 첫머리에 그 사실을 말한다. 애옥이 언니가 읽어 주는 책이 『이상한 나라의 앨리스』이고 토끼를 따라 앨리스가 땅속 나라를 가듯 웅철이도 토끼를 따라 땅속 나라로 간다. 이야기의 중간 중간에 다른 나라로의 이동은 앨리스의 이동 방식과 비슷하며, 키가 작아지는 것 또한 앨리스처럼 무엇인가를 먹는다. 『웅철이의 모험』을 『이상한 나라의 앨리스』의 모방작으로 볼 수 있으나 작품의 영향 관계에서 볼 때 간텍스트성[2]으로 볼 수 있다.

---

1) 김경연은 『웅철이의 모험』이 발굴되면서 우리나라의 판타지 역사를 10년 앞당겼다고 한다.
2) 줄리아 크리스테바의 간텍스트 이론은 동시대의 작품이나 선후배 작가에게서 받은 영향 관계를 말한다.

1937년에 발간된 『웅칠이의 모험』은 일제 강점기 시대의 판타지 동화이다. 1930년대 초 세계 대공황으로 인해 한반도는 정치적, 경제적으로 큰 타격을 입는다. 정치적으로 한반도는 일본의 '병참 기지'가 되었다. 일본은 세계 대공황의 탈출구를 파쇼화에서 찾았다. 그로 인해 일본은 군국주의화된다. 일본의 군부는 1932년부터 정치적 발언을 강화하고 1936년에는 보다 적극적으로 전쟁과 파시즘 방향으로 나아간다. 일본은 1931년에 일으킨 만주 사변을 시작으로 1932년에 만주국 수립, 1937년에 중일 전쟁을 일으켜 아시아 대륙 침략을 확대한다. 일본은 한반도를 아시아 대륙 침략의 발판으로 삼는다.

경제적으로 일본은 식량 부족을 보충하기 위해 한반도의 연평균 쌀 생산량의 51.1%를 일본으로 이출시켰다. 한반도 전 농가의 80%가 토지가 없거나 토지가 부족한 농민이었고 쌀 이출로 인한 식량 부족은 고스란히 농민의 고통이 되었다.[3]

이런 사회적 배경에서 『웅철이의 모험』은 출간되었다. 캐서린 흄은 환상은 현실과 무관하지 않으며 현실을 반영한다고 한다. 작가의 현실 경험이 환상의 세계를 이루기 때문이다. 따라서 판타지 세계는 현실의 모순을 반영하며 때로는 현실의 모순을 폭로하는 역할을 한다.

주요섭의 『웅철이의 모험』은 당시 사회적 모순들을 은유적으로 표현한다. 주요섭은 주로 소설을 창작한 작가이다. 그러나 이 책은 동화책으로, 당시에는 생소하기만 한 판타지 장르이다. 작가는 판타지 장르의 특성, 즉 환상 세계라는 장치와 은유를 통해 아이들에게 강점기 시대 사회에서 일어나는 모순들을 말하고 싶었으리라 추측해 본다.

웅철이가 처음 모험을 시작한 곳은 '땅속 나라'이다. '땅속 나라'는 호콩 제조 공장에서 열심히 일하는 '눈먼 쥐'와 '눈먼 쥐'를 감독하는 '눈뜬 쥐' 그리고 애써 만들어 놓은 호콩을 '도둑질'해 가는 사람들의 이야기이다. 가을이 되면

3) 강재언, 『한국근대사』, 한울, 1990년, 199~200쪽

사람들이 호콩을 가져가는데, "눈뜬 쥐들이 와서 보고는 장님 쥐들이 잘못해서 호콩을 도둑맞았다고 물어뜯고 때려 주고 한동안 야단법석이 생긴"[4]다.

이렇게 '눈먼 쥐'는 이중으로 고통을 받는다. 작가는 '눈 먼 쥐'를 조선의 대부분인 소작농으로 그리고 '눈뜬 쥐'는 마름으로, 사람은 지주로 그린다. 당시 사회에서 지주를 대신해 소작인을 관리하는 사람은 마름이다. 마름에게 고통 받고 지주에게 빼앗긴 현실을 작가는 이렇게 은유적으로 표현한다.

'땅속 나라'에서는 경제적 구조의 모순을 은유적으로 표현했다면 '해 나라'에서는 좀 더 직접적이다. 조개껍질을 많이 갖고 있는 '원숭이'들은 음식을 많이 먹지만 조개껍질이 없는 '맥없는 그림자'들은 굶어서 죽어 간다. 조개껍질이 많은 지배 계급은 썩어서 악취를 풍길 정도로 음식을 쌓아 놓고 있다. 지배 계급은 음식이 썩어서 불에 태워 버릴지언정 가난한 이들에게 나눠 주지 않는다.

30년 대 후반 당시 80%가 소작농이었고, 소작농들은 "가을 수확기에 소작료와 빌려 온 식량, 그리고 빚의 이자를 지불하고 나면 벼를 탈곡한 받침대와 볍쌀을 넣어 둔 바가지밖에 남지 않"[5]았다고 한다. 소작인들은 겨우 겨울을 지내고 봄이 오면 보릿고개를 넘기 위해 산과 들로 헤매야 했고, 살기 위해 또 다시 장리 빚을 내는 악순환이 계속되었다.

당시 대지주들은 친일파이거나 동양 척식 주식 회사였다. 작가는 '땅속 나라'를 통해 조선인이 열심히 일해도 헐벗고 가난한 것은 식민지의 착취 구조에 있음을 고발한다.

작가는 『웅철이의 모험』에서 경제적인 모순을, 다른 한 편으로는 일본의 군국주의를 고발한다. 꽃의 정령과 개미 나라의 전쟁은 병참 기지로써 조선의 은유이다. 당시 일본은 조선을 물적·인적 자원의 기지로 인식하였고 전장에 내몰 군인들을 징집했다. 풀의 정령은 전장에서 죽어 가는 조선인으로 볼 수 있다.

---

4) 주요섭 저, 유성호 그림, 『웅철이의 모험』, 풀빛, 2006년, 27쪽
5) 강재언, 201쪽

작가는 '땅속 나라'를 통해 일제 강점기 하에 있는 조선의 암흑한 현실을 보여 준다. 그렇다고 암담한 현실만을 말하지는 않는다. 꽃의 전령들이 개미와 싸워서 "나비 수렝이"를 지키듯 독립군들이 일본군과 싸우고 있기 때문에 "봄이 오면" "세상 구경" 나가서 "앓는 애기 웃겨주고 늙은 노인 위로하고 세상사람 동무되러 어서어서 가서 피자."라고 희망을 노래한다.

달나라 여행은 오천 년의 역사를 지닌 조선이 자만하다가 일본의 식민지가 된 것을 빗댄다. 달나라의 계수나무 아래에서 절구를 찧고 있는 할아버지는 자신의 교만으로 토끼 나라의 명예를 손상시킨 죄로 오천 년 동안 절구를 찧고 있다.

달나라에서는 중국과 일본의 문제를 다루고 있다. 중국을 상징하는 것은 용이고 불개나라를 상징하는 것은 일본으로 보인다. 불개들은 용을 불개나라로 끌고 가려 한다. 그러나 웅철이의 등장으로 뜻을 이루지 못하자 불개나라는 사신을 보내 말도 안 되는 요구 조건을 내세운다. 일련의 묘사와 사건을 통해 불개나라의 행위는 마치 일본을 연상하게 한다. 불개나라가 강 건너에 있다는 것, 그리고 일본의 천황이 그러듯 불개나라의 왕은 아무 권세 없이 자리만 지킬 뿐

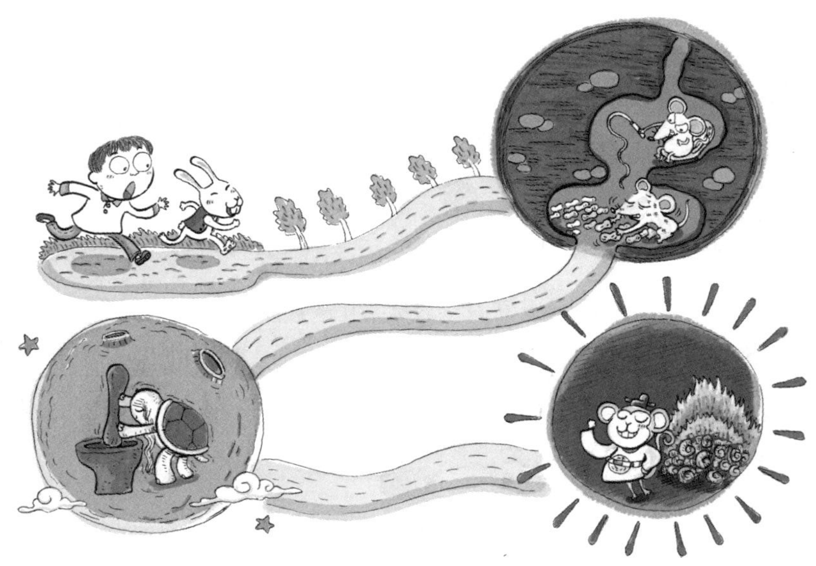

이고 진짜 권세는 군복을 입고 있는 장군이라 것, 불개나라의 "장군은 사나워서 해님도 무서워하지" 않고 달려드는 것, 불개의 사신은 "험상궂게 생긴 불독"인데 "몸에 군복을 입고 번들거리는 환도를 차고" 있는 모습에서 일본의 군국주의를 읽을 수 있다.

당시 일본은 국가적으로 생화학 무기를 만들기 위해 생체 실험을 일삼았다. 붙잡힌 웅철이에게 불개나라는 "온갖 막대기와, 온갖 저울과, 온갖 약과, 온갖 기계들을 감옥에 가득 가져다 놓고 웅철이 머리를 대 보고, 발가락을 찔러 보고, 배꼽에다 약을 넣어 보는" 행위를 통해 생체 실험의 만행을 폭로한다.

마지막 별나라 여행은 작가가 하고 싶은 말을 담고 있다. 별나라는 작가가 간절히 바라는 독립을 이야기한다. 별나라는 '티끌 한 점 없는 눈 같이 하얀 옷을 입'고 있는 아이들만이 있는 세상이고 아이들은 밤이면 지구의 아이들에게 희망을 주기 위해 횃불을 켠다.

작가는 아이들에게 지금 현재는 일제의 억압을 받고 있지만 아이들만이 독립의 주체로서 자라나기를 바란다. 그리고 아이들이 건설해야 할 세계는 별나라처럼 돈이 없어도, 못살게 구는 사람이 없고, 열두 달 내내 열매가 열리고, 배고픔도 없으며 병도 없는 "즐겁고 화평"한 나라이며 무엇보다도 "못살게 구는 이 없"는 "자유의 나라"라고 말한다.

작가는 모험을 빗대어 현실의 모순을 폭로하고 아이들만이 독립의 희망이며, 아이들에게 희망의 횃불을 높이 들라고 말한다.

2. 우리의 일그러진 자화상 『영모가 사라졌다』

386세대는 민주화를 온몸으로 겪었다. 민주화의 열망 속에서 사회의 변혁을 이루어 냈던 그들은 지금 현재 부모가 되었다. 높은 교육 수준을 가지고 있는 386세대 여성들은 사회 진출의 문턱에서 좌절되자 아이들의 교육으로 그 열의를 돌린다.

여성들의 사회적 진출의 좌절과 저출산은 그 관심을 아이들에게 향하게 했다. 또한 소수 5%가 우리 사회를 이끌어 갈 주역이라는 엘리트 의식은 아이들을 공교육에서 사교육으로 내몰고 있다. 아이들에게 어린 시절을 빼앗아 버리고 오직 열심히 공부시켜서 경쟁에서 살아남아 상위 5% 안에 들게 만드는 것이 요즘 부모들의 목표가 되어 버렸다.

『영모가 사라졌다』는 이런 사회적 현실을 반영한 작품이다. 말이 없고 조용한 성격의 영모는 조각을 좋아하는 아이이다. 그러나 조각가가 되겠다는 꿈은 꿈으로서만 간직할 수 있다. 아버지는 오로지 공부만 하라고 한다. 아버지는 공부해서 훌륭한 사람이 되라고 수시로 폭력을 휘두른다. 그렇다고 영모가 공부를 못하는 것도 아닌데 말이다.

어느 날 아버지의 폭력에 견디다 못한 영모는 사라져 버린다. 영모의 유일한 친구인 병구가 영모를 찾아 이 세계의 저편인 '라온제나'에서 영모를 찾아낸다. 영모는 머리가 하얀 할아버지가 되었다. 지옥 같은 어린 시절이 빨리 지나 빨리 늙기를 바랐던 자신의 소원이 '라온제나'에서 이루어진 것이다. 라온제나에서 영모는 자신을 치료하고 할아버지에서 아버지로 그리고 소년으로 점점 자신의 모습을 되찾는다. 그리고 아버지를 용서할 힘을 기른다. 결국 어른을 용서하고 포용하는 것 또한 영모의 몫이 된다.

자신의 꿈을 키우기보다는 그 날개를 꺾어 공부로 내모는 사회, 엘리트주의가 만들어 내는 상위 5%에 끼기 위해 폭력까지 서슴지 않은 부모, 가장 행복해야 하는 어린 시절을 통째로 빼앗아 버린 어른, 우리는 영모를 통해 현대 사회의 일그러진 자화상을 발견한다.

3. 자유에 대한 열망을 담은 『사자왕 형제의 모험』

인간은 정치적·사회적 동물로서 자신의 이념을 지닌다. 인간은 근대 이전에는 광장에서 근대 이후에는 언론 매체를 통해서 자신의 신념을 토로 해 왔다.

작가는 자신만의 토론장인 작품으로 세상과 소통한다. 즉 작가는 자신의 이념을 작품에 투영하는 방법으로 발언을 해 왔다.

세계적인 아동 문학가인 린드그렌 역시 작품으로 정치적 발언을 해 왔고 스웨덴에서 그 영향력은 대단했다. 린드그렌의 발언은 스웨덴 총선의 승패뿐만 아니라 세금 정책 그리고 동물 보호법 등 스웨덴 정책에 영향을 미쳤다.[6]

『사자왕 형제의 모험』에서도 작가는 자신의 의사를 분명히 한다. 줄거리를 간단하게 소개하면 다음과 같다

> 동생인 카알은 몸이 허약하다. 반면 형 요나탄은 몸도 건강할 뿐 아니라 사교성도 좋아 모두 요나탄을 좋아한다. 요나탄은 카알의 우상이다. 어느 날 집에 불이나자 요르탄은 카알을 구하려다 먼저 낭기열라로 가고 조금 뒤 카알도 낭기열라로 가게 된다. 그곳은 평화로운 벚나무 골짜기와 들장미 골짜기가 있다. 그러나 텡일은 용을 앞세워 들장미 골짜기를 손에 넣고 벚나무 골짜기까지 위협한다. 요나탄은 들장미 골짜기의 독립과 벚나무 골짜기를 지키기 위해 위험한 일을 하게 되고 카알도 함께 하게 된다. 결국 카알은 결정적인 사실들을 알아내어 텡일을 물리친다. 그러나 요나탄이 용의 불꽃이 몸에 닿자 같이 낭길리마로 떠난다.

『사자왕 형제의 모험』의 환상 세계는 '과거의 강'을 사이에 두고 낭기열라와 까르만요가가 있다. 낭기열라는 '벚나무 골짜기'와 '들장미 골짜기'로 이루어져 있으며 자유를 사랑하고 민주주의를 수호하는 나라이다. 반면 까르만요가는 독재와 폭정을 일삼는 텡일이 다스리고 있다.

카일이 처음 본 벚나무 골짜기는 모든 것이 '꿈결처럼 아름다운' 곳이다. 벚나무 골짜기는 문제가 생기면 모두 의논해서 문제를 해결하는 민주적인 곳이다. 또한 아름답고 너무나 "평화로워서 모험할 일이라고는 전혀 없을 것" 같은 곳이다.

---

6) 비비 에드스트림, 「즐거운 모반자」, 『창비어린이 2005. 봄』, vol.8, 2005년, 80쪽

그러나 '벚나무 골짜기'에는 커다란 근심거리가 있다. 이웃 '들장미 골짜기'의 지도자 오르바도르가 텡일의 부하에게 붙잡혀 캬틀라 동굴에 갇혔고 '들장미 골짜기'가 텡일의 지배하에 놓인 것이다. 텡일은 '들장미 골짜기' 사람들에게 먹을 것을 빼앗고 감시하고 통제한다.

'들장미 골짜기'가 텡일의 손아귀에 떨어졌으니 '벚나무 골짜기'도 텡일의 손아귀에 떨어지는 것은 시간문제인 것이다. '벚나무 골짜기' 사람들은 텡일과 그 부하들에게 고통 받고 있는 '들장미 골짜기'의 사람들을 돕고, 그들의 지도자를 구출해 내야 한다. 그 막중한 임무를 요나탄이 맡은 것이다. 요나탄은 '들장미 골짜기' 사람들에게 희망을 주고 그들의 지도자 오르바도르를 캬틀라 동굴에서 구출해 낸다.

작가는 자유와 민주주의를 수호하는 주인공을 통해 억압과 폭정을 휘두르는 텡일을 물리친다. '벚나무 골짜기'와 '들장미 골짜기'는 자유와 민주주의를 수호하는 나라이다. '벚나무 골짜기' 사람들은 모두의 의사를 존중하면서 문제를 해결하고, 자유를 사랑하며 흰 비둘기를 수호한다. 흰 비둘기를 평화의 상징물로 사용하는 관습으로 볼 때 '벚나무 골짜기'는 자유와 평화를 사랑하는 민주주의 국가임을 알 수 있다.

반면 텡일이 다스리는 까르만요까는 '벚나무 골짜기'와 '들장미 골짜기'를 위협하며 캬틀라라는 괴물과 군사적 힘으로 자유를 억압하고 모든 생산물을 빼앗아 간다. 까르만요까는 독재자 텡일에 의해 좌지우지되는 국가이고 복종만 존재하는 군인과 생산물을 모두 빼앗아 가는 것으로 볼 때 사회주의 국가로 보인다.

그런데 판타지 세계에서 벌어지는 일, 사회주의 국가에 의한 민주주의 국가의 위협은 현실과 무관하지 않다. 2차 세계 대전 이후 스웨덴의 이웃 국가인 핀란드는 소련(러시아)의 영향 하에 놓이게 되고 덴마크나 노르웨이는 소련의 위협으로부터 자국을 지키기 위해 1949년 나토에 가입한다.

이런 국제 정세는 『사자왕 형제의 모험』에 고스란히 담겨있다. 절대 권력자인 텡일이 다스리고 있는 까르만요까는 '들장미 골짜기'를 지배하에 놓고 그들의 자유를 억압하고 물건을 빼앗으려 온갖 폭력을 행사하는 모습에서 까르만요까는 구소련으로 '들장미 골짜기'는 핀란드로 '벚나무 골짜기'는 스웨덴으로 비춰진다.

이렇게 보는 것은 『사자왕 형제의 모험』의 상황 설정이 2차 세계 대전 이후 북유럽의 정치적 상황과 비슷하기 때문이다. 또한 '과거의 강'이라는 고유 명사가 지칭하는 것이 2차 세계 대전을 상징하고 있는 것으로 보인다.

그러나 강물은 멈추지 않고 흘러간다. '과거의 강'은 과거의 역사이지만 강물은 멈추지 않음을 상기할 때 '들장미 골짜기' 사람들이 겪는 일들이 과거뿐 아니라 현재에도 일어 날 수 있는 일임을 작가는 이야기한다. 『사자왕 형제의 모험』(1973년)이 발표된 1970년대는 사회주의 경제 체제와 자본주의 경제 체제의 대립이 치열했던 냉전의 시대였다.

이 작품에 흐르는 기조는 인간의 자유와 그 가치이다. 아스트리드 린드그렌의 연구자인 비비 에드스트룀은 "자유를 제한하는 데 대한 분노는 린드그렌의 작품에 힘을 더하는 일종의 절박감을 창조"[7]한다고 한다.

린드그렌이 자유에 대해 천착하는 것은 이 작품에서도 드러나고 있다. 카알과 요나탄은 겁나고 무섭지만, 하지 않으면 안 되기 때문에 자유를 되찾는 일에 투신한다. 또한 오르바르트와 마티스 할아버지도 마찬가지이다. 린드그렌에게 텡일은 캬틀라의 힘을 앞세워 개인의 자유를 억압하기 때문에 그리고 텡일에 복종하는 군인들은 "압박과 잔인한 죄악의 냄새가" 나기 때문에 없애야 한다.

아스트린드 린드그렌은 독자들에게 끊임없이 인간다움에 대해 고민하게 한다. 그는 문학을 "어린이들과 어른들 모두에게 진정으로 인간적인 태도를 알려 주"[8]기 위한 것이라고 집필 의도를 밝혔다. 인간적인 태도를 알려 주는 것은 어린이를 더 이상 어린이로 머물게 하지 않는다. 아이들은 인간에 대한 본질을 고민하면서 내적 성장을 이룬다.

7) 『창비어린이 2005. 봄』, vol.8, 2005년, 78쪽
8) 『창비어린이 2005. 봄』, vol.8, 2005년, 79쪽

『사자왕 형제의 모험』은 요나탄의 입을 통해 작가의 철학을 반영시키고 있다. 악당인 텡일의 손아귀에서 '들장미 골짜기'를 구하러 가는 요나탄에게 카일은 "위험한 일을 꼭 형이 해야 하냐고, 벽난로 앞에 앉아 편안히 살면 안 될 이유가 뭐냐"고 묻자 요나탄은 카일에게 다음과 같이 말한다.

또 자신들을 추적해 오는 적군, 패르크가 강물에 떠내려가자 요나탄은 그를 구해 준다. 카알이 요나탄에게 잡혀갈 수도 있었는데 왜 그를 구해 줬냐고 묻자. 요나탄은 이렇게 말한다.

사람은 살아가면서 꼭 해야 하는 일이 있는데 그것을 하지 않으면 쓰레기처럼 하잘것없는 사람이 된다는 요나탄의 말을 통해 우리는 삶의 자세를 배우게 된다. 외부 세계로부터 눈을 돌리고 편안한 삶을 안주 할 수 있는 상황에서 위험으로 뛰어드는 일은 분명 쉽지 않은 일이다. 그리고 사람이라면 누구나 편안함을 추구하지 위험을 추구 하지 않는다. 그런데 정작 그 위험한 일은 누군가 하지 않으면 안 되는 상황에서 나라면 어떻게 할 것인가? 내가 죽을 수도 있는데 적을 구해 주는 것이 과연 옳은 일인가? 선택은 가능한 것인가? 나는 어느 쪽을 택할 것인가? 사람답게 사는 것은 무엇일까? 등 끊임없이 자신에게 묻게 만든다.

작가는 독자에게 자유의 가치에 대해서 물음표를 던진다. "자유에 대한 우리의 꿈은 자칫 부서져 버리기 쉬운 거"라는 요나탄의 말은 꼭 냉전 논리에만 적용되는 말은 아니다. 자유란 무엇인가 신체적으로 억압당하지 않는 것만이 자유로운 것인가, 물질문명으로부터 우리는 자유로운가? 등 자유와 그 가치에 대해 생각해 보게 한다.

작가는 삶과 죽음 등 쉽지 않은 화두를 끊임없이 던진다. 죽이지 않으면 내가 죽을 수밖에 없는 상황이 생긴다면 나는 어떻게 해야 하나 삶은 무엇이고 죽음은 무엇인가? 어떻게 살아야 하는가? 등 작가는 독자에게 인간 본질에 대해 끝없이 탐구하도록 한다. 문학의 본질이 인간을 담는 것이고 결핍을 채워 주며 삶과 죽음 또는 진리를 추구하도록 충동하는 것이라면 이 책은 문학의 본질에 충실한 작품이라 하겠다.

4. 인간과 진리를 탐구하는 판타지 동화

세 편의 판타지 동화는 모두 현실을 반영한다. 『웅철이의 모험』은 일제 강점기 시대의 사회적 모순들을 때로는 은유적으로 때로는 직접적으로 들려준다. 『영모가 사라졌다』는 오늘을 살아가는 우리들의 일그러진 자화상을 그대로 드러내고 있다. 『사자왕 형제의 모험』 또한 당시의 북유럽의 정치적 상황을 반영하고 있다.

판타지 동화는 허무맹랑한 것과 거짓된 것을 경험하고 현실에 적응하지 못하게 하는 동화가 아니다. 세 편의 동화에서도 확인할 수 있듯이 판타지 동화는 현실을 인식하게 하고 인간의 삶과 죽음 그리고 자유의 가치 등 진리에 대해 탐구하게 한다. 판타지 문학은 현실보다 더 사실적이며 진실을 반영한다. 그래서 인간의 본질적인 문제에 대해 화두를 던지게 한다. '자유는 무엇이고 삶과 죽음은 무엇인가?' 또 '삶은 어떠해야 하는가?' 등 문학을 통해 인간의 본질에 대해 성찰하게 하고 삶의 진리를 말한다. 이것이 판타지 문학이고 판타지 동화가 아이들에게 필요한 이유이다.

김명옥 _ 산과 들과 바다가 있는 강진에서 태어났다. 엄마가 된 후 그림책을 보기 시작했고 아직까지 손에서 어린이책을 못 놓고 있다. 어린이도서관 사서로 아이들과 같이 책을 보다 지금은 아침독서신문 만드는 일을 하고 있다. 마흔을 바라보고 있는 지금, 꿈을 위해 건국대 대학원 동화미디어창작학과에서 공부하고 있다.

# 책을 읽는 기쁨

이해인 (시인)

좋은 책에서는 좋은 향기가 나고,
좋은 책을 읽는 사람에게도 그 향기가 스며들어
옆 사람까지도 행복하게 한다.
세상에 사는 동안
우리 모두 이 향기에 취하는
특권을 누려야 하리라.

아무리 바빠도 책을 읽는 기쁨을 꾸준히 키워나가야만
우리는 속이 꽉 찬 사람이 될 수 있다.
언제나 책과 함께 떠나는 여행으로 삶이 풍요로울 수 있음을 감사하자.
책에서 받은 감동으로 울 수 있는 마음이 있음을 고마워하자.

책에서 우연히 마주친 어느 한 구절로
내 삶의 태도가 예전과 달라질 수 있음을
늘 새롭게 기대하며 살자.

(이 글은 『꽃삽』(샘터)에 실린 글을 이해인 수녀님의 동의를 받아 게재합니다.
아름다운 글을 실을 수 있도록 해주신 이해인 수녀님께 감사드립니다.)

3부 독서교육 사례

책 읽는 교실 만들기

여희숙

1. 학급문고 만들기

아주 오래 전, 내가 일하던 학교에서 외국인 자녀들을 위한 교실이 운영된 적이 있다. 그 '교실 학교'는 영국에서 온 키 큰 여자 선생님과 아이들 몇 명이 함께 했는데, 나와 동료 선생들은 가끔 그 교실에 초대되어 차와 쿠키를 나누어 먹기도 하고 아이들이 발표회를 할 때면 가서 축하해 주곤 했다.

'교실 학교' 아이들은 서로 학년 차가 났지만 한 공간에서 다양한 활동을 하며 알찬 시간을 보냈다. 그 교실의 가장 큰 특징은 구석구석에 읽을거리가 잔뜩 놓여 있었다는 것이다. 조금은 무질서해 보였지만 그래서 더 편안하고 정감 있는 공간이라 생각되었다. '교실 학교'는 해마다 교실을 옮겨 다니지 않아도 된다는 장점이 있지만, 무엇보다 책으로 가득한 교실이 주는 아늑하고 넉넉한 느낌이 참 좋았다.

그 시절 우리 교실에도 학급문고가 200여 권 정도 있었는데 그때는 그것을 그리 중요하게 느끼지 못했다. 그러나 '교실 학교'의 모습을 본 후부터 본격적으로 학급문고를 모으고 운영하는 데 관심을 갖기 시작했다.

뒤에 알게 된 일이지만 아이들은 원래 편안하고 자유로운 환경 속에 놓아 두면 언젠가는 저절로 책 읽기의 즐거움을 알게 된다고 한다. 부모님들의 은근한 강요나 선생님들의 깐깐한 독서 지도만 아니라면 말이다.

'좋은 책이 많은, 자유롭고 편안하고 따뜻한 공간.' 늘 나는 우리 아이들이 주로 생활하는 모든 공간이 이랬으면 좋겠다는 생각을 한다. 집은 말할 것도 없고 학원이나 병원, 그 중에서도 특히 학교와 교실은 더더욱 말이다.

(1) 나만의 학급문고 만들기

독서교육을 하고 싶어 하고, 또 실제로 하고 있는 많은 선생님들이 가장 힘들어하는 것 가운데 하나가 독서 수준과 흥미가 다른, 같은 반 아이들에게, 어떻게 '아이들 각자의 수준에 맞고, 흥미를 고려한 독서교육을 잘 할 수 있을까?'라는 것이다. 난 좋은 학급문고와 적당한 지도 계획만 있다면 웬만한 어려움은 저절로 해결될 거라고 믿고 있다.

나만의 학급문고를 갖는 것, 그것은 독서교육의 시작이며 이미 절반은 이룬 것이라고 해도 좋겠다. 독서교육에 관심을 갖고 학급에서 지도해 본 선생님들은 알 것이다. 아무리 좋은 계획이 있고 열정이 있어도 잘 준비된 학급문고 없이는 꾸준히 할 수 없다는 것을.

그러면 어떻게 해야 나만의 좋은 학급문고를 가질 수 있을까?

무엇보다 나만의 학급문고는 선생님 손으로 한 권 한 권 마련했으면 좋겠다. 처음 만나 이야기를 나눈 선생님들에게 이런 이야기를 하면 "아휴, 어떻게 그런 일을 해요? 교실도 해마다 옮겨야 하고……"하는 선생님도 있었다. 반면에 어떤 선생님은 다음 모임에서 만났을 때 "선생님, 우리 반에 학급문고가 이제 176권이 되었어요. 책을 읽어 주었더니 아이들이 참 좋아했어요. 이렇게 좋은 것을 왜 이제야 알았을까요?"하며 눈을 반짝이셨다.

누구나 그러하듯이 아주 힘들어 보이는 일도 일단 한 번 해 보면 그리 어려운 일이 아니라는 것을 알게 되는데, 시작하기가 좀 어려운 것이 또 '학급문고 만들기'인 것 같다.

한번에 번듯한 학급문고를 마련하려고 하면 어려운 일이다. 그러나 1년에 50여 권 정도만 모은다는 생각으로 시작하면 5~6년 후에는 아이들에게 수준별, 개인별 독서 지도를 할 수 있는 학급문고가 생기게 된다. 1학년 담임을 맡았을 때는 1학년 수준의 책을, 5학년 담임일 때는 5학년 아이들이 읽으면 좋은 책들을 꾸준히 모아 나가는 것이다. 학급문고는 많으면 많을수록 좋겠지만 500권이면 충분하다. 그 정도면 우리 아이들 독서 습관 만드는 데 모자라지 않으며 선생님들이 관리하기도 적당하기 때문이다. 그 다음에는 자연스레 우리 아이들이 도서관으로 가게 될 테니까.

(2) 학급문고 종자 책 만들기

처음 학급문고를 시작하기가 어려운 선생님들에게 (사)행복한아침독서에서 하고 있는 '학급문고 보내기 행사'에 참여하는 것을 권하고 싶다. 어떤 책이 좋은 책인지 고르기 쉽지 않은 아이들 책, 어떻게 시작해야 할지, 뭐부터 해야 할지 막막할 때, 좋은 책으로 선정된 학급문고 종자 책 50~60권을 받아 아이들과 아침독서 시간에 그저 함께 읽어 나가기만 해도 일 년 안에 학급문고는 튼튼하게 자리를 잡게 된다.

이미 받은 선생님들은 다음에 받을 선생님들을 위해 후원자가 되어 주고 더 널리 알려 주면 좋다. 그래서 온 나라 온 학급에 알찬 학급문고가 가득해지면 얼마나 좋을까?

우리 반에서 일 년 동안 나만의 학급문고 책을 읽으며 성장한 아이들이 다음 학년에서도 지속적으로 책과 친해져서 학교를 졸업할 때는 누구나 책과 친구가 되게 하는 것, 모두가 평생 책 읽기를 즐기는 것, 그것이 우리 독서교육의 작은 목적이었으면 좋겠다.

이렇게만 된다면 학급문고를 처음 만들려고 하는 선생님들이 가장 큰 고민거리로 여기는 '우리 반 학급문고는 어떤 책으로 시작해야 할까?' 하는 문제는 저절로 해결된다. 내가 좋아하는 책부터 갖추기 시작하여 책을 읽어 가며 마음 가는 대로 고르면 되지 않을까? 우리 아이들은 적어도 6년, 길면 12년 동안 열두 분 이상의 선생님과, 그 선생님들이 정성스럽게 준비한 학급문고를 경험하며 성장해 갈 테니까. 책과의 만남은 어떤 책을 만나는가 하는 것도 중요하지만 누가 권해 주는 책인가도 중요하다.

우리 반 아이한테 선물 받은 한 권의 책이 세월이 흘러 천 권이 넘는 학급문고가 되기까지 우리 반에서는 20년이 걸렸다. 지금 생각해 보면 나는 운이 참 좋은 편이었다. 처음 만난 그 책에서 나는 학급문고의 귀한 씨앗을 받았고, 책 읽어 주는 독서 지도의 첫걸음도 자연스럽게 뗄 수 있었다.

아름다운 책을 만나 그 책을 읽어 주고 함께 읽으며, 아이들을 마음으로 만날 수 있었던 것은 내 인생에 무엇보다 큰 선물이었다. 그래서 나는 그 후로 20년이 넘는 오랜 시간 동안 책을 좋아하게 된 속 깊은 아이들과 함께 살 수 있게 되었으니까.

책을 좋아하고 즐겨 읽게 된 아이들은 먼저 성정이 차분해지는 것 같아서 좋다. 제갈공명은 아들에게 '배운다는 것은 무릇 차분해지는 것'이라고 하였다. 새로운 것을 배우는 데 용감하고 또 좋아하게 되는 것도 책 읽는 아이들의 공통점이다. 하는 일마다 긍정적인 자세가 되고 심지어 표정도 달라지는 것 같았는데 나만의 착각이었을까? 그러나 무엇보다 좋은 것은 원래 마음 따뜻한 아이들의 그 본모습을 더 잘 보여 주게 된다는 것이다. 이렇게 멋진 독서 지도가 학급문고를 잘 만드는 것만 해도 반은 이루어진다니 얼마나 신나는 일일까.

학교를 떠나오면서도 나는 학급문고를 버릴 수가 없어서 지금도 달팽이처럼 이고 지고 다닌다. 서가에 정리해 두고 그 앞을 지나다니며 한 권 한 권 제목만 봐도 행복한 기억과 함께 우리 아이들을 보는 것 같다.

2. 학급문고 관리하기

한 권 두 권 모이는 학급문고를 보면 밥을 먹지 않아도 배부르던 시절이 있었다. 월급날이 특히 그랬다. 아이들에게 들려줄 노래나 음악 테이프와 콤팩트 디스크를 사고 책을 사는 일이 월급과 연결되니 또 다른 즐거움이 되었다. 늘 음악이 있고 책이 있는 우리 교실. 집에 돌아갔다가 빠뜨리고 간 물건을 찾으러 다시 온 아이가, 혼자 교실에서 음악을 들으며 책을 읽고 있던 나를 보고는 자기도 나중에 꼭 그렇게 되고 싶다고 일기에 썼던 기억이 난다. 너무 조용해서 밖에서 한참 있다가 들어갔다는 아이의 수줍은 표현이 오랫동안 잊혀지지 않았다.

나는 새 책을 사오면 우선 책의 아래 위, 옆, 앞, 뒤에 도장을 찍고 학급문고 일련번호를 매긴다. 어디서 사왔는지 언제 사왔는지 특별한 사연을 써 둔다. 그리고 뒤적뒤적 읽으며 한 권 한 권 비닐로 표지를 입힌다. 목록을 만들고, 책 표지는 게시판에 붙이기도 하고, 돌려가며 구경도 하게 한다. 처음 학급문고에 들어온 책은 아이들이 손댈 수 없는 상태로 한동안 내 책상 위에 둔다. 우리 교실에 새 책이 들어와 정리가 다 되어 서가에 꽂히는 데에는 한 일주일쯤 걸리는데, 그 동안 내 책상 위에 놓여서 아이들을 만나고 교실과 먼저 정이 드는 것이다. 그러고는 서가로 가기 전에 아이들과 표지를 보며 이런저런 이야기 나누는 것으로 조금 더 가깝게 아이들을 만난다. 지은이와 출판사에 대해 이야기를 나누기도 하고, 누군가가 소리 내 읽기도 한다. 나는 이런 시간들을 통해서 아이들과 책의 다정한 첫 만남이 이루어졌으면 좋겠다고 생각했다.

이렇게 모은 책이 교실 한 쪽 벽에 20년의 세월을 담고 가지런히 꽂혀서 아이들을 기다리게 되면 이제 그것은 책 이상의 것이 되는 것 같다.

'이번에 온 새 책은 누가 가장 먼저 만날까?' 라고 아이들에게 물어보면, 여러 가지 재미난 생각들이 나온다. 가위바위보를 하여 가장 많이 진 사람이 되기도 하고, 때론 그날의 '아부왕'이 되기도 한다. 생일을 맞은 친구가 있으면 당연히 그 친구가 주인공이 된다. 그렇지 않으면 '저요! 저요!'를 하는데, '저요! 저요!'란 30초 동안 자신이 그 책을 가장 먼저 보아야 한다는 주장을 가장 그럴듯하게 하는 친구에게 기회를 주는 것이다. 그날의 판정 기준은 아이들이 정한다. '가장 많이 웃겨 준 사람', '가장 슬픈 이야기를 한 사람', '가장 썰렁한 이야기를 한 사람', '30초에 가장 근접하게 이야기를 한 사람', '세상에서 가장 귀한 것은?', '세상에서 가장 위험한 것은?' 등 아이들은 날마다 새롭고 재미있는 기준을 정했다. 그러나 언제나 아이들이 가장 좋아한 기준은 '가장 무서운 이야기를 한 사람'이다.

3. 마술 같고 기적 같은 아침독서

♥ 책과의 만남을 기다리며

호기심 가득한 눈으로 학급문고를 둘러싼 아이들, 서로 보고 싶은 책을 먼저 차지하려고 가위바위보를 하는 아이들……. 선생님이라면 누구나 그려 보는 아름다운 풍경일 것이다. 그러나 지금 우리 교실은 어떤가? 이런 모습과는 거리가 멀다고 느껴질 때가 많다. 왜 그럴까? 어떻게 하면 교실에서 책 읽기를 즐기는 아이들과 만날 수 있게 될까?

새 학기가 시작되면 나는 먼저 아이들에게 우리 교실의 학급문고에는 절대 손을 대서는 안 된다고 이야기 해 둔다. 아직 정리가 덜 되었다고 하면서. 처음에는 아이들도 '음, 조금 기다리면 되겠지.' 하고 기다린다. 하지만 일주일이 지나도 학급문고를 읽어도 좋다는 허락이 떨어지지 않으면 아이들은 궁금해 하며 물어 본다.

"학급문고 언제 읽어요?"

"조금만 더 기다려 볼래?"

그러면서 이주일쯤 지나면 아이들의 궁금증은 더욱 커진다. 그때쯤 아이들에게 학급문고에서 빼낸 책을 한 권 보여 주며 '이 책 읽어 봤니?' 라고 묻는다. 그리고 그 책의 배경을 몇 가지 늘어놓으며 설명을 덧붙이면 아이들은 관심을 보이며 듣기에 열중한다. 그리고 그 중에서 미리 준비한 한 편의 이야기를 들려주고 나서 그 책 속에 있는 다른 많은 이야기들이 얼마나 재미있는지에 대해서도 넌지시 이야기해 주면 아이들의 관심은 곧 터질 듯한 풍선처럼 부풀어 오른다. 3월 한 달은 이렇게 아이들이 손 댈 수 없는 학급문고의 책들을 선생님이 읽어 주는 것으로 채우면 어떨까? 배를 만들려면 배를 만드는 장비와 공구 대신 바다에 대한 갈망을 느끼게 해 주라는 생 텍쥐페리의 말을 기억하는 것도 도움이 된다. 이때 우리가 생각해야 할 가장 중요한 것은 '기다리는 것'과 '어떤 책을 골라서 읽어 주어야 하는가?' 이다.

♥ 준비된 독서 지도

새 학년이 시작되기 전, 선생님들은 학급 경영 계획도 세우고 1년간 사용할 학습 자료도 미리 챙겨둔다. 저학년이라면 더 많은 준비를 꼼꼼하게 해야 한다. 나는 교단에 선 지 5년쯤 지난 뒤에야 비로소 내 나름대로의 학급 경영 계획을 세우게 되었다.

인성 교육, 독서 지도, 일기 지도, 생활 지도, 건강 교실, 특색 교육 등을 항목별로 따로 세워서 해마다 조금씩 보충도 하고 바꾸기도 한다. '한 해에 한 가지 만이라도 계획대로 실천해 보자.' 하는 마음으로 시작하였는데, 처음에는 어설프고 계획한 대로 되지 않아서 대충하기도 하였다. 그러나 1년간의 학급 경영 중 그래도 해마다 빠뜨리지 않고 한 것은 일기 지도와 독서 지도였다. 그 두 가지는 기본적으로 꼭 하고, 다른 것들은 해마다 학년의 수준과 특성에 맞추어 해 나갔다.

요즘은 특히 독서교육을 강조하는 분위기이다. 하지만 가만히 들여다보면 책 읽기 본연의 모습보다 공부를 잘 하기 위한 수단이나 글쓰기 실력 향상, 나아가 입시를 위한 수단으로 독서가 지나치게 강조되고 있는 듯한다. 그러다 보니 이제 아이들은 독서도 의무적으로 해야 하는 상황이 벌어져 많은 사람들이 걱정을 하게 되었다. 오죽하면 독서 지도의 목표가 '책을 좋아하는 아이까지는 바라지 않으니 싫어하지 않는 아이만 되었으면' 한다고 할까. 그래서 나는 학교에서의 바람직한 독서 지도가 더욱 중요하다는 생각을 한다. 진정 우리 아이들의 '즐겁고 행복한 책 읽기'를 위해.

학급에서 '즐겁고 행복한 독서 지도'를 하려면 어떤 것들이 필요할까 생각해 본다. 먼저 독서 지도 계획이 있어야겠고 또 학급문고가 있어야 할 것이다. 그리고 가장 중요한 것은 마음이다. 아이들과 함께 책 읽고, 생각하고, 느낌을 나누고, 조금 조금 실천해 가는 가운데 함께 성숙해 가려는 마음가짐이라 생각한다.

그럼 먼저 독서 지도 계획을 세우는 것부터 자세히 살펴보면, 지도 계획을 세울 때 우리는 맨 먼저 목표를 어디에 두어야 할까 생각하게 된다. 학급에는 그냥 두어도 책을 찾아 읽거나 책 읽기를 좋아하는 아이들이 있는가 하면 선생님이 챙기면 읽고 챙기지 않으면 슬그머니 손을 놓는 아이들이 있다. 그리고 책 읽기를 전혀 좋아하지 않는 아이들도 제법 있다.

처음 만났을 때 책 읽기를 좋아하지 않는다고 하던 아이가 스스로 좋아하는 책을 찾아 읽거나, "책 읽는 것은 참 좋은 거 같아요."라고 말하게 되는 것, 산책을 가거나 여행을 갈 때 책을 먼저 챙기는 아이들이 되게 하는 것, 이것이 나의 지도 계획 맨 앞에 둔 목표였다.

그리고 내 자신에게 늘 조심해야겠다고 생각했던 것이 '내가 독서 지도를 해서 우리 아이들이 책을 좋아하게 되었다는 생각을 가져서는 안 된다.'는 것이었다. 아이들은 좋은 환경에서 강요받지 않으면 누구나 책을 좋아하게 되는 존재이기 때문이다.

학급문고를 여는 잔치에서 독서 토론 대회까지 1년간의 계획을 꼼꼼하게 세우고 새 학기를 시작하면 벌써 절반은 이룬 것 같은 기분에 힘이 나서 해마다 새롭게 용기를 내던 기억이 난다.

다음은 우리 반 1년간의 독서 지도 계획이었다. 부끄럽고 어설픈 계획을 정리해 보았는데 더 멋진 계획을 만드는 데 반면교사로라도 쓰였으면 좋겠다.

봄

책 읽기의 시작

독서 지도 계획 마련하기 / 학급문고 준비하기 / 학부모와의 만남 /
'나의 서가' 만들기 준비 / 멋진 독서 환경 만들기 / 책 읽어 주기 /
독서 계획 세우기 안내 / 나의 보물 창고 만들기 / 학급문고 열기 /
함께 읽기-아침독서 시작하기 / 왜 토론을 해야 할까? /
언어 능력이란 무엇일까?

여름

책 읽기, 그 즐거움

책 읽는 이유와 방법 지도 / 독서록 쓰는 방법 알려 주기 /
집중 독서, 전력 독서 / 토론으로 생각하는 방법 새롭게 하기 /
토론하는 방법을 알게 하기 / 참고 예문으로 토론하기 /
토론의 날 운영하기 / 시와 노래가 있는 여름 만들기 /
달빛 문화 교실 해 보기 / 책 읽기와 공부하는 방법 탐구 /
책 읽고 해 보는 다양한 활동 / 토요 잔치 열기 / 자기 평가 /
도서실로의 초대

늦여름

여름 방학, 꾸준한 책 읽기

여름 방학 준비 활동 해 보기 / 서점에서 놀기 /

방학 동안에 혼자 할 수 있는 독서 활동 안내 / 나의 보물 창고는 지금 /

도서관에서 놀기 / '나의 서가' 만들기 시작

가을

책 읽는 즐거움, 영혼의 해후

가을에 하면 더 좋은 독서 행사 / 낙엽을 베고 누워 보다 /

토요 잔치 열기 / 교과서 교재로 토론하기 /

생활 속에서 안건 찾아 토론하기 / 토론으로 공부하기 /

모둠별 학급 토론 대회

겨울

책 읽기의 꽃, 토론

달빛 독서 기행 함께 해 보기 / 더 나은 내가 되는 독서 기록 쓰기 /

토요 잔치 열기 / 모든 아이가 참여하는 교실 토론하기 /

토론 대회 참가하기 / 토의 학습으로 나아가기

이런 일들을 1년 동안 꾸준히 부모님과 선생님과 함께하면서 우리 아이들의 마음이 자라는 모습을 보는 기쁨, 이것은 이땅에 어른으로 사는 이들의 작고 소중한 행복일 것이다.

나는 가능하면 우리 아이들이 나나 부모님으로부터, 또 학원이나 학습지 선생님으로부터 독서 지도를 받는다는 느낌이 없었으면 좋겠다는 생각을 한다. 그저 자기가 좋아하는 선생님이나 주위 어른들과 함께 재미있게 책과 놀다 보니 책이 좋아지고 책 읽기를 즐기는 아이들이 되는 그런 독서 환경이기를 바란다.

봄
여름
한여름
가을
겨울

더불어 꼭 권하고 싶은 것이 '학부모와 함께 하기'이다. 독서 지도 계획을 꼼꼼히 세우고 난 뒤 학년 초에 갖는 학부모와의 만남 시간에 부모님에게 미리 계획을 알려 준다. 부모님들에게 함께 해야 할 일과 도울 수 있는 방법들에 대해 친절하게 안내하는 일은 매우 중요한 일이다. 아이들을 가르치고 키우는 선생님과 부모님 사이에 있어야 할 믿음이 서로를 모르는 가운데서는 잘 생기지 않는 것 같다. 제대로 알리고, 바로 알려고 하는 진지한 노력이 오가는 가운데에서 서로에 대한 믿음이 굳건해질 것이다.

♥ 더 나은 내가 됩니다

아이들을 정말 멋진 책의 세계로 초대하려면, 그 안에서 자신만의 생각과 꿈을 키우는 행복한 아이들로 키우려면 우리는 어떻게 해야 할까? 무엇보다 먼저 아이들이 책과 재미있게 만날 수 있도록 자신만의 계획을 세우게 하면 좋겠다.

4월이 열리고, 눈으로만 익힌 학급문고와 '책 읽어 주기'를 통해 아이들과 선생님 사이가 서로 익숙해졌을 때, 학급문고를 열자는 제안과 함께, 아이들에게 올 한 해 동안 자신만의 독서 계획을 세워 보게 하는 것이다. 아이들과 독서 계획을 세워 보면 처음에는 예외 없이 모든 아이들이 거창한 계획들을 세워 온다. '책 1,000권을 읽겠다!'거나 '500권을 읽겠다!'면서. 그러나 아이들에게 그 목표를 어떻게 이룰 것인지, 계획을 어떻게 실천할 것인지에 대해 구체적으로 질문하고 격려하면 비교적 실현 가능한 계획들을 스스로 세울 수 있게 된다. 자신의 뜻에 맞는 자신만의 독서 계획을 세워 보는 일은 누구에게나 필요한 경험이다.

이때 선생님께서 꼭 짚어 주어야 할 것이 있다.

- *1년 동안 얼마나 되는 책을 읽을 것인가?*
- *그만한 양의 책을 다 읽으려면 하루에 얼마나 읽어야 할까?*
- *하루 중 언제 책을 읽을 것인가?*

위와 같은 내용을 구체적으로 묻고 또 생각해서 계획하게 한다.

이때는 최대한 아이의 의견을 존중한다. 설령 나중에 고치게 되는 계획이라도 처음에는 아이의 의견대로 할 수 있도록 해 주는 것이 좋다. 그렇게 자꾸 해 보면 스스로 계획하고 그 결과에 대해 책임지는 자세를 경험할 수 있는 좋은 기회가 될 것이다.

집에서 부모님과 의논해서 써 와도 된다고 하여 이때부터 가정과 한 걸음 한 걸음 함께 가는 독서 지도가 되면 더 좋겠다.

♥ 50년 쓸 독서 기록장 만들기

1) 아이들이 좋아하는 독서 기록장

오랫동안 학교에 있으면서 아이들과 숱하게 많은 종류의 독서 기록장을 이용해 보았다. 아이들이 가지고 있는 공책 중에서 특별히 좋아하는 공책을 기록장으로 이용하게 하거나 학교에서 일률적으로 인쇄하여 만들어 주는 독서 기록장을 사용하거나 담임이 똑같은 공책을 준비해서 선물로 주거나, 친구가 선물하거나, 상으로 나누어 주거나, 공책을 직접 만들어 보기 등. 그러다 발견한 것이 아이들은 어떤 기록장보다 자신이 직접 만든 것을 가장 좋아한다는 점이었다. 직접 만든 것 중에서도 특별한 뜻이 담겨 있으면 더 좋아한다는 것을 말이다.

2) 독서 기록장은 어떻게 만들까?

● 집에 있는 공책 중에서 전 학년도에 쓰던 것, 쓰다가 버리는 공책, 앞부분만 쓰고 뒤에 빈 공간이 많이 남은 공책들을 형식이나 학년 구분 없이 모

두 모은다.

- 표지와 글씨를 쓴 부분은 골라낸다.
- 친구들과 모여 크기가 같은 부분을 서로 나눈다.
- 만들고 싶은 굵기의 공책을 정한다. (50쪽부터 300쪽까지 마음대로)
- 공책의 오른쪽 면이 가지런해지도록 정리한다.
- 조금 두꺼운 종이를 골라 앞 뒤 표지로 만든다. (풀로 고정하기)
- 어른이 묶어 준다.
- 자기 마음대로 꾸민다.
- 이름을 붙인다.

3) 이름 붙이기

'지윤이의 보물 상자', '민주의 보석 상자' 이런 이름 등을 아이들 나름대로 붙여 보게 한다. 이름에 자기만의 비밀스럽고 재미난 의미를 담아 보게 하면 아이들은 더 좋아한다. 그리고 그 이름과 분위기에 맞게 꾸며 보게 한다. 이런 일들이 아이들에게 즐거운 놀이이자 특별하고 아름다운 체험이었으면 좋겠다.

4) 감상하기

아이들은 자기가 만든 공책을 아주 뿌듯해 하고 특별히 아낀다. 특히 이 공책은 '재활용 공책'이고 '자신이 직접 만든 공책'이라는 의미가 담겨 있어 더 특별하다. 앞표지 뒷면에는 자신이 읽은 책의 목록을 정리할 수 있도록 표를 한 장 만들어 나누어 주고 붙여 보게 한다. 나머지는 독서하며 한 쪽씩 차근차근 채워 가게 될 것인데, 그 중에 한 쪽 정도는 아이들끼리 서로 잘 만들었다는 덕담을 한 마디씩 주고받을 수 있게 해 주는 것도 좋다.

다 만들고 난 뒤 들려주면 좋을 이야기가 있는데 오에 겐자부로 님의 독서 기록 이야기이다.

책도 귀하고 일본이 전쟁에서 지게 되어 학교도 문을 닫았던 어린 시절, 이

웃에서 빌려 읽은 책을 오래 기억하고 싶어 마음에 드는 문장을 옮겨 적어 모은
독서 기록이 50년이 지난 지금은 피아노 상자를 가득 채우고 넘치게 되었다는
이야기.

　나는 이 이야기를 『나의 나무아래에서』라는 책에서 읽고 아이들에게 들려주
었다. 아이들에게 들려주었더니 평소에 책도 별로 읽지 않는 녀석이 큰 소리로
'나는 두 상자 만들어야지!' 라고 해서 모두 웃었던 기억이 난다. 그리고 이제
'우리도 앞으로 50년간이나 써 나갈 공책이니, 오늘 처음 만들었다는 사실을
자기만이 아는 어딘가에 써 두기로 하자.' 라고 하면 모두 공책에 코를 박고 글
을 쓴다. 그 모습은 혼자 보기 아까울 정도로 참 예쁘다.

5) 독서 기록하기

　처음 공책을 만들어 두고 한동안은 쓰지 못하게 한다. 왜냐하면 독서도 아직
시작하지 않았기 때문이다. 책 읽기를 시작하기 전 독서 계획을 세울 무렵, 전
에 만들어 둔 독서 기록장을 가지고 오게 한다. 우선 계획을 세우는 것은 연습
장에 세우게 하고 고치고 난 뒤 독서 기록장 맨 앞 첫 장에 옮겨 쓰게 한다. 그
리고 그 뒤로는 책을 읽다가 밑줄 그어 둔 문장들을 옮겨 써 보게 하는 것 등 독
후 활동도 한다.

♥ 천천히, 그러나 쉬지 않고 쓰기

　이제 우리 아이들과 함께 일 년 동안 독서 여행을 할 수 있는 책과 보물 지도
를 마련하였다. 학급문고를 열고 선생님은 선생님대로, 아이들은 아이들대로
아름찬 계획을 마음에 다지고 세웠다. 아이들은 팽팽히 당겨졌다 시위를 떠난
화살처럼 힘차게 나아간다. 다 함께 읽기에서 시작하여 혼자 읽기, 도서관 가서
읽기, 밑줄 그어 가며 읽기, 옮겨 써 가며 읽기, 생각 키우기, 토론하기, 생각 쓰
기, 순서대로 차례차례, 천천히, 그러나 쉬지 않고, 한 사람도 포기하지 않고 다
함께 끝까지 나아가는 것이 중요한다.

♥ 다 함께 시작하는 아침독서

오래 기다렸다가 학급문고를 열면 아이들은 정신없이 책으로 빠져 들지만, 그리 오래되지 않아 그 열정이 사그라드는 것을 알 수 있다. 그러므로 시작할 때부터 흥미와 호기심이 끝까지 가도록 조금씩 문을 여는 것이 좋다. 그래서 시작한 것이 '책 읽는 아침'이었다. 그것은 아침마다 학교에 오면 학급문고의 책을 한 권씩 골라 다 함께 읽는 것으로, 처음에는 초시계를 재며 5분부터 시작하였다. 그리고 조금씩 늘려 가는 방법으로 하였는데 아침에 잠깐 하는 짬짬이 독서에 갈증을 느끼며 아이들은 책 읽는 시간을 조금이라도 길게 끌어 보려고 귀여운 머리를 굴리곤 했다. 그러면 나는 초시계를 보고 있다가 초까지 재 가며 시간이 되면 "땡!" 하거나 "시간 되었어요. 책갈피 꽂아 주세요."하면 아이들은 "아!", "잠깐만요!", "선생님 1분만 더요!"라고 조르게 되는 날이 오게 된다. 그래도 처음에는 다 거두어서 서가에 꽂아 둔다. 그리고 그 다음 날 아침, 다시 나누어 가지고 함께 읽고, 또 시간 되면 거두어 둔다. 이렇게 며칠 하면 독서 시간을 조금만 더 늘려 달라고 조르고 또 조른다. 그러면 못 이기는 척하며 1주일에 1, 2분씩 늘여 주면 아이들은 큰 보물이라도 얻은 양 좋아한다.

그렇게 해서 10분이 되고 12분이 되어도 숨소리도 내지 않고 책 읽는 아이들이 된다. 그리고 이제 쉬는 시간에도 읽을 수 있도록 학급문고를 조금 더 열어 준다. 아침에 나누어 가진 학급문고를 학교에 있는 동안 읽다가 집에 갈 때 서가에 두고 가는 것이다. 그러나 이때 잘 한다고 아침독서를 15분, 20분 막 늘이는 것은 그리 좋은 방법이 아니다. 처음엔 아이들도 욕심을 내지만 해 보면 금방 싫증을 내는 아이들이 생기게 되는데, 그러면 분위기가 느슨해져서 1년간 꾸준히 계속하기가 쉽지 않다. 모자란 듯, 조금 더 하고 싶을 때 끊어 주면 더 멀리 나아가는 것도 아이들이 보여 주는 재미있는 특성인 것 같다.

한참 하다 보면 어느 새 차분히 앉아 책 읽는 아침에 익숙해지는 아이들이 되어 있다. 학교에 오면 시간을 재며 시키지 않아도 가방을 정리하고 자리에 앉아 책 읽는 아이들의 어여쁜 모습이 여기저기서 보인다. 그 후 자기가 목표한 책을 다 읽고 나면 이제 자신이 보고 싶은 책을 골라 읽고 또 집에 가져가서 읽어도 좋다고 하면서 자연스럽게 대출을 시작한다.

한 번 청소했다고 언제나 깨끗한 교실이 되지 않는 것처럼, 한 번 마음먹었다고 언제나 그렇게 살아지는 것이 아닌 것처럼, 독서 지도도 한 번 마음먹고 했다고 해서 다 되는 것은 아니다. 아이들의 관심과 흥미가 꾸준히 이어지도록 이끌어 주고 밀어 주는 일, 이것이 더 힘들고 중요한 일이다. 이러한 노력들이 한동안은 쉼 없이 이루어져야 비로소 아이들도 책 읽기를 즐기게 된다.

20년 넘게 아이들이 '스스로 찾아 읽고, 평생 책 읽기를 즐기는 아이들이 되었으면' 하는 바람으로 이런 저런 일들을 많이 했다. 돌이켜 보니 그저 '아침독서 10분'만 꾸준히 하면 되었을 것을!

그러나 아침 시간을 독서로만 보내면 또 마음이 급해지는 것이 우리 어른들이기도 한다. 몇 년 아침독서를 해 보니 마음먹고 하면 1학기만 해도 독서 습관은 어느 정도 생기는 듯했다. 그래서 나는 2학기 아침 시간은 다른 활동과 병행하기도 했다. 지나고 보니 그래도 가장 좋았던 것은 1년 동안 꾸준히 아침독서를 한 해였던 것 같다. 독서 습관이 되어 있는 아이들이라면 다른 어떤 활동을 해도 아주 쉽게 받아들이고 적극적인 학생이 되는 것을 볼 수 있었다.

독서의 힘일까? 책의 힘일까?

여희숙 _ 진주교육대학을 졸업하고 마산, 하동, 광양, 포항 등지에서 22년 동안 아이들과 함께 보냈다. 독서 지도라는 말조차 없던 20년 전부터 책을 통해 아이들과 행복하게 만나 왔다. 학교를 그만 둔 지금은 전국 각지에서 독서와 토론 교육 전문가로 강의를 하며 더 많은 교사와 학부모, 학생들과 책을 매개로 만나고 있다. 현재는 '도서관의 친구들' 대표, ㈜행복한아침독서 추진위원, 책읽는사회문화재단 교육위원으로 활동하며 책 읽는 문화를 만드는 데 앞장서고 있다. 지은 책으로는 『책 읽는 교실』과 『토론하는 교실』이 있다.

엄마가 콕콕! 짚어 주는 과학 전5권

엄마가 콕콕 짚어 주는 과학 ①
환경 이야기
글 장수하늘소 | 그림 김미경 |
112쪽 | 값 8,800원

엄마가 콕콕 짚어 주는 과학 ②
지구 이야기
글 장수하늘소 | 그림 김미경 |
112쪽 | 값 8,800원

엄마가 콕콕! 짚어 주는 과학 ③	엄마가 콕콕! 짚어 주는 과학 ④	엄마가 콕콕! 짚어 주는 과학 ⑤
동물 이야기	**식물 이야기**	**우주 이야기**

엄마가 콕콕! 짚어주는 과학 시리즈는 과학을 처음 공부하게 되는 어린 독자들을 고려하여 많은 그림을 사용해서 아이들의 이해를 돕고 있습니다. 사진이 그림보다는 정확한 지식을 전달해 줄지는 몰라도, 자칫 아이들이 친근함을 느끼지 않을 수도 있기 때문에 이 책의 그림들은 지식적인 면은 정확히 전달하면서도 아이들의 흥미를 떨어뜨리지 않기 위해 만화풍의 그림을 많이 사용했습니다.

이 책은 과학 지식을 쌓는것에 그치지 않고 학교 공부와 직접적으로 연결할 수 있도록 되어 있습니다. 각 장마다 초등학교 3학년부터 6학년까지의 사회, 과학 교과서와의 연계표를 제공하고 있고 학교공부에 직접적으로 도움이 되도록 유도하였습니다.

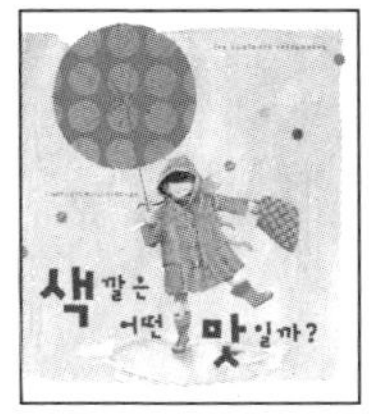

색깔은 어떤 맛일까
· 글쓴이 티에리 마리쿠르
· 그림 타자니 메 위스
· 옮긴이 강효숙 · 대상 초등 1~3학년

앞을 보지 못하는 레나는 색깔을 모릅니다. 레나는 오빠들이 설명해주는 대로 색깔을 상상합니다. 그런데 레나의 상상력이 느끼는 세상의 색깔은 너무나 아름답습니다. 혀끝으로 맛본, 차가운 눈송이가 하야니까, 레나에게 겨울 추위는 하얀색입니다. 장애가 있는 레나의 모습을, 레나의 장점과 단점을, 있는 그대로 받아들이는 아이들의 순수함이 묻어 나오는 그림책입니다. 꼴라주 기법을 이용해, 레나와 자연의 천진난만한 모습을 그대로 살렸습니다.

해솔 0709 그림동화 1
내가 어른이 되면 말이야
· 글쓴이 게턴 도레뮤스
· 그림 게턴 도레뮤스
· 옮긴이 강효숙 · 대상 초등 1~2학년

구스타브는 학교 가는 길에 여러 풍경을 만납니다. 오리와 이야기할 수 있기를 꿈꾸는가 하면 어린이들만 다닐 수 있는 작은 길이 있었으면 하고 생각하는 등 여러 상상을 합니다. 어른들도 어려서 한 번 쯤은 해봤음직한 상상을 깔끔하면서도 아기자기한 그림으로 표현한, 아이의 시선으로 바라본 거리 곳곳의 풍경이 신선하게 다가옵니다. 또한 어른이 되면 여러 가지 일을 해보고 싶다는 구스타브의 모습은 꿈과 상상력을 키워 줍니다.

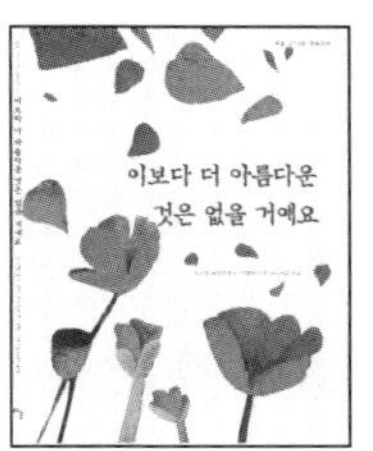

해솔 0709 그림동화 2
이보다 더 아름다운 것은 없을 거예요
· 글쓴이 아르멜 바르니에
· 그린이 바네사 이에
· 옮긴이 박은영 · 대상 초등 저학년

이 세상에서 가장 아름다운 것은 무엇일까요?
아름답고, 무섭고, 가깝고, 멀고, 뜨겁고, 차갑고, 크고, 작고, 빠르고, 느리고, 뚱뚱하고, 세련되고, 심술궂고, 귀엽고, 사랑스러운 것은 우리들의 생각이랍니다. 이 그림책은 대단히 시(詩)적이며, 느끼는 그대로 말하기 때문에 마치 마음의 일기장과 같은 책입니다. 그래서 이 책은 아이들이 상상한 것에 대해 자신감 있게 표현하는 방법을 자연스럽게 깨닫게 해줄 것입니다.

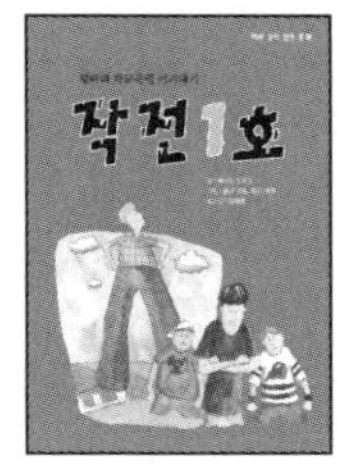

왕따와 학교폭력 이겨내기
작전 1호
· 글쓴이 케서린 드피노
· 그린이 보니 매튜, 찰스 베일
· 옮긴이 이태영 · 대상 초등 저학년이상

현직 교사가 제시하는 초등학교 왕따와 학교폭력 해결 이야기
이 책은 초등학교 아이들 사이에서 있을 수 있는 폭력과 왕따를 부모와 아이들의 대화를 통해서 극복하고 대처하는 방법이 생생하게 나와 있다. 특히 피해자 학생이 왕따와 폭력을 당하면서도 다른 사람들에게 왜 말을 하지 못하는지 심리 묘사가 잘 녹아 있다. 이 책을 통해 학교 폭력과 왕따 문제는 선생님과 학부모 그리고 또래 아이들이 조금만 관심을 갖고 방봅을 찾는 다면 충분히 극복할 수 있다는 것을 보여주고 있다.

솔 | 경기도 고양시 일산동구 장항동 746 우인아크리움빌 2차 337호 | 전화 · 031-9249-456 | 팩스 · 031-811-5933 | haesol2006@hanmail.net

책 읽기의 꽃, 토론 지도

여희숙

토론, 어떻게 하면 좋을까?

선생님들께 토론 이야기를 할 때면 꼭 해 보는 질문이 있다.

"토론 수업 어떠세요?"

"많이 하시나요?"

"잘 되나요?"

선생님들 반응은 다음과 같았다.

"저는 사실 토론 수업을 싫어합니다. 교실이 너무 시끄러워지고, 아이들 관리도 안 되고……."

"저학년까지 토의·토론 수업을 하라고 하는데, 저학년은 토의는커녕 말장난에 불과하고 정말 형식적인 토의밖에 안 되거든요. 그런데 토의와 토론을 어떻게 수업에 적용하고 있는지 현황 파악하기, 결과 보고, 이런 공문을 받으면 정말 답답해집니다."

"어떤 질문에도 항상 "모르겠어요.", "몰라요." 라고 말하는 아이들을 데리고 토의·토론을 하라니 때로는 어이가 없어요."

"우선 자신의 생각 말하기, 듣기, 책 읽기도 되지 않는데 과연 토론이 될까요?"

모두 그런 것은 아니었지만 이런 이야기를 들으면 나도 막막하여 드릴 말씀이 없게 되는데 한 번은 '왜 그럴까요?' 하고 물었다.

"사실 아이들은 좋아하지만 교사인 내가 토론 수업 진행하기가 부담스러워요. 토의·토론 수업의 지도가 부담스러운 것은 저조차도 토의·토론이 어렵기 때문이겠지요."

사실 논쟁이나 토론은 우리에게 익숙하지 않은 의사소통 수단이다. 제대로 배우고 가르치거나 경험해 볼 기회가 없었으니 당연한 결과인데도 요즘은 공연히 주눅 들게 하는 분위기인 것 같아 불편해 질 때가 많다. 동양과 서양의 사고 방식의 차이를 깊이 있게 연구한 미시건 대학의 리처드 니스벳(Richard E. Nisbett)은 "서양은 논쟁하고 동양은 타협"하는 특성을 가지고 있다고 주장한다. 개인 중심의 사고가 일반화된 서양인들은 아주 어릴 때부터 자기 의견을 주장하는 훈련을 받기 때문에 어른이 되면 논쟁하는 것이 제2의 천성이 된다는 것이다. 반면에 집단 중심으로 구성원간의 관계 맺기를 중시하는 동양인들은 논쟁이 집단의 화목에 위험 요인으로 작용한다는 인식 때문에 '자유롭고 활발한 토론'이 거의 존재하지 않는다는 것이다.

그래서일까? 아이들도 토의·토론 학습을 하려고 하거나 자신의 주장을 밝히는 글을 쓸 때는 더욱 자신 없어 하고 힘들어 한다. 어른들한테도 힘들고 아이들에게는 더 어려운 토론, 그렇다고 손 놓고 있는 것도 너무나 안타까운 일이다. 나도 한때는 이런 생각을 하며 길을 찾았고 나름대로 아이들의 생각을 키우는 방법을 찾아 이것저것 시도해 보았다.

왜 토론일까요?

'어떻게 하면 우리 아이들이 스스로 책을 찾아 읽고, 넓고 깊게 생각하며, 탐구하는 힘을 가진 아이들로 자라게 될까?'

내가 규칙이 있는 토론 학습 방법을 주목하게 된 이유이다. 교실에서 교과서로 공부하지만 토론 형식을 빌려 공부했는데, 어느 틈에 학습 주제와 관련된 지식을 스스로 찾아내고 정리하게 되었으며, 내가 가르쳐 준 방식이 아니라 아이들이 자신의 방식대로 의사를 결정하고 표현할 수 있게 되었던 것이다. 게다가 중요하다고 강조하지만 누군가 가르치기에 참 어렵게 여겨지던 비판적 사고력이나 반성적 사고, 창의력에다 배려하는 인성까지 저절로 쑥 자라나 있는 것을 알게 되었을 때, 그 기쁨은 참 컸다. 무엇보다 책 읽으라는 말을 하지 않게 되어서 좋았다. 토론을 준비하는 과정에서 책 읽기는 저절로 되는 것이었으니까.

토론이란?

그럼 토론을 어떻게 정의할 수 있을까?

토론이란 토론이 가능한 '하나의 문제'를 두고 찬성하는 생각과 반대하는 생각을 가진 사람들이 동등한 의견 진술의 기회를 가지고 관련된 정보와 지식을 체계적으로 정리한 뒤 설득력 있는 논조로 자신의 주장을 펼쳐서 나와 생각이 다른 사람의 마음을 움직이는 것을 목적으로 하는 논쟁이다.

토론을 잘 하려면?

토론의 정의에 잇대어 생각해 보면 토론을 잘한다는 것은 결국 찬성이든 반대든 자신이 맡은 입장에서 누가 더 자신의 주장을 논리적이고 설득력 있게 전개하는가에 따라 결정된다고 볼 수 있다. 논리적이고 설득력 있게 주장을 전개하는 사람은 보다 많은 사람들로부터 지지를 받게 될 것이고 나아가 생각이 달랐던 사람까지 변화시킬 수 있을 테니까. 어떻게 하면 아이들에게 논리적이고 설득력 있는 주장을 펼 수 있도록 가르칠 수 있을까?

지금까지 우리는 일반적으로 토론을 지도할 때 아이들에게 자신의 주장을 논리적이고 설득력 있게 펴야 한다고 강조는 하였지만 구체적으로 어떤 주장이 논리적이고 설득력 있는 주장인지를 명확하게 제시하지 않았다는 느낌이 든다.

뚜렷한 기준이 없었으니 주장을 놓고 어떤 평가를 하는 것도 물론 어려울 것이다. 당연히 조언을 해 주거나 더 나은 수준과 방법을 제시하는 것도 부족할 것이다. 이럴 때 만약 논리적이고 설득력 있는 주장이 되는 원칙과 기준이 있어 분명하게 제시해 줄 수 있다면 얼마나 좋을까?

'어떻게 하면 자신의 주장이 논리적이고 설득력 있는 주장이 되는지 누구나 알게 되는 것!'
이것은 재미있고 신나는, 나의 지도 목표였고 아이들의 학습 목표였다.

〈논리적이고 설득력 있는 주장이 되는 6가지 원칙〉

(1) 토론 가능한 주제의 안건에 대해
(2) 자신의 결론을 내리고
(3) 그 결론에 이르게 된 이유를 찾아 그것을 제시하고
(4) 이유의 옳음을 설명하고, 즉 논증을 하고
(5) 나의 결론에 반대 또는 대조되는 의견(반론)이나 생각을 고려하여 내 생각과 견주어 그것이 비논리적임을 보여 주거나 부족함을 지적하고
(6) 예외를 정리하여 보여 주면 된다는 것이다.

이렇게 간단하게 정리하여 안내를 하면 아이들은 반신반의한다.
"설명을 들으니 잘 될 것 같기는 한데 실제로 저걸 어떻게 표현해야 할까?"
"내가 과연 할 수 있을까?"
이럴 때 여섯 단계의 하나하나를 구체적으로 설명하기 전에 먼저 전체적인 그림을 그려 보여 주면 아이들은 좀더 쉽게 받아들이고 해 보겠다는 용기를 낸다.

토론은,
– 이러한 원칙을 기억하며 찬성과 반대 팀 각각 자신의 입장에서 정리한 주장을 가지고

- 공정한 토론이 이루어지도록 약속한 규칙에 따라
- 중립적인 사회자의 진행에 맞추어 토론을 전개하고
- 판정을 통해 승패를 가리는 것.

이런 정도라면 어떨까? 아이들은 '뭐야! 너무 간단하잖아?' 하면서 웃을 것이다.

토론을 하자고 하면 처음에는 좋아하던 아이들도 몇 번 해 보고 나면 재미없어 한다. 늘 그만그만한 수준에서 큰 소득이랄 것도 없이 서로 의견만 주고받다가 적당한 시점에서 교과서와 선생님의 정리에 따라 결론을 내리는 것을 경험하고 나면 그만 시들해지는 것을 보아 왔던 나는 이 토론의 원칙과 규칙이 매우 분명하여 가르치기 위해 배우는 동안 우선 내가 즐거웠다. 그러니 아이들에게도 자연히 자신있게, 재미있게 설명하게 되었고 아이들은 눈을 빛내며 얼른 배우고 싶어 토론에 빨려 들어오는 것을 느끼게 되었다. 아이들이 배우고 싶어 눈을 빛내게 되는 공부! 이 정도면 토론 학습을 위한 동기 유발은 충분할 것이다.
　　그래도 이 주장의 6하 원칙을 상당히 어려워하는 아이들이 생긴다. 이때 조금 더 자세히 친절하게 설명해 주면 좋다.

1) 안건

'하나의 문제' 를 두고 찬성하는 생각과 반대하는 생각을 견주어 보는 토론에서 찬반 의견 대립이 선명한 '하나의 문제' 를 우리는 안건이라고 한다. 그렇다면 하나의 주제, 즉 안건은 어떤 내용이 될 수 있을까? 사람들은 과연 어떤 주제에 대해 서로 의견을 내면서 상대의 생각을 들어보고 싶어 할까? 아마도 대개는 매우 논쟁적인 주제일 가능성이 높다. 만약 확실한 정답이 있거나 절대적인 진리라고 받아들여지는 내용이라면 사람들이 굳이 토론할 필요를 느끼지 않을 테니까. 토론의 주제, 즉 안건이 될 수 있는 것은 집단의 구성원들 사이에 뜨거운 논란거리가 될 주제이거나 다양한 관점에서 살펴보고 가능하면 많은 사람들의 생각을 모아야 할 문제가 될 것이다.

처음 아이들과 토론을 하게 되면 아이들은 나름대로 자신들의 생활 가운데서 특별히 억울했거나 불편했던 문제, 고쳐졌으면 하는 문제들을 가지고 와서 토론해 보자고 한다. 교복, 체벌, 핸드폰, 머리 모양, 이성 교제, 학생들의 과소비 문제 등 생활 주변에서 느끼는 문제들이 주로 토론 안건으로 등장한다. 그러나 몇 번 하고 나면 자연스럽게 교과서 안에서 안건이 나오기도 하고 읽은 책 속에서 안건을 찾아내 오기도 하며 신문이나 뉴스에서 중요하게 다루어지고 있는 시사 문제가 안건으로 제기된다. 아주 자연스럽게 말이다.

나는 아이들이 생활 속에서 부딪치는 문제를 가지고 토론해 보자고 할 때가 참 즐겁고 힘나는 순간이었다는 생각이 든다. 아이들이 내 책상 주위로 몰려와서 눈을 빛내며 "우리, 토론해 봐요!"라고 말할 때의 아이들은 아무 생각 없이 "그냥 하던 대로 해요."라거나 "그냥 아무렇게나 해요."라고 말할 때의 아이들과는 정말 다르다.

아이들이 토론에 적극적으로 참여하지 않는다고 걱정하는 선생님들 말을 들으면 문득 떠오르는 생각이 있다. 학급이나 학교의 약속이나 정책 중 한 가지를 안건으로 제시해 토론해 보게 하고 거기서 나온 결과를 분석하고 의견을 반영하여 실제로 약속이나 정책을 바꾸어 보면 어떨까? 하는 것이다.

그럼 실제 토론의 안건은 어떻게 찾고 제시하는 것이 좋을까? 간단히 정리하면 안건은 현재 일어나고 있거나 주어진 상황을 변화시켜 보려는 의도가 있음을 보여 주면 된다. 사형 제도가 현재 시행되고 있다면 '사형 제도는 폐지해야 한다.' 라고 하면 된다. '급식은 남기지 않고 다 먹어야 한다.' 는 규칙이 있는 학급이라면 '급식은 남겨도 된다.' 라는 안건으로 하면 될 것이다.

2) 결론

결론이란 토론의 안건에 대해 찬성인지 반대인지 자신의 입장을 분명히 밝히는 것을 말한다. 우리는 흔히 주장의 결론을 의견의 끝 부분에 두고 앞에서부터 설명을 해 나가는 말하기에 익숙한데, 그렇게 되면 듣는 사람 입장에서는 논제에 온전히 몰입하기가 어렵다. 듣는 사람의 관심은 '주장하는 바가 무엇일까?' 즉, '결론이 무엇일까?'가 가장 중요한 관심사일 테니까 말이다. 그러므로 자신의 입장을 먼저 밝히며 하는 말하기는 상대방의 이해를 배려한 의견 제시 방법이라고 할 수 있을 것이다. 또 자신의 주장을 보다 힘 있게 제시하는 한 방법이기도 하다. 크게 어렵지 않으니 예를 들어 보면

"'사형제도는 폐지해야 한다.'라는 안건에 대해 저는 반대합니다."라거나, "'급식은 남겨도 된다."라는 안건에 대해 저는 찬성합니다.

이렇게 하면 될 것이다.

3) 이유

세 번째 원칙은 '이유 찾기'이다.

어떤 주장이 논리적이고 설득력 있는 주장이 되기 위해서는 반드시 타당하고 근거 있는 이유가 필요하다. 이유가 뒷받침되지 않는 주장은 주장이라기보다 문제 제기나 단순한 구호에 그칠 수 있다. "사형제도는 폐지해야 합니다!"라고 아무리 큰 소리로 외쳐도, 또 아무리 많은 사람이 모여 외쳐도 그것은 단지 외침일 뿐 듣는 사람이 고개를 끄덕이고 공감을 일으킬 수 있는 주장이라고 보기는 어려울 것이다.

사형 제도를 폐지해야 한다면 왜 폐지해야 하는지, 무엇이 문제인지, 어떻게 하면 되는지, 듣는 사람이 듣고 난 다음 생각이 바뀔 수 있을 정도로 설득력 있는 이유를 제시해야 한다. 어떤 주장이 설득력 있는 주장이 되는 데 가장 중요한 요소는 주장 밖에서 주장을 뒷받침하는 이 '이유'라고 할 수 있다. 옳은 이유가 있어야 결론도 옳은 것이 되기 때문이다. 토론의 본질은 '이유 찾기'에 있다고 할 만큼 중요하게 여긴다. 많은 이유들 중에서 가장 합리적이고 지혜로운 이유를 찾아 왜? 라는 물음을 끝까지 가지고 가는 것이 우리가 토론을 하는 이유이다.

4) 설명하기

네 번째 원칙은 '설명하기'이다.

결론을 뒷받침할 만한 이유를 제시하고 나면 반드시 그 이유를 설명하는 타당한 근거나 증거를 제시해야 한다. 여기서는 드물게 '반드시!'라는 전제가 붙는다는 것을 기억하면 좋겠다. 의무 조항이라고까지 한다. 설명 없이 단순히 이유만 제시하면 결론이 얼마나 합리적인 근거에 의해 뒷받침되고 있는지, 어떤 오류를 가지고 있는지, 듣는 사람들이 평가할 기회가 없어질 것이다. 또 충실한 설명은 듣는 사람들이 스스로 판단할 수 있도록 도우면서 설득력도 얻게 될 것이다.

설명하는 사람에게는 자기주장에 대해 스스로 생각할 수 있는 기회를 갖게 되어 객관화가 가능해지고 책임 있게 주장을 전개하는 법을 연습하는 기회도 될 것이다. 스스로 생각하고 자기주장을 합리적으로 옹호하는 능력은 설득에 있어 가장 기본이 되는 것이다.

설명하는 방법에는 여러 가지가 있는데 가장 많이 이용되는 것으로 설명하는 방법이 있다. 아이들이 토론을 처음 시작할 때 쉽게 많이 쓰는 방법이다. 자신의 경험이나 주변에서 경험한 것들, 책이나 기사, 자료에서 비슷한 경우를 찾아 예로 들고 그것을 자신의 결론과 이유를 연결하는 고리로 하여 일반화한다. 그러나 몇 번만 하고 나면 늘 그만그만한 이야기들이라 아이들이 토론 수업 자체에 흥미를 잃을 수도 있으니 적절히 앞으로 나아가도록 해 주어야 한다.

심사평을 할 때는 심사관이나 지도자가 이끌어 주면 좋다. 어떻게 이끌어 주면 좋을지 더 많이 알아보고 싶으면 앤서니 웨스턴의 『논증의 기술』(필맥)을 권하고 싶다. 그의 분류에 따르면 유비에 의한 논증, 권위에 근거한 논증, 원인에 의한 논증, 연역적 논증 등이 있는데 이런 예와 활용을 적절히 제시해 주면 좋을 것이다.

예를 들어 설명할 때 가장 중요한 것은 예로 든 것들이 사실에 근거해야 하고, 출처나 자료가 정확해야 한다는 것이며, 최소한 두세 가지 이상은 되어야 한다는 것이다. 물론 한 가지 만으로도 충분한 예가 될 수 있는 경우도 있지만 일반화하기가 쉽지 않기 때문이다. 가능하면 많은 예들을 찾아내는 것이 중요한데 정말 좋은 예, 설득력 있는 예를 찾으려면 폭넓게 조사하고 탐구해야 할 것이다. 책도 찾고 인터넷도 뒤지고 설문을 하는 등 다양한 방법들이 동원되는데 예들을 찾기 위해 조사하고 찾는 과정은 아이들에게는 자기 주도적인 학습 능력과 정보 활용 능력을 기를 수 있는 훌륭한 학습 방법이 된다. 이것이 '이유 찾기'에 이어 우리가 토론을 학습 방법으로 선택하는 또 하나의 이유가 되기도 한다.

5) 반론에 대한 고려

다섯 번째 원칙은 '반론에 대한 고려'이다.

자신의 주장을 준비할 때 우리는 어떻게 해야 설득력 있고 논리적인 주장을 준비할 수 있을까? 힘 있게 결론을 전제하고 타당한 이유를 대면서 확실한 논증까지 하면 매우 논리적이고 설득력 있는 주장이 될 수는 있을 것이다. 나와 같은 생각을 하고 있거나 비슷한 생각을 하는 사람에게는 충분히 공감이 가는 의견이 될 것이다. 그러나 만약 그러한 나의 주장을 나와 반대의 입장에서 생각하고 있는 사람이라면 과연 어떻게 받아들이게 될까? 오히려 반대 논리로 무장하도록 자극을 주게 되지는 않을까?

상대방이라면 어떤 이유로 찬성하거나 반대할까? 어떤 설명을 할 수 있을까? 이런 질문을 미리 생각해서 내 논증과 견주어 볼 수 있다면 내 주장은 달라질 수 있지 않을까? '반대의 입장에서 나의 논증을 스스로 검증해 보는 것' 이것을 '반론에 대한 고려'라고 한다.

반대의 입장에서 나의 주장을 저울질해 본다면 보다 객관적이고 분명한 결론에 도달할 수 있고 설득력도 더해질 수 있을 것이다. 만일 반론을 놓고 서로 타당성을 저울질했는데 반론의 논리가 더욱 타당하다는 결론이 나온다면 그때는 그 반론을 수용하거나 자기주장을 다시 고려해 본 후 더 좋은 이유를 찾아야 할 것이다. 양쪽이 엇비슷하거나 자신의 주장이 낮다는 판단이 선다면 거기에 보다 창조적인 논증을 더해 확실한 설득력을 획득할 수 있을 것이다.

이런 생각의 과정이 찬성과 반대 양쪽에서 미리 이루어진다면 실제 토론에서는 과격한 논쟁이나 말싸움 같은 소모적인 일은 없을 것이다. 생활 속에서 어떤 일을 정할 때도 합리적이고 지혜로운 의사 결정을 하려고 한다면 반대의 입장에서 나의 결정을 바라볼 필요가 있을 것이다. 이렇게 냉정하고 객관적으로 견주어 보고 난 뒤 내린 결정이라면 실패를 줄이는 데도 도움이 되지 않을까? 우리 아이들이 어떤 일을 결정할 때 이 단계까지 고려하고 결정할 수 있게 할 수만 있다면 얼마나 좋을까? 그러나 여기까지 생각하게 하는 일은 정말 어렵고 힘든 일이다.

6) 예외 부분 고려하기

끝으로 여섯 번째 원칙인 '예외 부분 고려하기'이다.

우리가 토론에서 다룰 수 있는 모든 안건에 대해 어떤 결론을 내리든 거기에는 어느 정도 예외가 포함되어 있다. 여기서 예외 부분 고려하기란 '찬성과 반대 모두를 포함하고 있거나 현실적으로 양쪽 모두를 어느 정도 만족시키는 또 다른 의견들이 있는지 찾아보고, 있다면 그 중 최선의 선택은 무엇인가에 대한 고려'라고 할 수 있다. 나는 이 부분에서 특히 아이들에게 대안을 생각해 보라고 하였다. 우리 모두가 만족할 만한 이상적인 의견이 있는지, 있다면 어떤 내용이 될지, 그것이 현실적으로는 불가능한 대안이라 할지라도 상상력을 발휘하여 가장 이상적인 상태를 그려 보라는 주문을 많이 하였다. 그러면 토론이 갑자기 재미있어지고 부드러워지기도 한다.

이 6가지 원칙은 단지 기준일 뿐이므로 언제나 이 원칙의 순서에 맞추어 생각을 해야 하는 것은 아니다. 4, 5가지 원칙으로도 충분히 주장을 전개할 수 있지만 원칙이므로 연습해 두면 필요에 따라 응용할 수 있을 것이다.

이제 각자의 입장에서 이렇게 넓고 깊게 생각하여 정리한 주장을 가지고 규칙과 절차를 지켜 하는 축구 경기처럼 재미있는 토론을 전개해 보면 될 것이다.

이제, 학급에서 우리 반 아이들과 실제 토론 수업을 진행하는 데 필요한 여러 가지 사항을 차례대로 정리해 볼 것이다. 그 전에,

지난 여름은 폭염주의보가 연일 발효되는 가운데 한나라당의 대선 후보 토론회가 신문과 방송을 꽉 메웠다. 한편에서는 영화 〈디 워〉를 둘러싼 논쟁이 뜨거웠고, 또 한편에서는 가짜 학력 위조 사건으로 개인의 도덕성 문제와 학벌주의 사회를 질타하는 논박이 달아올랐다.

그 중에서 영화 개봉과 동시에 뜨거운 논쟁을 불러온 〈디 워〉는 영화에 대한 관심을 넘어 평론가 대 관객이라는 대결 구도가 되어 문화와 권력에 대한 논쟁으로 점점 확대되었다. 밤늦은 시간까지 진행된 텔레비전 토론 프로그램을 끝까지 지켜 본 시청자가 많았는데, 토론 프로그램으로는 드문 시청률을 기록했다고 한다. 처음에는 토론자들 사이에서 제법 점잖게 오고 가던 말들이 시간이 지남에 따라 거칠어지면서 시민 논객들이 질문하고 평론가들이 답하는 순서에 가서는 내일 일이 걱정될 정도였다.

논점은 "영화는 너무나 형편없어서 평론할 가치도 없는데 관객들의 연민지심과 천박한 애국심을 자극하는 마케팅 전략으로 승부하려 했다."는 평론가들의 지적과 "영화는 재미있다. 감독이 불쌍하다고 800만 명이 영화를 보러 가지는 않는다. 게다가 애국심을 무조건 천박하게 보는 관점으로 영화의 성과를 일방적으로 폄하해서는 곤란하다."는 관객들의 주장이 충돌하는 지점에 있었다.

주장은 입장에 따라 다를 수 있지만 주장이 오고 가는 그 방식은 조금 걱정스러웠다. 관객들, 그중에서도 팬들은 영화에 대한 비판을 자신에 대한 공격으로 받아들였다. 영화를 비판하는 평론가들에게는 사이버 테러에 가까운 공격을 가했다고 한다. 평론가들은 대중들의 반응을 인정하거나 이해하려고 하는 것이 아니라 자신들의 영화 해석 기준과 미학적 관점으로 칼을 들이대어 가차 없이 비판함으로써 평론가와 네티즌들 사이에 감정 싸움으로 발전하였다.

아이들과 수업을 하면서도 이 문제는 우리가 가장 먼저 부딪치는 부분이 아닐까 생각한다. 교실에서 찬반으로 나누어 토론 수업을 할 때도 말이 서너 번만 오가면 소리가 커지고 말이 딱딱해지면서 말이 말을 물고 나와 토론 주제는 뒷전으로 물러나고 말 때가 있다. 상대에게 하는 질문은 마치 심문하거나 따지는 것처럼 들리고, 질문을 받는 사람은 대뜸 공격으로 받아 들여 더 센 공격으로 날카로운 반응을 보이게 되는 것이다.

왜 그럴까? 그것은 아마 우리 모두 아직 토론을 할 준비가 되어 있지 않아서 그런 게 아닐까 생각해 본다. 토론을 하는데도 무슨 단체복을 입거나 장비를 갖추는 것처럼 준비가 필요한 것일까? 토론할 준비가 되어 있는 사람과 그렇지 않은 사람은 뭔가 다른 점이 있는 것일까?

토론을 하기 전에, 또 토론 수업을 하기 전에 우리가 자신과 아이들에게 먼저 강조해 두어야 할 것은 바로 이 점이다. '토론은 토론할 준비가 되어 있는 상대와 해야 한다는 것!' 토론은 상대를 두고 자신의 주장을 전개해 나가는 것이므로 내가 하는 주장이든 상대가 하는 주장이든 무조건 받아들이거나 무조건 반대하기 전에 왜 그렇게 되는지 근거를 물어야 하고 또 다른 입장에 서 있는 상대의 견해와 견주어 보아야 하며, 자신의 생각이 틀릴 수도 있다는 가정에 언제나 마음을 열어 두고 있어야 한다는 것이다. 토론 과정에서 만약 자신의 생각이 틀렸다고 판단되거나 상대방의 주장보다 논리가 부족하다고 느껴지면 기꺼이 자신의 생각을 바꿀 준비가 되어 있어야 한다는 것이다. 이것을 서울대 이병민 교수는 '타인에게 설득당할 자세를 갖추는 것'이라고 설명하다. 나는 이것을 다른 말로 '토론할 준비가 된 사람'이라고 말하고 싶다. 토론을 지켜보는 사람들도 마찬가지로 찬성과 반대 입장을 분명히 하고는 있지만 그래도 일단 양쪽의 주장을 다 들어 보고 나서 판단하겠다는 열린 마음과 자세가 필요하다는 의미이다.

만약 상대가 무슨 말을 하더라도 귀를 닫아 버리고 자신이 가진 기존의 생각을 돌아보거나 바꿀 의사가 없는 사람이라면 아무리 설득력 있는 사람이라도 어찌하지 못할 것이다. 그럴 때 토론은 이미 의미가 없어지고 말 것이다. 그러므로 무엇보다 먼저 토론하기 전에 이 문제에 대한 공감대가 형성되어 있어야 한다. 〈디 워〉를 둘러싼 논쟁을 보며 안타까운 점도 바로 여기에 있다. 먼저 '상대의 존재를 인정하고 그 입장이 되어 보기'가 가능해야 하는데 그것이 말처럼 쉽지는 않다. 게다가 생각하기 싫어하는 아이들에게 여기까지 생각하고 배려하도록 지도하는 것 또한 만만치 않은 일이다.

토론에 대한 강의를 하다 보면 아이가 외국에서 학교에 다녔거나 공부를 하다가 온 학부모들이 특히 눈을 반짝이며 이야기를 해 오곤 한다. 아이들이 학교에서 친구들과 대화할 때나 수업 시간에 어떤 문제에 대해 왜 그렇게 되는 것인지, 어떤 근거에서 그런 답이 나오게 되는 것인지, 이것저것 질문을 자꾸 해서 '귀찮은 아이', '따지는 아이'로 취급받거나 왕따를 당해서 걱정이라는 것이다.

질문이나 다른 생각이 허용되지 않는 빡빡한 수업, 교과서 진도를 걱정하며 앞으로 앞으로만 나아가는 수업에서 우리 아이들은 더 이상 왜 그렇게 되느냐고 질문하거나, 합리적인 근거가 뒷받침되는 결론이었는지를 따져 보는 생각은 하지 않게 된다. 이러한 사고 습관은 자신이 하는 생각이나 주장에도 마찬가지가 될 수 있을 것이다. 자신이 가지고 있는 주장이나 생각이 과연 합리적인 근거를 가지고 있는 것인지, 어떤 이유로 그런 결론에 도달하게 되었는지, 자신을 향해 진지하게 거듭 묻거나 탐구하지 않는다는 것이다.

♥ 알고 하면 더 재미있는 토론, 토론의 기본

우리가 토론을 학습 방법으로 선택하는 목적은 이런 토론법을 통해서 일관성 있게 이유를 제시하고 논증하고 반박하고 자신의 주장을 설득시키는 연습을 통해서 참가자들의 생각하는 힘을 기르려고 하는 데 있다. 특히 토론을 처음 시작할 때 아이들에게 이 부분을 충분히 설명하면 아이들은 토론 공부의 목적을 제대로 이해하게 되고 도덕적인 가치 판단과 결부시켜 억지 주장을 펴지는 않을 것이며 판정 결과나 승부에도 지나치게 집착하지 않는 현명함을 보여 줄 것이다.

우리가 어떤 문제에 대해 자신의 생각을 3단계에서 나아가 6단계까지 정리하는 공부를 자꾸 하게 되면 우선 양적으로만 보아도 생각을 많이 하는 아이들이 될 것이다. 게다가 상대의 입장에서 생각해 보는 경험, 자신을 냉정히 객관화시켜 보는 경험은 그것 자체만으로도 상당히 합리적이고 균형 잡힌 생각을 할 수 있게 할 것이다. 단, 제대로 잘 하기만 한다면 말이다. 그러나 혼자서 생각으로만 하는 공부는 한계가 있으며 특히 아이들은 지루해서 금방 싫증을 낸다. 그런데 그렇게 정리한 생각을 가지고 또 다른 관점에서 나름대로의 생각을 정리한 사람과 만나 토론을 하게 된다면, 게다가 그러한 토론을 게임처럼 규칙을 정하고 승패를 결정하는 경기로 진행하여 즐길 수 있도록 한다면 어떨까?

● 토론 안건 제시

처음 수업에 토론을 적용해 보려는 선생님들은 안건을 어떻게 정해야 하는지 걱정을 많이 한다. 찬성과 반대의 입장이 분명하여 입장에 따라 생각이 달라질 수 있는 문제라면 대개의 경우 안건이 될 수 있으므로 쉬운 것부터 적용해 보면 좋다. 가장 쉬운 방법은 도덕, 국어, 사회 교과서에 나오는 토론 주제가 좋을 것이다. 그리고 아이들 사이에서 현재 관심의 초점이 되고 있는 문제나 시사적인 문제도 가능할 것이다. 안건을 서술할 때는 현재 일반화된 내용을 변화시켜 보려는 의지가 담긴 쪽으로 하면 된다.

● 찬성·반대 팀 나누기

처음에는 희망하는 데 따라 찬성/반대 팀에 서서 토론 준비를 하고, 토론이 거듭되면 찬 반 양쪽 주장을 다 준비해 와서 토론이 시작되기 1~2시간 전쯤 제비뽑기를 통해 정하기도 한다. 제비뽑기를 할 때 제비를 뽑은 팀은 무조건 찬성 쪽에 서게 하는 것이 토론의 규칙이라고 한다.

● 토론 역할 분담

- 사회자 : 1~2명(두 명일 경우에는 한 명은 토론 진행자가 되고, 한 명은 기록과 게시원 역할을 하게 한다.)
- 심사관 : 지도자나 담임 선생님

- 토론자와 질문자
- 부심사관 : 토론을 지켜보는 나머지 아이들과 방청객

부심사관의 심사 결과는 심사에 반영하지 않지만 토론을 경청하게 하고 심사 기준에 맞추어 토론을 평가하면서 다른 많은 것을 배울 기회를 갖게 될 것이다. 이때 역할 분담은 아이들의 희망을 존중하고 바람직한 토론 학습을 위해 협동과 양보를 먼저 생각해야 하는 것도 강조해 두면 좋다.

● 토론 장소와 좌석 배치

– 토론 장소

별도의 토론실이 마련되어 있으면 토론에 적합한 좌석을 배치 할 수 있어 매우 편리하다. 영상 장치가 준비되면 논제의 제시 등을 시각적으로 보여 줄 수 있어 효과가 크며, 교실에서 토론을 진행할 경우는 토론 모형에 따라 적절하게 좌석을 배치하여야 효과적으로 토론을 할 수 있다.

– 찬·반 토론의 좌석 배치

찬성측과 반대측의 토론자가 정면으로 마주보지 않도록 대각 또는 정면을 향하도록 배치하여 토론자들이 상대방이 아니라 논제에 대한 토론을 할 수 있도록 한다. 판정인과 계시원은 사회자와 토론자들을 잘 볼 수 있는 곳으로 반대쪽, 즉 청중의 뒤편에 정하면 된다.

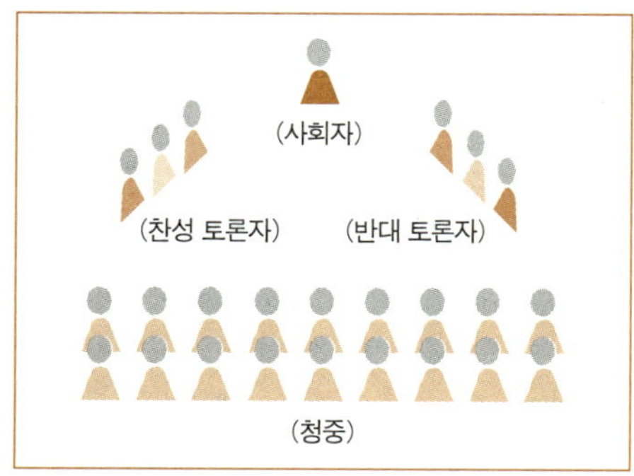

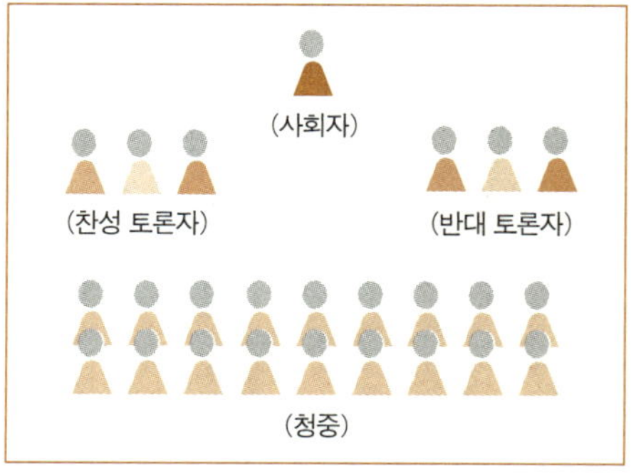

214

● **토론의 실제**

먼저 지도자나 교사가 수업 준비 상태나 안건 제시의 배경 설명을 덧붙이며 토론 수업을 시작하여 토론을 진행할 사회자를 소개하는 것으로 본격적인 토론이 진행되도록 한다.

－진행 순서

세계학교토론대회(WSDC, World Schools Debating Championships)의 토론 진행 방식을 소개한다.
1. 찬성측 첫 번째 토론자 발언
2. 반대측 첫 번째 토론자 발언
3. 찬성측 두 번째 토론자 발언
4. 반대측 두 번째 토론자 발언
5. 찬성측 세 번째 토론자 발언
6. 반대측 세 번째 토론자 발언
7. 반대측 최종 발언
8. 찬성측 최종 발언

최종 변론은 각 팀의 첫 번째 혹은 두 번째 토론자 중 한 명이 하게 되며 시간은 절반으로 한다. 필요하다면 새로운 한 명의 토론자가 이 부분을 맡게 하여 4 대 4 토론을 할 수도 있다.

● **작전 시간의 활용**

찬성과 반대의 양측에서 차례대로 주장, 질의응답 등으로 한 차례씩 서로 공방을 주고받고 나면 약 2, 3분간의 작전 시간 겸 휴식 시간을 갖는다. 이 시간은 진행된 토론에 대해 정리하고 어떤 질문과 대답을 할 것인지를 의논하는 시간이다. 이 시간에 그때마다 전체의 흐름 속에서 우선적으로 반론을 제기해야 할 것과 보충하는 주장, 그리고 생략해야 할 것이 무엇인지 의논한다.

- 가능하면 다소 엄격한 절차에 따라 군더더기 없이 진행하는 것이 좋다.
- 엄격한 규칙을 잘 설명하고 참여하는 모두가 잘 지키도록 강조한다.

  (시간, 예의 지키기, 준비 상태 확인하기, 자신의 역할에 충실하기)
- 특히 사회자는 어느 팀에도 치우치지 않도록 토론의 중심을 잡아 주어야

  하며, 가능하면 사회자 진행 원고를 준비하면 좋다.
- 심사관은 토론에 영향을 줄 수 있는 어떤 행동도 해서는 곤란하다. 가능하

  면 표정도 바뀌지 않도록 냉정을 유지하는 것이 좋다.
- 수업 마무리는 담임 선생님이나 지도자가 반드시 정리하는 것이 좋다.

이제 토론을 하기 위한 준비는 모두 끝났다. 내용도 준비되었고 규칙과 절차도 알았는데, 이러한 내용은 토론에 참여하는 사람들이 꼭 알고 있어야 하는 것이므로 효과적으로 지도해야 할 것이다.

준비 되었어요. 우리도 토론해요!

이제부터 토론을 수업의 흐름에 맞추어 진행하는 순서대로 정리해 보겠다. 토론을 할 때는 보통 안건을 제시하는 것으로 토론을 시작하게 된다. 이때 가능하면 아이들이 안건을 스스로 찾아낼 수 있도록 간단한 읽을거리를 준비하면 좋다.

〈안건 제시를 위한 예문〉

혜진이에게 한 가지 고민이 생겼습니다. 꼭 속이려고 했던 것은 아니었지만 결과적으로 선생님과 친구들에게 거짓말을 한 것이 되어 버렸기 때문입니다.

지난 토요일 담임 선생님께서는 주말 동안 '착한 일 한 가지 하고 오기'라는 숙제를 내셨습니다. 선생님은 가끔 이런 숙제를 내셔서 우리들이 기분 좋게 용돈도 받게 해 주시고, 또 모아서 보고 싶던 책을 사게끔 해 주셨습니다.

그런데 선생님께서 이번에 '착한 일하기 숙제'를 내신 것은 좀 다른 뜻이 있었습니다. 이웃 학교의 3학년인 이현수라는 학생이 백혈병을 앓고 있는데 오랜 투병으로 생활도 어려워지고 또 이번에 큰 수술을 하게 되어 우리 동네의 모든 학교 아이들이 다 돕기로 하였기 때문입니다. 물론 그냥 모금을 할 수도 있지만 착한 일을 한 가지 이상씩 하고 부모님으로부터 상으로 받은 돈을 내는 것은 더 큰 의미가 있겠다고 하시며 꼭 하고 받아 오라고 하셨는데 하필이면 주말 동안 혜진이가 다니는 학원에서 단체로 시험을 치러 가는 바람에 기회를 놓쳐 버렸습니다. 하지만 혜진이는 현수를 돕는 일에 꼭 참여하고 싶었습니다.

현수는 같은 아파트의 옆 동에 사는 아이이기도 하고 또 전부터 알던 아이였기 때문입니다. 그러나 딱히 착한 일을 할 거리도 없고 억지로 하자니 그렇고 시간도 없어서 어떻게 할까 하고 고민을 하다가 어머니께 말씀드려 그냥 받아가기로 하였습니다. 사실대로 말씀드렸더니 어머니께서는 크게 걱정하시며 보통 때보다 훨씬 많은 돈을 주셨습니다.

그런데 혜진이는 모금함에 돈을 내며 아무 말도 하지 않았습니다. 선생님께서는 특별히 숙제를 하고 받은 돈이었는지 묻지 않으셨고 또 누가 얼마를 냈는지 따로 기록을 하지도 않았으며 아이들도 크게 신경 쓰지 않았기 때문에 그냥 내고 자리에 앉았습니다. 하지만 혜진이의 마음은 무거웠습니다. 선생님과의 약속을 지키지 못했고 또 그 사실을 선생님과 아이들에게 알리지 않았다는 것을 자신만은 알고 있었기 때문이겠지요. 혜진이는 자신이 정말 비겁하고 나쁜 아이라는 생각이 들었습니다.

이런 글을 읽고 토론을 해보자고 하면 어떨까요?

"혜진이의 자책은 지나친 것일까요?"
아이들에게 묻습니다.
"이런 경우에 실제로 우리는 어떻게 행동해 왔나요?"

다양한 의견들이 나올 수 있을 것입니다. 자연스럽게 '혜진이의 행동은 비겁하고 나쁜 행동이다' 라는 안건을 찾아낼 수 있으면 좋다. 이때 "정말 그럴까요?" 라고 물어서 과연 그러한지 다시 한 번 생각해 보게 하면 아이들 입에서 "토론해 봐요!" 라는 말이 저절로 나오게 될 것이다. 6학년 정도의 아이들도 쉽게 찾아내고 토론해 보자고 했으니 조금만 이야기를 나누면 누구나 찾아낼 수 있을 것이다.

〈찬성 · 반대 팀 나누고 토론 준비하기〉

안건을 정하면 찬성과 반대로 자신의 입장을 정해야 한다. 이 안건에 대해 그렇다고 생각하는 사람은 찬성을, 그렇지 않다고 생각하는 사람은 반대 입장을 선택한다.

- **사회자** : 미리 정해 두어도 좋고 그 자리에서 희망을 받아 정해도 좋다. 2명이라면 사회자와 게시원으로 역할을 나누어도 좋다. 정해진 위치에 가서 앉는다.
- **심사관** : 담임 선생님이나 심사관으로 위촉된 사람
- **토론자와 질문자** : 미리 준비한 원고가 있어야 한다. 정규팀 토론을 할 경우에는 토론자와 질문자의 역할을 미리 정하고 준비해야 하며 좌석도 발언 순서에 따라 앉아야 한다. 사회자로부터 가장 가까운 곳에서 1번, 2번, 3번 순서가 된다.

- 토론 대회 개회 선언 토론 팀 소개. (찬/반) (사회자)
- 부심사관의 역할과 심사관의 판정 기준 발표. (판정인)
- 사회자가 시간안내를 보다 자세히 함.
- 정해진 순서에 따라 발표, 작전 시간 갖기.

  (초등 아침독서신문 2006년 11월호 참조)

  - 최종 주장 듣기.
  - 본심사관으로부터 판정결과 듣기.(이때 부심사관들도 심사표를 준비하여 각자 심
    사해 보기)

이렇게 나온 발언을 듣고 어느 팀이 토론을 더 잘 했는지 심사하여 판정을
한다. 그 기준은 다음과 같은데 같이 한번 생각해 보자.

〈토론자〉

  - 주장에 대한 이유가 타당하였나?

  - 설명이 충분하였나?

  - 반론에 대한 고려가 효과적이었나?

  - 질문에 대하여 충분한 준비로 적합한 답변을 하였는가?

  - 주장을 얼마나 효과적으로 표현하였나?(토론에 임하는 태도, 말의 빠르기, 목소
    리의 크기, 설득력 있는 몸짓, 손짓, 상대를 보며 말하는가?, 성실한가?)

  - 자신의 역할을 잘 알고 효과적으로 토론에 참여하였는가?

  - 팀 협동이 잘 되었는가?

토론 학습의 마무리는 어떻게 할까?

학습 방법의 한 갈래로써 교육을 목적으로 하는 토론에서 찬성과 반대 결정은 원칙적으로 자신의 개인 생각과는 일치하지 않을 수도 있다. 그러므로 모든 발언은 자신의 생각과 근거 있는 정보를 중심으로 하되, 거짓이나 상대에 대한 인신공격은 하지 않아야 하며 내용은 현실 문제 해결을 위한 것이 아니라 원칙적으로 토론을 위한 토론을 전제로 해야 한다. 이쯤에서 우리는 다시 한 번 이 토론 학습의 궁극적인 목적을 짚어 보아야 한다. 아이들에게 깊고 넓게, 다양하게 생각하는 경험을 하게 함으로써 '생각하는 힘을 기르는'데 있었음을 상기하는 것이 좋다.

토론의 승패는 토론 내용의 옳고 그름이나 안건에 대한 개인의 견해와 일치하는지의 여부와는 관계가 없어야 한다. 오히려 개인의 신념과 철학에 반하는 주장을 펼쳐 보는 기회를 가짐으로써 자신을 객관화하는 귀중한 경험을 하게 된다. 그러나 사실 이 부분에서 많은 이들이 혼란스러워 하는 것 같아 충분히 이해시키지 못해 안타까운 적이 많았다.

토론 승패의 결정은 결론의 이유가 얼마나 타당하며 설명이 충분한가에 따라 결정된다. 따라서 안건에 대한 토론의 결과가 실제 아이들의 가치관 형성 지도와는 다를 수도 있으므로 그런 경우에는 그 차이를 분명히 밝혀서 학생들이 혼란을 겪지 않도록 해야 한다. 즉 토론에 이겼다고 해서 그 주장이 옳다는 의미는 아니며 토론에 졌으므로 틀린 논리는 아니고 단지 입장에 따라 다를 수 있는 것임을 분명히 해야 할 것이다. 나도 처음에는 이것을 어떻게 이해시킬까 고민했었는데 의외로 아이들은 아주 쉽게 수긍했다.

몇 번의 토론을 경험하고 나면 정리 단계에서 내가

"토론에 이겼다고 해서 그 팀의 의견이 옳은 의견이라고 할 수 있을까요?"

하고 물으면 아이들은 웃는다. 그런 말도 되지 않는 질문 왜 자꾸 하냐면서.

〈글로 정리하기〉

사회자나 발언자, 질문자로 토론에 참여한 사람, 부심사관으로 참가한 사람도 토론이 끝나면 모두 그 안건에 대해 6하 원칙을 생각하며 글을 쓰게 하면 좋다. 토론에 참여할 때는 찬성이든 반대든 정해진 자신의 입장에 따라 주장을 펴야 하지만 토론이 끝난 뒤 논술할 때는 이제 자신의 신념과 철학에 따라 새롭게 자신이 선택한 입장에 서서 글로 표현하게 한다. 논술문을 써 보는 것은 바로 이렇게 토론의 결과를 정리할 때 제대로 된 연습이 되지 않을까? 왜냐하면 토론을 통해 나와 생각이 다른 사람들의 다양한 주장을 이해하게 되고 또 그 주장을 뒷받침하는 새로운 근거들은 어떤 것이 있는지를 충분히 경험할 수 있기 때문이다. 뿐만 아니라 상대방의 의견을 들으며 자신의 생각을 반성해 볼 수도 있다. 이런 경험 없이 주어진 지문을 읽고 자신의 생각을 정리하여 논술한다는 것은 자칫 일반적인 주장의 나열이나 자신의 입장에서 자신만의 신념을 펼치게 될 가능성이 높아지지 않을까?

그래서 나는 우리 아이들이 즐겨 독서하는 가운데서 때로 생각을 키우는 토론을 해 보고 토론 뒤에는 글을 써 보게 하는 논술 공부를 함께 하면 어떨까 생각해 보는 것이다.

여희숙 _ 진주교육대학을 졸업하고 마산, 하동, 광양, 포항 등지에서 22년 동안 아이들과 함께 보냈다. 독서 지도라는 말조차 없던 20년 전부터 책을 통해 아이들과 행복하게 만나 왔다. 학교를 그만 둔 지금은 전국 각지에서 독서와 토론 교육 전문가로 강의를 하며 더 많은 교사와 학부모, 학생들과 책을 매개로 만나고 있다. 현재는 '도서관의 친구들' 대표, (사)행복한아침독서 추진위원, 책읽는사회문화재단 교육위원으로 활동하며 책 읽는 문화를 만드는 데 앞장서고 있다. 지은 책으로는 『책 읽는 교실』과 『토론하는 교실』이 있다.

그림책을 읽자, 아이들을 읽자

최은희

자기 자신을 찾으려 애쓰고 스스로 길을 찾아가세요.

아이들을 알려고 하기 전에
자기 자신을 알려고 애쓰세요.

아이들의 권리와 책임을 논하기 전에 당신의 능력이
어느 정도인지 먼저 깨달아야 합니다.

무엇보다 중요한 것은 당신도 한때 어린아이였음을
깨닫는 것입니다.

아이들을 기르고 가르치려면 무엇보다도 먼저 아이를
이해해야 합니다.

　　　　－『야누슈 코르착의 아이들』(양철북) 중에서

그림책으로 하는 수업 사례 들여다보기

1. 그림책(picture book)이란?

(1) 일반적인 정의

그림책이란 글과 그림이 함께 제시되며, 그림이 적어도 펼친 면에 한 개씩 실려 있는, 어린이를 대상으로 한 도서이다. '그림 이야기책', '이야기 그림책', '이야기책', '그림 동화책'도 글과 그림이 함께 실린 어린이용 도서라는 의미로 사용되고 있다.

(2) 그림책에 대한 여러 가지 정의

① **유리 슐레비츠** : 이야기책(story book)과 그림책(picture book)을 비교

- 이야기책(story book) – 단어(낱말)로 이야기를 말하는 책이다. 비록 그림이 글을 부연하지만 글 없이는 이야기를 이해하지 못한다. 낱말 자체가 이미지를 포함하므로 그림은 보조 구실만 하기 때문이다.

  ☞ 그림을 보지 않고 글만 읽어도 의미를 이해하는 데 어려움이 없는 책

  예 『메아리』 이주홍 글, 김동성 그림, 길벗어린이

- 그림책(picture book) – 이야기를 주로 또는 전적으로 그림으로 말한다. 글은 오직 그림이 보여 주지 못하는 것만을 보여 준다. 그림을 보여 주지 않고 이야기만을 들려주면 이야기의 의미를 이해하기 어렵다. 그림책에서 그림은 낱말을 확장하고, 명료화하고, 상호 보완하며 낱말의 자리를 지킨다. 즉 낱말과 그림이 둘 다 의미를 형성하며 '읽혀지는' 것이다.

  ☞ 그림이 이야기의 의미와 흐름을 이끌어 가기 때문에 그림을 보지 않으면 이야기의 의미를 이해하지 못하는 책

  예 『로지의 산책』 팻 허친스 글 · 그림, 한국몬테소리

② **마쓰모토 다케시** : 그림책은 여러 그림들이 연속적으로 조합됨으로써 그림이라는 공간에 시간적인 흐름이 도입된 것으로, 그 속에 그림과 언어가

유기적으로 결합하고 있다.

③ **마쓰이 다다시** : 그림책은 언어와 문자로 표현되거나 그림만으로 이야기가 표현된 것이다. 이때의 그림은 언어의 세계이며 문자로 표현된 언어와 그림으로 표현된 언어가 서로 보완하고 대립하며 독특한 '언어 세계'를 만들어 낸다.

④ **헉 외** : 글과 그림이라는 두 개의 매체를 통하여 이야기의 의미를 반영하고 등장 인물의 행동과 표현을 보여 주면서, 혹은 설정된 장치들을 변화시키면서 이야기의 전개와 암시의 발달을 돕는 책이다.

⑤ **네르니쉬** : 글과 그림이 불가분의 관계에 놓인 하나의 단위로서 작용한다. 즉 글과 그림이 각각의 정체성과 독자성을 유지하는 가운데 글과 그림 사이의 대화가 필수적이며 분리될 수 없다며 결국 그림책을 '아이코노텍스트(iconotext)'의 하나로 보고 있다. '아이코노텍스트(iconotext)'란 기호학적인 분석에서 나타내는 것으로, 겉으로는 글과 그림의 합성처럼 보이지만 실제로는 글로도 그림으로도 보기 어려운 '제3의 텍스트'라고 정의한다.

☞ 글과 그림이 대화를 하는 매체가 그림책이다.

⑥ **현은자 외 『그림책의 그림 읽기』**

● **그림 이야기책** : 글의 비중이 훨씬 높으며 그림이 글의 내용을 보조하는 구실을 한다.

● **그림책** : 그림 없이 글로만 존재할 수 없는 책으로, 그림이 없다면 이야기의 의미가 불분명해지는 책이다. 즉 그림책의 그림은 글에는 담겨 있지 않은 추가 정보가 있으며, 글과 그림의 상호 작용으로 전체적인 의미가 생성된다.

🔴 『지각대장 존』 존 버닝햄 글·그림, 비룡소 / 『돼지책』 앤서니 브라운 글·그림, 웅진 / 『오스카만 야단 맞아』 토니 로스 글·그림, 베틀북

(3) 그림책의 특성에 대한 정의

① **러셀** : '글과 그림의 행복한 결혼'

② **노들먼** : 문학과 미술이라는 서로 다른 예술 형식이 독특하게 결합한 형태이다. 그림책의 '그림 읽기'에서 그림이 묘사하려는 상황을 이해하려고 노력하는 것은 항상 그것에 언어를 부과하는 행위이다. 그것은 우연히 이루어지는 것이 아니므로 우리는 그것을 '시각 언어'(visual literacy), 그림의 '문법'(grammer), 그림 '읽기'(reading)라고 부른다.

③ **바버러 쿠니** : 진주 목걸이이다. 진주는 그림을 목걸이는 글을 비유한다. 줄은 그 자체로서의 아름다움이 대상은 아니지만 목걸이는 줄 없이는 존재할 수 없다.

☞ 글이 분명히 아름다워야 하고 그 자체로 기쁨을 주어야 하지만 그림과 글의 상호 의존성을 통해 그림책이 존재한다.

④ **정병규** : 그림책의 글과 그림의 관계는 '화학적'이다. 글과 그림이 종속 관계를 넘어 서로 독립성을 가지면서 글과 그림이 단독으로 표현되는 층위를 넘어 화학적인 새로운 공간, 그림책의 공간을 형성한다. 그림책의 진정한 감동은 바로 그림책 특유의 공간에서 발생하는 화학적 반응의 결과이다.

⑤ **키퍼** : 그림책은 독특한 예술작품이며 글과 그림의 결합은 부분의 합보다 많은 것을 독자에게 전달한다.

⑥ **니콜라예바** : 예술 형태로서 그림책의 고유한 성격은 시각과 언어라는 두 가지 수준의 의사소통의 결합에 기초하고 있다.

(4) 그림책의 작가와 독자

① **작가** : 발신자인 작가는 대부분 성인이며 수신자인 어린이 독자가 서로 다른 사회에 속해 있다. 성인 작가와 어린이 독자는 자기 나름의 경험과 지식과 기대를 가지고 있다. 아주 드문 경우 어린이가 발신자인 경우도 있다.

② **독자** : 하나는 '어린이'를 향하고 다른 하나는 '어른'을 향하는 '이중 수

신' 또는 '이중 독자'를 겨냥하고 있다. 따라서 그림책은 어떤 면에서는 성인문학보다 훨씬 더 복잡한 코드를 가지고 있음을 의미하며 따라서 새로운 접근법으로 그림책을 바라보아야 한다.(니콜라예바)

어린이와 성인이 즐길 수 있는 그림책은 둘 사이의 협력 관계를 형성할 수 있는 고유한 기회를 제공한다. 왜냐하면 그림책은 의사소통 관점에서 성인과 어린이에게 글보다 평등한 자격을 주기 때문이다. 그림책은 낱말, 이미지, 그리고 그 둘의 결합을 통해서 의사소통을 할 수 있도록 창작된다. 글을 해독하는 관습으로부터의 자유는 어린이의 천진난만함이 그림책 읽기에 도움이 되며, 어린이가 그림책 읽기에서 성인의 진정한 파트너가 될 수 있도록 한다. 어린이는 시각적으로 자세한 것을 인식하고 찾아내는 능력이 성인보다 훨씬 앞선다. 이러한 텍스트는 어린이 문학과 구별되는 그림책의 시각 매체로서의 특성이기도 하다.

성인 독자를 겨냥한 그림책은(『돼지책』 앤서니 브라운 글·그림, 웅진) 사회적 이슈를 담고 있는 경향이 있으며, 독자의 반성적 사고력과 정서적인 성숙을 필요로 한다.

2. 그림책 접근 방식(니콜라예바와 스콧 『그림책은 어떻게 작용하는가』)

(1) 교수-학습 매체의 수단 : 유아의 사회화와 언어 습득을 도와주는 점에 초점을 맞춘다.(유아에게 효과적인 학습 매체가 될 수 있는 것은 쉽고 익숙한 어휘, 반복되는 낱말과 구문, 리듬을 활용하기 때문이다.)

(2) 어린이 문학 : 어린이용 픽션 안에서 두면서 문학적인 요소를 강조(그림책을 어린이 문학의 하위 갈래로 구분함 – 국내에서 '그림 동화〈서사적 요소를 중점에 둠〉'라고 일컫는 배경 – 그림책의 문학적 특성을 관심에 갖고 주제, 인물, 플롯에 초점을 맞춤. 그림책 소개할 때 주제나 줄거리를 소개하는 데 초점을 맞춤. 즉 그림책의 그림보다는 다양한 문학적 요소에 대한 어린이 독자의 반응을 살펴보고 그림책에서 어떤 의미를 발견하는지 관심을 기울임. 따라서 글의 내용에 초점을 맞추고 그림

이나 시각적인 측면을 부차적인 것으로 여기는 경향을 보임.)

(3) 시각 예술 : 그림책의 디자인이나 인쇄, 제작 기술 같은 주제를 다룸(색채, 매체, 표현 방식, 디자인의 기획 방식에 관심을 기울임.)

(4) 도서로 접근 : 사물로서 특별하고 즐거운 대상으로 나름의 형식과 디자인을 갖추고 있음(디자인 요소 – 형태, 크기, 제본, 면지, 종이, 서체, 면 배정. 도서의 요소 – 앞표지, 앞면지, 뒤표지, 뒷면지, 속표지, 표제지, 본 화면)

- 앞면지 – 겉표지를 넘기면 바로 나오는 안쪽의 반대쪽 면
- 속표지 – 책 제목과 삽화가 그려진 부분
- 앞면지, 뒷면지 – 그림책의 표상이나 상징을 문양처럼 배열해 놓은 것이 많음

(5) 고유한 예술 형식 : 등장인물의 성격을 글과 그림으로 표현하며 다른 매체가 보여 줄 수 없는 고유한 의사소통 방식을 보여 줌.

3. 그림책의 분류 (『그림책의 이해 1』(현은자 · 김세희 지음, 사계절)에서 인용 정리한 것입니다.)

(1) 형태별 분류

① **글 없는 책**(wordless books) : 글은 전혀 없이 그림으로만 구성된 책. 『눈사람 아저씨』 레이먼드 브릭스 그림, 비룡소.

② **그림책**(picture books) : 글을 모르는 유아에게 적절한, 글이 적고 그림이 더 많은 의미를 전달하는 책.

③ **이야기책**(story books) : 풍부한 그림과 더불어 이야기의 비중이 높은 책. 『작은 집 이야기』 버지니아 리 버튼 글 · 그림, 마루벌.

④ **초기 읽기 책**(early reading books) : 글을 읽기 시작한 초등학생(저학년) 연령에 적합한 책으로 이야기책보다 글의 비중이 더 높은 책. 『개구리와 두꺼비』 아놀드 로벨 글 · 그림, 비룡소.

(2) 독자의 연령에 따른 분류

① **영아를 위한 책**(1~3세) : 10~12쪽 짜리의 책으로 헝겊 책, 형태 책, 부피

가 있는 책, 들춰 보기 책, 장난감 책, 목욕 책, 보드 책이 포함.

② **유아, 유치원 연령의 어린이를 위한 책** : 단순한 논픽션 책으로 개념 책(형태, 색, 크기, 소리를 그림으로 보여 주는 책), 알파벳 책, 수세기 책, 초보 독자를 위한 책.(일반적으로 그림책이라 부르는 것이 포함됨)

③ **초등학생 이상의 독자를 위한 책** : 이전의 다른 책에 견주어 책의 길이가 길고, 더 복잡하며, 주제도 추상적이며 정서적으로 성숙함을 요구함.

★ 글과 그림의 상대적 비중이 독자의 나이를 고려하는 절대적 기준이 아님 : 『무슨 일이든 다 때가 있다』레오 딜런, 다이앤 딜런 글·그림, 논장 /『새벽』유리 슐레비츠 글·그림, 시공주니어.

(3) 주제나 내용에 따른 분류

① **가족** : 부모, 형제, 조부모.

② **성장** : 독립심, 책임과 안전한 행동, 우정, 개인차, 대처하기, 학교생활.

③ **정보** : 가정과 사회, 건강과 인간의 신체, 운송 수단, 식물과 정원, 애완동물, 가축, 야생동물, 공룡, 지구와 우주.

④ **기호** : 선호의 발달, 상상력, 미스터리와 모험, 유머.

⑤ **특별한 시간들** : 주말과 계절, 활동, 음악과 노래.

★ 한 권의 책이 한 가지 이상의 주제나 내용을 담고 있어 한 개의 범주로만 분류되지 않는 경우가 많다.

(4) 갈래에 따른 그림책

① **판타지 그림책** : 초현실적인 인물이나 사건, 물건이 등장하는 판타지를 내용으로 하는 그림책.

② **사실주의 그림책** : 현대 사회에서 일어날 수 있는 이야기를 내용으로 하는 그림책.

③ **옛이야기 그림책** : 기존의 설화, 신화, 전설, 민담을 재화하고 그림을 담아

만든 그림책.

④ **정보 그림책** : 정보 전달을 목적으로 하는 그림책.

⑤ **운문 그림책** : 전래 동요, 시와 같은 운문을 글감으로 하여 그림을 담아 만든 그림책.

⑥ **영아 그림책** : 0세부터 2세까지의 영아를 대상으로 한 그림책.

⑦ **성경 그림책** : 성경 이야기를 내용이나 소재로 하는 그림책.

⑧ **알파벳 그림책** : 알파벳의 차례가 내용 조직의 틀이 되는 그림책.

⑨ **한글 그림책** : 한글의 닿소리 차례가 내용 조직의 틀이 되는 그림책.

★ 글보다는 그림에 더 많이 의존하는 그림책의 특성으로 픽션과 더불어 논픽션, 사실주의와 판타지 따위의 기존 갈래를 넘나드는 작품이 증가함에 따라 갈래를 구분하는 방식은 그리 효과적이지 못하다.

4. 좋은 그림책이란? – 그림책을 고르는 잣대

(1) 내용면

① 그림만으로 이야기가 풍부하게 전달되는 것.(글과 그림이 함께 이야기를 밀고 나가는 것)

② 어린이의 생활과 심리가 잘 나타난 것.

  • 어린이가 중심이 되어 느끼는 것.

  • 주제나 소재가 어린이의 관심사와 정서를 담고 있어야 함.

③ 글의 효과를 한껏 살린 장면 구성을 담은 그림책.

④ 움직임이 큰 그림들로 구성된 것.(움직임이 많은 그림이 아이들의 시선을 잡아 끔)

⑤ 이야기 줄거리가 단순하고 문장이 짧고 투명한 것.

⑥ 우리말을 살려 쓴 글로 흥겨운 말의 재미를 느낄 수 있으며 어려운 말이 아닌 쉽고도 깨끗한 우리말로 된 것.(입말을 살려 쓴 글, 이야기체 – 옛날 이야기)

⑦ 도덕적으로 가치가 있고 정서를 안정시켜 주는 것.

⑧ 리듬감이 강한 언어와 구성의 즐거움이 살아 있는 것.(의성어, 의태어를 많이

　　사용하여 리듬감을 살림)

⑨ 어린이들의 흥미를 키워 주고 호기심을 북돋워 주며 상상력을 키워 주는 것.

⑩ 올바른 삶의 방향을 찾는 데 도움이 되며 바람직한 미래 사회에 대한 폭넓고 깊이 있는 전망을 바탕에 깔고 있는 것.

⑪ 쓴 사람, 옮긴 이, 원서명, 활자, 출판사가 분명한 것.

⑫ 글보다는 그림을 보기 좋은 곳에 배치한 것.

⑬ 원색을 써서 평면적인 채색을 한 그림이 주를 이루는 것보다는 수채화, 파스텔, 유화, 소묘, 콜라주, 연필 그림 따위의 다양한 기법을 사용한 것.

⑭ 이야기 이상의 볼 것을 그림으로 보여 주는 것.

⑮ 글이 리듬이 있는 것.

⑯ 반복 구성의 법칙을 가지고 있는 것.

(2) 외형면

① 종이의 질과 표지의 질이 우수하고 견고한 것.(제본 상태)

② 삽화(그림)가 사실적이고 세밀하여 사물의 본질을 왜곡시키지 않은 형태와 색을 사용한 것.(삽화가 조잡하지 않은가?)

③ 그림을 통해 상상력을 키울 수 있도록 가능한 전문가가 그린 것.

④ 그림이 책 전체의 1/2이상이 되는 것.

⑤ 글자의 크기는 18~20 포인트 정도가 알맞음.

⑥ 여백이 충분하여 압박감을 주지 않는 것.

⑦ 책 크기가 너무 크거나 두껍지 않은 것.

⑧ 최근에 발간된 책.

⑨ 평소에 좋은 글을 쓰는 글쓴이가 쓴 책.

(3) 외국 그림책을 고를 때 유의해야 할 점

① 서구인의 가치관이 강하게 반영된 세계 명작보다는 보편적인 정서와 가

치를 담고 있는 것.

② 국가와 인종, 피부색, 직업, 성, 종교 따위의 편견이 없는 것.

③ 원서명, 번역자 이름이 있는 것.

④ 완역된 것.

⑤ 문학 작품으로의 품격을 갖춘 소재와 주제를 다룬 것.

⑥ 여러 나라의 책을 고루 선택할 것.

5. 참고할 만한 정기 간행물 및 어린이 책 안내집

① 아침독서신문(월간지) ((사)행복한아침독서)

② 열린어린이(월간지) (오픈키드주식회사)

③ 초등 우리교육(월간지) (우리교육)

③ 어린이 권장 도서 목록 (어린이도서연구회 발행)

④ 동화 읽는 어른 (어린이도서연구회 발행)

⑤ 『유아에게 적절한 그림책』 (양서원)

⑥ 『어린이와 그림책』 (샘터사)

⑦ 『그림책 사냥을 떠나자』 (미래아이)

⑧ 『내 아이책은 내가 고른다』 (푸른책들)

⑨ 『큐슐라와 그림책 이야기』 (보림)

⑩ 『그림책 읽어 주세요』 (웅진주니어)

⑪ 『책·어린이·어른』 (시공주니어)

⑫ 『어린이 그림책의 세계』 (한림출판사)

⑬ 『그림책을 보고 크는 아이들』 (사계절)

6. 어린이 책에 관한 누리집 주소

① www.morningreading.org (사)행복한아침독서. 아침독서운동과 독서교육, 추천 도서 목록과 신간 도서에 대한 다양한 정보가 있음. 아침독서신

문 기사도 볼 수 있음.

② www.openkidzine.co.kr 어린이 책 종합 서평지, 어린이 책 서평, 주제별 어린이 책, 새 책 소개 따위의 다양한 정보가 수록되어 있음.

③ www.zzagn.net 애기똥풀의 집. 그림책 평, 비교 등 다양한 정보를 얻을 수 있음.

④ www.chobang.com 어린이 전문 책방인 초방 누리집. 나이별로 그림책을 분류, 목록 보고 직접 살 수 있음.

⑤ www.childbook.org 어린이도서연구회. 20여 년 동안 어린이 책을 연구해 온 시민단체. 권장 도서 목록 등 정보를 얻을 수 있음.

7. 그림책을 권하는 연령 기준

① 글의 내용에 감동 받을 수 있는 나이.(정서적, 지적 발달에 어울리는 이야기)

② 등장인물의 나이에 걸 맞는 이야기.

8. 주제로 나누어 본 그림책

(1) 다른 존재의 소중함을 알아 가는 그림책

『강아지똥』, 『까마귀 소년』, 『수호의 하얀 말』, 『동물원』, 『세상에서 제일 맛있는 무화과』, 『삐비 이야기』

(2) 용기와 지혜로 참다운 나를 찾아가는 그림책

『지각대장 존』, 『으뜸 헤엄이』, 『매듭을 묶으며』, 『해적과 공주』, 『구룬파 유치원』, 『슈퍼토끼』, 『프레드릭』, 『프리다』, 『뛰어라 메뚜기』, 『100만 번 산 고양이』

(3) 어린이의 욕구 실현

『피터의 의자』, 『휘파람을 불어요』, 『눈 오는 날』, 『피터의 편지』, 『내 이름이 담긴 병』

(4) 함께 살아가는 공동체의 소중함을 느껴 보는 그림책

『장갑』,『빨간 고양이 마투』,『창밖의 사람들』,『아기 늑대 삼 형제와 못된 돼지』,『지구가 100명의 마을이라면』,『창 너머』,『세 친구』

(5) 가족을 다시 생각해 보는 그림책

『돼지책』,『오른발 왼발』,『순이의 어린 동생』,『아빠는 지금 하인리히 거리에 산다』,『따로 따로 행복하게』,『부루퉁한 스핑키』,『터널』,『백구』,『마들렌카의 개』,『고릴라』,『달라질 거야』

(6) 환경과 생명과 상생하는 삶을 둘러보는 그림책

『갯벌에 뭐가 사나 볼래요?』,『잘 가, 토끼야』,『야, 우리 기차에서 내려!』,『마리아』,『오소리네 집 꽃밭』,『시애틀 추장』,『나무』

(7) 평화로운 세상을 꿈꾸게 하는 그림책

『쇠를 먹는 불가사리』,『왜?』,『여섯 사람』,『곰 인형 오토』,『꼬마 구름 파랑이』,『연기 자욱한 밤』,『백장미』

(8) 서로의(여성과 남성) 같고 다름을 알아 가는 그림책

『슬픈 란돌린』,『엄마가 알을 낳았어요』,『좋은 느낌 싫은 느낌』,『소중한 나의 몸』,『깃털 없는 기러기 보르카』,『우리에게 사랑을 주세요』,『나는 여자, 내 동생은 남자』,『아가야, 안녕?』,『엄마는 아기 생쥐가 다섯이야』,『긴 머리 공주』,『종이 봉지 공주』

(9) 일상생활을 잘 꾸려 갈 수 있게 돕는 그림책

『안 돼, 데이빗!』 시리즈,『멍멍 치과 선생님』,『말해 버릴까?』,『마들렌카』,『지하철은 달려온다』,『치과 의사도 깜짝 악어도 깜짝』,『이슬이의 첫 심부름』,『아빠는 미아』

(10) 상상의 세계로 인도하는 그림책

『괴물들이 사는 나라』,『곰』,『알도』,『벽장 속의 모험』,『도대체 그 동안 무슨 일이 일어났을까?』,『리버벤드 마을의 이상한 하루』,『이상한 화요일』,『눈사람 아저씨』,『구름 공항』,『주만지』,『마법의 저녁 식사』,『나는 털복숭이 곰이야』,『검은 코트 아저씨』

(11) 죽음과 헤어짐, 존재의 부재를 생각해 보게 하는 그림책

『우리 할아버지』, 『어느 일요일 오후』, 『할아버지의 빨간 손수건』

(12) 그 밖에 권하고 싶은 그림책

『도서관』, 『리디아의 정원』, 『둥』, 『고래들의 노래』, 『똥벼락』, 『태양으로 날아간 화살』

9. 그림책 읽어 주는 방법

그림책을 읽어 주는 방법은 여러 가지가 있다. 실물 화상기로 보여 주며 읽어 주기, 디지털 카메라로 책을 찍어 텔레비전 화면으로 보여 주며 읽어 주기, 직접 책을 보며 읽어 주기 따위가 있다. 그런데 실물 화상기를 이용한 경우, 본래 그림의 색이 제재로 전달되지 못해 색을 통해 느낄 수 있는 감동을 떨어뜨릴 수 있다. 또 디지털 카메라로 찍어 보여 주는 방법은 교사가 많은 시간을 투자해야 하며 카메라를 다루는 기능이 숙달되지 않은 경우는 조금 어렵다. 그렇지만 아이들이 많은 경우에 가장 권할 만한 방법이다. 직접 책을 보여 주며 읽어 주는 방식은 아이들과 마음을 나누기에 가장 적합하다. 장면마다 아이들 생각을 듣거나 또 반응을 살펴 가며 교사가 책을 읽어 줄 수 있기 때문에 정서적인 교류가 활발하게 이루어질 수 있다.

그림책을 읽어 주는 구체적인 방법을 몇 가지 말하면 다음과 같다.

첫째, 교사가 반드시 먼저 읽어 본 다음, 우리 반 아이들에게 읽어 주어야 할 필요가 있는지 따져 본다. 주제나 글에 나오는 상황과 비슷한 경우가 있으면 매우 효과적이다.

둘째, 글자를 짚어 가며 읽지 않는다.

셋째, 그림책의 글을 꾸밈없이 읽는다. 느낌이 살아나게 생동감을 주며 읽어 주는 것은 바람직하나, 동화 구연을 하듯 읽어 주는 것은 지양해야 한다.

넷째, 느낌을 강요하거나 중간에 질문을 하지 않는다. 그러나 아이들이 그

림책을 보며 나타내는 반응은 충분히 들어주는 태도가 바람직하다.

다섯째, 흥미를 보이지 않으면 다음에 보여 준다. 교사의 눈높이에서 고른 경우가 대부분인데, 아이들이 흥미가 없으면 도중에라도 읽어 주지 않는 것이 좋다.

여섯째, 집중하지 않거나 이야기와 비슷한 아이가 있을 경우, 눈을 그 아이에게 맞추며 읽어 주면 효과가 있다.

일곱째, 그림책을 보여 준 뒤 지나치게 많은 활동을 하지 않는다.

여덟째, 가능하면 규칙적으로 그림책을 읽어 준다.

아홉째, 아이들과 최대한 가까운 거리에 앉아 읽어 준다. 교사가 낮은 의자에 앉고 아이들이 교실 바닥에 앉아 무릎이 닿을 정도의 거리를 두고 읽어 주면 교감을 나누기에 좋다.

10. 그림책의 가치 – 그림책으로 아이들 마음 읽기

한 사람의 일생이 가치 있고 행복하려면 우선 어린 시절이 행복해야 한다. 그럼 이 아이들에게 행복한 어린 시절을 만들어 주기 위해 우리는 무엇을 해야 하는가?

'자연'이 가장 좋은 스승이라고 한다. '기르는 문화'와 접한 아이들의 가슴은 온갖 생명의 소리들로 풍만하다. 그러나 현실적으로 자연에서 아이들을 기르지 못할 경우 자연의 모습을 간직한 그림이나 책을 통해 간접 경험을 쌓게 해 주어야 한다.

아이들에게 좋은 그림책을 권하는 이유는 그 또래의 아이들은 엄마와 아빠가(또는 자신과 일상적으로 만나는 사람) 읽어 주는 그림책의 이야기가 그대로 읽어 주는 이의 이야기로 정착된다. 즉 그림책은 어른과 어린이의 관계를 이어 주는 귀한 요소를 갖고 있기 때문이다.

또한 아이들은 그림책이나 이야기책에서 만난 언어에 삶의 뿌리가 깊이 내려지고 읽어 주는 이에 대한 존재가 오랫동안 마음에 남는다고 한다. 때문에 어른이 어린이에게 읽어 주는 책인 그림책은 어린이에게 기쁨과 즐거움을 가져다 줄 뿐만 아니라 아이와 어른을 신뢰로 엮어 주는 든든한 연결 고리가 되는 것이다.

아울러 그림책을 들으며 기쁘게 귀를 기울여 듣는 체험을 쌓고 이것은 "다른 사람의 말을 듣는 힘"을 갖게 해 준다. 어린이는 어른이 읽는 목소리를 귀로 들으면서 눈으로는 그림책을 보며 상상력을 키운다. 그것은 귀로 말을 확실하게 듣고 그 말이 펼치는 이야기의 세계에 빠져드는 체험을 반복해서 쌓아 가는 과정에서 생성되는 것이다.

또 그림책은 감동하는 마음을 길러 주며 마음의 움직임이 작용해서 길러지는 힘, 즉 지혜를 길러 준다. 지혜를 기르는 실마리는 열 살 이전에 마련되는데, 그것은 일상생활에서 깊이 느끼고 깊이 생각하는 체험이 반복되면서 길러진다. 또 인간의 오감을 완전히 가동시켜서 확실히 보고 듣는 집중력과 관찰력을 기르는 것이 지혜의 실마리를 만드는 것인데, 그림책이 이런 역할에 도움을 준다. 결국 그림책을 읽어 준다는 것은 그림책의 언어에 생명을 불어넣어 주고 어린이에게 사랑을 전하는 일이다.

가까운 이가 읽어 주는 그림책을 듣는 아이의 행복은 이루 말할 수 없다. 신뢰가 있는 이가 읽어 주는 것만으로도 행복한데 읽어 주는 그림책이 재미까지 있다면 아이의 행복감은 더할 나위 없이 커지기 때문이다. 이런 행복감 속에서 자란 아이는 정서도 안정되고 또 늘 책을 가까이 하는 습관을 갖게 된다.

앞에서 말한 것처럼 아이들은 그림책을 통해 풍부한 상상력과 즐거움, 깊은 감동을 가질 수 있고, 때로 어린이가 진정 알고자 하는 깊은 지혜와 지식도 얻을 수 있다. 만약 어른들이 숫자나 글씨를 가르치고 얕은 지식을 주입하는 데만 그림책을 활용한다면 책을 싫어하고 멀리하는 사람으로 자라게 된다. 따라서 평생 책을 통해 얻을 수 있는 것들, 깊이 있는 지혜와 감동을 놓치게 된다. 우리는 그림책을 통해 아이들에게 감동과 즐거움을 주어야 한다. 그리고 숨겨진 아이들의 마음을 읽어 그들의 상처를 어루만지고 희망을 함께 이야기해야 한다. 그림책이 그 구실을 충분히 할 수 있다.

11. 그림책을 활용한 사례

(1) 『으뜸 헤엄이』를 같이 보고

만약에 그런 일이 있다면 용기를 내서 말할 거다. 그런데도 내 말을 안 들어주면 집에 가서 작전을 짜서 다시는 못 그러게 할 거다. 나는 그런 일이 생기지 안하스면 좋게다. _헌용

○○○이나 다른 아이들이 나를 놀린다. 엄마는 듣지 말라고 하고, 머리가 너무 돌아간다. 듣지 말라고 해는데 난 자꾸 들으면서 화가 난다. 이제 어떻게 할까? 고민 중! 아하! 이렇게 하면 되겠다. 막 놀릴 때는 아는 척 안하고 다른 여자 애들과 놀거나 책을 읽거나! _다은

김동욱이 나를 때리면 하지 말라고 했는데 안 되면 얘기를 말해도 안 되면 생각해도 안 되면 맞서 싸우는 수밖에 없다. _민성

나는 최선묵이 괴로펴서 슬퍼다. 막 때려다. 나 때리지 말라고 했다. 또 때려다. 나도 갔이 때려다. _길성

1학기 때 지훈이가 막 나 보고 어떤 놀이를 하지 말라고 그랬다. 내가 저번에 귀찮게 해서 그렇다. 그래서 나는 지훈이한테 가서 "미안해"라고 했는데 안 받아줬다. 그래서 아무도 안 보이는 데서 생각을 했다. 그대로 혼자 있어서 외로웠다. 그래서 지훈이가 재미있게 놀고 있을 때 사과를 했다. 이번엔 받아줬다. 사과를 해서 안 되면 기분 좋을 때 사과를 하면은 잘 받아주나 보다. _성운

만약에 힘쎈 동무가 자기 멋대로 하면 내가 하고 싶은 것만 할 것이다. 그리고 계속 하고 싶지 않은 것을 하라고 조르면 안 한다고 한다. 그리고 조용한 데에서 걸어 다닌다. 그리고 친구가 날 배신하면 그 친구를 미행해서 배신한 이유

하고 다시는 배신하지 못하게 말을 할 것이다. _승렬

(2) 『나야, 고릴라』를 같이 보고 – 주인공에게 엽서 쓰기

고릴라에게

안녕? 아기 고릴라야. 난 거산초등학교애 다니는 김한슬이라고 해. 비록 엽서를 진짜로 보낼 수는 없지만 마음만이라도 보낼 게. 아기 고릴라야. 네가 어렸을 때 끌려가는 게 난 참 무서웠어. 내가 밀렵꾼도 아닌데 막 죄책감이 드는 거 있지. 고릴라야 넌 부모님을 잃어서 참 힘들겠구나! 난 네가 끌려가는 모습이 참으로 안쓰러웠어. 어린 고릴라가 엄마, 아빠, 형제들을 잃고 살아가는 모습도 참 대견스러웠어. 난 우리 엄마가 어디 가시면 혼자가 된 듯 쓸쓸하거든.
아기 고릴라야! 그래도 네가 살아남은 게 참 다행이라고 생각해. 우리 선생님께서 사실은 너희 고릴라가 잡히는 권리가 없다고 하셨거든.
고릴라야, 부모님이 안 계시더라도 힘내고, 자신감 있게 살아가렴! 그럼 자연으로 돌아갈 때까지 힘내! _한슬

우두커니 고릴라야, 안녕? 나 지나야. 정말 슬프겠다. 부모님도 잃고 아무것도 하고 싶지 않은데 박사가 음식도 어거지로 먹이고, 주사도 넣고 아주 깜깜한 곳 차가운 시멘트 철조망에 있는 너를 보니 내가 죄 지은 게 아닌데, 괜히 내 자신이 밉고 죄 지은 사람 같애.
고릴라야, 힘내. 그리고 꼭 자연으로 돌아가! 안녕. 지나가 _지나

아기 고릴라야, 나 민성이야. 같은 고씨인데 너무 미안해. 왜 그러냐면 너는 고릴라여서 가족이랑 떨어져 사는데 나는 행복하게 살잖아. 그러니까 미안해. 그리고 사람들은 나빠. 왜 그러냐면 너는 자유를 누릴 권리가 있는데 사람들이 무슨 권리로 너의 자유를 빼앗아. 그리고 내가 죄인인거 같에. 사람들이 괴로펴도 희망을 잃지 마라. _민성

우두커니 고릴라야, 난 길성이야. 난 책을 읽고 감동을 받았서. 난 너랑 같은 느낌이 들기도 했어. 다른 동물도 너랑 같은 느낌이야. 힘내. 다른 동물도 자연에서 살아야 되는데 너는 동물원에 안 맞아. 고릴라야 힘내. 동물은 자연이 잘 맞아. 힘내 파이팅. _ 길성

고릴라야, 안녕? 난 김동욱이라고 해.
넌 차가운 시멘트 바닥에 살고 싶지가 않지? 넌 자연에서 살아야 해. 사람들이 잘한 게 뭐 있다고 니 자유를 뺐어? 사람들은 너의 자유를 뺐을 권리가 없어. 넌 자유롭게 썩은 나무 등을 먹고 살아야 해. 쓸쓸하지? 희망을 잃지 마. _ 동욱

아기 고릴라야, 안녕? 난 김홍빈이라고 해.
그런대 아기 고릴라야 넌 자연에서 살고 십지? 그런데 동물원에 잡혀가고 나서 그렇게 슬펐니? 넌 정말 쓸쓸하겠다. 그리고 먹기 싫은데 억지로 먹이는 박사님도 나쁘고 나도 왠지 내가 나쁜 것 같아. 그리고 참 불쌍하다. 그럼 안녕. _ 홍빈

아기 고릴라야, 안녕? 난 사람 다은이야. 이 책을 읽고 나서 나도 같은 사람이지만 우리 하나 때문에 너희가 피해를 받게 해서 미안해. 우리는 너희의 자유를 뺐을 권리도 없어. 이기적인 우리가 미안해. 사람들은 입장을 바꿔서 생각을 안해. 너희 가족들을 보고 싶지? 가족을 잃으면 너무 슬퍼. 그 사람들 대신에 우리가 사과할게. 그렇다고 우리 때문에 희망은 잃지 마. 같은 사람이라도 이기적이다 아기 고릴라야~. 희망을 잃지마~! 안녕~ _ 다은

(3) 책을 읽고 북아트 만들어 보기

『늑대가 들려주는 아기 돼지 삼 형제 이야기』 존 셰스카 글·레인 스미스 그림, 보림

이 작품은 『아기 돼지 삼 형제』를 늑대의 입장에서 다시 쓴 이야기이다. 문학 작품을 함께 읽는 까닭이 서로 다른 관점에서 인물의 삶이나 행동을 들여다보는 체험이 포함되어 있다면 『늑대가 들려주는 아기 돼지 삼 형제 이야기』는 어린이에게 색다른 즐거움과 생각의 자리를 갖게 하는 데 도움이 된다.

작품을 함께 읽고, 가장 인상적인 장면을 클로즈업하여 북아트로 꾸민다. 아울러 늑대나 돼지에게 하고 싶은 말을 뒷장에 쓴 다음 여러 사람 앞에서 바른 자세와 알맞은 크기, 인물에 어울리는 목소리로 말한다. 다른 사람의 이야기를 들으며 서로 다른 생각과 입장을 공유하며 생각의 폭을 확장할 수 있는 공부가 된다.

♥ 활동의 예

늑대야, 억울하니?

사람들이 네 진짜 마음을 몰라주고 너를 나쁜 늑대 취급해서?

살다 보면 사람들은 제 생각만으로 다른 사람을 말할 때가 있어. 그러나 시간이 흐르면 진실은 드러나게 마련이야. 네 말이 진실이라면 언젠가는 사람들이 진실을 알아주겠지.

지금 당장 속상하고 억울하더라고 마음을 가라앉히고 기다려보렴. 만약
네가 진짜로 돼지를 해칠 마음이 없었다면 말이야. _ 최은희

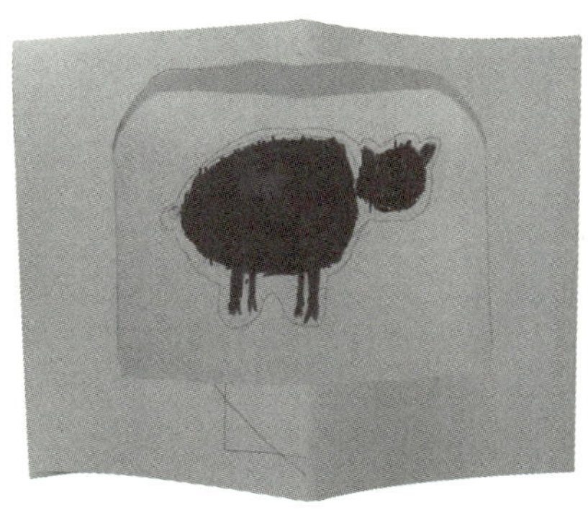

설탕 있으면 늑대한테 줘라, 응?
불쌍하잖아. 왜냐하면 케이크를 만들려고 하는데 설탕이 없어. 그러니까
빌려 줘. 없으면 말고. _ 김태웅

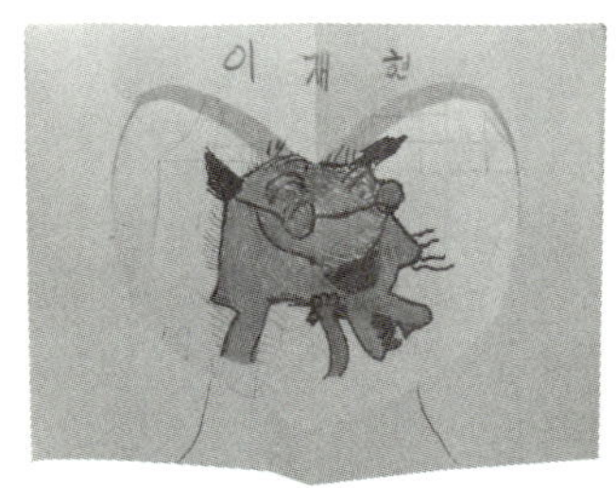

늑대한테 : 늑대야, 너 할머니 꼭 케이크 만들어 줘야 해? 돼지가 안된다고
　　　　　 하면 그냥 편지나 생일카드나 생일선물 써. 알았지?
돼지한테 : 돼지야, 그냥 가라고 하면 돼잖아. 아 그거 갔고 왜 "꺼져"라고 해.
　　　　　 그건 나쁜 말이야. 그리고 늑대와 친구가 대면 좋겠어. _ 이재현

늑대야, 속상해 하지 마. 돼지가 친절하게 설탕을 주겠지. 그러니까 속상
해 하지 마. 아랳지. 그럼 안녕. _ 이반우

돼지야, 너 아까는 꺼저라고 했니? 다음부터는 그러지 않았으면 좋겠어.
늑대가 속상하잖니. 다음부터는 그러지 마. _ 전보연

(4) 책 속의 장면을 몸과 마음으로 겪어 보기
『즐거운 비』 김향수 글·서세옥 그림, 한솔교육

닥종이와 먹, 붓으로 사람의 형체를 지극히 단순화시킨 이 작품은 어린이들
이 추상을 이해하고 받아들이는 폭이 매우 크고 넓음을 실감할 수 있다. 단순화
된 형체에서 아이들은 인물의 마음을 자신의 체험을 떠올리며 매우 실감나게
받아들인다. 작품을 읽은 뒤 비가 내리는 날을 기다리고 기다려 신나게 '비 놀
이'를 하며 자연과 하나가 되는 체험은 문학 작품에 기대어 얻을 수 있는 또 하
나의 즐거움이다.

(5) 책 속의 인물 상상하여 꾸며 보기
『여름이』 김용택 엮음, 보리

책 속에 등장하는 인물을 상상하여 지점토로 꾸며 보고, 왜 그렇게 꾸몄는지 생각을 말해 본다. 재미있는 것은 주인공의 성별에 관계없이 만드는 아이는 자신의 성과 같게 만들고, 얼굴 모양을 보면 거기에 만든 사람의 얼굴이 담겨 있는 것을 알게 된다.

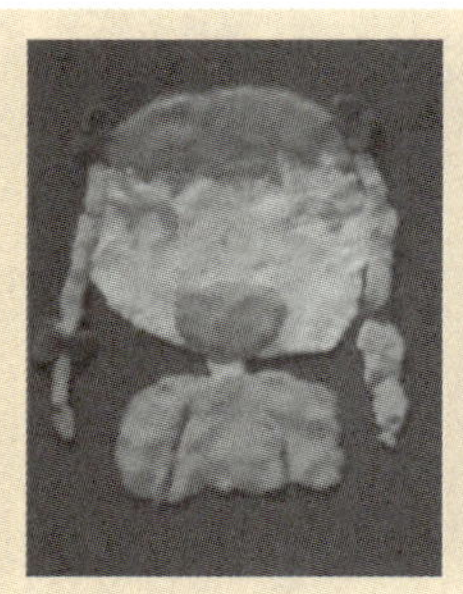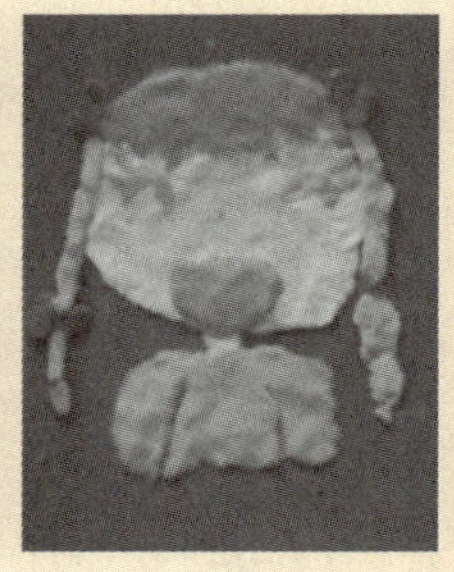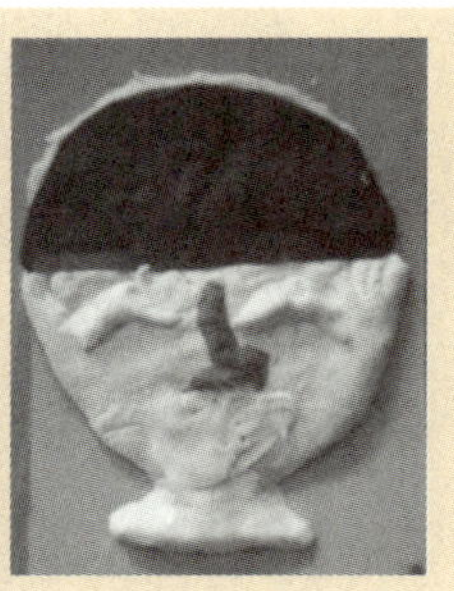

(6) 책 표지 만들기
『여우 누이』 이성실 글·박완숙 그림, 보림

작품을 읽고 책 표지를 꾸며 보는 활동은 교사에게는 아이들이 가장 인상 깊

244

어하는 것이 무엇인지 알 수 있게 해 준다. 또 아이들에게는 인상 깊었던 장면을 떠올리며 작품의 감동을 다시 음미하고, 내면화하는 데 도움을 줄 수 있다. 즐거운 생활과 교과 통합을 하여 실시하면 좋을 듯하다.

♥활동의 예

김성빈

양혜인

전보연

김수민

(7) 국어과 제재 재구성

① 제 7차 국어과 교과서 제재 구성의 문제점

교과서 제재 구성에서 나타나는 문제점을 글(텍스트), 활동의 주체, 수업 방법 따위로 나누어 살펴보면 다음과 같다. 우선 교과서에 나오는 글(텍스트)의 문제를 재미(흥미), 예술성(문학성), 교육적 가치로 고찰해 보겠다.

첫째, 교과서 제재는 참신성이 떨어진다. 교과서에 나오는 대부분의 글에 대해 학습자나 교사의 공통된 반응은 재미가 없다는 것이다. 단위 차시 학습 목표에 맞추다 보니 글의 재미나 학습자들의 반응이나 관심을 고려하지 않고 구성하였기 때문이다. 따라서 대부분의 글이 학습 목표 도달에 가장 적합한 글을 골라 재구성하였다. 그러다 보니 글에서 맛볼 수 있는 여러 가지 재미와 흥미가 없어 학습자들의 독서 충동을 이끌어 낼 수 있는 호소력이 낮다.

교과서에 실린 글의 대부분은 학습자가 이미 알고 있거나 또는 정형화된 주제나 소재의 것들이다. 학습자는 제시된 글을 배우며 자연과 사회, 역사와 사람에 대하여 새롭게 인식하고 현실과 세계를 바라보는 눈이 넓고 깊어지는데, 진부한 글은 그 한계가 분명하다. 따라서 학습자들의 호기심과 흥미를 떨어뜨리는 데 제재의 평이함과 진부함이 한 몫을 한다. 예를 들면 뒷이야기 상상하기를 배울 때 이미 알고 있는 이야기일 경우, 학습자는 상상력과 창의성을 발휘하려 하지 않는다.

둘째, 문학 단원의 제재 가운데 문학성이나 예술성을 갖춘 글을 찾아보기 힘들다. 이것은 집필자가 쓴 글과 원작이 있는 글을 재구성한 것으로 나누어 살펴볼 수 있다. 집필자가 글을 쓴 것을 보면 학습 목표에 가장 쉽게 도달하기 위해 소재나 주제가 대부분 상투적이고 교육적 의도가 지나치게 드러나는 모습을 띠고 있다. 그러다 보니 문학성이나 예술성을 갖춘 글을 발견하기가 쉽지 않다.

원작이 있는 글을 교과서 제재로 재구성한 경우 역시 문학성이나 예술성에서 문제가 있다. 개연성 있는 허구로서 작가의 상상력에 의해 구조화된 작품은 완결된 구조로 작가가 말하고자 하는 것을 독자에게 전달한다. 때문에 문학작품의 기본 조건을 완결성에 두고 있다. 그러나 교과서에 나오는 대부분의 글은 원작과 다르게 집필자의 임의로 개작되어[1] 있다. 동화에 나타나는 개작의 양상을 보면 크게 서사 구조의 개작, 문장의 개작, 제목의 개작 따위가 있다. 따라서 교과서에 실린 동화 작품의 대부분은 일부분만 발췌되어 있거나 줄거리를 간추려 놓은 형태를 띠고 있다. 문장의 개작도 교열의 정도를 넘어서서 원작이 크게 훼손될 지경에 이르며, 제목의 개작으로 작가가 말하고자 하는 의미가 왜곡되는 경우도 나타난다. 이런 개작의 양상은 시에서도 드러나는데, 시는 대부분 문

---

1) 개작이 뜻하는 본래의 의미는 작품을 쓴 작가가 어떤 의도를 가지고 고쳐 쓴 것을 말한다. 예를 들면 권정생의 『강아지똥』이 여기에 속한다. 권정생의 『강아지똥』은 이미 씌어진 동화를 그림책을 만들기 위해 작가가 새롭게 고쳐 쓴 경우이다. 그러나 교과서에 실린 제재는 원저자가 아닌 집필자가 고쳐 쓴 것이다. 그 목적 또한 학습 목표 도달을 가장 염두에 두고 있으며 교과서 체제 구성의 제약 때문에 여러 가지 형태로 개작이 일어나고 있다.

장의 개작 정도에서 그치고 있다. 그러나 개작의 정도나 양상의 차이점이 조금씩 다르게 나타나긴 하지만 시나 동화 모두 완결성이 유지되지 못한 채 작품이 개작되어 본래의 글이 가지고 있던 문학성이 훼손된 채 교과서 제재로 활용되고 있다.

번역 작품의 경우도 원작자의 의도를 제재로 파악하여 번역한 것인가를 고려하여야 할 점이다. 즉 원작자의 표현을 우리말의 어법이나 표현에 어색함이 없도록 자연스럽게 번역하면서도 작가의 의도를 훼손하지 않아야 한다.

셋째, 교육적 가치가 편향되어 있는 것을 발견할 수 있다. 교과서에 나오는 글은 개념적인 교훈(드러내 놓고 가르치려 드는 글), 장식이나 기교가 드러나는 시, 현실에 바탕을 두지 않으며 개연성이 없는 허구의 세계를 그리거나 스토리 라인이 너무나 정형화된 동화가 대부분이다. 그러나 진정한 교육적 가치의 구현은 다양한 제재를 만나면서 사람과 자연, 현실에 대한 올바른 이해를 하면서 이루어질 수 있다. 아울러 다양한 형태와 주제의 글을 읽음으로써 인간적 정서가 풍부해지고 생명에 대한 경외심을 갖도록 하는 것이 교육적 바람이다. 현실적 삶에 바탕을 두지 않은 문학 작품이나 제재는 학습자에게 아무런 감동도 주지 못하며, 감동을 주지 못하는 글은 이미 교육적 가치마저 상실한 것이다. 이제는 교육적 가치에 대한 입장을 좀 더 폭넓게 생각하여 교과서에 다양한 주제와 형태의 글로 제재를 구성하려는 노력이 요구된다.

다음으로 국어과 수업에서 학습자가 활동의 주체가 되지 못하는 것이 문제점으로 드러난다. 국어 수업을 할 때는 다른 교과에 비해 비교적 준비물이 없는 편이다. 연필과 지우개, 교과서가 국어 수업 시간에 활용하는 학습 도구다. 활용하는 학습 도구가 많지 않다는 것은 국어 시간이 활동보다는 글 중심으로, 또 학습자보다는 교사 중심으로 이루어진다는 것을 나타낸다. 제 7차 교육과정은 학습자가 문제를 해결하고 탐구하여 자기 주도적으로 학습을 할 것을 강조하고 있다. 그러나 국어 수업에서는 여전히 학습자는 수동적이고, 소극적인 참여만 할 뿐이다. 이것은 교과서 제재의 대부분이 학습자의 활동을 끌어내는 데 힘을

쓴기보다는 글에 대한 이해와 피상적이고 한정적인 감상 정도만 제시하고 있기 때문이다.

마지막으로 교과서에 제시된 수업 방안이 지나치게 단순한 것이 문제이다. 교과서에 나오는 수업 방안(교사용 지도서 역시 마찬가지다.)은 대부분 묻고 답하기로 이루어져 있다. 이것은 학습자가 글을 얼마나 이해하고 있는가, 작가의 의도를 얼마나 정확하게 파악하고 있는가 따위를 중시하는 문학 교육 방법과 크게 다르지 않다. 따라서 국어 수업이 이루어지고 있는 교실에서 교사는 대부분 교과서 글을 중심으로 하여 주제나 내용 파악하기, 극히 제한적인 느낌이나 생각 표현하기의 활동이 대부분이다. 이것은 교사 개개의 역량에 대한 평가의 문제로 여길 일이 아니다. 교과서에 나오는 글에 따라 다양한 수업 방안을 모색하고 다양화시킬 필요가 있으며, 학습자의 태도와 반응을 중심에 둔 수업 방안을 찾아야 한다.

② 교과서 제재 재구성 방안

앞에서 말했듯이 본 사례는 교육 과정에 제시된 학습 목표를 따르며 학습자의 흥미와 활동, 교육적 가치의 다양한 구현을 고려하여 교과서 제재만 재구성하였다.

③ 그림책의 제재 선정 이유

그림책은 대부분 글이 짧고, 완결된 구조로 학습자에게 다가갈 수 있다. 아울러 짧은 글과 그림으로 이루어져 있지만 담고 있는 의미나 체험의 세계는 폭넓고 다양하다. 따라서 글 전체의 완결된 구조를 갖고 있는 그림책으로 학습자는 전체를 이해하므로 심화된 학습 활동으로 나아가는 데 유리하다. 아울러 그림을 보며 상상력과 창의력을 발휘하여 수업에 적극적으로 참여할 수 있다. 또한 학습 부진아나 흥미가 없는 학습자를 수업에 참여시키는 데 긍정적인 구실을 한다. 그림책은 저학년뿐만 아니라 고학년 학습자들에게도 상상력과 창의력, 학습에 대한 흥미를 높여 주는 작용을 한다. 그림책은 주로 뒷이야기 상상하기나, 이야기 꾸미기, 실감나게 말하기, 인물의 성격 파악하기, 장면 재구성하기 따위의 학습 목표와 연관지어 활용하였다. 영역은 말하기, 듣기, 읽기, 쓰기에서 모두 활용하였으며 주제와 시기를 고려하였다.

④ 재구성 수업 사례

영역	말하기 · 듣기	단원	넷째마당 2. 서로 다른 생각(2-1)	차시	4/6
학습목표	바른 자세와 알맞은 크기로 내 생각을 말해 봅시다.				
학습 내용 요소	이야기에 나오는 인물에 대한 내 생각을 바른 자세와 알맞은 크기의 목소리로 말하기.				
교과서 제재	여우와 두루미				
교과서 활동 방법	옛날에 여우와 두루미가 살고 있었습니다. 어느 날, 여우는 두루미를 저녁 식사에 초대했습니다. …… 음식이 납작한 접시에 담겨져 있지 않겠어요? …… 두루미는 화가 나서 집으로 돌아왔습니다. 며칠 뒤, 두루미는 여우를 집으로 초대했습니다. "여우님, 오늘은 맛있는 고기를 준비했습니다. 배가 고프실 텐데 많이 드십시오." 두루미가 말했습니다. 길쭉한 병에 생선이 담겨 있었습니다. **이야기에 나오는 인물에 대해 생각해 보기** · 여우의 행동이 옳았나요? (아니요.) · 여우는 어떻게 했어야 했나요? (두루미가 부리가 길다는 것을 생각해서 국을 납작한 그릇에 담아 주지 말았어야 했다. 즉 두루미의 입장을 생각했어야 했다.) · 두루미의 행동이 옳았나요? (아니요.) · 두루미는 어떻게 했어야 했나요? (똑같은 행동으로 여우를 화나게 하지 않고, 따뜻한 행동을 보여 여우를 감동시킴으로써 여우가 반성할 수 있게 했어야 했다.)				
재구성 제재 (그림책)	『학교에 간 데이빗』 데이빗 섀논 글 · 그림, 지경사				
활동 방법	① 아이들이 주인공의 표정이나 행동을 충분히 볼 수 있도록 천천히 보여 주며 그림책을 읽어 준다. ② 주인공 이름을 반 아이의 이름으로 바꾸어서 읽어 주면 훨씬 더 재미를 느낀다. ③ 교사가 그림을 보여 주면 아이들이 글을 (말하듯이) 읽게 하는 것도 좋은 방법이다.				
비슷한 유형의 글	『늑대가 들려주는 아기 돼지 삼 형제 이야기』 존 셰스카 글 · 레인 스미스 그림, 보림				

♥ **활동 결과**

데이빗이나 선생님의 행동에 대하여 내 생각을 말하기(데이빗이나 선생님이 앞에 있다고 생각하고 자연스럽게 말하기)

- 하영 : 데이빗, 그때 공부할 때처럼 떠들지 말고, 청소할 때는 착하게 행동해야 해. 그리고 공부 시간에 껌을 씹으면 안 돼. 공부 다 끝나고 먹어, 알았지?
- 한슬 : 데이빗, 학교에서 떠들지 마, 장난치지 마. 선생님 말씀 잘 들어.
- 재성 : 데이빗, 공부 시간에 선생님 말하는 거 잘 듣고, 행동을 바르게 해야 돼, 데이빗!
- 헌용 : 데이빗, 나도 너처럼 매일 말썽 펴서 손 들고 벌 스는데 니 마음을 알겠다. 그래도 장난 조금만 쳐. 너무 벌 스면 팔이 떨어질 것 같으니까.
- 일수 : 데이빗네 선생님! 데이빗한테 왜 진작 칭찬 안해줬어요? 칭찬 받으면 기분 좋은데 데이빗이 잘할 수도 있잖아요.
- 지나 : 선생님, 데이빗이 속 썩여도 좀 참으세요. 그리고 자꾸 가르쳐 주세요. 근데 선생님도 우리 선생님처럼 힘들겠어요.

12. 참고 도서
- 『그림책의 이해 1, 2』 현은자 · 김세희 글, 사계절
- 『그림책의 그림 읽기』 현은자 외 글, 마루벌
- 『나의 즐거운 그림책 읽기』 엄혜숙 글, 창비
- 『어린이문학 만세』 김서정 글, 푸른책들
- 『그림책』 최윤정 글, 비룡소
- 『어린이 그림책의 세계』 미쓰이 다다시 글, 이상금 엮음, 한림출판사
- 『그림책을 읽자 아이들을 읽자』 최은희 글, 우리교육

13. 공부할 때 활용할 그림책
- 『괴물들이 사는 나라』 모리스 샌닥 글, 강무홍 옮김, 시공주니어

- 『과자』 현덕 글, 이형진 그림, 소년한길
- 『오스카만 야단 맞아』 토니 로스 글·그림, 베틀 북
- 『왜요?』 린제이 캠프 글, 토니 로스 그림, 창작집단 바리 옮김, 베틀북
- 『키아바의 미소』 칼 노락 글, 루이 소스 그림, 곽노경 옮김, 미래아이
- 『프레드릭』 레오 리오니 글·그림, 최순희 옮김, 시공주니어
- 『늑대가 들려주는 아기 돼지 삼 형제 이야기』 존 셰스카 글, 레인 스미스 그림, 보림
- 『뛰어라 메뚜기』 다시마 세이조 글·그림, 정글 옮김, 보림
- 『오소리네 집 꽃밭』 권정생 글, 정승각 그림, 길벗어린이
- 『오른발 왼발』 토미 드 파올라 글·그림, 정해왕 옮김, 비룡소
- 『이상한 자연사 박물관』 에릭 로만 글·그림, 이지유 해설, 미래아이
- 『할머니가 남긴 선물』 마거릿 와일드 글, 론 브룩스 그림, 최순희 옮김, 시공주니어
- 『훨훨 간다』 권정생 글, 김용철 그림, 국민서관
- 『까마귀 소년』 야시마 타로 글·그림, 윤구병 옮김, 비룡소
- 『돼지책』 앤서니 브라운 글·그림, 허은미 옮김, 웅진주니어
- 『마지막 거인』 프랑수아 플라스 글·그림, 윤정임 옮김, 디자인하우스
- 『샌지와 빵집 주인』 로빈 자네스 글, 코키 폴 그림, 김중철 옮김, 비룡소
- 『삐비 이야기』 송진헌 글·그림, 창비
- 『옛날에 생쥐 한 마리가 있었는데…』 마샤 브라운 글, 엄혜숙 옮김, 열린어린이
- 『지각대장 존』 존 버닝햄 글, 박상희 옮김, 비룡소
- 『종이 봉지 공주』 로버트 먼치 글, 마이클 마첸코 그림, 김태희 옮김, 비룡소
- 『유치원에 간 데이빗』 데이빗 섀논 글·그림, 지경사

최은희 _ 공주교육대학교와 동대학원 초등국어교육과를 졸업했으며, 1990년 '오월문학상'을 받고 시인으로 등단했다. 우리교육 교사 아카데미와 공주교육대학교에서 강의하고 있고, 2002년부터 공교육 내에서 대안을 모색하는 거산초등학교에서 아이들과 뒹굴고 있다. 지은 책으로는 『새로운 날들의 자유를 꿈꾸며』(공저), 『살아 있는 동화 읽기, 깊이 있는 삶 읽기』(공저), 『그림책을 읽자, 아이들을 읽자』가 있다.

동화로 하는 독서 지도

강승숙

1. 동화를 읽어 주는 마음

1981년, 처음 교단에 설 때부터 나는 아이들한테 이야기를 들려주었다. 그 때는 이야기란 그저 입말로 들려주어야 한다는 생각을 했다. 그래서 동화책을 그대로 읽어 주지 않고 말로 풀어서 들려주었다. 지금 생각하면 그렇게 한 일이 아이들한테 더 잘한 일 같다는 생각이 든다.

그때나 지금이나 나는 문학 작품을 많이 읽어 준다. 음식을 고루 먹어야 하 듯 책도 여러 분야를 고루 읽게 해야 한다고 말하는 이들도 있지만, 초등학교 시절에는 다른 어떤 영역보다 문학 작품을 많이 읽게 해야 한다고 나는 믿는다. 세상을 지식이 아니라 감성으로 느끼고 가슴으로 고민하게 만드는 일은 문학만 이 할 수 있기 때문이다.

지금이야 여러 모로 따져 보고 생각해서 책을 골라 읽어 주지만 1990년대 중반 동화 읽는 모임을 하면서 아이들한테 책을 읽어 주던 시절에는 내가 감동 한 동화부터 아이들한테 읽어 주고 소개했다. 지금이야 '독서 지도' 라는 이름 을 붙이고 있지만 그 시절에는 그저 좋은 동화를 아이들한테 들려주고 싶다는 마음이 컸다.

'독서교육' 하면 거창하고 복잡한 생각이 든다. 교과와 연결시켜야 하고 창의성을 키워야 하며 논술을 잘 하기 위한 목표들이 끼어들면서 부담스럽게 된 것이다. 하지만 이런 거추장스런 짐을 덜어 내야만 진정한 독서교육이 가능하다고 믿는다.

다니엘 페나크가 쓴 『소설처럼』(문학과지성사)에서 가장 기억에 남는 이야기가 있다. 대학생에게 책을 읽어 주는 어떤 교수에 대한 이야기다. 그는 학교 교육 과정에서는 문학의 즐거움을 맛볼 수 없다는 고리타분한 관습을 과감히 벗어던진다. 그가 한 일은 한 학기 내내 학생들한테 책을 읽어 준 것뿐이었다. 하지만 읽어 주는 이야기를 듣는 것은 유치하다고 생각했던 학생들은 어느새 그의 목소리와 눈빛에 매료되어 이야기에 푹 빠져들었다. 그리고 다음 이야기를 기다릴 수 없어 책을 사기도 하고 갖가지 질문을 하고 나름의 생각들을 펼쳐 보이게 되었다.

아이들이 자연스레 책 읽기에 길들게 하려면 단 한 가지 조건이 필요하다. 즉 아무런 대가도 요구하지 말아야 한다는 것이다. 그야말로 아무것도, 마치 무슨 성벽이라도 두르듯 책에 대한 사전 지식을 동원하지 말아야 한다. 그 어떤 질문도 하지 말아야 한다. 읽는 것에 대해 조금도 부담을 주지 말고, 읽고 난 책에 대해서 단 한마디도 보태려 들지 말아야 한다. 섣부른 가치 판단도, 어휘 설명과 문장 분석도, 작가에 대한 언급도 접어 두어라. 요컨대 책에 대한 그 어떤 말도 삼갈 일이다. 책을 읽어 주는 것은 선물과도 같다. 읽어 주고 그저 기다리는 것이다.

(……) 그리고 독서를 하면서 가장 먼저 누릴 수 있는 권리는 아무 말도 하지 않을 권리이다. (『소설처럼』(문학과지성사) 중에서)

2. 책이 많은 따스한 교실

아이들을 가르친 지 이십 년이 넘다 보니 끌고 다니는 짐이 꽤 많다. 한번 학교를 옮기면 전근 갈 때까지 한 교실을 계속 쓴다는 다른 나라 이야기가 부럽기만 하다. 내가 끌고 다니는 짐에는 아무래도 책이 많다. 아이들 책은 물론이고 내가 두고 읽는 책도 만만치 않다. 모두 발령이 났을 때부터 지금까지 사서 모은 책이나 비디오, CD들이다. 빌려 주었다가 그대로 잃어버린 책이나 자료도 있지만 크게 개의치 않고 필요한 것은 또 샀다. 좋은 책이나 자료는 욕심을 많이 냈던 것 같다. 이렇게 모은 자료들은 주위 선생님들이나 후배들한테 잘 빌려준다. 특히 갓 발령 난 후배들을 보면 교실에 놀러 와서 필요한 게 있으면 빌려 가라고도 한다. 그리고 읽어 보고 좋으면 꼭 사 두라고 한마디 덧붙인다. 평생 아이들을 가르칠 거면 좋은 책은 사 두는 게 좋기 때문이다. 아이들을 가르치다 보면 교육 실천서나 이론서들을 다시 볼 때가 있다. 읽었던 책도 내가 맞닥뜨린 문제에 따라 새롭게 다가온다. 가르치는 일이 힘들거나 아이들이 미워질 때는 임길택 선생님의 『나는 우는 것들을 사랑합니다』(보리)를 머리맡에 두고 몇 번씩 읽기도 했다. 그러고 나면 기운이 다시 나곤 했다.

이런 묘미를 알기 때문에 동료 교사들이 책을 많이 샀으면 하는 마음이 있는 건데, 책이나 자료 사는 일에 아낌없이 돈을 쓰는 동료 교사나 후배들은 그리 많지 않다. 돈을 모아 여행을 가거나 학원에서 뭔가를 배우는 데 쓰는 것도 좋지만 책이나 자료를 모으는 데 더 욕심을 냈으면 좋겠다.

우리 교실이 좀 어수선해 보이지만 따스한 느낌이 드는 것은 책이 많아서일지도 모른다. 뒤쪽 게시판 앞에, 내 교탁 앞쪽에, 창가에, 칠판 옆에 책꽂이가 있다. 내 책꽂이는 창가 쪽과 칠판 옆에 있는데, 아이들하고 시 공부할 때 쓸 동시 책, 글쓰기 지도에 쓸 어린이 글모음, 학급 운영, 교육 에세이, 교육이나 독서 월간지, 교육 이론서들이 즐비하게 있다. 그 가운데 갓 교단에 선 후배들이 주로 찾는 책은 학급 운영과 관련된 책들이다. 비디오도 꽤 있다. 〈나무를 심는 사람〉,

〈이웃집의 토토로〉, 〈로빙화〉, 〈반딧불의 묘〉, 〈스노우맨〉 같은 비디오는 내가 아끼는 비디오들이다. 동시 공부를 할 때는 권태응의 『감자꽃』(창비)이나 『겨레 아동 문학 선집』(보리), 『엄마야 누나야』(보리) 같은 동시집에서 시를 고른다. 노래로 시를 배울 때는 백창우가 만든 노래 시디를 꺼내어 들려 준다. '자세히 보고 그리기'를 할 때에는 이호철 선생님이 지도한 아이들 그림 모음 『연필을 잡으면 그리고 싶어요』(보리)를 아이들한테 펼쳐 보여 준다.

물론 특별히 아껴서 아이들한테 야금야금 읽어 줄 동화책이나 그림책도 내 책꽂이에 있다. 『또야 너구리의 심부름』(창비), 『문제아』(창비), 『두루미 아내』(비룡소), 『수호의 하얀 말』(한림), 『강아지똥』(길벗어린이) 같은 책이다. 조금 독서 수준이 높은 아이들한테 특별히 빌려 줄 청소년 문고도 몇 권 있다. 아이들은 내 책꽂이를 넘보지만 나한테 허락받지 않고 내 책꽂이를 뒤질 수는 없다. 내가 꼭 필요할 때 책이 없어지면 안 되기 때문이다. 그러나 아이들은 금지 구역에 더 관심을 갖는 법, 괜히 내 책꽂이를 어슬렁거리다 제 나이에 맞지도 않은 책을 뽑아 와서는 빌려 달라고 하는 아이들도 있다.

아이들을 다 보낸 오후, 드물게 찾아오는 여유로운 시간에 나는 책꽂이를 둘러본다. 괜히 기분이 좋다. 내일 무슨 동화를 읽어 줄까 하는 생각으로 동화를 고르기도 한다. 이런 시간이 참 좋다. *언젠가 나만의 교실을 가질 날이 온다면 나는 좋은 책장을 들여놓고 도서관 같은 교실을 만들고 싶다. 그런 날이 얼른 왔으면 좋겠다.*

3. 즐거운 책 읽기부터 교과 공부로 이어가는 책 읽기

처음 아이들한테 동화를 읽어 주고 소개해 주려고 마음먹었을 때는 좋은 작품을 알려 주고 싶은 마음이 컸다. 그래서 그저 읽어 주고 느낌을 나누었다. 하지만 시간이 흐르면서 읽어 준 문학 작품은 자연스럽게 교과 수업으로 이어지거나 아이들의 생활에서 일어나는 아픔이나 갈등을 해결하는 실마리가 되기도 했다. 책을 읽어 줄 때는 어떠한 목표도 잡지 않았는데, 뜻하지 않은 결실을 거두게 되면서 문학 작품을 고르고 읽어 주는 일에 대해 조금 더 고민을 하게 되었다. 아이들 생활과 관련된 작품, 아이들 반응이 풍부하게 나올 작품들은 토론 자료로 삼거나 교과 수업으로 끌어들이는 노력을 기울이게 된 것이다.

(1) 우리 아동 문학의 고전, 아이들과 함께 읽기 『몽실 언니』(권정생, 창비)

① 『몽실 언니』 독서 토론회

인천 주안남초등학교에서 4학년 아이들을 맡았을 때는 달마다 함께 읽은 동화로 토론회를 열어야겠다고 생각했다. 아이들 모두 함께 하지 못한 것은 아쉽지만 그래도 독서 게시판에 함께 읽은 책을 소개하고, 책을 사서 다 읽은 사람은 자기 이름을 써 놓게 하니까 책에 관심을 갖는 아이들이 늘었다. 책 읽는 데 관심이 많은 아이들한테도 좋은 기회가 된 것 같다.

6월에 『몽실 언니』를 읽었다. 토론을 하려고 남은 아이들은 아홉 명이었다. 우리는 책상을 둥글게 놓고 둘러앉았다. 아이들은 기대에 차 가만있지 못하고 엉덩이를 들썩거렸다.

> "먼저 우리가 할 이야기를 몇 가지씩 써 놓고 이야기하자. 이 책을 읽으면서 느낀 것, 하고 싶은 말, 그런 것을 세 가지쯤 쓰자."
>
> 종이를 한 장씩 나누어 주었더니 모두 열심히 썼다. 5분쯤 지나서 이야기를 시작했다.
>
> "처음이니까 얼마나 시간이 걸려서 읽었는지, 재미가 있었는지 그런 얘기 쭉 돌아가며 해 보자. 성진이부터 해 보렴."
>
> "저는요, 하루에 세 시간씩 사흘 만에 다 읽었어요."
>
> "그렇게 재미있었어? 세 시간 동안 꼼짝도 않고 읽게?"
>
> "저요, 오락도 안 했어요. 늘 하던 게임도 나흘 동안 안했더니 아버지가 마이크까지 사 줬는데요."

"오락을 나흘 동안 한 번도 안 했다고?"

"네. 원래는 만날 하는데 이 책 읽을 때는 정말 안 했어요."

"책도 읽고 선물도 받고 좋네. 그래 지현이는?"

"저는요, 하루 한 시간씩 읽었어요."

지현이는 짧게 말하고는 더 이상 이야기하지 않았다. 자연스레 효정이 차례가 되었다.

"전 정말 재미있었구요 감동적이었는데, 마지막에 가파른 고갯길에서 난남이와 몽실이가 헤어질 때 슬펐고, 음 그게 잊혀지지 않아요. 그 장면이요."

"담이는 어떻게 읽었니?"

"전요, 사흘 동안 저녁마다 잠자기 전까지 읽어서 다 읽었어요."

아이들 이야기를 들어 보니 다들 재미있게 책을 읽은 것 같다. 이틀 만에 읽은 수형이가 제일 빨리 읽었고 재승이가 제일 늦게 읽었다. 재승이는 거의 보름이나 걸려서 읽었다. 그래도 나는 재승이가 군것질할 돈을 모아서 책을 사고, 그 책을 보름 동안 읽고는 이렇게 토론회까지 참석하게 된 것이 참 기뻤다. 아이들은 재승이가 보름 만에 다 읽었다고 하자 깔깔대며 웃는다. 그래도 재승이는 "난 원래 천천히 읽어요." 하면서 아이들이 웃는 게 도리어 이상하다는 듯이 말대답을 한다. 다음은 책을 읽은 느낌을 나누었다. 재승이가 제일 먼저 손을 번쩍 들더니 이야기한다.

"몽실이가 너무 불쌍해요. 처음에 아버지 나오는 데까지는 좀 재미가 없었거든요. 그런데 몽실이가 다리를 다칠 때부터 계속 재미있었어요."

재승이의 말이 끝나자 몇몇 아이들도 재승이가 말한 곳부터 재미가 있었다고 했다. 지현이는 용기를 잃지 않고 몽실이가 난남이를 돌보는 것이 훌륭하다고 했고, 담이는 암죽을 끓여 동생에게 먹이는 장면이 기억에 남는다고 했다. 아영이는 몽실이가 절뚝이는 발로 멀리 산을 보며 우는 것이 슬펐고, 몽실이가 편하게 살았으면 좋겠는데 끝까지 희생하는 것이 마음 아팠단다. 재승이는 늘 엉뚱한 이야기를 잘 하는데 몽실이가 곱추랑 결혼해서 조금 안됐지만 어릴 때 난남이를 키워 봐서 아들딸은 잘 키울 수 있을 것 같다고 했다. 효정이는 곱추랑 결혼을 해서 안된 점도 있지만 보통 사람이 모를 장애인의 마음을 알고 장애인끼리의 비밀이 잘 통할 것 같다고 했다.

짤막하게 돌아가며 이야기를 나누었는데 생각 외로 아이들의 생각이 깊고 날카롭다는 생각이 들었다. 오순도순 모여 앉아 한 시간 가까이 이야기하고 글도 쓰고 했는데 늘 이렇게 공부하면 얼마나 좋을까 하는 생각을 했다.

② 6학년 아이들에게 장편, 『몽실 언니』를 읽어 주다

『몽실 언니』는 십여 년 전 몇 번씩 눈물을 훔치며 읽던 책이다. 몽실이 아버지가 부산 자선병원 앞에서 죽어 갈 때, 밀양댁이 죽었다는 소식을 듣고 몽실이 아버지 정씨가 몸을 들썩이며 울 때는 나도 모르게 입에서 흑흑거리는 소리가 나왔다. 그 감동을 잊지 못해서 읽자마자 어머니에게 읽어 보시라고 드렸다. 어머니는 저녁에 읽기 시작했는데 자다가 눈을 떠 보니 새벽인데도 책을 놓지 못하고 앉아 계셨다. 글을 느릿느릿 읽는 분인데 이따금씩 눈물을 흘리며 읽으려니 시간이 더 걸렸을 것이다. 다음 날 아침, 어머니는 많이 울면서 그 책을 보았다고 말씀하셨다. 그때는 지냥 지나쳤는데 지금 생각하니 어머니 역시 몽실이였다는 생각이 든다. 일흔 살 가까이 된 어머니들은 대부분 몽실이 같은 인생길을 걸어왔을 것이다. 우리 어머니도 그렇다. 양부모 밑에서 온전하게 자라지 못하고 부모를 일찍 여읜 탓에 형제 집을 돌며 어린 시절을 힘겹게 보내신 어머니는 몽실이가 걸어간 길 구석구석에서 자신의 흔적을 발견하고 가슴 아파 했을 것이다.

이렇게 어른들의 마음까지 깊은 감동으로 몰아넣는 『몽실 언니』를 한번쯤 아이들한테 읽어 주고 싶었다. 이런 마음을 품은 것은 오래 전이다. 하지만 그 긴 이야기를 읽어 줄 엄두가 나지 않았다. 그러다 잘 아는 선생님 두 분한테 『몽실 언니』를 읽어 주었다는 말을 들었다. 4학년, 5학년 아이들이었는데 잘 듣더라고 했다. 그 말을 들으니 얼른 나도 해야겠다는 결심이 섰다. 6학년을 맡은 올해가 되어서야 비로소 실천에 옮길 수 있었다. 그런데 일 년이 다 가도록 이런저런 일로 미루다 12월 6일이 되어서야 겨우 시작했다. 저학년을 가르칠 때와 달리 고학년은 짬을 내기 어려워 날마다 책 읽어 주는 일이 쉽지 않다. 방학이 31일이니까 30일까지는 읽어 줄 수 있다고 생각하고는 날짜를 손으로 꼽아 보았다. 19일이 남아 있었다. 분명 사정이 있어서 읽어 주기 어려운 날이 있을 테니 5일 정도 빼고, 17~20쪽씩 읽어 주면 다 읽어 줄 것 같기도 했다.

하지만 계획대로 되지 않았다. 2학기 말이 되니 아이들의 생활이 흐트러지고 뭐든지 적당히 하려 들면서 말을 듣지 않았다. 아이들이 이러니 자꾸 야단을 치게 되었고 자연스레 기분이 좋지 않은 날들이 이어졌다. 책을 읽어 주고 싶은 마음이 하루 종일 나지 않을 때도 생겼다. 내 기분이 그러니 아이들도 책을 읽어 달라고 하지 않았다. 또 시간이 나는 날은 교과 공부를 하거나 학급 행사와 관련해 토론을 하다가 책 읽어 줄 시간이 나지 않았다. 중간의 40여 쪽은 줄거리를 간추려서 이야기로 들려줄 수밖에 없었지만 그래도 무사히 『몽실 언니』를 아이들한테 읽어 주었다.

『몽실 언니』 읽어 준 첫날

첫날, 아이들한테 269쪽이 되는 장편을 읽어 주겠다고 했다.

일 년 내내 많은 책을 읽어 주었기 때문에 이야기 듣는 일은 아이들한테 즐겁고 익숙한 일이다. 하지만 두꺼운 책을 본 아이들은 걱정스러운 얼굴이었다. 한쪽에서 책을 이미 읽은 아이들 두세 명이 재미있다고 조그맣게 말했지만 분위기는 그리 뜨거워지지 않았다. 다 읽을 수 있을까, 끝까지 재미있을까 뭐 그런 얼굴들이었다. 책을 읽어 주기 전, 이 책을 읽었던 지난날 내 기억을 더듬어 들려 주었다. 이어 읽어 주기 시작했다. 독서 공책에 날짜를 쓰고 읽어 가면서 어려운 말이나 지명, 나오는 인물 정도를 칠판에 써 가면서 읽었다. 아이들은 공책에 쓰면서 듣기로 했다. 아무래도 장편이라 그 정도의 노력은 하면서 듣게 해야 할 것 같았다.

'밀양댁, 살강 마을…….'

다행히 아이들은 읽는 내내 조용했다. '만주 거지'가 고향에 돌아오는 장면을 읽을 때는 조금 웃기도 했다. 목이 아파서 첫날은 16쪽까지만 읽었다. 20쪽씩 읽어 주려고 했지만 목소리가 자꾸 갈라지고 그래서 아무래도 무리인 것 같았다. 첫 날은 이야기를 들은 느낌을 글이나 그림으로 간단히 표현하게 했다.

그런데 좀처럼 공부 시간에 집중을 하지 않는 명훈이가 "다음 시간에 또 읽어 주세요." 하는 것이다. 명훈이가 읽어 달라고 하면 아주 재미있는 이야기다. 그 말을 들으니 힘이 생겼다. 선영이는 종합장에 읽어 준 장면을 한 바닥 그려 왔다.

'저거 언제 읽냐?'

삼일째 되는 날, 47쪽까지 읽었다. 기표가 재미있다며 더 읽어 달라고 했다. 두 쪽을 더 읽었다. 몽실이가 정씨 아버지를 그리워하고 불쌍한 어머니를 동정하는 대목을 읽는데 자꾸 목소리가 떨려 오고 목이 젖어든다. 감정 수습이 안되고 울어 버릴 것만 같았다. 아이들이 흔들리는 내 감정의 변화를 알아챘을까 싶어 자꾸 마음이 쓰였다. 겨우 마음을 수습하고 마저 읽었다. 책을 읽어 주면서 낱말이나 구절 뜻을 알고 있는지 물어보거나 일러 주기도 했다.

"'밤이 이슥하여'는 무슨 뜻일까?"

"어두워져서요."

"그래."

"나 잘 맞추지요?"

종현이가 씩 웃었다. 이야기를 듣는 분위기가 좋다. 누군가 "졸려!" 하는 소리가 들리기도 했지만 거슬리지 않는다. 이야기를 들으며 자는 아이가 있으니 도리어 평화스럽다. 이런 교실 분위기에 나도 촉촉이 젖어 들었다.

세 번째 읽어 준 날, 기표는 참을 수 없었는지 읽기가 끝나자 교실 책꽂이에 한 권 더 있던 『몽실 언니』를 가져다 읽었다. 쉬는 시간, 이어지는 공부 시간 내내 읽었다. 그냥 놔두었다. 책에 푹 빠져 있는 아이를 방해하고 싶지 않았다. 네 번째 읽어 주던 날 책을 읽어 주기 전에 기표한테 다 읽은 소감을 물었다. 기표는 모두 죽어서 싫다고 말했다.

기표는 밝고 자유스러운 아이다. 때로 규칙을 벗어난 행동을 해서 야단을 맞지만 늘 즐겁다. 그래서일까? 등장인물이 죽게 되는 이야기를 읽고 나면 너무 속상해 한다. 그 책이 싫다고, 재미없다고도 말한다. 그러면서 친구들한테 읽어 보라고 한다. 이야기에 나오는 인물이 죽는 것에 화나고 안타까운 마음을 그렇게 표현한다. 새어머니가 몽실이 옷을 해 주고 사랑해 주는 장면까지 읽고 나니 조그맣게 "이제 난남이가 나온다." 하며 참견을 한다. 뒷이야기를 알고 나면 말하고 싶어 입이 근질거리기도 할 것이다.

시간이 가면서 이야기를 들으며 끼적거리는 아이들이 줄어들었다. 잘 정리하며 듣기를 바라는 욕심은 나지만 내버려 두었다. 그런데 이날 주영이가 듣고 난 느낌을 짧게 쓴 쪽지를 내보인다. '북촌댁 같은 새엄마가 있으면 좋겠다.' 하고 써 있다. '어머니가 없는 걸까…….' 짐작은 하고 있지만 제 입으로 말하지 않아 지켜보기만 하고 있는데 이렇게 써 놓은 걸 보니 안쓰러운 마음이 들었다.

야학 선생님이 길게 연설하는 대목을 읽어 줄 때에는 아이들이 조금 지루해 하는 듯했다. 나 역시 그럴 때는 긴장이 되고 빨리 이 대목이 넘어갔으면 한다. 아니나 다를까? 쉬는 시간이 되자 주혜가 한마디 한다.

"오늘은 내용이 없어요. 더 읽어 주세요."

별 사건이 없었으니 그럴 만하다. 기표는 공비가 무어냐고 물었다. 종성이는 언제 다 읽느냐며 걱정스런 얼굴이다.

12월 28일, 180쪽까지 읽어 주었다. 종성이는 방학할 때까지 읽어 줄 수 있냐고 물었다. 나도 모르겠다. 중간 중간 읽어 주지 못한 날이 많아 이렇게 된 것이다. 내 감정에 휘둘려 아이들을 야단치느라 이렇게 되었다. 명훈이는 읽어 줄 때마다 더 읽어 달라고 하면서 열심히 듣는다. 양공주가 낳고 내다 버린 검둥이 아기를 몽실이가 많은 사람들의 눈길에도 아랑곳하지 않고 감싸는 장면, 꽃 파는 아이를 동정했다가 도리어 깨달음을 얻는 장면들이 나온다. 한국 전쟁을 겪으면서 어쩔 수 없이 겪게 되는 가난하고 비참한 삶들이 아이들한테 연민을 불러일으킨 걸까, 비웃는 아이 하나 없이 숙연하게 듣는다. 그래도 이따금씩 듣지 않고 딴전을 피우며 히히거리는 아이들도 있다. 잠음도 난다. 장편을 읽어 주는 일이 쉽지는 않다. 하지만 아이들이나 나나 이미 이 인물과 이야기 흐름에 빠져들 대로 빠져들었다. 어렸을 때 라디오 연속극을 들으며 온갖 장면을 상상했던 일들을 아이들한테 말해 주었다. 아이들도 저마다 인물의 생김새나 사는 곳들을 상상하며 들을 것이다. 가끔 삽화를 들여다보려고 몸을 기웃거리는 아이도 있다. 삽화를 보여 주면 "아, 이런 데구나!" 하며 한 마디씩 한다.

"내일은 마지막이야. 다 읽어 줄 수 없으니 어느 정도는 간추려서 이야기해 주고 마지막 부분만 읽어 줄게."

"벌써요?"

시간이 그렇게 흘렀다.

마지막 날

그날 저녁 집에 돌아와 잠들기 전 이불에 누워 나머지 부분을 읽었다.

몽실이 친아버지 정씨가 밀양댁이 죽은 소식을 듣고 몽실이가 펴 놓은 떡보자기를 외면한 채 드러누워 들썩이며 울다가 아예 통곡을 하는 장면, 이 장면에 이르면 목이 메고 눈물이 흐른다. 실제로 이렇게 살다 갔을 사람들이 생각나 절로 서러워진다. 다음날 아침 전철을 타고 가며 수첩에다 간추릴 부분을 요약해서 썼다. 읽지 않고 간추려 들려줄 부분이 40여 쪽 가까이 된다. 아쉽지만 어쩔 수 없다. 하지만 나름대로 정성을 다해 준비했다. 전날 읽어 보고 또 다음날 아침 읽으면서 수첩에 요약을 했다.

아침 첫 시간, 시간이 흐르면 준비한 것들이 희미해질 것 같아 얼른 시작했다. 어젯밤 일부터 이야기했다. 어떤 장면이기에 선생님이 울었을까 하고 궁금해 하는 아이들도 있을 것이다. 간추린 부분을 이야기하는데 더없이 진지하다. 옛이야기 들려주듯 간추린 이야기를 들려준 뒤 마지막 읽기에 들어갔다.

"이제 마지막 부분 읽어 줄게."

첫 문장 '그리고 30년이 지났다.'를 시작으로 천천히 읽어 나갔다. "몽실이가 곱추랑 결혼했나 봐!" 저들끼리 말하는 소리가 들린다. "곱추가 뭐예요?" 하고 묻기도 한다. 사이사이 설명을 하면서 끝까지 읽었다. 영화의 마지막 장면을 볼 때와 같은 아쉬움이 몰려온다. 다 읽고 났는데 한참 말이 없다.

"끝이에요?"

"그래."

"몽실이가 불쌍해요."

"다 읽었는데, 누군가 하고 싶은 말 있으면……."

"읽어 주지 않고 간추려 줘서 아쉬웠어요."

"책을 빌려서 다시 읽고 싶어요."

짧은 이야기 속에 말로 다하지 못하는 아쉬움이 묻어난다.

"오늘은 다 읽은 날이니까, 느낌을 글로 써 보자."

그리고 6학년에 들어와 내가 읽어 주었거나, 자신이 읽은 책 가운데 가장 감명 깊었던 책을 5권씩 꼽아 보라고 했다. 『몽실 언니』를 최고로 꼽은 아이들이 많았다. 장편을 한 권도 못 읽었는데 이렇게 읽어서 좋고, 다시 이 책을 읽어 보고 싶다고 한 아이들도 있고, 중간에 간추려서 아쉽다는 아이들도 있다. 『몽실 언니』를 읽어 주면서 6학년을 맡으면 꼭 이 책을 읽어 주어야겠다는 생각이 들었다. 1학기 때 우리 역사를 배운 아이들은 한국 전쟁과 해방 이후 역사를 관통하는 줄거리에 큰 흥미와 사실감을 느끼는 듯했다. 역사를 배우지 않았더라면 아이들이 느낀 감흥이 덜 했을지도 모른다. 대하 드라마가 끝난 듯한 아쉬움과 장편을 읽었다는 뿌듯함이 함께 밀려온다.

(2) 교과 공부 속으로 들어간 동화

① 『너하고 안 놀아』 (현덕 글, 창비)

현덕이 쓴 동화 『너하고 안 놀아』가 나오자마자 이 동화책은 내 보물 1호가 되었다. 내가 가장 아끼는 동화책이 된 것이다. 그래서 저학년이나 중학년 아이들을 만나게 되면 늘 이 동화집에서 이야기를 골라 읽어 주곤 했다. 하지만 아이들은 내 마음과 같지 않았다. 2001년, 인천 주안남초등학교에서 만난 3학년 아이들한테 이 책을 읽어 주었을 때의 일이다. 처음에 읽어 준 몇 편을 빼고는 그다지 흥미를 보이지 않았다. 나는 아이들만 원한다면 끝까지 읽어 주고 싶었다. 하지만 그만둘 수밖에 없었다.

그러다 2002년, 인천 남부초등학교로 와서 다시 3학년을 맡게 되었다. 다시 한 번 해 보자는 마음으로 『너하고 안 놀아』를 읽어 주기 시작했다. 4월 중순 즈음부터 시작해서 여름 방학 전까지 서른 편이 넘게 읽어 주었다. 이 아이들은 전에 만난 아이들하고 사뭇 반응이 달랐다. 네댓 편 읽어 주면서 곧 이 아이들도 시들해지겠지 했는데 아니었다. 아이들은 이야기를 하나 읽어 주고 나면 또 읽어 달라고 자꾸 보챘다. 열댓 편 가까이 읽어 주니까 작품 속 인물들은 어느새 아이들 속에 들어와 호흡하는 듯 아이들의 관심과 흥미 속에 있게 되었다.

처음 읽어 준 작품은 「고양이」였다. 이 작품은 그림책으로도 따로 나왔다. 먼저 『너하고 안 놀아』에 실린 「고양이」를 읽어 주면서 장면을 머릿속으로 그려 보라고 했다. 첫 작품을 읽어 줄 때부터 아이들 모습이 재미있었다. 고양이 소리 '아옹 아옹'이 자꾸 되풀이해서 나오니까 여러 아이들이 고양이 소리를 내기 시작했는데 몇몇 아이들은 행동까지 흉내 내면서 이야기를 들었다. 그러다 보니 다른 아이들도 즐거워하고 제법 분위기가 돋우어졌다. 이어서 그림책 『고양이』(길벗어린이)를 펼쳐 들었다. 글은 이미 읽었으니까 그림만 천천히 보여 주었다. 아이들은 고양이 흉내를 내는 아이들 뒤로 희미하게 고양이가 그려 있으니까 아주 좋아했다. 다 읽고 나서 고양이 흉내 내기를 했다. 서너 명이 나와서 고양이 흉내를 내는데 아주 그럴 듯했다. 이때부터 쉬는 시간에 화장실에 갈 때면 나는 "고양이 걸음!" 하고 말한다. 그러면 아이들은 뛰다가도 놀이를 하듯이 고양이처럼 걷는다.

첫 작품을 즐겁게 들은 아이들은 계속 읽어 주겠다는 내 말을 듣고 좋아했다. 이어 들려준 「물딱총」도 아이들이 아주 좋아하는 작품이다. 부잣집 아이 기동이는 노마한테 대야에 물을 떠오면 물딱총을 한 번 쏘게 해 주겠다고 약속해 놓고는 끝까지 지키지 않았다. 참다 못해 주인공 노마는 서러워 우는데 아이들은 이런 노마의 처지를 몹시 안타까워했다. 듣고 나면 느낌을 말하는데, 시간이 모자랄 때는 공책에 느낌 한 줄만 쓰라고 했다. 몇 번째로 읽어 주었다는 표시로 숫자를 쓰고 이어 작품 이름을 쓴 다음 느낌을 짧게 쓰게 했다.

동화를 꾸준하게 이어서 듣다 보니 여기에 나오는 동무들이 이웃집 동생처럼 생각되는 걸까? 책의 반 이상을 읽어 주고 나니까 아이들은 작품 속 아이들 생활이 자신의 생활이 된 듯 관심을 갖고 이들의 하루하루를 궁금해 했다. 뭐가 그리 신나는지 동화를 읽어 주는 중간에도 할 말이 있다며 손을 자주 든다. 이럴 때는 흐름에 방해될 때만 빼고는 대부분 질문을 들어줬다. 다 읽고 나면 앞으로 이야기가 몇 개나 남았냐며 묻기도 했다. 또 굳이 질문을 하지 않아도 손을 들어 스스로 느낀 것을 말하기도 했다. 모르는 말이 나올 때는 책을 읽는 중간에 손을 들어 물어 보곤 했다. 현덕이 작품을 쓴 지 60년 가까이 되었으니 요즘 아이들한테 익숙하지 않은 말이 더러 있다. 그래도 아이들이 작품 속 아이들의 마음을 아는 데에는 아무 어려움이 없다.

「둘이서만 알고」를 읽어 줄 때였다. 윤희가 손을 들었다.

"선생님, 노마하고 영이하고 나이가 비슷하지요?"

"응, 그래. 그런 것 같은데, 왜?"

"나이도 비슷하고 둘 다 가난하고 그러니까 둘이 좀 좋아하는 것 같아요. 기동이는 빼고 둘이서만 비밀을 갖고 있잖아요."

"아, 그래. 그렇게 생각할 수도 있겠네. 그래 더 들어 보자."

「암만 감아두」를 읽어 줄 때에는 예나가 무언가 대단한 것이라도 발견한 듯 흥분하며 손을 들었다.

"선생님 있잖아요. 여기에는 되풀이되는 말이 많아요. 계속 그러잖아요."

"그래 맞아, 그래서 내가 몇 번 읽어 주다 보면 너희들이 다음에 나올 말을 알고 따라 하잖아."

「암만 감아두」 같은 작품을 읽어 줄 때는 칠판에 그림을 그려 가며 이야기를 해 주었다. 들창에 와서 친구들이 어머니 실 감는 일을 돕는 노마를 부르다 지쳐서 돌아가는데, 들창이나 실패에 실 감는 모습을 그려 가며 설명했다. 그림을 그리니 아이들은 잘 알겠단다. 기동이, 영이, 똘똘이가 차례로 노마가 나오는 것을 기다리다 지쳐 돌아가자 아이들은 웃음이 나오나 보다. 자기들보다 어린 아이들이라 때로는 귀여워서 좋고, 때로는 자기들 마음을 그대로 보여 주니까 좋고 그런 것 같다. 「대장 얼굴」을 읽어 주고 나서는 노마와 똘똘이의 마음이 어떻게 달라졌냐고 물으니까 전학 온 남호가 처음으로 손을 들어 말했다.

"집에 가면서요, 노마가 기동이를 때려 주고 싶었을 것 같아요."

교과서에 있는 작품을 읽고 이야기를 나누었더라면 남호는 이렇게 손을 들어 발표하지 않았을 것 같다. 이 작품을 여러 차례 읽어 주면서 어느 순간부터 남호는 자주 손을 들고 발표했다. 아마 자기 마음을 작품 속에서 많이 읽어 내는 것 같았다. 가끔 형한테 맞아서 얼굴에 멍이 들어 올 때도 있는데 기동이가 하는 짓이 형하고 닮았다고 생각하는지도 모른다.

열 번째로 「과자」를 읽어 주었다. 영이와 노마가 기동이한테 과자 좀 주면 기동이하고만 친구 한다고 했다가, 과자 봉지가 다 비니까 언제 그랬냐는 듯 모른 척해서 기동이를 약오르게 하는 이야기다. 아이들 사이에 충분히 그럴 수 있는 이야기인데 여기서는 기동이가 친구들한테 당하는 꼴이다. 한참 읽어 주는데 아이들이 말한다.

"이번에는 기동이하고 노마하고 바뀐 것 같아요."

"기동이가 사기당했어요."

아이들은 노마를 좋아하고 노마 편에 서 있으면서도 기동이를 동정하기도
한다. 참 아이들다운 마음이다. 「과자」를 다 읽어 주고 나서는 잠시 내 어릴 적
이야기를 들려주었다.

"선생님도 「과자」를 읽다 보니 생각나는 게 있는데……. 초등학교 1학년에
막 들어갔을 때야. 동네 가게에 가서 외상으로 과자를 샀는데 주인 아주머니가
이제 학교 다닌다고 내 손으로 외상 수첩에 '과자 10원' 이렇게 쓰라고 했어.
그 말을 듣고 조그만 수첩에 글씨를 쓰는데 얼마나 떨렸는지 몰라. 나는 과자를
'가자' 이렇게 썼어."

나는 칠판에 '가자' 하고 써 주었다. 아이들이 막 웃는다.

더러 심심한 작품도 있지만 이제 아이들은 이 어린 동무들의 세계에 푹 빠져
들어서 조금 싱거운 듯한 이야기에도 흐트러지지 않고 귀담아 듣는다. 「바람은
알건만」은 시 같은 이야기라 아이들이 재미있어 하지 않을 것이라 생각했다. 그
런데 아이들은 이 작품도 좋아했다. 그 앞에 가르친 아이들도 3학년이었는데
그 아이들도 내가 책 읽어 주는 시간을 참 좋아했지만 이 아이들처럼 현덕의 작
품에 흠뻑 빠져들지는 않았다. 아이들 형편이 지난 해 맡은 아이들보다 더 어렵
고 어른들이 잘 보살펴 주지 못해서 그렇지 않을까 하는 생각이 들었다.

『너하고 안 놀아』를 일곱 편 가까이 읽어 주고 나서였을까? 몇몇 아이들이
이 책을 어디서 파느냐고 물었다. 여러 아이가 물어서 나는 칠판에 책 이름과
지은이 이름, 출판사를 써 놓았다. 동네 책방에 가서 없으면 갖다 달라고 부탁
하면 된다는 말도 해 주었다. 며칠이 지났다. 여자 아이 둘이 『너하고 안 놀아』
를 샀다며 자랑스럽게 책을 내 보였다. 선생님과 똑같은 책을 사서 보는 아이들
이 생기니까 책을 사는 아이들이 저절로 늘었다. 일 주일쯤 지나고 보니 책을
갖고 있는 아이들이 열 명 가까이 되었다. 이 아이들은 스스로 책을 산 적이 없
는 아이들이다. 그런데 내가 굳이 사라고 말하지 않았는데도 이렇게 책을 샀다.
참 놀랍다. 아이들은 내가 읽어 주는 동화를 들으면서 다음 이야기가 궁금했고,

내가 가지고 있는 책을 갖고 싶었던 것이다.

정원이도 『너하고 안 놀아』를 샀는데 나는 조금 놀랐다. 정원이는 스스로 공부를 못 한다고 생각하는 아이였다. 준비물도 안 가져오는 날이 더 많고 공부 시간에 거의 딴전을 피웠다. 그런데 이 아이가 스스로 책을 샀고 틈틈이 그 책을 봤다. 내가 책을 읽어 주는 시간에 다른 아이들이 갖고 있지 않은 『너하고 안 놀아』를 즐거운 마음으로 꺼내 놓고 내가 읽는 부분을 손가락으로 짚어 가며 읽었다. 다른 시간에는 늘 야단만 맞는 아이였지만 이때만큼은 정말 착실하게 공부하는 아이가 된다. 나는 정원이한테 책을 사는 일은 아주 멋지고 훌륭한 버릇이고, 책을 좋아하기 때문에 정원이는 공부도 잘 할 수 있다고 했다.

② 「착한 아이」 (『또야 너구리의 심부름』, 김중미 외 글, 창비)

「착한 아이」는 사춘기 여자 아이의 예민한 감수성을 다룬 작품이다. 국어과와 문학 작품을 공부할 때 이 작품을 쓰기로 했다. 고학년 아이들 사이에 가장 관심 많은 이성 문제를 교과서에서는 전혀 다루지 않고 있어서였다. 「착한 아이」를 꼼꼼하게 읽으면서 어떻게 공부하는 게 좋을지 생각했다. 정성껏 학습지도 만들었다. 작품을 읽어 주는데 아이들이 조용하게 잘 듣는다. 줄거리가 요즘 자신들의 관심사인 이성 친구를 소재로 하고 있어서 그런 것 같았다. 작품을 잘 골랐다는 생각이 들었다.

그런데 다 읽고 나니 아이들이 황당하다는 얼굴을 하고 있다. 그러다 한 아이가 말했다. "허전해!" 왜 그러냐고 물으니까 둘이 잘 될 줄 알았는데 그렇지 않아서 아쉽다고 했다. 아이들도 같은 마음인 듯했다. 아이들 얼굴을 보니 이야기가 술술 나오겠다는 생각이 들었다.

"둘이 사귀지도 못하고 끝나서 허무해요!"

"짝사랑으로 끝나니까 허무해요!"

"이루어지기를 바랐다? 그런데 현실은 이루어지지 않는 경우도 많잖아."

아이들은 내가 마치 작가라도 되는 듯 불만스러운 얼굴을 했다. 조금 이야기를 나누고 이어서 넷씩 짝을 지어 토론을 했다. 토론 문제로 다음과 같은 것들을 알려 주었다.

'현주를 어떻게 생각하나요?, 현주의 매력이 있다면?'

'지홍이가 현주한테 보인 태도를 어떻게 생각하나요?'

'이야기의 결말을 어떻게 생각하나요?'

'하고 싶은 이야기가 있다면?'

어떤 작품도 완벽한 것은 아니니까 문제가 있다고 생각하는 부분은 비판을 해도 된다고 덧붙였다. 처음 해 보는 토론이라 아이들이 어떻게 할지 궁금했다. 아니나 다를까. 떠들고 장난하느라 야단이다. 할 수 없이 한 모둠씩 돌아다니며 앞에서 말한 질문을 한 아이한테 던지면서 토론을 이끌어 냈다. 그렇게 하니까 어느 정도 이해가 되었는지 저희들끼리 의견을 주고받는다. 가만히 보니 아이들은 작품 속 인물의 행동에 대해 진지하게 생각했고 상대방의 마음을 헤아리려고 나름대로 애를 썼다.

"저는 현주 같은 여자 아이가 좋다고 했을 경우, 마음에 썩 들지 않더라도 한 번 생각해 본다고 하면서 자연스럽게 피할 것 같습니다!"

"저는 현주가 매력이 있다고 생각해요, 혼자 쓸쓸하게 거닐고 하는 점이요."

"아무리 그래도 그렇지, 지홍이가 너무했어요. 자존심을 그렇게 상하게 하면 안 되잖아요. 진심으로 말했는데…… 자연스럽게 친구로 지내자고 해도 될 것 같아요."

아이들은 현주의 마음을 가볍게 웃어 넘긴 지홍이를 문제 삼았다. 남자 아이들 가운데에는 여자 친구의 자존심을 상하게 하지 않겠다고 한 아이들이 많았고, 여자 아이들은 현주가 자신의 감정을 솔직하게 드러낸 점을 높이 사는 아이들이 많았다. 현주가 보인 태도에서 문제점을 찾아 비판하는 아이도 있었다. 그 아이는 좋아하는 아이를 위해 모든 것을 바꾸려 드는 것은 문제다, 자신만을 위해서도 뭔가를 남겨 두어야 한다고 주장했다. 끝이 허무해서 아쉽다는 이야기, 현주가 불쌍한 모습으로 끝나게 돼서 책에 대해 아쉬움이 남는다는 이야기는 공통으로 나왔다.

작품의 상징적인 대목을 이해하는 점도 흥미로웠다. 읽기 교과서 학습 문제인 창의적으로 작품 읽기가 필요한 부분이다. 마지막에 가서 주인공이 '착하게 다시 자라날 거야.' 하면서 맺는 장면이 나온다. 아이들이 이 부분을 여러 가지로 해석했다.

'착하게 자라서 자기가 원하는 사랑을 얻어야겠다.'

'지홍이가 자기를 좋아하게 하려고 노력하겠다.'

'아빠가 착하게 살면 돌아올 것이라는 바람도 있고 이제 현주도 어른스러워져서 착하게 자라고 싶다는 마음도 있다.'

'현주는 짝사랑을 하고 있었지만 그 아이를 정리하고 성격을 바꾸면서 자랄 거라는 생각이다.'

개인의 주관이 드러나는 이 같은 해석들은 아이들이 작품을 어떻게 이해했는지 알게 해 주는 좋은 자료다. 토론이 끝난 뒤에는 모둠 대표가 나와서 토론 내용을 정리하여 발표했다. 아이들은 다른 모둠에서 나온 의견을 솔깃해서 들었다. 마지막으로 지금까지 공부해 온 방법하고 달리 이렇게 토론하면서 공부하니까 어떠했는지 몇 사람한테 소감을 들었다. 친구들 의견을 들어서 좋고 자신도 이야기할 기회가 있어서 좋다는 말이 주로 나왔다. 교과서 작품은 학원에서 다 배워서 흥미가 없었는데 선생님이 다른 작품을 읽어 주니까 흥미롭고 신선했다는 말도 나왔다. 「착한 아이」는 아이들의 예민한 관심사를 건드리고 있어서 아이들이 자신의 경험을 이끌어 내어 이야기하기에 좋은 작품이었다. 새삼 문학공부를 할 때 작품이 중요하다는 것을 느꼈다.

③ 이야기에 담긴 삶의 흔적을 찾아 (6학년 2학기 읽기 셋째 마당, 「삶의 무늬」)

문학 작품을 읽는 맛 가운데 하나가 가 보지 않은 나라, 가 볼 수 없는 시공간을 경험한다는 데 있다. 하늘을 나는 양탄자 이야기를 들으며 안방에 깔려 있는 담요가 붕 떠서 나를 태우고 어디론가 가는 꿈을 꾸고, 홍길동 이야기를 들으면서 귀신같은 무술로 못된 놈을 혼내 주는 꿈을 꾸는 것이 이야기를 읽는 큰 재미라는 것이다. 이 재미 속으로 아이들은 과거와 지금이라는 다른 공간의 차이를 배우기도 한다. 셋째 마당 읽기 단원에서는 이런 점을 염두에 두고 학습 목표를 세운 듯하다.

지도서를 보니 인물이 추구하는 삶이나 반영된 문화를 이해하면서 이야기를 읽으면 이야기를 이해하는 데 도움이 된다는 점을 강조하고 있다. 소단원 1. '따뜻한 마음'은 3차시에 걸쳐 '인물이 추구하는 삶은 바람직하고 가치 있는가?', '인물의 행동이나 사건은 문화와 어떤 연관이 있는가?'를 공부하게 되어 있다. 연을 만들어 민족혼을 일깨우려 하는 「연할아버지」와 사라져가는 전통문화를 사랑하는 노인이 나오는 「마지막 줄타기」가 작품으로 나온다. 둘 다 노인이 중요한 역할을 하는 인물로 나오고 전통을 이어가려는 의지를 갖고 있다. 주제의식이나 인물의 성격이 비슷하여 한 편은 다른 이야기로 넣었으면 좋겠다는 생각이 든다.

소단원 2. '향기로운 이야기'에서는 3시간에 걸쳐 「사라진 계란」, 「옥계천에서」를 가지고 인물의 행동, 사건의 전개, 시공간이 반영된 문화를 공부하게 되어 있다. 「사라진 계란」은 갈등 구조나 해결 방식이 6학년 아이들이 읽고 생각하기에 단순하다는 생각이 들고 「옥계천에서」는 장편의 일부분을 실어 놓아 학습 목표가 의도하는 반영된 문화를 이해하는 데 어려움이 따른다. 해설에 일제에 의해 강점되던 해를 배경으로 한다고 작품의 배경을 설명하고 있지만, 실린 본문에서는 그런 역사적 상황을 전혀 읽을 수가 없다. 아버지에 대한 추억담을 그 시절의 풍속도 속에서 그려 내고 있는데, 일제 강점기라는 상황을 생각할 때 너무 한가롭고 비일상적인 장면들로 일관하고 있다. 게다가 재미도 떨어진다.

이런 아쉬움을 보완하기 위해 인물이 추구하는 삶과 반영된 문화 찾기를 함께 공부할 수 있는 작품을 한 편 골랐다. 민족의식이 돋보이면서도 또래 소년 소녀가 중심인물로 등장하는 『눈뜨는 시절』(겨레아동문학연구회 엮음, 보리)을 공부할 작품으로 골라 보았다. 『눈뜨는 시절』은 1949년 작품으로 해방 직후 청산

되지 않은 친일 문제와 가난하고 소박한 생활을 지금과 견주며 감상할 수 있는 좋은 작품이다.

이 작품은 아이들 처지에서 들을 때 썩 재미있는 이야기는 아니다. 하지만 제 또래 아이들의 우정이나 행동거지에 끌려 제법 진지하게 듣는다. 읽어 주기 전에 익숙하지 않은 적산 가옥, 반민족 행위 처벌법, 전재민, 토막집 같은 낱말의 뜻을 칠판에 써 주고 풀이해 주는 일이 필요하다. 25분 정도 읽어 줄 분량이라 두 번 정도에 걸쳐 읽어 주면 좋겠다. 지금과는 사뭇 다른 생활 모습 때문에 사이사이 읽어 준 이야기에 대한 줄거리라든가 사건 확인을 하면서 읽어 주는 것도 좋은 방법이 될 것이다. 이야기를 읽어 준 뒤 아이들이 발표한 것, 생각한 것들을 살펴보자.

문화는 인물의 행동이나 사건과 어떤 관계가 있는가? 또한 인물의 행동은 주제와 어떻게 이어지는가?

- 이 이야기를 들으니 일본 사람들보다 친일파가 더 미워진다. 지금도 우리나

라에서 편안하게 살고 있는 친일파나 친일파 자손들이 너무 싫다. 이 글을 쓴 작가는 돈에 눈이 멀면 안 좋은 세상이 된다는 것을 말하려는 것 같다. 내 또래 아이들도 이런 문제에 대해 생각해 보아야 한다.

- 이야기를 들으면서 내가 너무 남을 생각하지 않고 살았구나, 옛날 사람들도 남을 생각하며 살았는데 하는 생각이 들었다. 남을 생각하지 않은 내가 부끄럽다.

- 『눈 뜨는 시절』이 의미하는 것은 옳은 것에 눈을 뜨자는 것 같다. 50년 전보다 우리나라가 이렇게 발전한 게 대단하다.

- 그렇게 재미있지는 않고 아이들이 좋아할 만한 책도 아니지만 왠지 모르게 귀를 기울이게 된다. 아마도 정길이가 앞으로 어떻게 될까 궁금해서 그랬던 것 같다. 이야기를 다 듣고 정길이가 커서 어떻게 될지 생각하게 되었다.

- 정길이 아버지처럼 되지 않겠다. 돈 때문에 세 들어 사는 사람을 내쫓다니……. 그래도 정길이는 옳은 생각을 하고 있으니 그나마 다행이다.

- 정길이는 자신의 집이 부자여서 죄책감을 느낀다. 나 같으면 부자 아이들이라도 당당하게 다녔을지 모른다. 이야기에서 어려운 사람들이 사는 풍경이 나왔을 때에 가슴이 찡해졌다. 지금 잘 사는 대한민국에 태어나서 다행이다.

– 이 책에서는 정길이와 혜영이가 나비를 잡으면서 친해진다. 지금 우리는 친구들과 나비나 잠자리를 잡으며 놀기보다는 게임이나 '버디버디'를 하면서 말만 주고받는다.

– 시냇가에서 나무 막대로 빨래를 쳐서 빨래하는 모습이 지금과 많이 다르다고 생각했고 나도 한번 해 보고 싶다는 생각이 들었다.

– 같은 나라지만 시대가 다르니 생활 모습도 다른 게 많다. 사글세(월세)가 3천원이라니, 통장에 있는 돈을 꺼낸 다음 그 시대로 가면 부자가 될 것 같다.

– 이 이야기를 들으면서 전차, 지프차, 적산 가옥, 반민족 행위 처벌법 같은 많은 말들을 알게 되었다. 지프차나 전차를 타 보고 싶다.

– 주인공 정길이가 추구하는 삶은 모두가 힘들게 살지 말고 평등하게 일하며 사는 세상을 만드는 것이다. 그리고 『눈 뜨는 시절』이라는 제목이 무슨 뜻이지 몰랐는데 읽고 나니 일본한테 지배당했던 시절은 눈을 감았던 거고 해방되어서 열심히 살려고 하는 것은 눈을 뜬 거 같다는 생각이 든다.

– 정길이가 자기네 아버지 때문에 이사를 가게 된 혜영이네 집을 찾아가는 길에 거지를 보았다. 다른 아이들 같으면 무시했을 것 같은데 정길이는 자기 집은 왜 부자일까 생각하는 것이 어른스럽다. 이 글쓴이는 남을 배려하고 바르게 살아가라는 뜻을 작품에 담아낸 것 같다.

– 혜영이 아버지가 정길이네 삼촌이 잘못한 점을 말하지 않았다면 사람들은 정길이네 삼촌의 겉모습만 보고 동회장으로 뽑았을 것이다. 나는 혜영이 아버지가 선거 때 반대하기를 잘 했다는 생각이 든다. 해방 직후 가난한 사람들이 아주 많았다는 것을 알았다. 정길이가 혜영이네 집을 찾아가는 길에 보게 된 거지, 채석장의 돌 깨는 노동자들이나 움막집을 보니 그렇다. 정길이는 이 모습을 보고 '우리는 왜 잘 살지"하고 생각한다. 정길이가 나이에 비해 성숙하다.

이 작품을 들으면서 아이들이 느끼고 생각한 것들이 생각보다 꽤 많아서 놀라웠다. 교과서에서 말하는 학습 목표에 잘 맞는 작품이라는 생각이 들었다. 지금과 다르게 진지하고 소박한 친구 사이나 아버지까지 비판의 눈으로 보는 주인공의 태도에 아이들이 꽤 관심을 가진 것 같다. 단원 제목 그대로「삶의 무늬」가 진하게 드러나는 이야기를 들려주고 이야기를 나누면서 문학 작품을 읽는 즐거움과 배움을 아이들이 같이 느낄 수 있도록 작품을 새로 고르고 재구성하여 공부를 해 보았다.

④ 6학년 (다섯째 마당「마음을 나누며」)

6학년 1학기 5단원에 들어서면 어쩐지 마음이 넉넉해진다. 방학이 가까워지고 있는데다가 공부도 조금 싫증이 날 만한 때에 문학 작품을 모아 놓은 단원을 대하니 그럴 만도 하다. 이 단원에서는 다양한 읽을거리를 찾아 맛을 보는 공부를 한다. 소단원 1에서는 '소중한 우리말'이라는 제목 아래 옛글『소학언해』와 『연오와 세오』,『장끼전』을 공부하게 되어 있고, 소단원 2에서는 '나눔과 어울림'이라는 제목으로 외국 작품을 읽으면 어떤 점이 좋은지 생각해 보는 공부를 하게 되어 있다. 『나의 라임오렌지나무』는 장편이라 일부분만 보기글로 예로 나와 있다. '한걸음 더'에 가보면『난중일기』와『수학귀신』이 있다. 인물의 성격과 태도, 글의 내용을 알아보는 공부를 하게 되었지만 무리하게 부담을 주는 과제들은 없다. 말 그대로 편하게 읽고 이야기 나누면서 공부를 하게 되어 있다는 이야기다.

하지만 이 단원에 실린 작품들을 가지고 학습 목표에 도달하기에는 어려움이 따른다. 학습 목표 가운데 한 가지는 옛글과 외국 작품 같은 다양한 읽을거리를 보면서 작품에 드러나는 인물들의 생활을 알고 지금과 견주어 보는 것이다. 이 목표는 별 무리가 없다. 그런데 이 작품들을 읽으면서 다양한 읽을거리를 즐겨 읽는 데까지 이르기에는 무리가 있어 보인다. 『나의 라임오렌지나무』는 명작이기는 하나 장편 가운데 일부분을 실어 놓아 교사가 책을 읽고 어느 정도 줄거리를 이야기해 주는 가운데 작품을 다루지 않으면 이야기의 맛을 아이들이 느끼기 어려울 것 같다. 좋은 단편들도 많은데 굳이 장편 가운데 일부분을 실을 필요가 있었을까 하는 생각이 든다. 『수학귀신』 역시 두꺼운 책이다. 좀처럼 아이들이 읽어 내지 못한다. 이렇게 긴 장편 가운데 일부분을 싣기보다는 단편 가운데서 골라서 작품을 온전하게 맛 볼 수 있도록 하는 것이 좋을 것 같다는 생각이 든다.

교과서 작품을 보며 느낀 아쉬움을 해결하기 위해서 자료를 다시 골라 보았다. 소단원 1은 우리 옛이야기에서 자료를 뽑았다면 소단원 2에서는 다른 나라이야기를 골랐다. 스웨덴 시골 마을의 겨울을 배경으로 하고 있는 「소년 역전부」(『도토리와 산고양이』, 창비), 고학년 아이들이 이성을 발견하는 기쁨을 다룬 「빨간 열매가 터졌네」(『진흙탕 축제』, 일과놀이)들이다.

외국 작품

- 「소년 역전부」(『도토리와 산고양이』, 창비 – 스웨덴)
- 「그림자개」(『그림자개』, 창비 – 인도)
- 「빨간 열매가 열렸다」(『진흙탕 축제』, 일과놀이 – 일본)
  그 외 「금여우」, 「설피 속의 하나님」, 「다이조오 할아버지와 기러기」
- 장편 『사자왕 형제의 모험』(창비), 『우정의 거미줄』(창비), 『산적의 딸 로냐』(시공주니어)

만화

- 『나의 라임오렌지나무』(청년사) – 사랑스런 악동의 성장 이야기
- 『캄펑의 개구쟁이』(오월) – 말레이시아 아이들의 생활을 다룬 이야기
- 『바람이 불 때에』(시공주니어) – 핵 문제를 다룬 이야기

「소년 역전부」는 세계를 두루 다니는 여행자가 스웨덴 북쪽의 노를란드라는 곳을 여행하다 만난 12살짜리 소년, '랄스'에 대한 기억을 담은 작품이다. 영하

30도까지 내려가는 추운 곳에 사는 사람들, 그곳에서 눈보라를 헤쳐 나가며 여행자에게 길 안내를 하는 주인공 랄스는 아이들이 흥미를 가질 만한 주인공이다. 자연 속에서 사는 이들의 삶, 전기 없이는 한순간도 살 수 없는 우리들의 삶을 견주어 보며 많은 이야기를 나눌 수 있다. 또한 다른 나라 작품을 읽는 색다른 맛도 느낄 수 있을 것이다.

「빨간 열매가 터졌다」는 우리 교과서에서는 좀처럼 찾기 어려운 6학년 또래 아이들의 이성에 대한 감성을 산뜻하게 잘 그려 낸 작품이다. 아이들의 생활은 내가 자라던 시절과는 사뭇 다르다. 이성 친구에 대한 관심이나 표현도 아주 적극적이다. 하지만 아이들의 변화를 실감 있게 담아 낸 문학 작품이 별로 없다. 이런 아이들의 감성에 작가들이 눈길을 주지 않아서일까? 사정이 이러니 교과서에 실린다는 것은 더욱 먼 이야기 같다. 그래서 이 작품은 아이들한테 아주 신선하게 다가갈 것 같다. 일본 교과서에 실린 작품이라는 점도 이야기해 주고 우리 교과서에는 어떤 작품들이 실리면 좋겠냐는 이야기도 할 수 있겠다. 책을 읽어 줄 때는 책에 실린 다른 이야기도 소개하면서 아이들이 읽을거리에 더 관심을 갖게 하면 좋겠다. 이 단원에서 작품 몇 개를 읽어 주었다고 해서 아이들이 독서에 흥미를 붙이는 것은 아니다. 하지만 준비를 해서 아이들한테 이야기를 가지고 다가간다면 아이들한테는 이야기에 맛을 들일 좋은 기회가 될 수 있을 것이다.

(4) 한바탕 즐거운 이야기 세계에 빠져 보기

● 유은실의 『우리 집에 온 마고 할미』와 『기도하는 시간』

유은실의 『나의 린드그렌 선생님』(창비)을 읽고 이 작가의 다음 작품을 기다렸다. 두 번째 나온 작품들은 대부분 첫 작품의 기대에 미치지 못하는 일이 많다. 그래서 두 번째 작품까지 읽고 나서야 그 작가에 대한 나름의 믿음을 갖게 된다. 그런데 다행히 이 작가의 두 번째 작품 『우리 집에 온 마고 할미』(바람의아이들)는 조금도 나를 실망시키지 않았다. 책방에 앉아 단숨에 읽어 버릴 만큼 매력 있는 책이었다. 물론 분량도 많지 않았다. 아이들한테 읽어 주고 싶었다.

'아스트리드 린드그렌'을 열렬히 사랑한 작가, 유은실은 린드그렌을 꽤 닮았다. 독특한 매력의 인물을 만들어 낼 줄 알고, 뻔한 일상을 발랄한 터치로 그려 낸다. 또 작품 속 아이의 목소리가 생기 있고 또렷하다. 무언가를 주려고 얽매인 흔적이 보이지 않는데도 읽고 나면 느낌이 좋다. 무엇보다 내가 매력을 느끼는 점은 그의 작품 속에 익히 우리가 아는 옛이야기, 동화 속 인물이나 지은이 또는 시인이 은근슬쩍 섞여 든다는 점이다. 그 인물들 가운데 '마고 할미' 때문에 나는 도서관에 가서 그 할매가 나오는 그림책을 찾아보았다. 이름 때문에 서양 신화에 나오는 늙은 여신쯤으로 여겼던 '마고 할미'는 내 생각과 달리 아주 매력 있는 할매였다. 나는 거대한 우리 신 하면 류재수의 『백두산 이야기』(통나무)에 나오는 백두거인만 생각했다. 그런데 백두거인 저리가라 할 만한 마고 할미가 있는 것이다. 마고 할미는 역사를 짊어지고 피로에 지친 백두거인과 다르다. 화통하고 넉살 좋다.

한 번에 읽어 주기에는 조금 긴 듯하여 이틀에 걸쳐 읽어 주기로 했다. 내 마음을 들뜨게 한 책을 아이들은 어떻게 받아들이는지 몹시 궁금했다. 늘 그렇듯 나 혼자 읽을 때는 흥분할 만큼 재미있던 책도 아이들 앞에 서면 긴장이 되어 처음 읽는 기분이 된다. 그것은 아이들 반응이 두렵기 때문이다. 몇 장을 읽을 때까지 조금은 어수선한 느낌이 들었다. 그런데 가정부로 집에 들어온 할매가 주인인양 당당하게 식구들을 휘어잡고 살림을 꾸려 가는 모습이 나오면서 아이들은 이 할머니한테 흥미를 느끼기 시작했는지 조용해졌다. 할매가 음식 남기는 사람 제일 싫어, 안 씻는 사람 제일 싫어, 내 물건 뒤지는 사람 제일 싫어 같은 말을 되풀이할 때마다 아이들은 황당하다는 듯 마구 웃어댔다. 20여 분 읽어 주자 내 목소리가 갈라지기 시작했다. 마침 종이 치고 쉬는 시간이 되었다. 그런데 아이들한테 화장실에 다녀오라고 하니 아무도 안 간다. 아무리 이야기가 재미있다고 해도 이런 일은 없었다.

집중력이 떨어지는 명훈이가 웬일로 자리에 가만히 앉아서 그 다음을 어서 읽어 달라고 한다. 다들 그런 얼굴이다. 잠시 쉬고 다시 읽었다. 어느새 엎드린 아이도 보이고 졸음이 오는지 자는 아이도 보인다. 재미없어 자는 걸까 하는 생각이 들기도 했지만 아니었다. 교실 분위기가 너무 편안해서 자는 것이었다. 그래, 이야기를 들으며 스르르 잠드는 일이 얼마나 행복한 일인가?

주인공 아이 윤이는 음식도 빨리 맛있게 하고 청소도 빨리 하는, 그리고 밥그릇도 크고 비밀 가방도 있으며, 책에도 나와 있지 않는 견우직녀 뒷이야기를 잘 하는 이 할미를 마고 할미라고 생각한다. 할머니에 대한 두려움과 호기심은 친근감으로 바뀌어 가고 아이들 역시 주인공과 함께 할머니를 탐색한다. 아이들은 이야기가 끝나는 게 싫었을까 시간이 갈수록 "끝났어요? 끝난 거예요?" 하며 아쉬운 질문을 하기도 했다. 한 시간 정도 읽어 주니 이야기가 끝났다. 한쪽에서 "앵콜!"하는 소리가 들린다. "이 책 또 읽고 싶은 사람!" 하니 십여 명이나 손을 들었다. 6학년 아이들이 저학년처럼 다투어 이 책을 보려고 했다. 이 날 정말 아이들이 뭔가 많이 느끼고 즐거워했다는 것을 다른 날보다 더 강하게 느꼈다. 내가 아이들하고 이야기를 즐겨야겠다는 마음이 커서 더 그랬는지도 모르겠다. 이런 날은 책을 읽어 주면서 무척 행복하다.

4. 문학 작품으로 아이들에게 다가가기

어린이 책 가운데 먼저 읽어 주기 시작한 것은 문학 작품이다. 아이들 마음을 흔들 만한 책, 내가 감동하여 읽어 주고 싶은 마음으로 들뜨게 했던 책으로 독서교육이라는 것을 시작했다. 독서교육이라고 하면 거창해지고 복잡해진다. 어떤 목적이 자꾸 끼어드는 것 같다. 나는 그저 아이들이 책과 친해지도록 길잡이를 한다는 마음에서 책을 소개하거나 읽어 주었다. 그림책으로, 때로는 동화나 소년 소설, 그리고 옛이야기로 아이들과 행복한 시간을 누렸다. 책을 읽어 주는 시간이 늘어나면서 지식 그림책이나 위인전, 역사 관련 책들도 아이들한테 보여주거나 소개하는 일이 있다. 하지만 책 읽어 주는 일의 중심에는 늘 문학 작품이 있다. 자연과 떨어져 도시의 물질문명에 둘러싸여 사는 아이들한테 먼저, 많이 읽어 줄 책은 아무래도 문학책이 아닌가 한다. 감각으로 세상을 배우는 유년시절에는 책보다 몸으로 부딪히며 느끼고 배워야 한다. 때문에 책을 준다면 이런 정서와 가장 가까운 문학 작품을 많이 주어야 할 것이다.

(1) 상처를 이겨 내려고 애쓰는 아이들

●「희망」, 「또야 너구리의 심부름」, 김중미, 창비

이 작품은 가정불화로 힘겨워하는 여자 아이와 어릴 때 겪은 폭력 때문에 성격이 거칠어진 남자 아이를 생각하며 아이들한테 읽어 준 책이다. 처음에는 읽으면서 아이들 눈치를 보았다. 「희망」이라는 재미없는 제목 때문에 기대를 안 하는 눈치다. 다행히 몇 쪽 넘어가자 아이들이 이야기 속으로 끌려오는 것이 느껴졌다. 조금 지나자 교실이 조용했다. 나도 모르게 글을 읽다가 더듬거렸다. 침을 삼키는 일도 민망했다. 분위기 탓인지 나도 모르게 이야기에 깊이 들어갔고 진희와 영우가 작품 속 석이와 자꾸 겹쳐졌다. 영우와 진희는 걸핏하면 어머니를 때리는 석이 아버지가 나오는 장면마다 몸서리치고 있을 거라는 생각이 들었다. 두 아이도 나와 비슷한 감정을 느꼈을까! 영우는 뚫어져라 나를 보며 한순간도 놓치지 않으려는 듯 이야기를 듣고 있었다. 영우보다 조금 뒷자리에 앉아 있기는 하지만 진희의 눈빛도 가깝게 느껴졌다.

책을 다 읽고 났는데 아이들이 가만히 있었다. 하고 싶은 말이 없냐고 한 마디 하니 정호가 나선다.

"저는 마지막에 어머니랑 아버지랑 잘 될 줄 알았는데 그렇게 안 돼서 좀 실망했어요."

정호네는 어머니와 아버지가 따로 살고 있다. 정호는 아버지가 집에 들어오기를 바라지만 어머니가 원하지 않기 때문에 어떻게 될지 알 수 없다. 정호는

280

석이 아버지가 나쁜 버릇을 고쳐서 모든 게 좋아지기를 바라고 있었다. 그것은 자신에 대해 갖는 바람이기도 하다. 그 마음을 알면서도 정호에게 어머니가 석이를 데리고 떠나지 않았으면 하는 생각이 드느냐고 물었다.

"아니요. 그건 안 돼요. 아버지가 또 폭력을 쓸 테니까요."

정호도 아이들도 바람과 현실이 다르다는 것을 잘 알고 있었다. 하지만 희망이라고 생각하는 결말조차 불안하게 바라보는 아이도 있다.

"근데요. 아버지가 저처럼 할아버지네 집에 찾아오거나 그러면 어떻게 해요. 더 멀리 가야 하는거 아닌가요?"

지나는 다른 아이들이 대충 이해하고 넘어가는 문제에 대해 남다른 생각을 표현하는 일이 많다. 나도 지나와 비슷한 생각을 가지고 있었다. 왜 작가는 석이 아버지가 찾아온 적이 있는 석이 외할아버지 집을 도피처로 삼았을까? 작가는 석이와 석이 어머니가 아무 준비 없이 집을 나서는 형편에서 길거리로 내몰 수 없었는지도 모른다. 그렇게 되면 아이들이 불안해 할 수도 있을 것 같다. 마침 한 아이가 지나가 한 말에 대해 석이 외할아버지 댁에 가서 한숨 돌린 다음에 더 멀리 가려고 한 것일 수도 있다는 말을 해서 그 정도로 넘어갔다. 내가 정말 아이들하고 나누고 싶은 이야기는 아버지 때문에 폭력에 물들어 간다고 생각하는 석이를 어떻게 보는가였다.

"아무리 그래도 폭력을 쓰는 것은 옳지 않아요."

우리 반 모범생이 한 말이다. 늘 반듯한 아이, 공부에만 마음을 쓰는 이 아이는 이런 비슷한 문제가 나올 때마다 정답을 말한다.

"그래. 그게 모범 답안이야. 그런데 살다 보면 옳다고 생각하는 대로 안 될 때가 있잖아. 여기서 석이 같은 경우, 아버지같이 안 되려고 했는데……."

그제야 모범생은 알겠다는 듯 머리를 끄덕인다. 아이들은 자꾸 폭력을 쓰게 되는 문제로 고통스러워하는 석이를 보면서 자신이 폭력을 쓰게 된 까닭에 대해 한 번쯤 생각해 보았을지도 모른다. 아이들이 석이의 고민에 공감하는 것을 보면서 그런 생각이 들었다.

진희

　오후에 진희가 집에 가지 않고 교실에 혼자 남았다. 진희는 가끔 혼자 남아서 내 옆에 있다 가곤 한다. 아까 책 읽으면서 생각했던 일이 떠올라서 곁에 오라고 했다. 책 이야기를 꺼내자 진희는 기다렸다는 듯 이야기를 했다.

　"석이 엄마가요, 집 나갈 때 우리 엄마 생각났어요. 나는 쫓아가지 못했지만 우리 엄마도 석이 엄마처럼 할머니네로 갔어요. 아버지가 빌어서 집에 왔는데두요, 아버지가 완전히 버릇을 고친 게 아니니까 엄마는 가끔 바람 쏀다고 돌아다니고……. 어떨 때는 친구네 집에 가서 자고 안 와요."

　짐작한 대로 진희는 내가 「희망」을 읽어 주는 내내 자기가 겪은 일들을 생각하고 있었다.

　"우리 아버지요 엄마랑 싸울 때 나는 내 방으로 들여보내고 문 닫아요. 그러면 무서워서 이불 쓰고 있어요. 술 마시고 칼 든 적도 있어요. 엄마가 한동안 아버지 술 마시고 들어오면 칼부터 숨겨 놓고 그랬어요. 지금은 안 그래요."

　지금은 그렇지 않다니 그래도 다행이다. 진희 아버지는 일만 나가면 일하는 사람들이랑 술을 마시다 싸워서 애써 얻은 일자리를 그만 두곤 했다. 일을 안 한 지가 일 년 가까이 된다.

　"우리 아버지도요 착한 점 있어요. 나 머리 빗겨 주고 그래요."

　진희는 아버지 이야기를 줄줄줄 털어 놓다가 너무 다 이야기했나 싶었는지 잠시 아버지를 변호하기도 했다. 그 마음을 알기에 맞장구를 쳐 주었다.

　"그래. 근데 이야기에 나오는 남자 아이, 걔가 자기도 모르게 친구를 때리잖아."

　의도를 갖고 이 말을 꺼냈다. 내가 안 보이는 자리에서는 진희가 친구들을 거칠게 대한다는 여자 아이들 말이 생각나서였다. 다행히 진희는 내 말이 끝나기 바쁘게 말을 꺼냈다.

　"나두 아버지 막 때리고 싶었어요."

　진희는 울먹이면서 말했다. 묻지 않았는데도 집안 이야기, 아버지 이야기를 한참이나 풀어놓았다. 얼마나 힘들었을까……. 진희는 계속 나랑 있다가 퇴근할 때 같이 나왔다. 우리반 아이들 여럿이 교문 앞에서 날 기다리고 있었다. 문화예술회관에서 하는 무료 춤 공연을 보러 가기로 약속을 했기 때문이다. 진희도 내내 내 곁에 붙어서 걸어갔다. 땀이 나는데도 내 손을 놓지 않으려고 했다.

"선생님 저요, 한 번도 외식한 적 없어요."

진희는 식구들하고 외식은 물론이고 극장에도 안 가 봤고 이런 공연장도 처음이라고 했다. 진희가 바라는 것은 대단한 게 아닌데 지금 그런 것들이 모두 멀리 있다. 지금 진희한테 희망은 어떤 걸까? 아버지처럼 병이 들까 봐 두려워하는 석이를 보며 자신을 떠올린 진희는 어떻게 이 어려움을 이겨 나갈까? 현실은 너무나 버겁다. 아이들 바람처럼 화해 또는 평화가 쉽게 찾아오지는 않는다.

한 달쯤 지났을까? 하루는 진희가 나한테 오더니 웃으면서 말했다.

"선생님, 우리 아버지 요새 술 안 드셔요. 끊은 거 같아요."

"응 그래! 그럼 진희도 엄마도 되게 좋겠네! 그래, 일도 시작하셨어?"

"아니요. 아직 일은 안 해요."

아버지가 술을 끊은 것만도 얼마나 다행인가! 진희는 그 사실이 좋아서 나한테 자랑을 했다. 아직 진희 앞에 놓인 현실은 아슬아슬하다. 하지만 진희가 희망이라는 끈을 놓지 않고 굳센 마음으로 어려움을 이겨 나갔으면 좋겠다.

영우

영우하고는 좀처럼 자연스럽게 이야기 나눌 시간을 갖지 못하다가 수련회 가는 날 함께 할 시간을 얻었다. 즐거운 아침 시간, 영우는 잔뜩 울상이 되어 있었다. 이만 천 원을 집에서 가지고 나왔는데 김밥 사고 천 원을 낸 뒤 문구점에서 뭘 사려고 보니 지갑이 없어졌다는 것이었다. 김밥집이고 문구점이고 모두 다녀왔는데도 지갑을 찾지 못한 모양이다. 나중에는 아예 운다. 할 수 없이 돈이 필요하면 내가 빌려 준다고 하고서는 차에 태웠다.

영우는 뒷좌석에 혼자 앉아서 갔다. 교실에서 자리를 정할 때 아무도 영우랑 같이 앉으려 들지 않았다. 준영이하고 같이 앉게 하려고 했지만 영우가 준영이는 싫다고 했다. 결국 영우는 짝도 없이 혼자서 가고 있었다. 얘기하기에는 좋겠다 싶어서 영우 곁으로 갔다. 혼자 앉았지만 친구들하고 장난하고 과자를 먹으면서 마음이 좀 풀린 모양이다.

기분이 괜찮아 보여서 이런 저런 말을 시키다가 「희망」을 들었을 때 어땠는지 슬그머니 물었다.

"네. 거기 나오는 애랑 나랑 좀 비슷해요."

영우는 아버지 이야기를 꺼냈다. 유치원 다닐 때부터 아버지는 저녁마다 술을 마셨고 한 달에 한 번쯤 굉장히 많이 마신 날에는 「희망」에 나오는 석이 아버지처럼 엄마를 때렸다. 영우가 3학년이 되었을 때 알코올 중독 관련 프로그램에 참여하면서 술을 끊었다고 한다. 아버지는 여동생이 고등학교 졸업할 때까지 술을 입에 대지 않기로 약속도 했다.

나는 주인공 남자 아이가 보여 준 행동을 어찌 생각하는지 물었다. 영우는 그 아이 마음을 알겠다고 했다. 자기도 아버지 때문에 그런지 친구들하고 말다툼하다 보면 자꾸 주먹이 나간다고 했다. 작은 일도 넘어가지 않고 따지고 시비 거는 점 때문에 여전히 영우는 가까운 친구가 없다. 그래도 1학기 때보다 나아졌다. 어울리는 친구들이 여럿 생겼다. 영우 스스로도 1학기 때보다는 친구 사이가 나아진 것 같다고 말한다.

아이들 마음을 열게 한 문학 작품

전에도 진희와 영우에 대해 관심을 가지고 있어서 어느 정도 집안 사정은 알고 있었지만 제 입으로 밑바닥에 깔려 있는 아픔을 드러낸 것은 「희망」을 읽어 준 뒤다. 김중미가 쓴 「희망」은 두 아이가 제 마음을 다 드러낼 만큼 아이들이 겪는 문제를 냉정하고 진실되게 그려 냈다. 이 책을 읽어 줄 때 두 아이의 눈빛에서 그 아이들이 하고 싶은 말을 읽는 듯한 기분이 들었던 것은 그 아이들이 작품을 자신의 이야기처럼 받아들이고 있었기 때문이다.

284

두 아이가 받은 상처는 한두 번의 상담으로 끝나지 않는다. 진희는 공부에 마음이 없고 자꾸 다른 데를 보려고 한다. 영우는 여전히 친구랑 날마다 다투고 하루에 한 번씩은 운다. 친구를 늘 이르고 해서 나를 귀찮게 한다. 하지만 다행인 것은 그래도 두 아이 모두 내게 마음을 털어놓는다는 사실이다. 내가 두 아이한테 언덕이 되기에는 시간도 짧고 마음도 모자란다. 하지만 자신의 삶을 정직하게 바라보고 상처를 내보일 줄 아는 영우와 진희는 자신을 다져 가는 힘이 조금씩 자라날 것이다.

(2) 경석이가 좋아하게 된 작가 '로알드 달'(『찰리와 초콜릿 공장』, 『마틸다』)

아침에 10분씩 책을 읽기 시작하면서 좀처럼 책에 흥미를 붙이지 못하던 아이들 여러 명이 중편 때로는 긴 소년 소설도 읽게 되었다. 경석이도 그런 아이 가운데 하나다. 경석이는 3학년, 그리고 6학년이 되어서 다시 담임을 맡았으니 두 번 가르치게 된 셈이라 남다른 책임감이 느껴지는 아이다. 3학년 때 그 아이가 책에 대한 흥미가 어떠했는지 그다지 기억에 남지 않는다.

하지만 6학년이 되어서 그 아이의 남다른 모습을 보게 되었다. 로알드 달의 『찰리와 초콜릿 공장』(시공주니어)은 영화로도 나와 아이들한테 큰 인기를 끌었다. 이 작품을 봄에 들어서야 늘 가는 서점 주인 소개로 읽게 되었다. 내가 읽은 뒤 재미가 있어서 6학년 조카에게 읽으라고 주었다. 조카는 다 읽은 뒤 정말 재미있다고 했다. 조카한테 그 책을 다시 받아서는 반 아이들한테 소개해 여러 아이들이 차례를 기다려 그 책을 읽었다.

경석이한테도 차례가 온 모양이다. 10분 책 읽기 때 다른 아이들이 그랬듯 경석이는 꼼짝도 않고 그 책을 읽어 갔다. 며칠 만에 읽었는지는 모르겠지만 경석이는 그 책을 끝까지 다 읽었다.

그리고 한참 뒤 도서관에서 책을 빌려 보기로 한 날이었다. 도서관에 가 보니 경석이가 그 책을 만지고 있었다. 읽었는데 왜 또 빌리려고 하는지 물었다. 4학년 동생한테 읽어 주고 싶다고 했다. 좋은 생각이라고 했다. 내가 아이들한테 읽어 주었듯이 그렇게 할 모양이다. 전에도 그런 적이 있느냐고 했더니 3학년 때 내가 식구들한테 책 읽어 주기를 숙제로 냈을 때 한 일이 있다고 했다. 그 일은 나도 잊었는데……. 경석이는 처음부터 다시 책을 읽고 있었다. 가장 마음에 드는 장면은 초콜릿 공장을 견학할 수 있는 카드를 발견하는 장면이라고 했다. 경석이도 그런 꿈을 꾸고 있는 걸까? 모든 아이들이 나름대로 그 같은 행운을 꿈꿀 것이다. 경석이는 이 작가의 다른 작품이 있느냐고 내게 물었다. 책 뒷표지 날개를 보니 몇 권 있는데 불행히도 도서관에는 없었다. 읽고 싶냐고 했더니 다 읽고 싶다고 했다. 내가 구해주겠다고 했다.

책을 빌려 간 날 동생한테 읽어 주었는지 궁금해서 전화를 했다. 경석이는 30쪽을 읽어 주었다고 했다. 내가 로알드 달의 작품을 꼭 구해 주겠다고 다시 한 번 약속했다. 약속을 한 며칠 뒤 어린이 책방에 가서 『마틸다』(시공주니어)를 샀다. 경석이가 재미있다는 이야기를 듣고 나도 이 책을 읽었다. 경석이 마음을 사로잡을 만했다.

(3) 책 속에서 자신을 만난 수빈이

10분 책 읽기를 하면서 아이들이 책 읽는 기쁨을 조금씩 알아 가는 듯했다. 아침에 겨우 10분, 이 시간은 고요하고 평화롭다. 때로는 어수선할 때도 있다. 좀처럼 책 읽기에 집중하지 못하고 몸을 뒤척거려 교실 분위기를 어수선하게 만드는 아이들도 있다. 마음을 모아 읽어야 이야기의 재미에 빠지는 법인데 책만 뒤적거리다마는 아이도 있다. 책을 권해 주어도 시큰둥하며 읽다가 마는 아이도 있다. 하지만 그런 아이들도 어느 순간에는 이제까지 볼 수 없었던 가장 진지한 눈빛으로 책에 빠져들곤 한다.

수빈이는 내 기억으로 늘 푹 빠져서 책을 보는 것 같았다. 문득 수빈이가 책 읽는 모습을 보면 행복해 보이기도 했다. 수빈이는 누가 읽은 책에 대해 재미있었다고 하며 앞다투어 그 책을 빌려 보았다. 이런 모습을 보면서 원래 책에 흥미가 많은 아이구나 하고 짐작했다. 하지만 알고 보니 수빈이는 5학년 때까지만 해도 책에 별다른 관심이 없는 아이였다.

"책이 재미있다는 것, 책에 푹 빠진다는 것을 알게 된 것은 6학년이 되어서예요. 아침 자습 시간에 10분 책 읽기때문에요. 처음에는 그저 선생님이 시키는 숙제려니 생각했는데 읽다 보니까 며칠 만에 책을 한 권 다 읽은 거예요. 처음 읽은 게 『내 동생 아영이』(창비)였는데 그때 뭐랄까 어떤 뿌듯함 같은 게 느껴졌어요."

뜻밖이었다. 하지만 아이에게 만들어 준 그 작은 시간이 책으로 이끄는 시간이 되었다는 것을 확인하는 기쁨은 참으로 컸다. 어느 날 수빈이에게 책을 한 권 권했다. 교실에 읽을 책들이 줄줄이 꽂혀 있지만 가끔은 내 방 책꽂이에 있는 책을 한 권씩 가져와 책하고 어울리는 아이한테 빌려 주기도 하고 내용을 소개한 뒤 원하는 아이한테 먼저 주기도 한다.

『엄마의 마흔 번째 생일』(청년사)은 수빈이한테 먼저 주고 싶은 책이었다. 이 책에 나오는 가영이는 남자 아이들 사이에 섞여 거침없이 축구를 한다. 책을 읽으면서 문득 수빈이 생각이 났다. 수빈이도 축구를 꽤나 좋아한다. 사춘기에 들어서서 몸과 마음의 변화가 많은 6학년 여자 아이들 가운데에는 몸을 크게 움직이는 운동에 흥미가 적다. 그러니 축구 같은 것을 할 리 만무하다. 한번은 점심을 먹고 나오는 길에 운동장에서 남자 아이들하고 축구를 하는 수빈이를 보았다. 여자 아이는 수빈이뿐이다. 수빈이를 스스럼없이 끼어 주는 남자 아이들도 보기 좋았고 여자 혼자라는 것을 생각지 않고 뛰는 수빈이도 예뻐 보였다. 그 모습이 보기 좋아 한참이나 바라보았다. 나중에 교실에 들어오는 수빈이 얼굴을 보니 발그스레하다. 땀이 이마에 맺혀 있다.

"수빈아, 이 책 네가 읽으면 좋겠다. 꼭 너 닮은 여자 아이가 나와. 남자 아이들하고 축구하는……."

『엄마의 마흔 번째 생일』을 수빈이에게 건네주었다. 축구하는 여자 아이가 나온다는 말이 수빈이의 마음을 끌어당겼을까? 수빈이는 좋아했다. 그렇게 수빈이한테 책을 빌려 주고는 한참 잊고 있었다. 그러다가 학교 독후감 쓰기 행사를 맞이하여 아이들한테 독후감을 쓰게 한 날, 수빈이가 내가 준 『엄마의 마흔 번째 생일』 책을 읽고 쓴 독후감을 보게 되었다.

'나와 비슷한 가영이' (『엄마의 마흔 번째 생일』 최나미 지음, 정용연 그림, 청년사)

이 책은 선생님이 책 속 주인공이 나와 비슷하다며 권해 주셔서 읽게 되었다. 처음엔 나랑 비슷하다 해서 좀 웃기고 코믹할 것 같았는데 할머니는 치매에, 언니는 싸가지, 그리고 엄마와 아빠 사이도 안 좋은 게 주인공이 좀 우울할 것 같았다. 하지만 주인공은 친구도 많고 여자인데도 나처럼 축구를 했다. 나는 주인공 가영이가 웬만한 남자보다 축구를 잘 한다는 게 부러웠다. 그렇다고 가 영이의 모든 것이 부러운 건 아니다. 왜냐하면 언니는 가영이를 하녀처럼 부려 먹는다. 게다가 할머니가 치매에 걸려 살 가망이 없을 때 가영이 엄마는 고모 들한테 집안일을 맡기고 봉사 교육을 나간다. 그 일로 가영이네 집에 위기가 찾아왔기 때문이다.

나도 그런 적은 있었다. 아니 진짜로 그랬다. 내가 여섯 살 때 아빠랑 엄마랑 성격도 안 맞고 가정 사정이 안 좋아서 이혼을 했다. 지금 새아빠랑 살지만, 친 절하고 상냥하셔서 좋다. 그래서 난 지금 이대로가 좋다. 가영이가 축구할 때 처럼 말이다. 또 내 성격이 남자 같아서 내 친구들은 남자 애들이 반이다. 가영 이한테도 주환이라는 남자 아이가 있는데 소심한 게 꼭 아이들 말로 가영이 꼬 봉 같았다. 나중에 가영이가 생리를 하는데 주환이에게 들켜 아이들에게 소문 이 퍼진다. 남자 아이들은 그 이유로 축구를 못하게 하고 왕따를 시키려고 하 는데 좀 이상했다. 우리 학교 6학년 남자 아이들은 여자가 생리를 해도 신경도 안 쓰고 별것도 아닌 듯 생각한다. 그런 게 책과 현실의 차이라고 생각했다. 하 지만 나라도 가영이처럼 갑작스러운 일이 닥치면 당황할 것 같다. 나는 책을 읽는 도중에 어째서 책 제목이 『엄마의 마흔 번째 생일』일까 하고 생각해 보았 다. 마지막에 엄마의 진짜 생일이 오고, 가영이가 엄마는 세월이 흘러 할머니 처럼 될까 봐 두려워 한다는 걸 알게 된다. 가영이가 엄마의 마음을 이해하게 되는 걸 보니 엄마를 많이 생각한 것 같다. 나는 마지막 장에 나오는 '세상에서 가장 무서운 게 뭔지 알아? 호랑이도 아니고 곶감도 아니야. 제일 무서운 건 시간이지.' 하는 말이 인상 깊고 마음에 든다.

수빈이의 글을 읽으면서 수빈이가 부모의 이혼, 그리고 새 아버지 이야기를 꺼낸 대목에 눈길이 멎었다. 가영이에게 공감을 하고, 가영이네 집안 갈등을 들여다보면서 수빈이는 지난 시간들을 하나하나 떠올렸을지도 모른다. 그러면서 마음이 아팠을지도 모른다.

독후감을 읽은 뒤 이야기할 짬이 났다. 수빈이한테 독후감을 잘 읽었다고 했다. 새아버지가 좋은 분이라 나도 기쁘다고 했다. 둥근 달처럼 밝은 빛을 내뿜는 아이지만 순간 쓸쓸함이 지나가는 것 같기도 했다. 지금 수빈이는 더없이 편안하고 행복해 보인다. 하지만 무섭기만 한 아버지가 이따금씩 생각나지 않을 수는 없을 것이다. 어려움을 슬기롭게 이겨 낸 수빈이, 수빈이에게 어떤 책을 주는 게 좋을까?

도서관에 갔다. 동물을 좋아하고 축구를 좋아하는 수빈이, 수빈이는 자연을 좋아하고 모험이나 여행도 꿈꾼다. 어쩌면 남자 친구를 생각하는 마음이 싹트고 있을지도 모른다. 문득 『산적의 딸 로냐』(시공주니어)가 좋겠다는 생각이 들었다. 오래전 읽다가 만 이 책을 다시 펴 들었다. 먼저 읽은 뒤 수빈이에게 주리라. 수빈이가 이 책을 읽고 나면 같이 이야기를 나누고 싶다.

(4) 3월, 아이들을 만나면 처음 읽어 주는 동화 『강아지똥』

3월이 되어 아이들을 새로 만나면 읽어 주는 동화가 있다. 『강아지똥』이다. 1학년을 만나도 6학년을 가르칠 때도 이 동화를 읽어 준다. 『강아지똥』을 읽어 주고 난 뒤 있었던 일 가운데 아름답게 기억되는 장면 둘이 있다.

1학년 교실, 오후 서너 시쯤 되었을 것이다. 밀린 일을 겨우 끝내고서야 아이들이 쓴 글을 읽어 보지 못했다는 생각이 났다. 천천히 걸어서 교실 뒤 게시판 앞으로 갔다. 『강아지똥』 이야기를 듣고 아이들이 쓴 글이 여러 장 붙어 있다. 기울어 가는 햇빛은 내가 서 있는 교실 귀퉁이를 비추고 있었다. 햇살은 더없이 아늑했다. 나는 울렁이는 가슴을 추스리며 글을 읽어 나갔다. 큼직하면서도 시원스런 글씨, 컸다가 작았다가 하며 종잡을 수 없는 글씨……. 아이들은 서툴지만 어른은 결코 흉내 낼 수 없는 순박한 느낌을 담아 민들레와 강아지똥을 그리고 느낌을 썼다. 공부를 못 한다고 학교, 집 가릴 것 없이 늘 야단을 맞던 어떤 아이는 부모님이 자기를 정말 미워한다고 생각했고 때때로 세상에 왜 태어났을까 하며 슬퍼했다고 썼다. 하지만 『강아지똥』 이야기가 그 아이 마음을 단비처럼 적시면서 작은 변화를 가져왔다. 그 아이는 '강아지똥처럼 자신도 어딘가에 쓸모 있을 거라는 생각이 들었다.'면서 글을 마무리했다. 몇 번이나 그 글을 읽었다. 아이의 평소 모습이 떠오르고 내가 한 말이며 행동이 떠올라서 마음이 몹시 아팠다. 나는 그 아이를 따스하게 안아 주지 못했다. 아이 글 앞에 한참 서서 흔들리는 마음을 추스렸다. 다른 사람한테는 그 글이 누구나 쓸 수 있는 평범한 글로 보였을지 모른다. 하지만 내게는 진정이 느껴지는 특별한 글이었다.

　『강아지똥』과 함께 기억하고 있는 다른 장면 하나는 노란 민들레가 무덕무덕 피어난 학교 담장 안 풀밭이다. 3학년 아이들한테 『강아지똥』을 들려주고 난 뒤 어느 날, 우연히 그곳을 보니 민들레가 지천으로 피어 있었다. 잡목이 울타리 노릇을 하고 있는 그곳은 아무도 드나들지 않는 비밀의 화원이었다. 귀퉁이 한쪽 벌어진 틈으로 줄줄줄 아이들을 데리고 들어갔다. 아이들은 좋아서 "와" 소리를 질렀다. 아이들은 한 번도 이 곳에 들어와 본 적이 없었다고 했다. 모둠별로 짝을 지어 민들레 둘레에 앉게 했다. 꽃 관찰도 하고 그림도 그릴 겸해서 데리고 갔는데 아이들은 마냥 소리 지르고 노느라 정신이 없다. 민들레 홀씨가 난 꽃대에 붙어서 얼굴이 빨개지도록 불어 댔다. 꽃 위를 날아다니는 벌을 피한다 잡는다 하며 수선을 피웠다. 소란은 좀처럼 그치지 않았다. 분위기는 낭만적인 내 의도와 다르게 가고 있었다. 그래도 조금 기다리니 아이들 마음이 가라앉았다. 소리도 잦아들었다. 아이들은 종합장에 그림을 그리고 글을 썼다.

"선생님, 민들레 보니까 강아지똥이 생각나요."

제 몸을 잘디잘게 부수어 민들레 몸으로 들어가 꽃을 피워 낸 강아지똥의 아름다운 사랑 이야기를 아이들은 떠올리고 있었다. "이 민들레 꽃 밑에도 강아지똥 있어요?" 묻는 아이 얼굴이 하도 진지해서 장난스럽게 대답할 수가 없다. "동네 강아지가 여기에 들어와서 가끔 똥을 누고 갈 테니까 그럴 수도 있겠지." 아이는 그럼 그렇지 하는 얼굴로 글을 쓴다. 글 쓰는 모습이 꽤 신나 보인다.

올해 만난 6학년 아이들한테도 『강아지똥』을 읽어 주었다. 『강아지똥』을 읽어 주기로 마음먹은 날 전철을 타고 학교에 가면서 『오물덩이처럼 뒹굴면서』(권정생, 종로서적)를 읽었다. 오래전에 읽었는데 다시 읽고 싶어서 가지고 나왔다. 그렇게 읽은 이야기를 간추려 아이들한테 들려주었다.

"애들아, 오늘 내가 '강아지똥' 이야기를 들려주려고 하는데 이 이야기 들어 보거나 비디오로 본 사람?"

손을 드는 아이들이 많다. 하지만 그림책으로 읽은 아이는 몇 안 되고 대부분 텔레비전에서 하는 클레이메이션을 봤다고 했다.

"그래, 근데 이 이야기는 초등학교 1학년하고 중학교 1학년 교과서에 실려 있어. 왜 그럴까 한 번 생각해 봐. 그리고 지금 읽어 주는 건 그림책에 나오는 내용보다 자세한 원작, 작가가 처음 썼던 이야기 그대로야."

이렇게 이야기를 꺼내자 아이들은 제법 솔깃해 했다. 이어 작가 이야기를 좀 했다. 일본 도쿄에서 태어나 비가 새는 가난한 집에서 살았던 일, 한국으로 돌아와 식구들과 헤어져서 안동 조그만 교회의 종지기로 있었던 일, 어느 날 길에서 강아지똥을 보고는 자신과 사람들의 인생이 강아지똥처럼 생각되어 동화를 쓰게 되었다는 일들을 이야기했다. 고학년한테 문학 작품을 읽어 줄 때는 작가에 대해 간단하게라도 이야기한다. 큰 아이들은 이런 이야기에 흥미를 느낀다. 아이들이 자라서 사람의 인생에 대해 관심이 커졌기 때문이다.

원작을 한 번에 읽어 주려니 조금 길다는 생각이 들었다. 목이 좀 아팠다. 그래도 숨을 가다듬으면서 연극을 하듯 실감나게 분위기를 잡아 읽어 나갔다. 몇 번씩이나 읽은 동화지만 강아지똥이 기쁨에 겨워 민들레를 끌어안는 장면과 강아지똥의 눈물 어린 사랑이 담겨 있다는 마지막 대목에 이르면 코끝이 싸해진다. 이야기를 마쳤다. 쑥스러운지 발표를 하려드는 아이들이 없다. 나부터 앞서 말한 늘 읽어도 감동이 오는 대목에 대해 말했다. 그러고는 이야기를 할 만한 아이들 이름을 불러 느낌을 물었다. 몇 아이가 대답하자 분위기가 훨씬 부드러워지면서 손을 드는 아이들이 나온다.

"원작이라 그런지 흙덩이와 강아지똥의 갈등이 훨씬 실감 나요."

이 부분은 나도 미처 생각 못했던 것이다. 이야기를 분석하는 힘이 있는 아이였다.

"흙덩이가 '하느님은 쓸모없는 것은 만들지 않았다.'는 말이 가장 기억에 남아요."

그랬다. 아이들은 이 대목을 가장 좋아했다. 6학년 정도면 어느 정도 세상을 보는 눈이 생긴다. 그러다 보니 때로는 자신을 남과 견주어 지나치게 낮게 보고는 절망하기도 한다. 그런 아이들한테 『강아지똥』은 '절망', '쓸모없는 나' 같은 말을 단숨에 지워 버리는 힘이 있다. 아이들도 살아가면서 수없이 상처받고 쓰러질 것 같은 일을 만나게 될 것이다. 그때마다 마음속에 강아지똥 이야기가 살아났으면 좋겠다.

(5) 장애인의 날 : 장애를 가진 이들을 진지하게 생각하게 하는 작품 두 편 읽어 주기

『내게는 소리를 듣지 못하는 여동생이 있습니다.』(J.W.피터슨, 중앙출판사)
「목걸이」(『우리 누나』 오카 슈조, 웅진)

대학을 다닐 때였다. 전철이 1호선 주안역을 지나 제물포에 다다를 즈음이면 전철 천정에 머리가 닿을 만큼 키가 큰 여자가 앞만 똑바로 보면서 지나가곤 했다. 그 여자가 지나가면 뒷모습을 보기 위해 나도 모르게 머리가 돌아갔다. 그런데 여자 뒷모습보다 더 강렬하게 내 눈을 사로잡은 것은 나와 다름없이 그 여자를 보려고 주르륵 머리를 돌리는 사람들이었다. 나를 포함한 사람들 모두가

너무나 자연스럽게 그 여자를 보려고 머리를 돌렸다. 지금도 그 생각을 하면 너무나 미안하다. 물론 그 순간에도 미안한 마음이 있었다. 하지만 보는 것 자체가 몸에 장애가 있는 이들한테 얼마나 큰 아픔을 주는지를 깨달은 것은 시간이 한참 지나서였다.

텔레비전 프로그램을 보았다. 캐나다 사람들이었던 것 같은데 멀쩡한 남자와 두 다리를 잃은 아내가 나왔다. 언제 무슨 일로 다쳤는지 알 수 없지만 남자와 연애를 할 때에도 그 여자는 이미 장애가 있었다. 여자는 바퀴 달린 킥보드에 무릎을 꿇고 앉아 한 손은 남편 손을 잡고 다른 손은 바닥을 밀쳐 내면서 앞으로 나아갔다. 그걸 보면서도 나는 기껏 그 남자가 대단하다는 생각밖에 못 하고 있었다. 그리고 나는 이어지는 화면을 보고 뭔가에 얻어맞은 기분이었다. 내가 보기에 너무나 특별한 이 부부를 지나가는 사람들이 아무렇지도 않은 듯 자연스레 지나치는 것이었다. 놀랍다거나 사연이 궁금하다는 얼굴을 하는 이들은 한 명도 없었다. 여자는 연애하고 살면서 사람들한테 이상한 눈길을 한 번도 느껴보지 못했다고 했다. 그들은 인터뷰를 하는 내내 환하게 웃고 있었다.

그즈음부터였을 것이다. 학교에서 수없이 떨어지는 온갖 글쓰기, 그리기 행사에 머리가 아팠지만 '장애인의 날'만큼은 형식으로 치루지 않고 남다른 고민을 하며 준비를 했다. 예전에도 '장애인의 마음 느껴 보기'를 주제로 눈을 감고 움직여 보기, 한 팔 안 쓰고 지내 보기 같은 활동을 해 왔다. 여기에 몇 해 전부터는 그림책이나 동화도 읽어 준다. 장애를 소재로 한 그림책이나 동화가 여러 편 있지만 내가 각별히 아끼는 작품이 있다. 『내게는 소리를 듣지 못하는 여동생이 있습니다』와 『우리 누나』이다. 저학년이나 중학년한테는 앞의 책을 읽어 주고, 고학년 아이들한테는 『우리 누나』에 실린 「목걸이」를 읽어 준다.

●6학년 아이들에게 읽어 준 오카 슈조의 「목걸이」

오카 슈조의 작품에는 장애인을 함부로 대했는데 나중에 이해하고 어울리게 되었다는 식의 감상적이거나 상투적인 데가 없다. 장애인이 최소한의 조건에서 어떻게 애쓰며 살아가는지, 장애인 가족과 사는 이들이 어떤 일상의 갈등을 겪고 있는지, 장애인 같은 약자를 보통 사람들이 어떻게 힘들게 하는지를 작품마다 진실하게 그리고 있다. 무엇보다 읽는 사람 자신이 지난날 또는 지금 자신의 비겁한 모습을 돌아보게 하는 힘이 이 작품에 있다. 그래서 읽다 보면 내가 저지른 아픈 기억들이 떠오른다. 남에게 준 상처는 말 한마디로 쉽게 용서되는 것이 아니라 두고두고 자신을 쫓아다니며 힘들게 한다는 점도 엄중하게 가르쳐 준다.「목걸이」를 좋아하는 까닭은 여러 가지 문제를 생각하게 해 주기 때문이다. 남에게 고통을 준 일이 자신에게도 아픈 일로 남는다는 점, 눈으로 보이는 사실만 가지고 사람을 규정하는 것이 얼마나 위험한 일인지를 생각하게 하는 것도 그렇다.

친구들한테 오해를 받은 채 전학을 가고 마는 6학년 남자 아키라는 여자같이 행동하고 쉽게 남하고 어울리지 못하는 성격 때문에 따돌림을 받는다. 아키라는 수학여행이나 소풍을 갈 때마다 목걸이를 사는데 그 까닭은 중증 장애를 앓고 있는 옆집 여자 아이 때문이다. 하지만 아무한테도 그 이야기를 못 한다. 또 아무도 물어보지 않았다. 아이들은 적당히 추측한 대로 아키라를 몰아세운다. 결국 아키라 옆집에 사는 노인의 편지 한 통으로 진실은 밝혀진다. 아이들은 반성하고 후회하지만 아키라를 만나 오해를 풀지는 못한다. 다만 자신들의 경솔함을 부끄러워하면서 아키라가 살던 빈 집을 찾아가 용서를 비는 것으로 이야기는 끝난다.

이 작품을 이틀에 걸쳐서 읽어 주었다. 장애인의 날 독후감 쓰기 행사가 있기 때문에 전날 반을 읽어 주고, 다음날 마저 읽어 주었다. 그리고 이야기를 좀 나눈 뒤 독후감을 쓰게 했다. 읽어 주는 내내 아이들은 심각한 얼굴로 들었다. 반쯤 읽어 주고 다음날 읽어 준다고 했을 때 아이들은 한숨을 내쉬거나 실망스런 얼굴을 하며 더 읽어 줄 것을 부탁했다. 하지만 나머지는 다음날 읽었다. 이야기를 다 읽어 주자 속상해하는 아이들이 많았다. 친구들이 아키라를 찾아가서 사과를 해야 하는데 결론이 생각과 다르게 나왔기 때문이다. 그때 아이 가운데 한 명이 현실은 원하는 대로 다 되지 않는 거라면서 어른스러운 소리를 했다. 이날 아이들이 쓴 독후감에는 나름의 진지함이 묻어났다. 그 가운데 종성이가 쓴 독후감을 반 아이들한테 읽어 주었고 아이들은 다시 한 번 감동했다.

「목걸이」를 읽고(오카 슈조, 『우리 누나』) _ 인천 남부초등학교 6학년 박종성

요즘 우리나라는 일본과 다투고 있다. 〈이순신〉 같은 드라마를 보면 예전 일본이 우리나라를 많이 괴롭혔다는 것을 알 수 있다. 물론 우리나라에서 만든 거니깐 부풀렸을지도 모른다. 아무튼 나는 일본이 아주 나쁘고 사악한 사람들만 사는 곳인 줄 알았다. 그런데 이 글을 쓴 분은 일본 작가이다. 그걸 보면 나쁜 사람들만 있는 것 같지는 않다.

이 글은 '장애인의 날'을 맞이하여 선생님께서 읽어 주셨다. 선생님이 책을 읽어 주는 내내 나는 긴장이 되었다. 선생님이 글을 3분의 2쯤 읽어 주셨을 때 글을 읽다가 멈추면서 내일 더 읽어 주신다고 하였다. 나는 이야기에 중독이 되어 빨리, 끝까지 듣고 싶었다. 집에 가는 길에 컴퓨터에만 중독되는 게 아니라 책에도 중독이 된다는 생각이 들었다. 그런 생각을 하니 재미있고 좋았다. 컴퓨터는 하면 할수록 흥분이 되는데, 책은 사람의 마음을 편안하게 해 주고 많은 생각을 하게 해 준다. 또한 많은 것도 가르쳐 준다.

다음 날 선생님은 「목걸이」란 작품을 끝까지 읽어 주셨다. 이야기를 다 들려주시더니 선생님이 말씀하셨다. "글쓴이가 우리에게 말하려는 것이 무엇인지 생각해 보세요." 나는 한번 생각해 보았다. 이 글은 마무리가 끝까지 나오지 않는다. 그건 별로 중요하지 않다. 중요한 것은 글쓴이가 우리에게 무엇을 말하고자 했는가이다.

이 이야기는 나와 같은 6학년인 주인공 '나'가 아키라와 학교생활을 하는 이야기이다. 아키라는 성격이 소심하고 몸이 약하다. 그래서 친구가 많지 않은 아이였다. 그리고 여자 목걸이와 액세서리를 많이 사서 친구들에게 오해를 받는다. 그러다 이사를 갔다. 오해를 받고 이사 간 아키라의 진실은 한 할머니의 편지 한 통에 의해 밝혀졌다. 그 편지에는 아키라가 여자 액세서리를 산 이유가 뇌성마비를 앓고 있는 불쌍한 5학년 여자 아이를 위한 것이었다고 써 있었다. 이걸로 인해 글쓴이가 우리에게 하고 싶은 말을 알 수 있다. 이것은 내 생각이지만 장애가 있든 없든 우리는 같은 인간이고 장애가 있다고 무시하지 말라는 것 같다. 그리고 우리도 아키라를 본받아 장애가 있는 아이를 도와야 한다고 글쓴이는 우리에게 책으로 전해 주고 있는 것 같다.

나는 길을 걷다 장애를 가진 사람을 본 적이 있다. 그리고 가족들과 한 마디씩 하고 나도 모르게 그 사람을 계속 쳐다보게 되었다. 도덕 선생님이 다른 사람의 입장이 되어 생각해 보라는 말을 자주 하신다. 내가 그 사람이었다면 자살했을지도 모른다. 나도 장애는 아니지만 키가 작아서 고민이다. 이것 때문에 놀림을 당하면 기분이 많이 상하는데 장애인은 얼마나 기분이 상할까? 이런 생각을 하지 못한 내가 창피하다.

나같이 생각하고 있는 사람이 많기 때문에 우리나라는 선진국이 될 수 없는 것 같다. 남한테만 잘하라 하지 말고 나부터 실천하면 언젠가는 장애인들도 보통 사람처럼 남의 눈치를 보면서 살지 않아도 될 것이다. 하지만 아무리 편한 세상이 와도 장애인은 다른 사람에 비해 불편할 것이다. 그래서 나는 건강한 몸을 주신 부모님께 항상 감사해야 한다. (2005.5)

이 독후감은 좋은 작품 한 편이 한 아이의 생각에 얼마나 큰 영향을 미치는지 잘 보여 준다. 글을 쓴 종성이라는 아이는 이 또래 남자 아이들이 그렇듯 컴퓨터 게임을 아주 좋아한다. 그런데 「목걸이」를 들은 날 집에 가면서 들은 이야기가 재미있어서 마치 중독이 되는 듯한 심정에 빠진다. 그 마음을 잘 표현했다. 또한 자신의 부끄러운 행동과 우리나라 사람들의 장애인을 대하는 태도까지 그 생각이 미치고 있다. 일본 사람을 무조건 좋지 않게 생각했는데 이 작품을 보면서 사람에 대한 인식도 변했다. 이 작품을 읽는 내내 아이들이 보여 준 진지함, 그리고 아이들이 쓴 독후감을 보면서 뿌듯했다.

(6) 권정생 작품 읽기

① 선생님의 동화를 다시 읽으며

권정생 선생님이 돌아가신 뒤 다시 선생님이 쓴 동화를 읽기 시작했다. 동화를 읽으면서 선생님이 살던 작은 집이 떠오르곤 했다. 선생님 댁을 찾아뵌 적이 있었는데, 세 사람이 겨우 누울 수 있는 작은 방에 둘러앉아 선생님의 이야기에 귀를 기울였었다. 그리고 그곳에 다녀온 뒤로, 십 년 넘게 입었다는 선생님의 나일론 와이셔츠가 자꾸만 떠올랐다. 백열전구 갓으로 씌워 놓은 깍두기공책도 눈에 어른거렸다. 내가 참 많이 가졌구나 하는 생각이 들었다. 그래서 한동안은 뭐든지 적게 쓰고, 안 사려고 애를 써 보았다. 그러나 그 마음을 차츰 잊어버리고 사는 날들이 많아졌다.

하지만 선생님이 쓴 책을 다시 읽으면서 4학년 우리반 아이들한테 읽어 줄 만한 동화를 헤아려 보았다. 『몽실 언니』, 『하느님의 눈물』(산하), 『짱구네 고추밭 소동』(웅진주니어), 『밥데기 죽데기』(바오로딸), 『초가집이 있던 마을』(분도출판사), 『사과나무밭 달님』(창비), 『도토리 예배당 종지기 아저씨』(분도출판사), 『슬픈 나막신』(우리교육)……. 읽을 때마다 감동했던 좋은 책들이 많지만 그 가운데 나는 『몽실 언니』와 『강아지똥』을 가장 사랑한다.

선생님이 쓴 동화를 읽어 준 뒤 어떤 작품은 연극으로, 또 어떤 작품은 노래나 그림책으로 만들어 보는 것도 괜찮을 것 같다. 아이들과 함께 선생님이 쓴 작품을 읽으면서 선생님이 우리에게 주려고 했던 것을 배우는 시간이 되리라.

우선 아이들에게 읽어 줄 동화부터 골라 놓아야겠다. 하루에 한 편씩 해서 열흘 동안 읽어줄 작품, 열 편을 골라야겠다. 「벙어리 동찬이」, 「용구 삼촌」, 「짱구네 고추밭 소동」, 「빼떼기」, 「황소 아저씨」, 「앵두가 빨갛게 익을 때」, 「또야 너구리가 기운 바지를 입었어요」 같은 동화가 좋겠다. 백창우가 만든 노래 '강아지똥'은 당장 가르쳐 주어야겠다.

선생님은 이제 우리 곁을 떠나가셨다. 우리에게 많은 것을 남기셨지만 아쉽고 슬프고 쓸쓸함은 어쩔 수 없다. 이제 내가 할 일은 선생님이 남긴 아름다운 작품들을 아이들하고 읽는 일이다. 그리고 진실하게 살아가는 일이다.

② 아이들한테 읽어 준 선생님의 동화들

권정생 선생님이 돌아가신 뒤 아이들한테 선생님이 쓴 동화를 읽어 주기 시작했다. 이미 그림책으로 나온 동화는 읽어 주었지만 그렇지 않은 동화는 읽어 준 게 별로 없다. 또 오래 전에 나온 동화는 이미 만난 아이들한테 많이 읽어 주었기 때문에 점점 읽어 주기를 미루게 되었다. 그러고는 새로 나오는 동화나 그림책을 아이들한테 읽어 주게 되었다. 아이들 반응이 궁금해서였다.

처음에는 일주일 동안 날마다 읽어 주려고 했지만 생각처럼 되지 않았다. 이틀, 삼 일 걸러 한 편씩 읽어 주었다. 『강아지 똥』과 『오소리네 집 꽃밭은』은 이미 읽어 주었기 때문에 「용구 삼촌」, 『빼떼기』, 『하느님의 눈물』, 『훨훨 간다』 같은 동화나 선생님이 다시 쓴 옛이야기를 읽어 주었다.

「용구 삼촌」을 읽어 줄 때에는 권정생 선생님이 바보 같은 용구 삼촌을 통해 선생님이 드러내고자 한 세계를 아이들이 이해할까 하는 생각이 들었다. 하지만 소를 먹이러 들에 나간 용구 삼촌이 밤이 깊도록 돌아오지 않아 온 마을 사람들이 횃불을 들고 산과 골짜기를 뒤지고 다니다가 용구 삼촌을 발견한 대목에서 아이들은 모든 걸 알아차린 듯했다. 움푹 파인 곳에서 잿빛 토끼를 안고 순하게 잠들어 있는 용구 삼촌, 사람들은 한동안 깨우지도 못하고 멍하니 바라보기만 한다. 아이들도 그 장면을 인상 깊게 본 듯했다. 아이들은 그런 사람을 놀리는 사람들이 정말 바보라고 했다. 토끼 같은 순한 동물이 품에 안겨드는 사람이라면 얼마나 마음 고운 사람인가. 권정생 선생님은 이 세상에 조금 바보 같은 사람들이 많아지기를 바랐다. 계산할 줄 모르고 그저 뭐 생기면 나누어 주는 용구 삼촌 같은 사람이 많아지는 세상을 꿈 꾼 것이다.

「빼떼기」는 읽어 주다 보니 조금 긴 듯했다. 마지막에 가서 전쟁 때문에 피난을 가면서 기르던 닭을 어쩌지 못해 잡아먹는 장면을 아이들은 쉽게 납득하지 못했다. 이런 대목을 보면 권정생 선생님은 그저 세상을 낭만적으로만 그리지 않았음을 알 수 있다. 기르던 닭을 잡아 먹을 수밖에 없는 것 또한 진실이다. 아이들은 자라면서 더 이해를 하게 될 것이다.

『하느님의 눈물』은 유년 동화이다. 하지만 보여 주는 세계가 그리 단순하지 않아 많은 생각을 하게 만든다. 돌이 토끼는 자기가 먹으려는 풀들의 마음을 헤아리게 되면서 아무것도 먹지 못한다. 결국 하느님이 뭘 먹고 사는지 물어보고는 자기도 그렇게 하게 해 달라고 부탁한다. 하지만 하느님은 남을 생각하는 사람들이 많아져야 이슬과 바람만 먹고 사는 일이 가능하다며 눈물을 흘린다. 아이들하고 잠시 우리가 음식을 먹을 때마다 잊지 말아야 할 것이 무언지 생각하며 시간을 가졌다. 우리는 돼지, 닭고기는 괜찮고 집에서 기르는 개나 고양이, 애완견은 먹으면 안 된다고 하는 생각을 한다. 움직이는 동물은 먹는 게 좀 그렇고 푸성귀는 별 마음 안 쓰고 먹어도 된다고 생각한다. 이 동화는 타성에 젖은 우리 생각에 일침을 놓는다.

며칠씩 건너뛰며 읽었지만 어느새 일곱 편을 읽어 주었다. 앞으로 더 작품을 읽어 주고 마지막에 가서 모둠별로 권정생 선생님 작품에 나오는 주인공, 떠오르는 장면들을 그리고 만들어 입체 작품으로 만들어 볼 생각이다.

5. 추억에 남는 이야기

동화를 읽어 주다 보니 추억이 많다. 1980년대 후반 윤기현이 쓴 『서울로 간 허수아비』(산하)는 내가 몹시 사랑하는 작품이다. 허수아비를 주인공으로 해서 농촌에서 도시로 떠나 도시 빈민이 된 이들의 쓸쓸함을 그린 이 작품은 아이들에게 꼭 들려주고 싶은 동화였다. 나는 이 동화 속에 나오는 인물을 두꺼운 도화지에 그려 오리고 뒤에 나무젓가락을 붙여서 인형극 형식을 빌어 동화를 들려주었다.

「천 년 묵은 홰나무」(맹주천, 『겨레 아동 문학 선집 1』, 보리)도 마음에 들어 아이들한테 읽어 주고는 OHP를 써서 그림자극으로 여러 차례 모둠별 공연을 했던 작품이다. 우람한 주인공 홰나무가 쓰러져 가는 순간에도 씨앗을 떨구어 생명을 이어 가려는 모습은 지금도 인상 깊다. 이야기의 줄거리는 단순하다. 하지만 줄거리를 받쳐 주고 있는 생생한 묘사와 살아 있는 인물들, 그리고 홰나무의 푸근한 인정이 이야기의 재미를 한껏 더해 준다.

「불꽃의 깃발」(『엄마 없는 날』, 웅진주니어)을 쓴 작가 이원수는 '고향의 봄'이라는 노래로 잘 알려져 있다. 하지만 그가 한평생 어린이를 위해 시와 동화를 썼고, 또 얼마나 귀한 작품을 많이 남겼는지 아는 사람은 그리 많지 않다. 하지만 이원수의 작품들은 수필, 시, 평론까지 포함해서 30여 권의 전집으로 이미 나와 있다.

이 작품은 제목에서부터 그 강렬함을 느낄 수 있다. 이야기의 시작은 그리 가볍지 않다. '나무의 마음'이라든가, '수목의 혼'이라는 어휘가 아이들한테 조금은 어렵게 느껴질 수 있기 때문이다. 하지만 마음 좋은 아저씨가 들려주는 듯한 다정한 화자의 목소리 때문에 이야기의 리듬을 살리면서 두 쪽만 잘 읽어 간다면 그 다음부터는 아이들의 마음을 충분히 붙잡아 둘 수 있다.

의인화 기법으로 쓰인 이 동화는 전나무 속에 살고 있는 노인의 혼이 어린 소녀의 혼과 자리를 바꾸면서 맞게 되는 운명을 그리고 있다. 슬프지만 넉넉하고 아름다운 노인 혼의 사랑은 아이들을 깊이 사랑하는 작가의 마음이기도 하다. 이 작품은 꽃이나 나무와 어울려 놀아 본 경험이 없는 아이들한테 생각할 거리를 준다. '나무한테도 혼이 있다면, 그 혼이 인간 세상을 떠난 사람한테서 온 것이라면' 같은 문제를 가지고 이야기를 나누어 보자. 이야기를 나누다 보면 사람과 자연이 같은 생명이라는 생각을 하게 될 것이다. 그 생각을 나무 하나도 소중히 여기는 마음으로 이끌어 주면 좋을 것 같다.

『문제아』(창비)와 『독후감 숙제』(자유지성사)는 고학년을 가르칠 때면 꼭 읽어 주는 작품이다. 아이들이 이들 작품에 깊이 공감한다. 「나비를 잡는 아버지」(『집을 나간 소년』, 산하)는 6학년 국어 교과서에 일부 실렸다. 그림책으로 나와 있는 이 작품은 작품이 나온 지 50년이 넘었지만 아이들이 감동을 느끼기에 부족함이 없다. 아이들 사이의 갈등과 부모와 자식 사이의 갈등이 잘 그려져 있고 당대 사회를 빌어 지금의 현실까지도 생각하게 만든다.

다른 나라 작품 가운데에도 해마다 아이들한테 들려주는 작품이 있다. 「자샤와 엘리자베트 할머니」이다. 이 동화는 체코에서 태어나 독일에서 아이들을 가르치고 있는 구드룬 파우제방이라는 작가가 썼다. 이 작품이 실려 있는 『평화는 어디에서 오나요』(웅진주니어)를 보면, 작가가 평화라는 문제를 가지고 얼마나 깊이 고민하고 작품으로 형상화시키려 했는지를 느끼게 된다.

「여름 휴가 때 생긴 일」(『학교에 간 사자』, 논장)도 아이들이 좋아하는 작품이다. 말만 들어도 싫은 동물인 쥐에 대해 한 아이가 갖는 동정심이 아름답게 그려진 작품이다. 일본 동화 「여우 곤」(『울어 버린 빨간 도깨비』, 창비)과 더불어 꼭 읽어 줄 만한 동화다. 일본하면 작가 미야자와 겐지를 빼놓을 수 없다. 「주문이 많은 요리점」(『주문이 많은 요리점』, 우리교육)은 문명 비평서라 할 수 있는 작품으로 스릴도 넘치지만 주는 메시지가 섬뜩하다 할 만큼 강렬하다. 고학년 아이들하고 토론하기에 좋은 작품이다.

『조커-학교 가기 싫을 때 쓰는 카드』(문학과지성사)는 그림책 『지각대장 존』(비룡소)만큼이나 아이들한테 인기가 있다. 선생님들 가운데에서 이 동화를 읽어 준 뒤 아이들한테 조커를 만들어 주고 실제로 쓰는 사람도 있다. 학교를 배경으로 한 동화 『신기한 시간표』(보림), 『벽장 속의 모험』(창비)도 재미있는 작품이다. 아스트리드 린드그렌의 작품도 아이들한테 골라 읽어 줄 작품이 많다. 이 작가의 작품은 정말 빛깔이 다채롭다. 그 가운데 「페터와 페트라」(『엄지소년 닐스』, 창비)는 신비스럽고 조용한 꿈 속 이야기 같은 아름다운 동화다.

※이 글은 필자의 저서인 『행복한 교실』(보리)에 실렸던 글을 바탕으로 새로운 내용을 덧붙여 쓴 것입니다.

강승숙 _ 인천교육대학교를 졸업하였으며 인천 주안초등학교에서 아이들과 함께 생활하고 있다. 1983년부터 아이들을 가르쳤고, 전교조 활동으로 해직되었다가 1994년 복직했다. 어린이 책, 우리 춤, 글 쓰기, 동시와 동요, 인형 만들기 같은 여러 영역에 두루 관심이 많다. 지은 책으로는 『아이들과 함께 하는 갈래별 글쓰기』(공저), 『행복한 교실』이 있다.

동화책과 오래도록 친구하기 위한
나만의 공간, 나만의 취미

강승숙

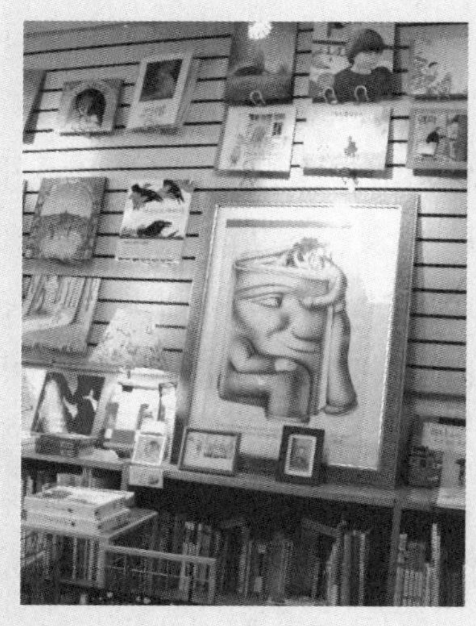

역곡에서 1호선을 타고 서울 방향으로 한 정거장을 가면 온수역이 나온다. 여기에서 다시 7호선을 갈아타고 몇 정거장을 더 가면 철산역이 나온다. 1번 출구로 나와서 조금 걸어가면 동원 어린이책방이 있다. 몇 년 전 어린이도서연구회에서 일하는 친한 친구를 따라갔다가 인연을 맺게 된 이 책방은 지금까지 내가 즐겨 찾는 곳이다. 예전에는 한 달에 한 번 정도 꼭 들렀지만 지금은 그렇게 자주 가지는 못 한다. 하지만 갈 때마다 기분이 좋다.

이 책방은 영화 「유브갓 메일」을 떠오르게 한다. 나는 영화의 주인공 맥 라이언이 어떻게 대형 서점 사장과 사랑에 성공했는지는 별로 관심 없다. 그보다는 맥 라이언이 일하던 늘 크리스마스 같은 분위기의 작은 어린이책방에 관심이 많다. 동원 어린이책방에 처음 들어갔을 때도 영화에서 느낀 그 인상을 받았다. 마치 『헨젤과 그레텔』에 나오는 과자로 만든 집에 들어온 기분이었다. 동화 속 주인공처럼 시원스러운 눈매에 잘 웃는 책방 언니는 어린이 책방과 잘 어울렸다. 책방 언니는 늘 아름다운 음악을 틀어 놓고 있었다. 한동안 만화 영화 「스노우 맨」 주제가를 즐겨 틀어 놓곤 했는데 피아노 선율로 이루어진 곡도 들려주고 여가수가 노래로 부르는 것도 들려주었다.

"이번에 좀 바꿔 봤는데, 어때요?"

자그마한 책방 공간에 어떻게 책을 전시할지 늘 고민하는 책방 언니는 이렇게 저렇게 바꾸어 놓고는 그때마다 의견을 물어보곤 했다. 책방 언니의 감각은 뛰어났다. 어떻게 바꾸어 놓아도 나름의 분위기가 있었다. 내가 동원어린이책방을 즐겨 찾는 까닭은 서점이 단지 귀엽고 예뻐서만은 아니다. 책을 실컷 볼 수 있어서만도 아니다. 퇴근하고 1시간 넘게 걸려야 갈 수 있는 이 책방에 오고 싶은 까닭은 책방 주인이 한 몫 한다. 책방 언니

는 어린이 책을 정말 좋아한다. 새 책이 나오면 조카한테 읽어 주기도 하고 마음에 드는 책은 오는 손님들한테 부지런히 권한다. 이 책방은 경제성이 없다. 근근이 꾸려간다. 하지만 책방 언니는 이 곳을 사랑하고 이 일을 아주 좋아한다. 그다지 돈이 되지 않는 이 책방을 평생 해야 할 일로 생각한다. 그래서 볼 때마다 행복해 보인다.

책방 곳곳에 그의 애정이 묻어난다. 외국 어린이 책 전시회에 가서 사온 그림책 원본들, 그림책 주인공을 표현한 인형이 아기자기하게 적당한 위치에 놓여있고 액자에 끼워 걸어 놓은 그림책 표지나 동화책 포스터도 여러 점 있다. 하나하나 갖고 싶을 만큼 사랑스러운 소품들이다.

서점에 들어가면 몇 시간이고 앉아서 책을 읽는다. 책방 언니는 새로 나온 책을 꺼내 주며 보라고 안내하기도 하고 책과 관련한 여러 소식을 전해 주기도 한다.

"선생님, 에즈라 잭키츠 책 또 나온 거 있는데, 한번 보실래요?"

"어디 봐요!"

나는 욕심이 나서 몇 권씩 쌓아 놓고 읽는다. 읽다가 사고 싶은 책은 한 쪽에 놔두고 나중에 살 책은 수첩에 제목을 써 둔다. 정신없이 책을 읽고 있으면 책방 언니가 커피를 타 주기도 한다. 먹던 과자나 빵이 있으면 함께 먹자며 내오기도 한다. 미안한 마음에 다음에는 얻어 먹지만 말고 뭘 좀 사와야지 하면서도 늘 까맣게 잊고 빈 손으로 책방에 들어온다.

이 곳은 동화를 좋아하는 친한 친구나 후배를 만나는 약속 장소가 되기도 하지만 혼자 갈 때에는 어린이도서연구회에서 활동하는 이들을 만나기도 한다. 약속 장소가 되어 버린 이곳에서 책을 읽다가 친구도 만나 수다를 떨다 저녁을 먹으러 나가기도 한다. 그리고 다시 들어와 차를 마시거나 책을 본다. 이 책방과 인연을 맺은 지도 십 년이 넘는다. 어느덧 부근에 살던 친구들은 멀리 떠나 나 혼자 그 서점을 찾을 때가 많다. 이 서점은 내가 동화를 사랑하게 만든 아름다운 공간이다. 오래도록 이 서점에 갈 수 있으면 좋겠다. 집에 가는 길에 이렇게 마음에 드는 책방이 있다면 얼마나 좋을까 하는 생각을 늘 갖는다.

(사진 제공 : 동원 어린이책방 02-2625-9686)

이야기와 그림책, 노래로 만나는 동시

강승숙

오래 전 『프랑스의 초등 교육』을 읽었다. 프랑스 사람들은 그 어떤 나라 사람보다 모국어를 자랑스럽게 생각한다고 들었는데, 이 책을 읽으면서 그 말을 이해할 수 있었다. 프랑스에서는 초등학교 1학년 때부터 자국의 말이 가장 아름답게 살아 있는 시를 골라서 아이들한테 읽고 외우게 한다. 그렇게 시 공부를 하면서 아이들은 자연스럽게 아름다운 모국어와 민족의 정서를 배운다.

우리나라 유치원에서도 아이들에게 열심히 동시를 외우게 한다. 하지만 유치원 아이들이 외우는 시가 정말 아이들한테 맞는 좋은 동시인가를 생각하면 머리를 갸우뚱하지 않을 수 없다. 유치원 아이들이 외우고 있는 동시는 그저 아이들을 귀여운 대상으로 보고 말 재미나 교훈만을 앞세워 쓴 시들이 대부분이다. 초등학교 교과서에 실린 동시들도 크게 다르지 않다. 이미 개념화된 의성어나 의태어를, 시에서 재미있는 말을 찾는다며 되풀이해서 가르치고 있다. 동시의 내용도 저학년에서 고학년에 이르기까지 별 차이가 없다. 어려운 식민지 시절부터 지금에 이르기까지 아이들 삶이 담겨 있는 시들도 많이 있을 텐데 그런 시들은 교과서에서 찾아보기 어렵다. 자연을 노래한 시들도 턱없이 모자란다. 아이들은 교과서 시를 배우며 진정으로 재미있어 하거나, 마음을 열고 사랑하지 못한다. 동시집을 사서 보는 아이들이 없는 것을 보면 지금까지 해 온 시 교육이 얼마나 잘못되어 있는지 잘 알 수 있다.

　사정이 이러니 학교에서 아이들과 읽어 볼 좋은 동시를 찾기가 쉽지 않다. 좋은 동시를 찾더라도 되풀이해서 읽고 외우기에는 너무 길거나 자연스럽지 않은 시들도 많다. 아이들이 함께 소리 내어 읽으려면 가락이 살아 있어야 박자를 맞추어 가며 재미있게 할 수 있는데 그렇지 못하다.

　자료도 부족하지만 뭔가를 외우게 하는 일도 나는 그리 반갑지 않았다. 그때만 해도 외우게 하는 교육은 무조건 주입식 교육이라고 생각하고 있었다. 초등학교 시절을 생각하면 자연히 이런 생각이 든다. 그 시절에는 외워야 할 것들이 참으로 많았다. 마룻바닥 걸레질을 하면서 구구단을 외우고, 집에 가면서도 친구들과 국민 교육 헌장을 줄기차게 외워 댔다. 마음에 다가오는 것이 있어서, 재미있어하며 외운 것이 아니었다. 매 맞지 않고 혼나지 않기 위해서 외웠다. 이런 기억들 때문에 아이들을 가르치면서 외우는 공부는 하지 않기로 마음먹고 있었다.

　하지만 정말 좋은 동시라면, 재미를 느껴 자꾸 읽다 절로 외워지는 시라면 아이들하고 배우고 싶었다. 이런 바람은 겨레아동문학연구회에서 엮은 「겨레 아동 문학 선집」(보리)이 나오면서 이루어졌다. 전체 열 권 가운데 『엄마야 누나야』와 『귀뚜라미와 나와』가 동시집인데, 이 동시집에서 아이들하고 감상하고 외울 수 있는, 내용이 풍부한 시를 만날 수 있었다.

　시 감상은 2000년 인천 주안남초등학교에서 4학년 아이들을 가르치면서 시작했다. 일주일에 하루, 아침 시간이면 시 맛보기라고 해서 동시 한 편을 칠판에 써 주었다. 시는 주로 계절을 생각하며 골랐다. 아침에 시간이 넉넉한 날은 내가 칠판에 시를 쓰면서 아이들도 같이 쓰게 했고 그렇지 않은 날은 전날 써 둔 시를 보고 쓰게 했다. 시를 쓰고 나서는 늘 속으로 세 번 읽고 떠오르는 생각이나 느낌을 공책에 쓰고 싶은 만큼 쓰게 했다. 느낌 쓰는 것을 귀찮아하는 아이들도 있다. 그럴 때는 그냥 놔둔다. 하지만 가끔은 한두 줄이라도 꼭 쓰게 하고 하나하나 검사한다. 시를 쓰고 느낌을 쓰고 나면 같이 읽고 느낌을 나눈다.

　아침에 시를 읽으면 괜히 즐겁고 편안해진다. 첫 시간부터 교과서를 펴고 공부를 시작하면 아이들은 '아 또 공부 시작이다!' 하며 지겨워할지도 모른다. 더구나 아침 자습이라고 해서 수학 문제 풀고, 학습지를 하다가 공부를 시작하면 더 재미없다. 나는 늘 국어를 첫 시간에 놓고 시를 서너 편 맛보면서 공부할 마음 준비가 된 듯하면 공부를 시작한다. 다 같이, 또는 나와 아이들이 한 행씩 나누어 가며 시를 외우다 보면 어쩐지 마음이 편안해진다. 시를 감상할 때면 아이들도 나도 즐겁다.

한 학기 정도 시를 배우고 나면 좋아하는 시를 골라 시 외우기 대회를 열거나 시 그림 그리기도 한다. 1학기 때에는 그동안 못 본 동시 가운데 가장 마음에 드는 동시를 골라 외우면서 수행 평가를 했고, 2학기 때에는 마음에 드는 동시를 외워서 쓰고 시를 언제 외웠는지, 왜 좋아하는지 또 뭘 느꼈는지 쓰는 것으로 수행 평가를 했다. 2학기 수행 평가를 한 날, 나는 아이들이 쓴 글을 보면서 몇 번씩 마음이 뭉클해지고는 했다. 철이 없다고, 마냥 떠들고 싸운다고 야단치던 아이들한테서 보석같이 반짝이는 마음을 보았기 때문이다. 아름다움을 느낄 줄 아는 단순하고 솔직한 마음, 자연을 사랑하고 인정에 깊이 감동하는 고운 마음들이 줄줄이 글에 나타나 있었다. 동시를 외우면서 나도 아이들도 동시와 친구가 되어 기뻤지만, 그보다는 아이들 마음속에 있는 아름답고 착한 마음을 만나게 된 것이 더 값진 일이었다.

1. 봄에 즐겨 읽은 동시

첫봄 _박고경

땅바닥을
텅!
내려 디디면
물숙하니

들어가는
힘나는 첫봄.

『엄마야 누나야』(겨레아동문학연구회 엮음, 보리)

해마다 3월이 되면 가르쳐 주는 시다. 동시 가운데 이 시만큼 봄기운을 힘차게 나타낸 시도 드물다. 나도 아이들도 이 짧은 시에 반해 버렸다. 읽을 때마다 '텅!'에서 받는 느낌은 새롭다. 처음에는 다 같이 소리내어 읽었고, 이어 읽고 싶은 아이들 가운데 두어 명쯤 시켜 보기도 했다. 그리고 시에 대한 느낌을 나누었다. 보통은 이렇게 동시를 맛본다.

"이 시를 읽으면요, 힘이 막 나는 거 같아요."

"겨울이 확 가고요, 봄이 오는 거 같아요."

"그래, 그런데 이 시 어디에서 봄을 잘 느끼게 해 주는 것 같아?"

"'텅!'이 그래요. 씩씩한 느낌이 나요."

"'물숙하니'는 땅이 어떤 걸 말하는 걸까?"

"딱딱하지 않고요, 말랑말랑한 거요."

눈을 감고 외워 보라고 하면 아이들은 더 신이 나서 한다. 다 외운 아이들은 큰 목소리로, 그렇지 않은 아이들은 우물쭈물 친구들을 보며 따라한다. 아이들은 '텅!'과 '힘나는 첫봄'을 저절로 힘이 나서 있는 힘을 다해 외웠다. 억지로, 숙제하듯이 시를 외우라고 하는 일은 별로 없다. 시를 배운 날은 공부 시간마다 배운 시를 소리내 외운다. 그러다 보면 길지 않은 시는 하루, 이틀만에 외우게 된다. 시를 배운 다음 날부터 다 외운 아이는 혼자 외워 보게 한다. 제일 먼저 더듬거리지 않고 분위기를 살려 가며 외운 아이들한테 친구들은 손뼉을 쳐 주고, 나는 예쁜 들꽃이 찍혀 있는 동그라미 스티커를 주기도 한다. 조금 긴 시는 일주일 내내 외운다.

'첫봄'에 이어 배운 시가 '논갈이'다. 첫 해 봄에 이 시를 외우면서 아이들이 아주 좋아하는 것을 알고는 해마다 3월은 '첫 봄', '논갈이'를 잇달아 가르쳐 준다.

논갈이 _김오월

쟁기질
소가
욱- 욱- 가네.

땅이
푹푹
푹 푹 파지네.

『엄마야 누나야』(겨레아동문학연구회 엮음, 보리)

이 시도 '첫봄' 못지않게 아이들이 좋아한다. '첫봄'이나 '논갈이'는 간결하면서도 생기 넘치는 시다. '첫봄'의 '텅!'에서 겨울이 가는 소리를 느꼈듯이, '논갈이'에서도 아이들은 '욱욱'이나 '푹푹'에서 첫봄을 맞이하는 씩씩한 농부의 모습을 느끼는 듯했다. 하지만 봄이 되어도 농사 짓는 일을 볼 수 없는 도시 아이들은 쟁기질을 어떻게 하는 것인지 모르기 때문에 설명을 해 주어야 한다. 사진 한 장 준비해서 실물 화상기에 올려놓으면 좋다.

"이 시를 보면 뭐가 생각나니?"

"소가 힘들게 일하는 거요."

"'욱욱'을 크게 읽는 사람이 많던데, 왜 그랬어요?"

"'욱욱'에서요, 힘이 절로 들어가요."

"그런데 '욱욱'은 뭘 나타낸 걸까?"

"소가 힘차게 일하는 거요."

"그래. 나는 너무 열심히 일하느라 소의 입과 콧구멍에서 김이 막 나는 게 생각나."

"이 시 마음에 드는 사람?"

몇 명 빼놓고 모두 손을 든다. 아이들은 재미가 느껴지면 외우는 것도 즐기는 것 같다. 겨우 시 두 편 배우고 아침에 교실에 오면 둘 셋씩 모여 입을 맞추어 가며 시를 외우는 아이들이 보인다.

봄비 _김석전

비가 그쳤네
햇빛이 반짝어리네
세수한 산과 들이
수군거리오
"어어 시원하구려"
"어어 시원하구려"

『엄마야 누나야』(겨레아동문학연구회 엮음, 보리)

이 시는 산이나 들을 사람으로 표현하는 의인기법을 쓰고 있다. 의인기법은 동시에서 많이 쓰지만 뻔한 표현으로 사물의 겉모습만 흉내 내는 일이 많다. 하지만 이 시는 산이나 들을 자연스럽게 살아있는 사람처럼 느끼게 한다. 무엇보다 이 시의 구수한 맛은 "어어 시원하구려"에 있다. 여기에 와서 아이들은 자연과 그대로 하나가 된다. 아이들은 정말 시원하다는 듯이, 마치 늙수그레한 어른이라도 된 듯이 비 온 뒤 그 시원한 맛을 느끼면서 웃는 얼굴로 "어어 시원하구려" 하고 신나게 소리친다.

이 시를 배우고 나서 인천대공원에 현장 학습을 갔을 때다. 비가 막 그친 깨끗한 날, 하늘, 나무, 물기 어린 아스팔트 바닥은 마음을 차분하고 호젓하게 했다. 공원으로 들어가는 나와 아이들은 가볍게 부는 바람에 마음이 설레었다. 노래라도 부르고 싶은 마음으로 즐겁게 걷고 있는데 아이들도 같은 마음이었을까? 앞서 걷던 현석이가 갑자기 '봄비'를 외운다.

"…… 어어 시원하구려, 어어 시원하구려!"

"와! 현석아, 정말 그 시하고 지금하고 딱 맞다. 애들아, 현석이가 지금 '봄비'를 외웠는데 우리 다 같이 '봄비' 외워 볼까?

아이들은 이 시를 몇 번이고 외웠다. 앞에서 끝이 나나 싶으면 중간에서 다시 시작하고 또 끝나나 싶으면 뒤쪽에서 시작했다. 한참이나 이어졌다. 동시 외우는 아이들을 보면서 동시가 지금 아이들하고도 얼마든지 친구가 될 수 있다는 희망을 갖게 되었다. 아이들이 살아가면서, 또 어른이 되어서 어느 순간 시를 생각하고 외우겠구나 하는 생각도 했다.

진달래 _ 신고송

산비탈 양달에도
봄이 왔다고
진달래 보라꽃이
피어납니다.
나무꾼 점심밥도
양지쪽에서
진달래 향내 밑에
열리입니다.

『엄마야 누나야』(겨레아동문학연구회 엮음, 보리)

나는 진달래꽃, 아카시아 꽃을 따먹으며 어린 시절을 보냈기 때문에 진달래나 아카시아 나무는 늘 그립고, 보기만 해도 반갑다. 하지만 지금 아이들이야 어디 그런가. 산이 놀이터도 동무도 아니니 봄에 피는 진달래한테 특별하게 마음이 갈 까닭이 없다. 그래서 이런 시를 가르칠 때는 어린 시절 이야기도 해 주고 꽃잎도 칠판에 그려 보인다.

"우리 학교에 진달래가 핀 거 같아요."

"시가요, 봄이 왔다는 걸 말해 주는 거 같아요."

"우리 학교에 진달래가 많았으면 좋겠어요."

"'산비탈 양달에도 봄이 왔다고'에서요, 해가 봄을 불러 낸 거 같아요."

"선생님 그런데요 '나무꾼 점심밥도'가 왜 나와요?"

"그게 궁금했구나. 이게 언제 이야기일까?"

"옛날이요."

"아주 옛날은 아니고 기름이나 연탄을 거의 안 쓸 때야. 한 50년에서 60년 전이지. 그때가 나무를 땔 때니까 나무꾼은……."

"나무 해다가 파는 사람이요!"

"그렇지! 이래서 시 한 편을 보면 그 시절 사람들의 생활도 알 수 있어."

"향내 밑이 뭐예요?"

"으응, 진달래 나무 밑에 앉으니까 진달래 냄새가 나잖아."

"선생님 어렸을 때에는 진달래 잎 따서 먹었는데……."

"왜요?"

"맛도 있고 또 놀다가 배고프기도 하고……."

"그러면 가게 가서 사먹으면 되잖아요?"

"돈이 없잖아. 그러니까 놀다 배고프면 가까이 있는 거 먹는 거지."

시 한편 가지고 이야기를 하다 보면 끝이 없다. 아이들은 궁금한 것을 묻고 나는 대답을 하고 그러다 보면 자꾸 이어져서 국어 시간이 훌쩍 지나가기도 한다.

진달래를 한 아름 꺾어다가 교실에 있는 주전자에 담아 두고 이 시를 감상한 일도 있다. 산 밑 외딴집에 살 때 꽃밭에 이십 년 가까이 된 진달래가 있었다. 진달래가 화사하게 핀 날 아침부터 어머니와 진달래를 꺾었다. 어머니는 "오매 아까운 거." 하면서 이 가지 저 가지 만졌다 놓았다 어쩔 줄 몰랐다. 내가 보아도 하나하나 정말 고왔다. 아이들 숫자에 몇 개 더한 만큼 꺾은 뒤 신문지에 잘 싸서 학교에 가져왔다. 칠판에 써 놓은 동시 '진달래'를 정성껏 쓰는 아이들에게 글씨 예쁘게 쓰면 진달래 꽃잎을 준다고 했다. 아이들은 그저 준다는 소리에 온 힘을 다해 글씨를 쓰는 듯했다. 아이들이 시를 쓰는 사이 나는 꽃잎을 하나하나 따 두었다가 나누어 주었다. 이어 진달래를 잘 살펴보고 그려 보라고 했다. 그림을 정성껏 잘 그리면 꽃을 먹을 수 있게 해 준다는 말을 덧붙였다. 진달래를 먹어 본 일도 없고 먹을거리로 관심을 가져 본 경험도 없는 아이들이지만 먹을 수 있다는 말에 신바람이 나서 그림도 열심히 그렸다. 이제 먹을 시간이 되었다. 전에 그냥 먹게 했다가 쓰다고 난리를 치는 아이들 때문에 당황했던 일이 생각나 이번에는 조금 다르게 말을 꺼냈다.

"내가 어렸을 때는 군것질을 거의 안 했어. 인스턴트 음식도 없었고. 입이 오염이 되지 않으니까 이런 꽃잎 하나도 그렇게 맛이 있었는데 너희들은 어떨지 모르겠다. 이 꽃잎을 먹기 어려운 사람은 입이 인스턴트 음식에 너무 익숙해진 거라고 생각하면 돼. 사실 그렇게 달거나 하지는 않거든. 하지만 자연 그대로의 맛이 나. 눈을 감고 천천히 그 맛을 느껴 보렴."

아이들은 정말 눈을 감고 천천히 맛을 보고 있었다.

"얘들아. 새콤한 맛, 달콤 씁쓰름한 맛이 한꺼번에 날걸."

"선생님, 정말 맛있어요. 한 개만 더 줘요."

"저두요. 저도 하나 더 줘요. 맛있어요."

한두 명이 달라고 하자 손을 내미는 아이들이 많아졌다. 몽오리 몇 개 빼고는 꽃잎을 다 떼어 먹고 말았다. 이렇게 한바탕 그리고, 먹고, 한 뒤 다시 동시를 낭송했다. 그리고 느낌을 나누었다. 아이들한테는 반 친구들과 같이 진달래를 먹고 이야기를 나누었던 이런 경험들이 추억이 될 것이다. 식구들이랑 산에 갔다가 또는 공원에 들렀다가 진달래를 보면 "엄마, 저 꽃 진달래야. 우리 선생님이 진달래꽃 시 배울 때 꽃잎 줘서 먹어 봤어."하고 말할지도 모른다. 안타깝기는 하지만 진달래와 놀아 보지 못한 아이들에게 이렇게 동시 한 편을 주는 방법도 있다.

제비 _ 엄홍섭

작년 가을 떠나갔던
강남 제비는
올봄에도 우리 집을
찾아왔구나.
푸른 바다 높은 산
멀고 먼 길에
작은 몸이 얼마나
고단했겠니.

내일 모레 우리는
이사간단다.

아직아직 이 집엘랑
집 짓지 마라.
골목 셋방 우리 갈 집
너 찾아오면
판을 받쳐 집터나마
만들어 주마.

『엄마야 누나야』(겨레아동문학연구회 엮음, 보리)

도시에 사는 아이들이 제비를 보았을 리 없다. 그런데도 아이들은 이 시를 좋아한다. 제비를 아끼는 아이의 마음과 제비를 사람처럼 여기는 시를 쓴 사람의 마음이 아이들 마음을 끄는 것이 아닐까. 시를 십여 편 가까이 감상하고 나서 마음에 드는 시를 골라 보라고 하면 '제비'를 고르는 아이들이 많다.

내가 '제비'를 좋아하는 까닭 _ 김현아 (인천 남부초등학교 3학년)

제비는 이제 도시에서 거의 볼 수 없게 됐다. 이제 시골에 가야 볼 수 있다. 제비가 없어지기 때문이다. 난 제비를 한 번도 본 적이 없다. 그리고 난 시골에도 가본 적이 없다. 왜냐하면 시골에는 할아버지, 할머니가 살지 않기 때문이다. 제비는 사진이나 텔레비전으로밖에 본 적이 없다. 이 시에는 제비의 생김새에 대해 나오진 않았지만 제비에 대해 쓴 것이니까 좋다. 난 진짜 제비를 보고 싶다. 엄마가 그랬는데 제비는 날갯짓을 두 번 정도 하면 쭉 날아간다고 한다. 난 그렇게 하늘을 날고 있는 제비를 보고 싶다. 제비가 여러 곳을 날아다니면 좋겠다.

현아는 여자 아이인데 남자 아이 못지않게 장난이 심하다. 남자 아이를 자주 울리기도 한다. 하지만 현아가 시를 외울 때만큼은 다른 아이가 된다. 아주 차분한 목소리로 느리게 느낌을 살려 시를 외우면 아이들은 뜨겁게 손뼉을 쳐 준다.

그림책 『나야, 제비야』(봄나무)가 나오고 난 뒤에는 이 동시를 감상할 때 그림책을 보여 주기도 한다. 어릴 때 제비가 집 짓는 모습도 보았고 알을 까고 나온 어린 새끼에게 어미가 벌레를 물어다 주는 것도 보았지만 그림책을 보니 제비의 생태에 대해 내가 몰랐던 것이 많아 새삼 흥미로웠다. 제비를 잘 모르는 아이들에게 이 동시를 배울 때 그림책을 함께 보여 주면 훨씬 이해하기 좋을 것 같다. 그림책에는 제비가 마을에 찾아오면 집짓기 편하라고 진흙에 물을 뿌려 주는 동네 어른들이 나온다. 참으로 정겨운 장면이다. 그런 장면과 시의 분위기가 잘 어우러진다.

이 밖에도 아이들은 봄을 노래한 '버들눈', '진달래', '할미꽃' 같은 동시를 맛보았다. 동시 공부를 하면서 기억에 남는 일도 많다. '할미꽃'이라는 시를 배운 뒤였다. 아이들이 할미꽃을 본 적이 없다고 해서 교실 창가에 할미꽃을 갖다 두었더니 여자아이 둘이서 할미꽃을 보며 '할미꽃'을 가만가만 외우고 있었다.

2. 여름에 즐겨 읽은 동시

여름이 가까워지면 아이들 생활을 다룬 시를 가르친다. '동무동무'나 '굴렁쇠' 같은 시다. 이 시들은 예전 아이들의 생활과 요즘 아이들의 생활을 견주어 보기에 좋다. 아이들은 '굴렁쇠'를 더 좋아했지만 '동무동무'도 박자를 척척 맞추어 가며 흥겹게 읽는다.

굴렁쇠 _ 정우해

내 동무는 굴렁쇠
뜻 맞고 정들은
내 동무는 굴렁쇠.

놀 때두,
심부름 갈 때두,
언제나 안 떨어지는
내 동무는 굴렁쇠.

학교길 십 리도,
굴렁쇠 앞세우고 나서면
먼 줄을 모르지요.

『귀뚜라미와 나와』(겨레아동문학연구회 엮음, 보리)

"선생님, 저는요 체육 시간에 해 봤더니 굴렁쇠가 잘 안 굴렀는데요, 얘는 아주 잘 굴려요."

"그렇지, 날마다 이런 놀이를 하니까 몸에 붙은 듯이 잘 굴리는 거야. 선생님

어렸을 적에도 동네 오빠들이 그렇게 잘 굴리면서 달려가는 거 많이 봤어."

"굴렁쇠를 학교에 가져가도 돼요?"

"그럼!"

"어, 우리는 자전거 학교에 가져오면 안 되잖아요."

남자아이들 몇은 굴렁쇠를 학교까지 가져가는 아이를 부러워한다.

"이 시에 나오는 아이는 친구가 많지 않아요?"

"시골은 사람이 많지 않으니까 학교도 드문드문 있고, 그러다 보니 산골에 사는 아이들은 학교가 아주 멀지. 선생님도 초등학교 때 30분씩 걸어서 학교에 갔어. 산골에 사는 아이일수록 혼자서 걷는 길이 많겠지. 이 아이도 그런 것 같아. 그러니까 굴렁쇠가 동무가 된 거지."

초가집 _윤복진

산 밑에
조그만
초가집 문에,

문구멍이
송, 송,
뚫어져 있네.

산 밑에
조그만
초가집에는,

조무라기

형제들이
사는가 보다.

『엄마야 누나야』(겨레아동문학연구회 엮음, 보리)

'초가집'은 6월에 들어가서 배웠는데 아이들하고 이야기를 많이 나누었다.

"형제들이 문을 뚫는 장면이 떠올라요."

"초가집 문에 구멍이 뚫려 있는 거 같아요."

"조무라기 형제들이 구멍을 뚫었어요."

"그런데 초가집 문이 어떻게 생겼기에 구멍이 뚫릴까?"

"한지요."

"그래, 한지야. 창호지라고도 하는데 이 문은 구멍이 잘 뚫어져."

"이 초가집에 사는 사람들 생활이 어때 보이니?"

"1연을 보니까요, 살림살이가 어려운 거 같아요."

"흥부네 집이 생각나요."

"옛날 생각나요. 우리 엄마가 초가집에 살았대요."

"초가집은 무엇으로 만들었을까?"

"지푸라기요"

"한지, 나무요."

"흙도 있고, 다 자연에서 나오는 것들이지. 흙으로 집을 지으면 여름에는 시원하고 겨울에는 따뜻해. 공기가 잘 통하고. 음 그리고 애들아, 조무라기 형제들은 몇 명쯤을 말하는 걸까?"

"여섯 명이요."

"그래. 넷이나 대여섯쯤 되겠지. 그런데 조무라기면 몇 살쯤일까?"

"다섯 살이요!"

"일곱 살이요!"

"그래, 그 정도 되겠다. 이제 마지막으로 한 번 더 소리내 읽어 보자."

이 동시는 장구 장단에 맞추어 낭송하는 것도 꽤 괜찮다. 가난한 살림이 그려지지만 결코 쓸쓸하거나 어둡지 않기 때문에 장구 장단과도 잘 어울린다. 나는 교탁 옆에 장구를 늘 놓고 있다. 음악 시간에도 쓰지만 국어 시간 동시를 낭송할 때도 장구를 가끔 친다. 삼채나 이채 같은 정식 가락이 아니어도 좋다. '쿵 따따따 쿵 따따따' 같은 리듬만 가지고도 시 낭송을 할 수 있다.

하늘 혼자 보고 _정지용

부엉이 울든 밤
누나의 이야기—
파랑 병을 깨치면
금시 파랑 바다.

빨강 병을 깨치면
금시 빨강 바다.

뻐꾸기 울든 날
누나 시집 갔네—

파랑 병을 깨트려
하늘 혼자 보고.

빨강 병을 깨트려
하늘 혼자 보고.

『엄마야 누나야』 (겨레아동문학연구회 엮음, 보리)

이 시는 외울수록 아름답고 슬프다. 이주홍의 소년 소설 『메아리』(길벗어린이)를 생각나게 한다. 하지만 아이들은 처음부터 이 시 맛을 알지 못했다. 시를 좋아하는 쪽은 오히려 나였다. 이 시를 보면 어릴 적 어머니가 밤마다 귀신 이야기를 들려주던 생각이 난다. 이젠 그런 시절이 지나갔다. 지금 아이들은 밤이면 어머니, 할머니가 들려주는 옛이야기를 듣는 대신 텔레비전을 보고 컴퓨터 오락을 한다.

"애들아, 이 시 읽어 보니까 혹시 생각나는 이야기 없니?"

"……."

"파란 병, 빨강 병 하면 생각나는 옛날 이야기 없어?"

"아, '빨강 부채 파랑 부채'요."

"그게 아니고 '여우 누이'."

"아……!"

"내가 지금부터 '여우 누이' 이야기해 줄게."

아이들은 막내아들이 무시무시한 여우한테 쫓기면서 파란 병, 하얀 병, 빨간 병을 던질 때마다 마음을 졸였다 놓았다 했다.

"이렇게 밤마다 '여우 누이' 같은 재미난 이야기를 해 주던 누나가 시집갔으니 동생이 얼마나 외로웠겠어. 지금은 전화도 할 수 있지만 그 옛날은 전화도 없고 길도 멀어서 한 번 시집간 누나를 다시 보는 게 쉽지 않았거든. 이제 동생은 쓸쓸하게 누나를 그리워하는 거지."

이야기가 끝나고 시를 다시 읽었다. 이제 아이들은 이 시를 읽을 때마다 '여우 누이'를 떠올릴 것이다. 굳이 '여우 누이'를 몰라도 쓸쓸하고 그리움이 가득한 이 시 분위기는 아이들 마음을 끌어당긴다. 하지만 옛이야기를 해 주면 아이들은 이 시를 더 좋아한다.

별 _ 이병철

하늘에 별이 하나
땅 위에 내가 하나

하늘에 별이 반짝
땅 위에 내 눈이 반짝

별하고 나하고
나하고 별하고
서로 눈짓하는 밤

아, 하늘에 별이 없으면
얼마나 이 밤은 어두울까요.

『귀뚜라미와 나와』(겨레아동문학연구회 엮음, 보리)

　해, 달, 별은 모두 아이들 동무다. 그러나 이제 도시 아이들은 예전처럼 이들을 동무 삼아 놀지 않는다. 옷을 벗고 물가에서 놀다가 해가 나오기를 기다리는 일도, 달을 보며 밤늦도록 쥐불놀이를 하거나 술래잡기하는 일도, 마루에 누워 별 구경하는 일도 해 보지 못하고 자라는 아이들이니 그럴 수밖에 없다. 그래도 어쩌다 밤하늘을 올려다보면 별은 아이고 어른이고 할 것 없이 마음을 설레게 한다. 나도 어렸을 때 별을 세어 보다 그만둔 일이 많다. 아이들은 이 시하고 쉽게 친해졌다. 우리 반 정호와 경석이도 이 시가 좋아서 자주 외운다고 한다.

'별'을 읽고 _ 서경석(인천 남부초등학교 3학년)
'별'에서 가장 마음에 드는 문장은 '별하고 나하고 나하고 별하고 서로 눈짓하는 밤'이다. 잠을 잘 때 '별'을 외우면 무섭지 않다. 보름달을 볼 때도 별이 많았는데 그때 '별'을 크게 외웠다.

3. 가을에 즐겨 읽은 동시

가을에 들어서면 '고추잠자리'(권태응), '고염'(윤복진), '귀뚜라미'(김철수), '가을 아침'(천정철), '홀어미 까치'(김기진)를 빼놓지 않고 가르친다. 가을을 소재로 한 이 시들은 시마다 다른 맛을 준다. '고추잠자리'와 '홀어미까치'는 쓸쓸하면서도 따뜻하고, '고염'은 생기와 유머가 넘친다. '귀뚜라미'를 보면 자연과 하나가 되는 듯한 마음이 일어나고, '가을 아침'을 보면 추위 앞에 선 낙엽들을 생각하면 쓸쓸하면서도 정겨워진다. '고추잠자리'를 읽으면 어른인 나도 마음이 절로 따뜻해진다. 자꾸 읽고 싶은 동시다.

고추잠자리 _ 권태응

혼자서 떠 헤매는
고추잠자리,
어디서 서리 찬 밤
잠을 잤느냐?

빨갛게 익어 버린
구기자 열매,
한 개만 따 먹고서
동무 찾아라.

『귀뚜라미와 나와』(겨레아동문학연구회 엮음, 보리)

"쓸쓸해요."

"조용하고 슬퍼요."

"고추잠자리가요, 부모가 없는 거 같은데 동무 찾으라고 해서 좋아요."

성희는 '서리 찬 밤' 부분에서 지은이의 걱정이 드러난다고 했다. 시를 오래 맛보다 보니 시를 이해하고 느끼는 힘이 커진 것 같다.

"그런데요 선생님, 구기자 열매가 어떻게 생겼어요?"

"갸름하고 빨간 열매인데, 요만해!"

나는 새끼손가락으로 가늠해 보였다. 다음 날, 우리 집 둘레에 구기자 나무에서 겨우 하나 매달려 있는 열매를 따다가 칠판 위에 매달아 놓았다. 겨우 한 개뿐이었지만 구기자 열매가 어찌 생겼는지 궁금해 하던 아이들은 그걸 보고 좋아했다.

이 동시는 노래로 만들어 부르면 참 좋다. 4학년 음악 교과서에 나오는 '산바람 강바람' 가락에 맞추어 부르면 가사와 분위기가 썩 어울린다. 한번은 동시 강의를 한 일이 있는데 강의에 온 선생님들하고 '산바람 강바람' 가락에 맞추어 동시를 노래로 불렀다. 노래를 부르고 난 뒤 선생님들은 "어쩌면!"하며 감탄을 했다. 정말 노래와 시가 잘 어울렸다. 선생님이 치는 오르간 소리에 맞추어 아이들과 이 동시로 노래를 부른다면 더없이 아름다운 시간이 될 것이다.

권태응의 '고추잠자리'와 함께 남호섭의 '잠자리 쉼터'도 같이 감상해 보면 좋겠다.

잠자리 쉼터 _남호섭

손을 쭉 뻗어
검지를
하늘 가운데 세웠더니
잠자리가 앉았습니다.

내 손가락이
잠자리 쉼터가 되었습니다.

가만히 있었습니다.

내가 나뭇가지가 되었습니다.

『놀아요 선생님』(남호섭, 창비)

　이 동시를 읽고 시에 드러나지 않은 아이의 마음을 상상해 보는 것도 좋을 것 같다. 1연에서 아이는 잠자리가 오기를 얼마나 기다렸을까. 1분, 3분 아니 더 긴 시간이었을지도 모른다. 다가오는 잠자리를 보면서 얼마나 아이는 마음을 졸였을까. 주문을 외우듯 마음속으로 노래도 불렀을 것이다. 그렇게 빌며 기다린 끝에 잠자리가 아이한테 다가오고 아이의 검지손가락에 앉는다. 그 기쁨은 이루 말할 수 없을 것인데 시인은 '가만히 있었습니다'라는 이 한 마디 말로 아이의 마음을 절제하여 드러낸다.

　이 시는 아이들을 자리에서 일어나게 한 뒤 시에 나오는 아이처럼 검지 손가락을 세우게 한 뒤 시낭송을 하면 더 실감이 날 것 같다.

귀뚜라미 _김철수

귀뚜라미
귀똘 귀똘
나도 귀똘 귀똘

귀뚜라미
귀똘 귀똘

나도 귀똘 귀똘

불 끄고 누워
달 보는 마음이야

귀똘똘 귀똘똘
나도 귀뚜라미.

『귀뚜라미와 나와』(겨레아동문학연구회 엮음, 보리)

　이 시를 가르칠 때는 아침 시간에 학년 모임이 있어서 왔다 갔다 하다가 제대로 읽어 보지도 못하고 넘어갔다. 그런데도 언뜻 보니 개구쟁이 성현이가 눈을 감고 '귀똘똘 귀똘똘' 하며 열심히 외우는 게 보였다. 입으로 중얼중얼 시를 외우는 아이들이 다른 날보다 더 눈에 많이 보였다. 나는 '시가 아이들한테 달라붙는 모양이구나' 생각했다. 그러고는 수업시간 내내 그 시를 잊어버리고 공부하고 있는데 둘째 시간 중간쯤 누군가 "'귀뚜라미' 시 안 외워요?" 그런다. 하던 공부를 잠시 접고 시를 외웠다. 조금 놀랐다. 그새 반이 넘는 아이들이 시를 외웠다. 외우기도 쉬운 시였지만 아이들은 '귀똘똘 귀똘똘'이 너무 재미있었던 모양이다.

가을 아침 _천정철

오늘 아침 창 밑에
나뭇잎이요
옹기종기 웅크리고
모여 앉아서
어제 저녁 바람은

대단했다고
소근소근하면서
발발 떱데다.

『엄마야 누나야』(겨레아동문학연구회 엮음, 보리)

이 시는 2001년, 인천 주안남초등학교에서 3학년 아이들하고 몸으로 표현해가며 감상했던 시다. 사람이나 다를 바 없어 보이는 나뭇잎들, 이 나뭇잎들의 처지는 사실 서글픈 처지이다. 하지만 작가는 나뭇잎을 그저 불쌍하고 애처롭게 그리지 않고 안쓰러우면서도 사랑스러워 웃음이 절로 나게 그려 냈다. 나뭇잎이 창 밑에 웅크리고 소근거리는 모양은 꼭 초등학교 아이들이 학교 가는 길에 따뜻한 양지쪽에 모여서 소곤대며 떠드는 모습과 겹쳐 보인다.

'발발 떱데다'는 이 시의 절정이다. 여기서는 나까지도 절로 몸이 움츠러들 것만 같다. 아이들은 이 시를 배우고 나자 아침마다 시 맛보는 시간이면 '가을 아침'을 외우자고 했다. 어디가 그렇게 좋으냐고 하니까 '발발 떱데다'가 재미있다는 것이다.

"야야, 발발 떱데다래."

재현이는 짝하고 소곤대면서 킬킬거렸다. 중얼중얼 외우는 아이들도 많다.

"이 시 어떤지 누가 말해 보자."

"창문에 나뭇잎이 모여 소곤거리는 거 같아요."

"'발발 떱데다'가 재미있어요."

"'소근소근'에서요, 꼭 나뭇잎이 사람 같아요."

"첫 번째, 두 번째 줄에서요, 저녁에 바람이 불었다는 것을 알 수 있어요."

"'어제 저녁 바람은 대단했다고'에서요, 태풍이 분 거 같아요."

"저는요 둘째, 넷째 줄이 좋아요. 친구들끼리 말하는 거 같구요, 식구끼리 말하는 거 같아요."

"나뭇잎이 모여들어 말하는 거 같아요. 그리고요, 나뭇잎을 사람 대하듯이 시를 쓴 거 같아요."

이 동시는 연극으로 표현해도 좋다. 실제로 이 동시를 배우면서 모둠별로 연극으로 표현해 보라고 했다. 아이 두 명은 몸과 손으로 창을 만들고 다른 아이 둘은 창밑에 쪼그리고 앉아 나뭇잎이 되어 바들바들 떠는 모습을 잘도 표현해 냈다.

은행잎 _유경환

언젠가 오래 쳐다보던
아이 눈빛

그 아이에게 가고 싶어서
우체통 위에 누워 있다.

우체통 속으로 들어가고 싶은
노란 잎 하나

『마주선 나무』(유경환, 창비)

이주홍 동화 「우체통」이 생각나는 동시다. 일본에 일하러 간 아버지한테 개떡을 보내고 싶은 숙희가 똘똘 종이로 야물게 싼 개떡을 빨간 우체통에 집어넣는 장면이 떠오르는 것이다. 여섯 줄, 짧은 시다. 그런데 한 편 동화처럼 이야기가 풍부하다. 아이가 은행나무를 올려다보는 장면, 그리고 맑은 아이 눈빛을 잊지 못해 우체통에 들어가고 싶은 은행잎 하나, 아이는 서울 아이였나 보다. 시골 외가댁에 왔다가 우연히 은행나무 아래서 놀았을 테고. 그러니 자주 볼 수 없는 아이를 은행나무는 그리워한 게 아닐까. 이 시를 읽다 보니 이런 이야기가 마음속에 그려진다. 하지만 이 시를 아이들이 좋아할지 자신이 없었다. 이런 그리움이 어른 취향은 아닐까 하는 생각이 들어서다.

하지만 시를 감상하면서 아이들을 어리게만 보았다는 생각을 했다. 나무에서 떨어진 은행잎이 그저 바람에 실려 우체통에 닿게 된 것인데 아이에게 가고 싶어서 우체통 위에 누워 있다고 표현한 것이 재미있다는 생각을 할 만큼 아이들은 시를 잘 이해하고 있었다. 서현이는 이 시가 짧은데도 깊은 생각을 하게 만든다고 했다. 충분히 표현하지 못하지만 아이들도 나름의 그리움과 쓸쓸한 감정을 간직하고 있음을 느끼게 한다. 가영이는 은행잎이 살아서 말하는 것 같다고 말했다. 가 닿을 수 없는 소망을 보면서 안타까움에 젖게 하는 시다.

공장 언니의 추석 _ 윤석중

팔월에도
보름달엔
달이 밝건만
우리 언니
공장에선
밤일을 하네.

공장 언니
저녁밥을
날라다 주고
휘파람
불며 불며
돌아오누나.

『엄마야 누나야』 (겨레아동문학연구회 엮음, 보리)

눈부신 햇발 _ 김구연

햇발 눈부신 어느 가을날
파아란 하늘 보며 텃밭에 나가면
허리에 띠를 두른 배불뚝이 배추들이
나란히나란히 줄지어 서 있고
그 사이로 살금살금 숨어서
검은 고양이가 걷고 있다
요리 조리 어린 참새들이
도망을 다니고 날아 오르고
고양이는 잠시잠시 멈춰 섰다가
다시 또 살금살금 배를 깔고 긴다.
수정처럼 맑고 밝은 햇발이
은싸래기 금싸래기로 무한정
쏟아져 내리고 있는 어느 가을날

『맑은 시냇물』(김구연, 다인아트)

'눈부신 햇발'이 한가한 텃밭 풍경과 새를 쫓는 고양이가 절묘하게 어울려 평화로운 시골 생활을 느끼게 한다면 '공장 언니의 추석'은 쓸쓸한 서정미가 여

운을 준다. 특히 '눈부신 햇발'은 아이들한테 이야깃거리를 많이 준다. 아이들은 귀여운 참새와 참새를 노리는 고양이의 생생한 움직임을 보며 즐거움을 맛본다. 수정처럼 맑고 밝은 햇발 같은 표현이 상투적인 느낌을 주기도 하지만 앞 내용과 이어져 시골에서 살고 싶은 마음을 갖게 하기도 한다. 남자 아이들은 참새와 고양이가 쫓고 쫓기는 장면이 생동감 넘쳐서 좋다고 한 반면 여자 아이들 가운데에는 시에 드러난 자연이 아름답다고 한 아이들이 많았다. 이 동시는 리듬이 불규칙하고 조금 길어서 여러 아이들이 함께 낭송하기에 조금 불편하다. 복사를 해서 나누어 주고 감상을 해 보는 것도 좋겠다.

'공장 언니의 추석'은 요즘 아이들이 맞이하는 추석 정서와 사뭇 다르지만 아이들에게 호소력 있는 시다. 시에서 풍기는 온정, 언니를 생각하는 동생의 마음이 아이들의 마음에 감흥을 일으킨 거 같다. 양말 공장에서 힘들게 아르바이트를 하는 사촌 언니를 떠올린 아이도 있고, 아팠을 때 동생이 밥 먹여 주던 일을 생각하는 아이도 있었다. '눈부신 햇발', '공장 언니의 추석'은 앞에서 시 감상 방법 가운데 알맞은 것을 골라 감상하는 방법도 있지만 시를 충분히 낭송하고 느낌을 나눈 뒤 마음에 드는 것을 골라서 글과 그림으로 나타내 보는 것도 좋을 것 같다.

깊어 가는 가을 날, 아이들과 가을을 글감으로 시를 감상하면서 가을을 한껏 맛보는 시간, 교실을 벗어나 자연을 느끼며 시를 감상하고 쓰는 시간을 넉넉하게 가졌으면 좋겠다.

4. 겨울에 즐겨 읽은 동시

겨울에도 여름처럼 일상을 다룬 동시를 배웠다. 그 가운데 '등심 머릿심', '키 대 보기'는 그 자리에서 어렵지 않게 외운 시다. 옛이야기 냄새를 풍기는 '부헝'과 장난기가 느껴지는 '겨울'은 재미있게 외웠다.

부헝 _ 김동규

떡해 먹자 부-헝
양식 없다 부-헝

쌀곡간이 비었느냐
둥그미채 비었단다.
동사져서 어쨌나
땅 임자가 다 차 갔네.

어이없다 부-헝
기맥힌다 부-헝

『엄마야 누나야』 (겨레아동문학연구회 엮음, 보리)

    칠판에 동시를 쓰고 있는데 중얼중얼 따라 읽던 남자 아이 한 명이 왜 부엉이라고 하지 않고 '부헝'이라고 했냐며 묻는다. 그 말을 듣고 아이들한테 '부헝'과 '부엉'을 여러 차례 되풀이해서 소리내 보라고 했다. 그리고 느낌을 물었더니 아이들은 고개만 갸웃하고 별 대답을 못했다. '부엉'하고 '부헝' 가운데 어떤 것이 더 깊고 쓸쓸한 맛을 주냐고 물었더니 그제야 '부헝'이라고 답했다. 결국 답을 가르쳐 준 꼴이 되었지만 아이들은 자꾸 소리내 보니 부헝이 더 좋다고 했다. 이 시에는 가난한 농민들 생활이 그대로 드러난다. 은지는 '둥그미채 비었단다.'에서 농민들이 아주 어렵게 살고 있다는 생각이 든다고 했다. 둥그미채가 뭔지 모르는 아이가 많아서 그림을 찾아 보여 주었다.

    이 시는 묻고 답하는 형식을 갖추고 있어서 번갈아 가며 읽는 재미가 좋다. 남자, 여자 아이로 나누어 외우기도 하고 나와 아이들이 번갈아 외우기도 했다.

겨울 _ 윤동주

처마 밑에
시래기 다래미
바삭바삭
추워요.
길바닥에
말똥 동그래미
달랑달랑
얼어요.

『귀뚜라미와 나와』(겨레아동문학연구회 엮음, 보리)

웃음이 절로 난다. 엄숙한 시를 썼던 윤동주 시인이 썼다고는 믿어지지 않을
만큼 맑고 발랄한 시다. 이 짧은 시 한 편이 무거운 가슴으로 시대를 껴안고 살
다 죽어간 시인의 마음 한 자락을 생각하게 한다. 시를 써 놓고 윤동주 시인 이
야기를 먼저 들려주었다. 그리고 시를 읽었다.

아이들은 '시래기 다래미'가 무슨 말인 줄 몰랐다. 무나 배추 잎을 삶아 엮어
서 말린 것을 그렇게 말한다고 했다. 우거짓국을 예로 드니 알겠다고 했다. 아
이들이 시가 재미있다고 하기에 뭐가 그리 재미있냐고 하니까 '달랑달랑' 하고
'말똥'이 재미있다고 했다. 정말이지 말랑말랑한 똥이 모락모락 김을 내며 얼어
가는 모습이 눈에 보이는 듯하다.

남자 아이 한 명은 손을 번쩍 들더니 말똥은 본 일이 없지만 개똥이 생각난
다고 했다. 추위가 절로 몸에 느껴지는 시지만 무서운 추위가 아니라 씩씩하게
이겨 나갈 수 있는 추위로 느껴진다.

332

청둥오리 _ 이문구

사방이 산에 막혀
산속 같은 호수에
억새밭 누릇하면
오리떼가 오고
갈대밭 푸릇하면
오리떼가 갔다.
청둥오리는
철 따라 오가는
겨울 철새,
가을 바람에 몰려오고
봄바람에 몰려갔다.

『산에는 산새 물에는 물새』(이문구, 창비)

이상하게도 이 동시를 읽고 난 아이들은 눈에 선하게 장면이 떠오른다고 했다. 철따라 움직이는 오리떼가 보이는 것 같다고 했다. 바람과 갈대밭과 청둥오리가 어우러진 아름다운 시다.

옛날 이야기 _ 김육

옛날 옛적에-
그래서?
깊고 깊은 산 속에-
그래서?
사람만 한 쥐 한 마리가-

정말?
우는 애 배꼽을 똑 띠어 먹을랴고-
아유, 정말?

심술쟁이 내 동생은
두 손으로 자기 배꼽
꼭 쥐고는
그래서? 그래서? 하고
졸라대지요.

『귀뚜라미와 나와』(겨레아동문학연구회 엮음, 보리)

물어보듯 말하는 게 재미있어서 이 동시를 좋아하는 아이들이 많았지만 예전에 아버지나 어머니가 옛이야기를 들려주던 기억이 나서 이 시가 좋다는 아이들도 있었다. 그 가운데 예린이가 쓴 글이 아직도 마음에 남아 있다. 예린이는 올 봄에 아버지가 돌아가셨는데 아버지에 대한 기억이 생생한지 글을 쓸 때면 아버지 이야기를 자주 쓰곤 했다. 예린이는 이 시를 읽으면서 아빠가 옛이야기를 해 주시면 자기와 동생이 이야기를 들으면서 잠들었던 일이 생각난다고 썼다. 아이들이 잘 때까지 이야기를 들려주던 다정한 아버지를 잃었으니 그리움이 얼마나 사무칠까? 그래도 이렇게 제 마음을 털어놓으니 대견하고 고맙다.

이 동시는 모둠별로 시를 한 편씩 골라 여러 가지 표현을 하는 시간에 어떤 모둠이 연극을 하듯 시를 낭송했는데 아주 흥미로웠다. 모둠 아이 네 명 가운데 세 아이는 바닥에 둘러 앉아 고구마 먹는 흉내를 내며 시 낭송을 했다. 세 아이 가운데 한 명은 이야기를 들려주는 언니, 둘은 "그래서"를 되풀이 하는 동생 역을 맡았다. 2연은 한쪽에 서 있던 한 아이가 해설처럼 2연에서 "그래서"를 뺀 나머지 부분을 해설처럼 낭송했다. 옛이야기를 들려주는 풍경을 잘 담아낸 이 시는 그대로 짧은 연극 한편이 되었다.

눈이 쌀이라면 _ 정세기

아침에 일어나니
밤새 내린 눈이 하얗게 쌓였다.

동생이 제일 먼저 일어나
나를 깨웠다.

산에 들에
온통 흰쌀이 덮였다고 한다.

휴전선 저 쪽에
우리와 똑같은 사람들이 산다는데

쌀이 없어
굶는 아이들이 많다는데,

동생의 말대로
눈이 쌀이라면

가난한 북쪽 마을에 펑펑 내렸으면 좋겠다.

『해님이 누고 간 똥』(정세기·고성원, 창비)

시를 읽고 '눈이 쌀이라면' 하고 생각한 동생 마음에 감동한 아이들이 많았
다. 북한이 올 여름 홍수 때문에 어려움을 겪었던 이야기, 남북 정상이 만난 통
일이 가까워졌다는 이야기를 잠시 들려주어서 아이들이 이 시를 이해하는 데

더 도움이 되었겠지만 설명이 없더라도 아이들은 이미 시에 나오는 아이들의 따스한 마음에 젖어드는 듯했다. 아이들은 눈이 내리면 신이 나서 마냥 좋아하곤 했지만 시에 나오는 동생 같은 생각을 해 본 기억은 없었던 것 같다. 그래서 시 속 아이들 마음이 더없이 귀하게 다가왔을 것이다.

"쌀이 없어 굶는 아이들이 많다고 한 데에서 북한 아이들의 어려움이 느껴져요."

"아침에 뉴스에서 봤는데 아프리카 아이들이 많이 아프대요. 시를 읽으면서 거기에도 쌀이 내렸으면 좋겠다는 생각을 했어요."

바람 _ 정지용

바람.
바람.
바람.

늬는 내 귀가 좋으냐?
늬는 내 코가 좋으냐?
늬는 내 손가 좋으냐?

내사 온통 빨개졌네.

내사 아므치도 않다.
호. 호. 추워라. 구보로!

『엄마야 누나야』(겨레아동문학연구회 엮음, 보리)

이 시는 시를 읽는 사람을 순식간에 어느 해 겨울 한복판으로 데려가는 힘이 있다. 바람의 속도감과 추위가 생생하게 느껴지기도 한다. 시를 읽은 아이들 가운데에는 바람이 자기한테만 춥게 한다는 생각을 했던 적이 있었는데 그 일이

생각난다고도 했고 추위에 떨며 호호 입김으로 손을 녹이던 기억이 난다고도
했다. 이 시를 읽으면 기억 속 공간으로 빨려 들어가는 것 같다.

"시에 나오는 아이 코가 귀엽게 빨게 져서 왠지 내 동생 같다는 생각이 들어요."

"바람이 온 몸을 감싸서 정말 추운 게 실감 나요."

추위가 실감 나면서도 추위를 이기려는 아이의 씩씩한 모습이 인상 깊은
시다.

토끼 발자국 _ 권태응

토끼들아 눈온 날은
꼼짝 말아라
마실 가고 싶어도
참고 있어라

눈 위에서 옴푹옴푹
발자국 내면
장난구레 머슴들이
느를 잡는다.

『농사꾼 아이들의 노래』(이오덕, 한길사)

'고추잠자리'에서 늦가을 쓸쓸하게 떠도는 잠자리를 걱정하던 시인은 이 시
에 와서 연약한 토끼를 염려하는 마음을 표현했다. 하지만 시인은 토끼를 잡으
려는 머슴들을 흉하게 그리지 않고 '장난구레'라고 표현하면서 무조건 한 쪽 편
만 들지 않는다. 사물을 비판의 눈으로 잘 보는 여자 아이 한 명은 시에서 동물
을 잡는 머슴들의 문제점을 말했다. 당연히 가질 수 있는 의문이다. 이 시에 나
오는 풍경과 지금 동물을 대하는 사람들의 태도를 짚어 볼 필요가 있다. 예전에

는 지금처럼 고기를 넘치게 먹지 않았고 함부로 잡지도 않았다. 이 점을 아이들에게 이야기 해 줄 필요가 있다. 이 시는 사람과 동물의 관계에 대해 토론 거리가 많은 시이기도 하다.

5. 노래로 만난 동시

♥ 동요를 부르지 않는 아이들

내가 초등학교에 다닐 때만 해도 학교에서 배운 노래를 즐겨 불렀다. 학교와 집을 오가는 길에 "아빠하고 나하고 만든 꽃밭에…….", "풀 냄새 피어나는……." 같은 노래를 친구들과 부르다 보면 괜히 쓸쓸하기도 하고, 뿌듯하기도 했다. 그때도 아이들이 유행가를 부르기는 했지만 장기 자랑을 할 때나 소풍 가서 양념처럼 부르는 정도였고 동요를 더 많이 불렀다. 물론 그 시절 동요들이 아이들 생활을 잘 담아냈다고 볼 수는 없다. 하지만 텔레비전 영향이 크지 않았고, 대중 가수들이 화려한 치장을 하고 나타나 청소년들의 마음을 사로잡기 전이라 동요는 그래도 아이들 생활에 살아 있었다.

그런데 요즘 아이들은 교과서에 나오는 동요를 더 이상 생활에서 즐겨 부르지 않는다. 음악 시간에 좋아하는 동요 한 곡 불러 보라고 하면 '학교 종이 땡땡땡'밖에 아는 게 없다는 식이다. 이따금 만화 영화 주제가를 부르기도 하지만 대중가요가 아이들 노래가 되어 버렸다. 왜 아이들이 동요를 부르지 않을까? 답은 간단하다. 동요가 '재미가 없어서'이다. 동요 가사는 아이들 생활과 마음을 드러내지 못할 뿐 아니라, 아이들이 좋아하는 대중가요의 다양한 리듬이나 형식과 달리 너무나 단순했다. 음악 교과서도 음악 시간도 재미가 없었다. 저학년은 좋아할지 모르지만 고학년으로 올라갈수록 아이들은 음악 시간을 꺼려한다. 초등학교에서는 아이들이 음악과 친해질 수 있는 교육, 노래를 즐겨 부를 수 있는 교육을 해야 하는데 그런 역할을 하지 못한다.

그동안 나는 교과서에 실린 노래가 재미없어서 아이들이 싫어한다고 생각하고 '개똥벌레'나 '터', '꼴찌에게', '타박네야' 같은 노래를 복사해서 가르치기도 하고 장구를 쳐가며 '해야 솟아라', '액맥이 타령' 같은 민요도 가르쳤다. 하지만 이런 노래도 아이들 생활로 들어가지는 못했다. 현장 학습을 가는 버스나 교실에서 장기 자랑을 할 때 보면 내가 가르쳐 준 노래를 부르는 아이는 거의 없었다. 아이들은 여전히 대중가수가 부르는 노래를 마치 그 사연의 주인공이라도 된 듯 불렀다. 나는 지금 아이들이, 놀이를 하면서 노래까지 스스로 만들어냈던 옛 아이들로 돌아갈 수는 없다 하더라도 참다운 노래를 찾아 부르기를 바랐다. 이 고민을 덜어 준 분이 백창우 선생님이다.

♥ 동요를 사랑하게 만든 노래

아이들이 노래를 즐겨 부르게 하려면 무엇보다 아이들이 자꾸 부르고 싶은 노래가 있어야 한다. 그런데 때마침 백창우 선생님이 이원수 시에 곡을 붙여 노래 책과 테이프, CD를 냈다. 나는 노래를 처음 듣고는 반해 버렸다. 보통 동요 테이프를 보면 모조리 곡을 한 가지 악기로, 한 가지 반주로 연주해 놓아서 지루하기 짝이 없다. 하지만 『이원수 시에 붙인 노래 1, 2』(보림출판사)들은 그렇지 않았다. 동물 소리, 바람 소리, 파도 소리가 자연 그대로 담겨 있고, 노래마다 악기로 알맞게 변화를 주어 서정이 넘치는 노래는 은은하게, 때로는 서글프게 아름다웠다. 밝은 노래들은 어깨가 들썩일 정도로 신이 났다. '겨울 물오리'는 조용히 읊으면 가슴 시린 노래지만 노래는 밝아서 전주만 나오면 자리에서 일어나 엉덩이와 팔을 흔들어 대면서 춤추는 아이들이 많다.

교실 책꽂이 이원수 동시집 『너를 부른다』(창비)를 꽂아 놓고 시집에 실려 있는 동시를 읽어 주기도 하고 시디를 틀어 노래를 부르기도 했다.

이어 백창우 선생님은 잇달아 아이들 시로 만든 노래, 여러 시인들이 만든 동시에 노래를 붙인 CD를 잇달아 내놓았다. 노래 가사를 복사해서 공책에 붙이게 하고는 날마다 이들 노래를 들려 주고 부르게 했다. 음악 시간에도 교과서에 나오는 노래를 배우기도 하지만 백창우 선생님이 만든 노래를 두루 부른다.

이들 노래는 동요가 시시해서 부르기 싫다던 아이들 마음을 바꾸어 놓았다. 아이들은 노래를 부를 때마다 자꾸 더 부르자고 야단이었다.

"선생님 하나만, 딱 하나만 더 불러요!"

이럴 때는 "이번 시간에 공부 열심히 하면 이따가 또 들려 줄게." 하면서 달래지만 차마 뿌리치지 못한 날은 다섯 곡, 아니 열 곡까지 부르기도 한다. 어떤 날은 국어 공부도 못하고 한 시간 내내 노래를 부르기도 했다. 아이들이 언제 동요를, 음악 교과서에 나오는 노래를 몇 번이고 부르자고, 그날만이 아니라 다음 날, 또 다음 날까지 부르자고 조른 적이 있었던가. 나는 노래를 더 부르자고, 더 듣고 싶다고 투정하는 아이들이 너무나 사랑스러웠다. 아이들은 동요를 싫어하는 게 아니었다. 자신들의 마음과 생활을 노래하지 않는 유치한 동요를 싫어했을 뿐이다.

음악 시간만으로는 아이들이 동요를 좋아하는지, 또 동요 가운데 어떤 분위기 노래를 좋아하는지 알 수 없었을 것이다. 하지만 이들 노래 덕분에 나는 아이들이 서정 깊은 노래를 사랑하는 마음이 있다는 것을 알게 되었다.

우리 어머니 _ 이원수 시, 백창우 곡, 작은굴렁쇠 루다, 한솔 노래

언제나 일만 하는 우리 어머니
오늘은 주무셔요, 바람 없는 한낮에
마룻바닥에
코끝에 땀이 송송
더우신가봐
부채질 해드릴까
그러다 잠 깨실라
우리 엄만 언제나 일만 하는 엄만데
오늘 보니 참 예뻐요, 우리 엄마도

콧잔등에 잔주름
그도 예뻐요
부채질 가만가만 해 드립니다
　　　『너를 부른다』(이원수, 창비)

　이 노래는 학부모 공개 수업이나 어버이날을 앞두고 가르쳐 준다. 학부모 공개수업을 하는 날 마지막 시간, 아이들 모두 뒤에 앉아 계시는 부모님을 보고 이 노래를 부른다. 부모님 얼굴에 스치는 기쁨과 감동을 느낄 수 있다. 어버이날 아침에도 아이들한테 부모님 앞에서 이 노래를 불러 보라는 숙제를 낸다.

햇볕 _ 이원수 시, 백창우 곡, 굴렁쇠 아이들과 류금신 노래

햇볕은 고와요, 하얀 햇볕은
나뭇잎에 들어가서 초록이 되고
봉오리에 들어가서 꽃빛이 되고
열매 속에 들어가선 빨강이 돼요

햇볕은 따스해요, 맑은 햇볕은
온 세상을 골고루 안아 줍니다
우리도 가슴에 해를 안고서
따뜻한 사랑의 마음이 되어요
　　　『너를 부른다』(이원수, 창비)

　경쾌한 장단에 어깨가 들썩여지는 노래. 자연의 아름다움과 소중함을 느끼게 하는 시다. 저학년에 맞는 리듬의 시이고 노래지만 6학년 아이들도 이 노래를 흥얼흥얼 따라 부르며 좋아한다. 저학년 중학년을 가르칠 때에는 몇 해째 이 노래를 개사해서 반가로 부른다. 집에 갈 때 '꽃씨반 반가' 하고 반장이 외치면 아이들은 목이 터져라 이 노래를 부른다. 맥없이 부를 수 없는 노래, 신나게 부르게 되는 노래다.

겨울 물오리 _ 이원수 시, 백창우 곡, 굴렁쇠 아이들 노래

얼음 어는 강물이
춥지도 않니?
동동동 떠다니는
물오리들아.

얼음장 위에서도
맨발로 노는
아장아장 물오리
귀여운 새야.

나도 이젠 찬바람
무섭지 않다.
오리들아, 이강에서
같이 살자.

『너를 부른다』(이원수, 창비)

올 여름에는 더위를 잊으려고 우리 반 4학년 개구쟁이들과 내내 이 노래를 불렀다. 정이 들어 그랬을까, 이 동시를 좋아하는 아이들이 가장 많았다. 하지만 2학기 들어 전학을 와서 이 동시를 시 자료에서 처음 보게 된 유식이도 이

342

동시를 가장 좋다고 꼽은 걸 보면 이 동시가 아이들이 좋아할 만한 요소를 두루 갖추고 있음에 틀림없다. 아이들은 '동동동, 아장아장' 같은 표현도 좋지만 마지막 연에서 '같이 살자'는 뜻이 정말 좋다고 했다.

유정이는 '아장아장' 같은 표현은 귀여운 아가한테만 하는 줄 알았는데 시에 이렇게 써 놓으니까 오리들이 정말 아가처럼 귀여운 느낌이 든다고 했다. 희주는 시인이 오리한테 이야기를 하는 것 같아서 재미있고, 이원수 선생님이 이 시를 읽는 아이들을 생각하고 있다는 느낌이 든다고 했다. 시에 대한 감흥이 크니 반응도 풍부하다. 이삭이는 이 동시가 좋은 까닭을 어려움을 견뎌 내려는 마음이 나타나 있고 친구들과 함께 하자는 말이 있어서 좋다고 했다.

이 동시는 어른들도 아주 좋아한다. 이원수 선생님이 돌아가시기 전에 마지막으로 쓴 시라 더욱 깊은 울림을 준다. 모임 자리에서 노래 부를 기회가 있으면 이 노래를 부르곤 하는데 그럴 때면 눈시울이 벌게지는 사람을 보게 된다. 노래 가락은 밝고 신난다. 오리가 꽥꽥거리는 소리와 함께 나오는 반주는 어깨를 절로 흔들게 만든다. 6학년 아이들한테도 이 노래를 들려주면 좋아한다.

개나리꽃 _ 이원수 시, 백창우 곡, 큰 굴렁쇠 주연 노래

개나리꽃 들여다보면 눈이 부시네.
노란 빛이 햇볕처럼 눈이 부시네.
잔등이 후끈후끈, 땀이 밴다.
아가 아가 내려라, 꽃 따줄게.

아빠가 가실 적엔 눈이 왔는데
보국대, 보국대, 언제 마치나.

오늘은 오시는가 기다리면서
정거장 울타리의 꽃만 꺾었다.

『너를 부른다』(이원수, 창비)

사람들 모임에서 노래 부를 일이 있으면 나는 이 노래를 부른다. 한번은 동무랑 걷다가 이 노래를 부른 일이 있는데 동무 눈에 눈물이 글썽거렸다. 학기 초에 처음으로 이 노래를 아이들한테 가르치고는 한다. 아이들은 노래 전주만 듣고도 그새 조용해진다. 전주 끝에 조용조용 이 노래가 나오면 아이들은 숨죽인 듯 조용히 노래 속에 빠져든다. 그리고는 입을 달싹이며 따라 부른다. 노래가 끝나면 또 들려줘요, 또 들려줘요 하는데 일주일, 열흘이 넘게 간다. 4학년 남자 아이 승욱이는 귀여운 개구쟁이다. 전담 선생님도 우리 교실에 한번 들어오고 나면은 "그 반에 명물 있어." 그러신다. 그 개구쟁이가 이 노래를 그렇게 좋아해서 부르고 또 부른다. 아침이면 "선생님 개나리꽃 들려 줘요." 그런다. 아름다운 노래다.

부르는 소리 _ 이원수 시, 백창우 곡, 큰 굴렁쇠 성화노래

해가 지면 성둑에
부르는 소리,
놀러 나간 아이들
부르는 소리
해가 지면 들판에
부르는 소리,
들에 나간 송아지
부르는 소리

박꽃 핀 돌담 밑에
아기를 업고
고향 생각, 집 생각
어머니 생각
부르는 소리마다
그립습니다
귀에 재앵 들리는
어머니 소리

『너를 부른다』(이원수, 창비)

일제 강점기 때 가난한 살림을 견디지 못해 일본까지 식모 살러 간 여자 아이들, 그 아이들 사연을 담은 시다. 이원수 시에는 이야기가 많다. 우리 민족이 걸어온 아픈 이야기들이 서정 풍부한 시 속에 녹아있다. 이원수 시만 가지고도 우리 현대사의 굵직한 대목을 아이들하고 공부할 수 있다. 저녁이면 고향을 그리는 아이의 슬픔이 잘 배어난다. 여러 해 전 4학년을 가르칠 때 학년 중창대회가 있었다. 그때 열 명의 아이들을 뽑아서 이 노래를 가지고 이중창을 한 일이 있다. 느리고 쓸쓸하지만 마음에 남는 노래다. 몇 차례 읽으면 절로 외워지는 시, 노래도 쉽다.

감자꽃

자주 꽃 핀 건 자주 감자
파 보나마나 자주 감자
하얀 꽃 핀 건 하얀 감자
파 보나마나 하얀 감자

『감자꽃』(권태응, 창비)

한동안 나는 동시보다 아이들이 쓴 시가 더 좋다는 생각을 했다. 하지만 아이들이 쓴 시가 순진하고 소박한 데서 오는 감동이 있듯 어른이 쓴 좋은 동시 역시 마음에 울림을 주는 힘이 있다. 아이들한테 주고 싶은 보석 같은 좋은 동시를 알게 되면서 이런 생각을 갖게 되었다.

아이들을 동시와 친하게 만드는 일이 마냥 어려운 일만은 아니다. 다만 아이들에게 동시를 주려는 노력을 하기 전에 어른이 동시와 친해져야 하는 건 분명하다. 어른이 마음에 다가오는 그림책을 아이들한테 읽어 주듯 동시 역시 그런 과정이 필요하다. 선생님 또는 부모님이 가끔은 동시집을 읽었으면 좋겠다. 그 가운데 마음에 다가오는 동시를 아이들한테 가르쳐 주는 것이다. 가르쳐 주기보다는 같이 맛보고 즐긴다는 마음이 더 좋겠다.

※이 글중에서 264~268쪽에 실린 『너하고 안놀아』(현덕 글, 창비) 부분은 필자의 저서인 『행복한 교실』(보리)에 실렸던 글을 바탕으로 새로운 내용을 덧붙여 쓴 것입니다.

강승숙 _ 인천교육대학교를 졸업하였으며 인천 주안초등학교에서 아이들과 함께 생활하고 있다. 1983년부터 아이들을 가르쳤고, 전교조 활동으로 해직되었다가 1994년 복직했다. 어린이 책, 우리 춤, 글 쓰기, 동시와 동요, 인형 만들기 같은 여러 영역에 두루 관심이 많다. 지은 책으로는 『아이들과 함께 하는 갈래별 글쓰기』(공저), 『행복한 교실』이 있다.

아이들과 함께 책 읽기

송언

어린이 책의 특성 가운데 하나는 주 독자층인 어린이가 비평에 참여하기 어렵다는 점일 것이다. 어린이가 어린이 책을 읽고 비평적 발언을 할 수 있는 기회는 거의 없는 실정이다. 독후감을 쓰는 것으로 비평에 참여했다고 볼 수는 없다.

어린이 책의 주 구매자가 어린이보다 학부모라는 사실도 주목할 점이다. 학부모는 어린이 책을 고를 때 교육적 효과를 우선시하는 경향이 있다. 그것이 꼭 나쁘다는 것이 아니라, 어린이 책 생산자인 작가가 학부모의 입맛을 고려하여 작품을 쓰는 경향을 보인다는 것이 문제다. 이 점은 어쩌면 출판 편집인과 학부모의 은밀한 관계에 기인하는 것인지도 모르겠다.

어린이 책 평가자가 어른이라는 점도 주목해야 한다. 어린이 책을 평가하는 평론가, 동화 읽는 어른 등은 좋은 책을 선별하고 안내해 주는 등대 역할을 하기도 하지만, 우리 시대 아이들의 삶을 잘못 이해한 바탕 위에서 평가할 수도 있기 때문에 안심할 수만은 없는 게 또한 현실이다. 아이들을 잘못 이해한 바탕 위에서 내려진 평가는 그만큼 위험할 수 있고, 그런 위험한 판단이 작가에게 영향을 미친다면 큰 폐해일 수 있다.

'아이들과 함께 책 읽기'는 어린이 책에 대한 평가에 현실의 아이들을 끌어들여 보자는 의도에서 계획되었다. 현실의 아이들이 보여 주는 가감 없는 반응을 평가 작업에 반영해 보자는 것이다. 물론 아이들의 반응이 절대적인 가치를 보여 주는 것은 아니다. 하지만 아이들이 어린이 책 평가에서 소외되어서는 안 된다고 보기 때문에 의미 있는 작업이라고 생각한다.

어린이 책은 동심으로부터 나와서 다시 동심으로 되돌아갈 운명을 타고났다고 봐야할 것이기 때문이다.

아이들과 책 읽기

1. 존 버닝햄의 「지각대장 존」

좋은 어린이 책의 특징은 독자층이 아주 넓다. 1학년 꼬마가 읽어도 즐겁고, 6학년 또는 어른이 읽어도 즐겁다. 또한 책을 펼쳐드는 순간 곧장 책 속으로 빠져들게 할 뿐 아니라, 다 읽고 난 뒤엔 즐거운 상상의 세계에 휩싸이게 해 준다. 존 버닝햄의 그림책 『지각대장 존』(비룡소)이 바로 그런 책이다. 줄거리는 아주 간단하다.

존은 학교에 가려고 집을 나선다. 하수구에서 악어가 나와 가방을 문다. 그 바람에 지각을 해서 선생님께 혼난다. 다음 날, 또 학교에 가는데 덤불에서 사자가 나온다. 존은 사자를 피해 나무 위로 올라간다. 그 바람에 또 지각을 해서 선생님께 혼난다. 다음 날, 또 학교에 간다. 다리를 건너는데 갑자기 파도가 밀려와 존을 덮친다. 당연히 지각을 하게 되고 선생님께 혼난다.

그 다음 날, 존이 학교에 가는데 아무 일도 일어나지 않는다. 그런데 이게 웬일인가? 선생님이 고릴라에게 붙잡혀 교실 천장에 매달려 있는 것이 아닌가.

이 장면이 『지각대장 존』의 압권이다. 이 대목을 단박에 이해하는 독자는 동심이 살아 있는 사람이다. 그런데 고개를 갸우뚱하는 독자는 동심으로부터 저만큼 벗어나 살아가는 사람이다. 이 책의 결말을 함께 음미해 보자.

"존 패트릭 노먼 맥헤너시, 난 지금 커다란 털북숭이 고릴라한테 붙들려 천장에 매달려 있다. 빨리 날 좀 내려다오."

선생님이 이렇게 부탁했을 때 존은 다음과 같이 통쾌하게 복수한다.

"이 동네 천장에 커다란 털북숭이 고릴라 따위는 살지 않아요, 선생님."

2학년 제자들에게 그림책 『지각대장 존』을 읽어 주었다. 그런데 읽는 중간에 제자들이 톡톡 끼어드는 바람에 책 읽기가 자꾸 끊겼다. 이를테면 이런 식이었다.

나 : 뭐라고? 이 동네 덤불에는 사자 같은 건 살지도 않아! 저 구석에 돌아서서 큰소리로 이렇게 400번 외쳐라. 사자가 나온다는 거짓말을 다시는 하지 않겠습니다. 또, 다시는 바지를 찢지도 않겠습니다. 알겠지?
나의 제자들 : 싫어!
나 : 존은 구석에 돌아서서 이렇게 400번 외쳤습니다. 사자가 나온다는 거짓말을 다시는 하지 않겠습니다. 또, 다시는 바지를 찢지도 않겠습니다.
나의 제자들 : 존은 잘못한 거 없어! 선생님이 나빠!

2학년 어린 제자들이 이렇게 반응할 수 있었던 것은 동심이 살아 있기 때문이다. 그런데 제도권 교육에 찌들어 동심을 잃어버린 높은 학년 아이들은 엉뚱하게 도덕 교과서식 반응을 보이기도 하는데, 이건 크게 잘못된 경우이다.

"아, 그러니까 선생님 말씀 잘 들으라는 이야기죠?"

그렇지 않다. 『지각대장 존』은 순정한 동심의 세계로 여행을 떠나고 싶은 사람들에게 좋은 징검다리 역할을 해 주는 아주 귀한 책이다.

2. 김영주의 『짜장 짬뽕 탕수육』

좋은 어린이 책이란 한 마디로 어린이가 좋아하는 책이다. 어린이가 좋아하지 않는 책은 가짜다. 어린이 책 시장에서 경계해야 할 것 가운데 하나가 어른의 눈치를 보는 책이다. 책을 구매할 수 있는 경제권을 어른이 쥐고 있기 때문에 이런 현상이 일어난다. 가장 나쁜 어린이 책은 어른은 좋아하고 어린이는 싫어하는 책이다. 어린이를 훈계하려고 덤벼드는 책들이 대개 여기에 속한다.

김영주의 『짜장 짬뽕 탕수육』(재미마주)은 어린이가 진짜 좋아하는 책이다. 물론 어른이 읽어도 좋다. 제자들에게 책을 읽어 줄 때 녀석들의 눈빛이나 태도를 보면 책 속으로 얼마나 깊이 빠져들고 있는지 단박에 알 수 있다. 『짜장 짬뽕 탕수육』은 아이들을 홀딱 빠져들게 하는 책이다. 그래서 좋은 책이다. 내용은 이렇다.

초등학교 3학년 아이들이 쉬는 시간에 화장실에서 장난을 친다. 화장실 변기마다 왕 자리와 거지 자리를 정해 놓고, 왕 자리에 길게 줄을 서서 차례 오기를 기다린다. 물론 거지 자리엔 한 명도 줄을 서지 않는다. 장난이라기보다는 일종의 놀이인데, 오줌을 누면서도 놀아야 직성이 풀리는 아이들의 심리를 잘 잡아내고 있다.

그런데 종민이는 왕 거지 놀이를 즐기기는커녕 거기에 끼어들 줄도 모른다. 전학을 왔기 때문이다. 해서 혼자 거지 자리에서 오줌을 누다가 아이들에게 집단놀림을 당한다. 그것도 두 차례씩이나. "거지래요, 거지래요. 거지 좋지! 종민이 거지 얼마 줄까?" 종민이는 고민에 잠긴다. 아이들의 집단 놀림으로부터 훨훨 벗어나고 싶다.

종민이네 아버지는 중국 음식점을 하신다. 그러니까 종민이는 소위 자장면 집 아들이다. 종민이에게 기막힌 놀이가 떠오른다. 종민이는 화장실에서 오줌을 누고 있는 아이들을 향해 큰 소리로 외친다.

"짜장, 짬뽕, 탕수육! 짜장, 짬뽕, 탕수육!"

왕 자리와 거지 자리가 짜장 자리, 짬뽕 자리, 탕수육 자리로 바뀐다. 아이들은 순식간에 이 새로운 놀이에 빠져든다. "짜장? 짬뽕? 탕수육? 어떤 게 더 좋은 거야?" 하면서 종민이에 묻기도 한다. 종민이는 신바람이 나서 이렇게 응수한다. "짜장은 이천오백원! 짬뽕은 삼천원! 탕수육은 만이천원!" 아이들은 가장 비싼 탕수육 자리로 우르르 몰려간다. 그리고 잠시 뒤, "난 그래도 짜장이 최고야!" "난 얼큰한 짬뽕이 좋지!" "비싼 탕수육도 먹고 싶어!" 하면서 각자 입맛에 따라 짜장 자리, 짬뽕 자리, 탕수육 자리로 골고루 흩어진다. 이렇듯 새로운 놀이를 개발한 종민이는 아이들의 집단 놀림에서 벗어나는 한편, 한순간에 친구가 된다.

종민이가 새롭게 개발한 놀이 세계는 어떠한가. '왕과 거지'의 이분법적 닫힌 세계에서, '짜장 짬뽕 탕수육'의 다분법적 열린 세계로 나아가지 않았는가. 이처럼 아이들이 개발한 놀이에는, 세상을 어떻게 살아야 하는지에 대한 비밀이 감추어져 있기도 하다. 놀랍지 않은가?

이 책을 읽어 준 뒤 쉬는 시간에 화장실에 가 보았다. 제자들이 그새를 참지 못하고, '짜장, 짬뽕, 탕수육' 놀이를 하며 킬킬거린다. 노는 아이들을 바라보면 그 모습이 어찌나 천진스러운지 내 마음이 다 환해진다.

이러면 되는 것이다. 아이들은 놀이를 통해 세상과 호흡하며 삶의 범위를 차츰차츰 넓혀 간다. 아이들은 노는 존재다. 아이들은 마음껏 놀 수 있어야 한다.

노는 아이들을 가로막는 어른들은 죽어서 결코 좋은 곳에 못 간다고 나는 믿는다. 그런데 현실은 어떠한가. 노는 아이들을 가로막지 못해 안달복달하는 어른들이 너무 많지 않은가? 특히 학부모와 선생님들…….

3. 미하엘 엔데의 『마법의 설탕 두 조각』

모든 책은 나름대로 분위기가 있다. 좋은 어린이 책은 어린이가 빠져들 법한 분위기를 거느린다. 어린이의 감수성은 참으로 놀라워서 좋은 책과 나쁜 책을 단박에 구분하는 능력을 갖추고 있다. 때문에 어떤 어린이 책이든 5분쯤만 읽어 주면 확인된다. 끝까지 읽어 줘도 괜찮은 책인지, 아니면 그쯤에서 책을 덮어야 할지…….

미하엘 엔데의 『마법의 설탕 두 조각』(소년한길)을 제자들에게 읽어 주면서 나는 기겁을 하며 놀랐다. 제자들의 반응이 예상했던 수준을 뛰어넘어 거의 폭발적이었던 것이다. 도대체 『마법의 설탕 두 조각』이 어떤 책이기에 초등학교 3학년 제자들이 집단적으로 광기를 보이는 것일까? 결론부터 말하자면 뭐 대단한 책도 아니다. 이야기는 이렇듯 평범하게 시작된다.

렝켄은 말할 나위 없이 착한 아이입니다. 엄마 아빠가 다정하게 대해 주고, 렝켄이 원하는 걸 들어주기만 한다면 말입니다.

그러니까 렝켄은 엄마 아빠가 다정하게 대해주지 않고, 자신이 원하는 걸 들어주지 않기 때문에 불행한 아이다. 렝켄은 불행에서 벗어나기 위해 빗물거리의 요정을 찾아간다. 요정 프란치스카는 렝켄에게 '마법의 설탕 두 조각'을 준다. 렝켄은 집으로 돌아와 엄마 아빠가 마시는 차에 몰래 설탕 한 조각씩을 넣는다. 그리하여 렝켄의 부모는 마법에 걸려든다. 렝켄이 원하는 걸 들어주지 않을 때마다 엄마 아빠는 '푸시식' 소리를 내며 절반으로 키가 줄어든다. 이를테면 180cm에서 90cm로, 90cm에서 45cm로, 45cm에서 22.5cm로…….

이 끔찍한 마법 효과를 접하면서 어린 제자들이 어찌나 통쾌해 하던지 나는 그만 어리둥절해졌다. 녀석들의 부모님이 이 장면을 보았다면 놀라 까무러쳤을지도 모른다. 나는 잠시 책을 덮고 심각한 표정으로 제자들에게 물었다.

"만약 여러분들 손에 '마법의 설탕 두 조각'이 주어진다면 부모님께 먹일 수 있겠습니까?" 그러자 거의 100%에 육박하는 제자들이 손을 번쩍 치켜들었다. '마법의 설탕 두 조각'을 부모님께 기꺼이 먹이겠다고. 몇몇 제자들은 흥분에 휩싸인 채 내게 들이대었다. 당장 '마법의 설탕 두 조각'을 갖다달라고. 렝켄의 부모처럼 자신의 부모도 처참하게 당하는 꼴을 두 눈으로 직접 확인해야 직성이 풀리겠다는 듯. 이 장면에서 나는 소스라치게 놀라며 알게 되었다. 나의 제자들이 부모로부터 얼마나 끔찍한 스트레스를 받으며 살아가는 가련한 존재인가를!

마침내 렝켄의 부모는 생쥐만 한 11.25cm까지 줄어든다. 이때부터 마법의 부작용이 나타나기 시작한다. 생쥐만 한 렝켄의 부모는 고양이에게 쫓겨 생명을 위협받는다. 이제 렝켄이 부모를 보호해야 하는 처지가 되었다. 그야말로 예상 못한 반전이다. 어디 그뿐인가. 혼자 밥을 해 먹어야 하고, 빨래도 해야 하고, 집안일까지 알아서 해야 한다. 렝켄 역시 절체절명의 위기에 부닥친 것이다.

그러니 어쩌겠는가. 렝켄은 고민 끝에 프란치스카 요정을 찾아가 해결책을 묻는다. 해결책은 오직 하나. 렝켄의 부모가 마법에 걸리기 이전으로 시간을 되돌린 뒤, '마법의 설탕 두 조각'을 렝켄이 먹어야 하는 것. 렝켄은 부모를 살리기 위해 자신의 목숨을 걸고 '마법의 설탕 두 조각'을 삼킨다. 렝켄은 다행히 설탕 두 조각이 몸속에서 녹아 없어질 때까지 부모님의 말을 거스르지 않아 가까스로 마법에서 풀려난다. 비로소 렝켄과 부모는 각자의 감옥에서 풀려나 서로를 이해하게 된다.

책을 덮으며 다시 한 번 나의 제자들에게 물어보았다.

"여러분, 정말 '마법의 설탕 두 조각'을 부모님께 먹일 수 있겠습니까?"

나의 제자들은 고개를 숙인 채 심각한 고민에 빠져들었다. 누구 하나 선뜻 '마법의 설탕 두 조각'을 부모님께 먹이겠다고 말하지 못했다. 미하엘 엔데의 완벽한 역전승이었다.

4. 야시마 타로의 『까마귀 소년』

'모든 살아 있는 목숨은 소중한가?'

대개의 사람들은 이 질문에 그렇다고 대답하는 데 주저하지 않을 수도 있다. 질문을 이렇게 바꾸어 보자. '그렇다면 바보 멍청이의 목숨도 소중한가?' 보통 사람들은 선뜻 그렇다고 대답하기보다 잠시 당혹감을 느낄지도 모르겠다. 왜 그럴까? 바보 멍청이의 목숨도 소중하다는 뚜렷한 증거를 대기 어렵기 때문은 아닐까?

하지만 오래 고민할 필요는 없다. '바보 멍청이의 목숨도 소중하다'는 증거를 슬프고도 명쾌하게 보여 주는 책이 우리 곁에 있기 때문이다. 일본인 작가 야시마 타로가 쓰고 그린 『까마귀 소년』(비룡소)이 바로 그 책이다. 야시마 타로는 1939년, 반군국주의 활동으로 일본에서 살 수 없게 되어 미국으로 건너가 살았으며, 칼데콧 상을 세 번이나 받은 뛰어난 작가로 알려져 있다.

『까마귀 소년』의 내용을 소개하면 이렇다.

우리가 학교에 간 첫날이었지. 아이 하나가 없어졌어. 나중에 보니까, 학교 마룻바닥 밑에 숨어 있었어. 깜깜한 곳에 말이야. 그 애는 공부할 때도 따돌림 받고, 놀 때도 따돌림 받고, 아무도 거들떠보지 않는 외톨이였어. 아이들은 그 애를 땅꼬마 바보 멍청이라고 했어. 그렇게 하루가 지나고, 또 하루가 지나, 다섯 해가 흘렀어. 그리고 우리는 6학년이 되었지. 이소베 선생님이 새로 오셨어. 얼굴에 늘 웃음기가 가시지 않는 다정한 분이셨지. 이소베 선생님은 아무도 없을 때면, 땅꼬마랑 자주 이야기를 나누곤 했어. 그해 학예회 무대에 땅꼬마가 나타나자, 모두 눈이 휘둥그레졌어.

"아니, 저게 누구야? 저 멍청이가 무얼 하러 저기 올라갔지?"

『까마귀 소년』의 이야기는 이제 절정을 향해 치닫는다.

땅꼬마는 맨 처음엔 알에서 갓 깨나온 까마귀 소리, 그 다음엔 엄마 까마귀 소리와 아빠 까마귀 소리를 냈다. 이어 이른 아침에 우는 까마귀 소리와, 즐겁고 행복할 때 내는 까마귀 소리를 들려주었다.

그제야 아이들은 감전이라도 된 듯 놀랐다. '그 소리를 듣고 모두 마음이 먼먼 산자락으로 끌려갔다.'고 표현된 걸 보면 학예회 분위기가 어떠했는지 짐작할 수 있으리라. 땅꼬마 소년은 마지막으로 고목나무에 앉아 우는 까마귀 소리를 냈다.

"까우우워워아악! 까우우워워아악!"

그 소리를 듣고 소년을 바라보던 아이들은 모두 괴로움에 눈물을 흘렸다. 땅꼬마가 까마귀 소리를 내는 데 감탄해서가 아니라, 길고 긴 6년 동안 자신들이 소년을 얼마나 못살게 굴었는지 참회하는 눈물이었다. 비로소 아이들은 땅꼬마도 자기만의 독특한 개성을 갖고 있다는 사실을 알게 된다. '바보 멍청이'도 자신들과 크게 다르지 않은 소중한 목숨이란 걸 깨닫게 된다. 이런 일이 가능했던 데에는 이소베 선생님의 역할이 컸으리라. 이소베 선생님의 관심과 사랑이 이런 따뜻한 결말을 가져오게 했다.

내 반에도 발달 장애로 외톨이의 삶을 살아가는 쓸쓸한 제자가 있다. 『까마귀 소년』을 읽어 주는 내내 제자들의 눈동자는 나와 외톨이 제자 사이를 오락가락했다. 내가 아무런 언질도 주지 않았건만 나의 제자들은 '까마귀 소년'과 우리 반 '쓸쓸한 제자'를 동일시해서 바라보고 있는 듯했다.

이윽고 책 읽기를 다 마쳤을 때, 우리 반 아이들 예닐곱 명이 차례차례 나의 '쓸쓸한 제자'에게 다가가 따뜻하게 손을 잡아 주는 모습을 나는 보았다. 좋은 책이란 이렇듯 아이들을 감동시키고 변화시킨다. 외톨이로 살아가는 '쓸쓸한 제자'를 보살펴 주어야 한다고 백번 훈계하는 것보다, 『까마귀 소년』을 한번 읽어 주는 것이 더 효과적일 수 있다. 『까마귀 소년』은 딱딱하게 굳은 머리통을 후려치고, 훈훈한 연기처럼 가슴으로 스며들어, 서럽게 우리들의 마음을 흔들어 놓는 값진 책이다.

5. 황선미의 『나쁜 어린이 표』

선생님들이 이용하는 인터넷 사이트인 에듀모아에 한 초등학교 교사가 올려놓은 글을 읽고 나는 나무망치로 한 대 얻어맞은 기분이었다.

> 흔히 4가지 없는 학생이라고 하지요. 그런 학생이 꼭 한 반에 한두 명은 있는 것 같습니다. 그 학생으로 인해 학습 분위기가 많이 깨집니다. 저의 경우에 욕을 하는 학생의 경우엔 우리 반 학생 한 사람 한 사람 찾아가 눈을 보면서 "앞으로 욕을 하지 않겠습니다." 하고 말해야 합니다. 절반 정도 하고 나면 욕을 한 학생 대부분이 눈물을 흘리더군요.

이걸 무슨 성공 사례처럼 얘기하고 있는데, 나는 이 글을 읽으면서 『지각대장 존』에 등장하는 권위주의에 찌든 선생님을 연상했고, 이것은 욕을 한 어린이를 바로잡은 성공 사례가 아니라, 교사의 끔찍한 폭력이라는 사실에 몸서리쳤다.

교사가 끔찍한 폭력을 휘둘러 놓고, 정작 자신은 '성공 사례'를 실천한 교육자라고 착각하는 현상이, 학교 현장에서 얼마나 빈번하게 일어나고 있는가. 이와 비슷한 사례를 학부모 눈높이에서 파악하고 이의 제기한 작품이 있는 바, 바로 황선미의 『나쁜 어린이 표』(웅진주니어)이다.

학급 생활에 적응하는 것이 서툰 어린이, 장난이 심하거나 말썽을 피워 학급 분위기를 흐트러뜨리는 어린이, 사실은 그렇지 않은데 실수로 학급 분위기를 해친 어린이들을 싸잡아서 '4가지 없는 학생'이라거나, '나쁜 어린이'로 몰아붙이는 것은 적어도 교사가 할 짓이 못 된다. 교사가 어린 제자에게 '4가지 없다'거나 '나쁘다'고 표현할 수 있는가. 도대체 누가 그런 권한을 교사에게 부여했단 말인가. 한데 현실의 교사들은 그 정도 권한이 자신들한테 있다고 믿는 듯하다.

현실이 이렇다 보니 아이들이 겉으로는 눈물을 흘리지만 속으로는 반발하는 게 아닐까. 『나쁜 어린이 표』에 등장하는 '나쁜 어린이' 건우는 선생님에게 이렇게 반발한다. 어쩌면 이것은 단순한 반발이 아니라, 부당한 현실에 대한 동심의 처절한 몸부림인지도 모른다.

> 나쁜 선생님 표 하나! (고자질한 애한테도 나쁜 어린이 표를 줘야지요.) 나쁜 선생님 표 둘! (싸움은 지연이가 먼저 시작했어요.) 나쁜 선생님 표 셋! (저도 발표 좀 시켜 주세요.) 나쁜 선생님 표 넷! (창기는 떠든 게 아니라 수학 문제를 물었을 뿐이에요.) 나쁜 선생님 표 다섯! (선생님은 친절하지 않아.)……

이렇듯 작가 황선미는 '나쁜 어린이 표'를 받는 주인공 건우를 통해 사실 건우는 지극히 정상적인 어린이이고, 건우에게 '나쁜 어린이 표'를 주는 선생님이 '나쁜 선생님 표'를 받아야 마땅하다고 고발한다. 이런 작가의 시선은 다분히 아이들 편에 서 있기 때문에, 글을 읽는 어린이들은 작가에게 호감을 갖게 된다. 또한 주인공의 억울한 속내를 콕콕 찝어 보여 주는 작가를 신뢰하면서, 숨죽인 채 이야기 속으로 빠져들게 된다. 이제 남는 문제는 결말이 어떻게 처리되느냐 하는 것이다.

어느 날 건우는 선생님 서랍에서 '나쁜 어린이 표'인 노란색 스티커를 발견하게 된다. 건우는 적잖이 심리적 갈등을 겪지만 결국 화장실로 달려가 노란색 스티커를 자디잘게 찢어서 변기에 넣고 물을 내려 버린다. 한편 선생님은 건우가 수첩에 기록해 놓은 '나쁜 선생님 표'에 대한 비밀을 확인하고 그것을 가져간다.

하여 선생님과 건우는 어설프게 화해하게 되는데, '나쁜 어린이 표'를 없애고 '나쁜 선생님 표'를 가져간 사실을 서로 비밀로 하자는 것. 통쾌한 결말에 도달하지는 못했지만, 『나쁜 어린이 표』는 교사의 폭력에 휘둘리는 동심의 상처를 아프게 보여 주면서, 동시에 동심의 상처를 끌어안는, 뛰어난 작품임에 틀림없다.

6. 서정오의 『신통방통 도깨비』

'옛이야기를 좋아하면 가난하게 산다.'

이는 근거 있는 말일까? 나는 그렇게 생각하지 않는다. 우리나라에서 옛이야기를 좋아하는 사람을 꼽으라면 그 가운데 반드시 서정오가 들어갈 것이다. 서정오만큼 옛이야기를 많이 재화한 작가도 드물지만, 옛이야기와 관련하여 다양한 글쓰기를 하고 있는 작가 역시 서정오인 까닭이다.

나는 서정오를 좀 안다. 내가 알기로 그는 결코 가난하지 않다. 가난하기는 커녕 부자로 봐야 옳을 듯하다. 꼭 경제적으로 부유하다는 뜻의 부자는 아니다. 이야기꾼으로서, 작가로서 그는 얼마나 넉넉하게 살아가고 있는가.

그렇다면 왜 '옛이야기를 좋아하면 가난하게 산다.'는 말이 생겨났을까. 여러 가지 이유가 있겠으나, 이야기 세계에서 공부 쪽으로 어린이의 눈길을 돌려 놓으려는 요즘 학부모들의 얄팍한 계산도 한 몫 하지 않았을까, 하는 것이 내 추측이다. 공부에 관한 한 우리나라처럼 학부모가 조급증에 시달리는 나라도 없을 것이다. 하지만 내 생각은 그와 정 반대이다. 어린이들이 닫힌 공부에서 빠져나와 열린 이야기 속으로 들어가 마음껏 호흡해야 한다고 본다. 그랬을 때 다양한 삶을 경험하게 되고, 삶의 진실이 무엇인지를 깨닫게 되고, 더 나아가 창의적 상상력을 발휘할 수 있는 교육이 가능해진다고 나는 믿는다.

지난해 3학년 제자들과 국어 공부를 하는데 '도깨비 이야기'가 나왔다. 재미 있는 도깨비 이야기가 참 많은데, 그 가운데 가장 재미없는 이야기를 골라 놓은 것 같은 느낌이 들 정도로, 교과서에 실려 있는 도깨비 이야기는 그저 그랬다. 해서 서정오의 『신통방통 도깨비』(보리)란 책을 꺼내 들고 제자들에게 말했다.

"이런 재미있는 도깨비 이야기도 있지."

그러고는 제자들에게 도깨비 이야기를 읽어 주기 시작했다. 한 이야기가 끝 나자 제자들이 이구동성으로 소리쳤다.

"선생님, 하나 더 읽어 주세요!"

"좋아, 모두가 원한다면 하나 더 읽어 주지."

나는 도깨비 이야기를 한 편 더 읽어 주었다. 그랬더니 아이들이 또 난리, 난 리도 아니었다. 그래서 한 편 더, 한 편 더 하다가 그 책에 실려 있는 열 편 모두 를 사나흘에 걸쳐 몽땅 읽어 주었다. 그러고는 제자들에게 물었다.

"이제 다 읽었다. 됐니?"

제자들이 아쉬운 눈초리로 물었다.

"도깨비 이야기 더 없어요?"

이것이 도깨비 이야기이기 때문이라서 그런 것인지, 서정오의 맛깔스러운 글 솜씨 때문이라서 그런 것인지는 모르겠으나, 워낙 반응이 뜨거워 내친김에 조호상의 『누군 누구야 도깨비지』(한겨레아이들)란 책을 또 읽어 주었다.

열에 여덟아홉의 아이들은 어지간한 창작 동화보다 옛이야기를 더 좋아한다.

이건 틀림없는 사실이다. 아이들은 왜 옛이야기에 빠져드는 것일까. 몇 가지로 요약할 수 있겠다. 첫째 이야기가 군더더기 없이 빠르게 전개된다. 둘째, 현실과 비현실을 넘나들며 이야기가 흥미진진하게 펼쳐진다. 셋째, 등장인물의 캐릭터가 대체로 선명하고, 이야기의 결말이 따뜻하여 동심을 편안하게 위로하고 어루만져 준다.

서정오는 도깨비 이야기가 왜 사람들을 사로잡는지 다음과 같이 진단한다.

생기기는 험상궂어도 도깨비는 그리 사납지 않고 사람을 잘 해치지도 않는단 다. 어수룩해서 사람에게 곧잘 속아 넘어가기도 하고 건망증이 심해서 돈 꾸어 쓰고 갚은 걸 잊어버리고 자꾸 갚기도 하지. 장난을 좋아해서 때때로 엉뚱한 일을 벌이기도 하지만 은혜를 갚을 줄도 알고 사람의 나쁜 버릇을 고쳐 줄줄도 알지. 메밀묵과 씨름을 좋아하고 눈물과 웃음을 아는 도깨비는 바로 우리의 정다운 이웃이 아니겠니? 옛 사람들은 이야기 속의 도깨비를 이웃 삼아 시름을 잊고 고달픔을 이겨 냈을지도 몰라.

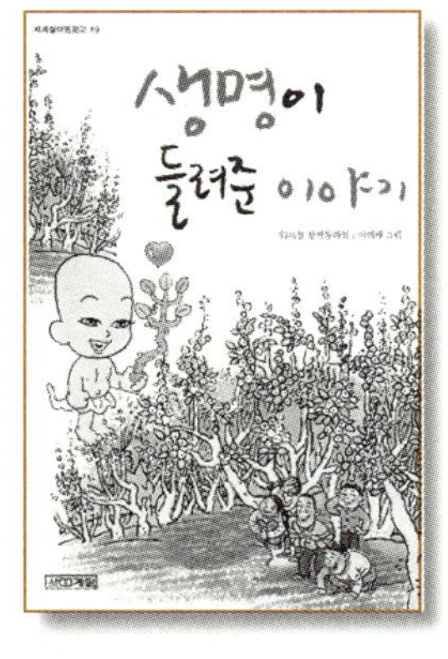

7. 위기철의 『생명이 들려준 이야기』

이야기는 크게 두 가지로 나눌 수 있다. 하나는 보여 주는 이야기이고 다른 하나는 들려주는 이야기이다. 어린이들이 읽는 동화책은 대부분 보여 주는 이야기이다. 그러니까 어린이들은 작가가 보여 주는 이야기를 책으로 읽는 것이다. 그런데 간혹 들려주는 이야기책이 있다. 옛이야기 책이 대표적인데, 때로는 창작 동화에서도 들려주는 이야기가 등장한다. 옛이야기는 바탕 자체가 들려주기로 되어 있다. 위기철의 『생명이 들려준 이야기』(사계절)는 제목부터 이야기를 들려주겠다는 작가의 의도가 노골적으로 드러나는 대표적인 들려주기 식 창작 동화이다. 그러니까 어린이들은 작가가 들려주는 이야기를 귀로 듣는 것이 아니라 눈으로 읽는 것이 된다.

이야기를 들려줄 것인지, 보여 줄 것인지는 작가가 판단할 문제일 뿐 어느 쪽이 더 좋다거나 나쁘다고 말할 수는 없다. 다만 이야기를 들려줄 때 주의해야 할 점이 있는데 그것은 바로 교훈성이다. 동화에서 교훈성은 대단히 중요한 요소이나 이것이 날것으로 드러나면 독이 된다. 특히 들려주기 동화에서는 교훈성이 선생님이나 부모님의 훈계나 잔소리처럼 확 드러나서 아이들이 책을 읽다가 덮어버릴 위험성이 매우 높다. 해서 들려주기 동화를 잘 쓴다는 것은 무척 어려운 일이다. 그럼에도 위기철은 '생명이 얼마나 소중한 것인지 아이들에게 들려주겠다.'는 교훈성을 표방하며 작품을 써나갔다. 『생명이 들려준 이야기』는 다섯 편이 연속으로 이어지는데 그 첫 번째 이야기는 이렇게 시작한다.

> 어느 마을 뒷동산 숲 속이었어. 젊은 어머니 한 분이 혼자 울고 있었지. 이미 해는 져서 깜깜했고, 숲 속에는 어머니 말고는 아무도 없었지. 어머니가 그런 깜깜한 숲 속에서 어째서 혼자 울고 있냐구? 어머니가 사랑하는 어린 아들이 죽었기 때문이야. 어머니는 그 날 아들의 시체를 땅에 묻고, 밤이 깊도록 그 자리에 앉아 흐느껴 울고 있었던 거야.

거듭 말하지만 위기철은 '생명의 소중함'이란 교훈을 아이들에게 들려주겠다는 의도를 분명히 갖고 있었다. 그뿐 아니라 이야기 속에서 '생명의 소중함'을 여러 차례 강조하기까지 했다. 책을 읽다가 작가의 이런 훈계에 직면하고 아이들이 책을 덮어 버릴 기회는 여러 차례 있었다. 그런데 참으로 놀라운 것은 아이들이 책을 덮어 버리기는커녕 갈수록 '생명의 소중함'에 빠져든다는 것이다. 이 힘은 도대체 어디에서 오는 것일까? 그것은 잘 짜인 이야기 구조에 있다. 그리고 그 이야기를 감동적으로 전달할 줄 아는 작가의 능력에 있다. 위기철의 『생명이 들려준 이야기』는 들려주기 창작 동화의 대표적인 성공 사례이다.

나의 제자 가운데 앞니 빠진 임진수라고 있는데 이 녀석은 학교에 공부하러 오는 것이 아니라 장난치고 놀기 위해 온다. 40분 공부 시간에 공부는 않고 놀 궁리를 하면서 시간을 보내며 10분 쉬는 시간이 되면 뛰고 장난치고 노느라 정신이 없다. 놀고 장난치는 것이 유일한 삶의 목표라는 듯. 심한 경우엔 공부 시간에도 몰래 장난치며 논다. 하루는 공부 시간에 장난치다가 걸려 '엎드려뻗쳐' 벌을 받았다. 그날따라 문득 임진수가 불쌍하다는 생각이 들어 내 곁에 앉히고는 위기철의 『생명이 들려준 이야기』를 읽으라고 건넸다. 임진수가 물었다.

"책 읽는 게 벌이에요?"

"그건 네 마음대로 생각해라."

앞니 빠진 임진수는 위기철의 『생명이 들려준 이야기』를 읽기 시작했다. 아마도 교과서 말고 동화책을 읽는 것은 머리에 털 나고 처음 있는 일이리라. 아이들과 공부하다가 불현듯 임진수 생각이 나서 눈길을 돌리니 책 속에 코를 처박고 계속 읽고 있는 게 아닌가. 놀라 내가 물었다.

"진수야, 그 책 재미있냐?"

앞니 빠진 임진수가 나를 향해 히죽 웃어 보인 다음 대답했다.

"읽을 만한데요."

위기철의 『생명이 들려준 이야기』는 바로 이런 책이다. 동화책을 한 권도 읽지 않은 장난꾸러기조차 책 속으로 끌어들이는 힘을 가진 그런 책이다.

'아이들과 함께 책읽기'라고 말은 근사하게 앞세웠으나, 사실은 주관적이고 지극히 단편적인 접근에 머무르고 말았다. 하지만 단편적인 것이더라도 아이들 반응에 주목할 필요는 있겠다. 아이들의 반응만큼 소중한 것이 또 무엇이겠는가. 어린이 책을 만드는 작가나 출판 편집인은 아이들의 반응에 가장 먼저 귀를 기울일 필요가 있다. 그렇게 될 때 아이들의 눈높이에서 아이들은 위한 보다 좋은 작품들이 생산될 것이라고 나는 기대한다.

   아이들의 반응을 담아내는 이런 시도가 앞으로는 보다 다양하고 폭넓게 이루어져 아이들의 반응이나, 한 발 더 나아가 아이들의 비평적 평가가 어린이 책에 직접적으로 반영되는 계기가 되었으면 한다. 우리 시대 동심이 원하는 책은 어떤 것인지 함께 진지하게 생각해 보았으면 한다.

송언 _ 동화 작가이며, 서울 동명초등학교에서 아이들과 함께 생활하고 있다. 1982년 중앙일보 신춘문예에 소설이 당선되면서 글을 쓰기 시작해 지금은 동화 쓰기에 몰두하고 있다. 아침독서신문에 교단 일기인 '송언 선생님의 아이들 세상'을 연재하였다. 지은 책으로는 『엄마, 우리 교실에 놀러 오세요』, 『선생님, 재가 그랬어요』, 『행복한 교실』, 『단군의 조선』, 『멋지다 썩은 떡』, 『조주먹과 살살이방귀』, 『바리왕자』, 『오늘 재수 똥 튀겼네』, 『아빠, 꽃밭 만들러 가요』, 『사라진 세 악동』, 『왕언니 망고』, 『슬픈 종소리』, 『다자구야 들자구야 할머니』, 『꽃들이 들려주는 옛이야기』 등이 있다.

 동화책 읽어 주기를 활용한 독서교육

강백향

1. 동화책 어떻게 읽어 줄까?

■ 동화책을 읽어 주면 왜 좋을까?

책 읽어 주는 시간을 좋아하는 아이들에게 물어보았다.

"선생님이 책을 읽어 주면 왜 좋으니?"

"제가 읽으면 무슨 얘기인지 잘 모르는데, 선생님이 읽어 주면 다 알겠어요."

"작가랑 낱말 설명도 해 주니 이해가 잘 되더라고요."

"더 재미있어요!"

짧은 대답 속에는 여러 가지 의미가 포함된다. 책을 읽어 주는 것은 스스로 읽기에 부담을 느끼는 아이들이 내용을 파악하고 배경 지식을 확장시키는 데 도움을 준다. 따라서 아이들의 책에 대한 친밀도가 더 높아진다. 즉 독해에 도움이 되는 것은 물론 책 읽기에 대한 긍정적 영향을 미치는 것이 틀림없다.

영화『빨간 모자의 진실』은 기존에 알고 있던 동화『빨간 모자』이야기를 새
로운 이야기로 발전시킨 작품이다. 물론『빨간 모자』를 다 알고 있다는 전제하
에 감상해야 제 맛이다. 이처럼 누구나 알고 있는 대중적 이야기는 시대를 거치
면서 수많은 이야기로 개정되고 재구성되어 새로운 이야기로 등장한다. 동화에
서도 마찬가지이다. 앤서니 브
라운의『숲속으로』(베틀북)와
『터널』(논장)은 직접적으로 빨
간 모자 이야기를 하지는 않는
다. 그러나 등장하는 이야기의
구성이나 소재의 활용, 그림 속

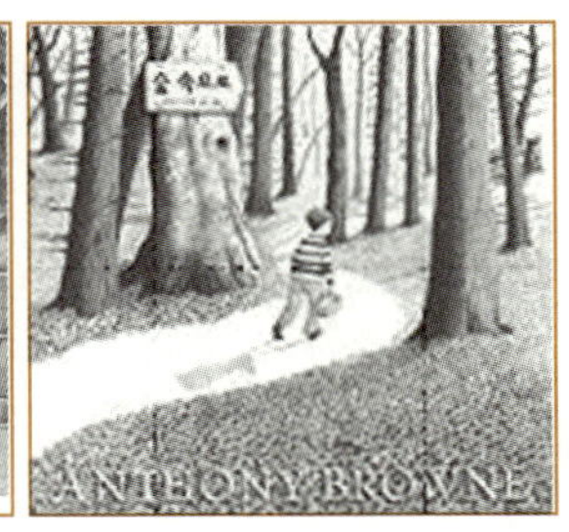

에 숨겨진 암시를 통해 빨간 모자에서 느낀 공포감을 끝까지 끌고 간다. 물론 마
지막에는 주인공이 엄마 품에 안기는 행복한 모습으로 마무리 짓는다. 원작과
그 원작을 패러디한 영화나 동화들을 함께 활용하면 아이들의 독서 동기를 더
효과적으로 유발할 수 있다. 특히 이처럼 암시로 가득 찬 앤서니 브라운의 그림
책 같은 경우, 작가 소개나 이야기 속 배경을 함께 이야기해 주면 단순히 읽어
주는 차원 이상으로 공감의 폭이 커진다. 물론 저학년부터 고학년까지 모두 해
당된다.

선생님의 입장에서 또 다른 측면으로 생각해 볼 수 있다. 아이들이 집에서 책
을 읽어 달라고 하는 것은 그 책에 담긴 내용을 즐기기 위해서이기도 하지만 책
을 읽어 주는 부모와 함께 있는 것이 좋아서이다. 아이에게는 기본적으로 사랑
받고 싶어하는 욕구가 있는데 책을 읽어 주는 동안 아이는 사랑 받고 있다는 느
낌을 받게 된다. 학교에서는 선생님이 책을 읽어 줌으로써 친밀한 관계를 만들어
주고, 책을 좋아하지 않는 아이들에게도 책과 만날 수 있는 기회를 줄 수 있다.

1학년 2학년 말하기 듣기 교과서에 작은 물고기들이 힘을 합쳐 커다란 물고기를 물리치는 이야기가 한 장면 소개된다. 우리 반 아이들은 대뜸 레오 리오니의 『으뜸 헤엄이』(마루벌)를 말하며 같은 내용이라고 소리친다. 어느새 같은 책을 읽었던 반 아이들은 같은 경험의 배경 지식을 가지고 있기 때문에 굳이 교과서에서 말하고자 하는 의미를 이야기 해 주지 않아도 모두 마음속에 그 의미를 깨닫고 고개를 끄덕였다. 반 모두가 자연스럽게 하나가 되는 순간이었고, 그날 학급문고에서 『으뜸 헤엄이』는 단연 인기였다.

그럼 선생님이 교실에서 책을 읽어 주면 어떤 좋은 점이 있을까? 몇 가지 이유를 들어 보자.

첫째, 책 내용을 들으면서 문자를 통하지 않고도 이야기의 매력을 깨달을 수 있다. 따라서 책과 친해지는 직접적인 계기가 되면서 책은 지루하고 읽기 힘든 게 아니라 재미있다는 사실도 깨닫게 된다.

둘째, 책에 대한 친근함을 갖게 한다. 서점이나 도서관에 가서 책꽂이에 꽂혀있는 방대한 양의 책들을 보게 되면 이 세상에 책이 많다는 것을 실감하게 된다. 그 많은 책 가운데 선생님이 읽어 준 책을 보면 반갑다. 그래서 먼저 그 책을 잡아 보고 다시 펼쳐 보게 된다. 즉 책 내용을 알고 있지만 스스로 다시 한 번 읽고 싶은 생각이 드는 것이다.

셋째, 좋은 이야기, 재미있는 책을 판단하는 안목이 생기게 된다. 선생님과 즐겁게 읽은 책의 느낌을 기억하기에 단지 흥미와 포장으로 자극하는 저급하거나 과장된 책을 구별할 수 있다.

넷째, 책을 읽어 주는 선생님과 이야기를 듣는 모든 친구들과의 강한 유대감을 느낄 수 있다. 같은 시공간에서 함께 이야기하고 공감할 주제가 분명하기 때문이다.

다섯째, **다양하고 풍부한 독서를 할 수 있는 기회를 제공한다.** 특히 교사는 아이들이 쉽게 접하기 어려운 신간이나 작가 중심의 책들, 다양한 분야의 책들을 의도적으로 소개해 줄 수 있다.

■ 어떤 책을 읽어 줄까

책 읽어 주기에서 가장 어려운 점은 '책 고르기' 다. 교실에서 책 읽어 주기를 시도해 본 많은 선생님들이 실패담을 나눌 때 아이들이 잘 듣지 않아 애를 먹었다는 이야기를 주로 한다. 어느 학급에서나 항상 집중하기 어려워하는 아이, 가만히 듣기를 힘들어 하는 아이들이 있기 때문이다. 적막이 흐르는 가운데 침을 꼴깍 삼킬 만큼 황홀한 순간 속에서 책을 읽어 주기 위해서는 재미있는 책을 골라야 한다. 선생님이 화려한 목소리로 변화를 주지 않아도 아이들 흥미를 끌 수 있는 책이라면 얼마든지 마음을 울릴 수 있다.

♥ 주제별로 책 고르기

책을 계속 읽다 보면 방대한 정보들이 그물처럼 머릿속에 남는다. 그러다가 새로운 책을 접했을 때 그와 유사한 책을 읽은 경험이 떠오르게 마련이다. 이러한 과정의 반복은 문학 독서의 폭을 넓히는데 큰 역할을 한다. 동화의 경우 주제는 여러 가지로 묶어질 수 있다. 호랑이가 나오는 이야기, 가족의 사랑을 다룬 이야기, 친구간의 우정, 동물과의 사랑, 크리스마스, 계절, 책에 대한 이야기, 자연에 대한 이야기 등 다양한 주제의 분류가 가능하다. 즉 주제를 파악하고 그에 따른 경험 안에서 책을 분류하는 활동을 할 수 있다. 다음은 '책'이라는 주제로 묶어 볼 수 있는 동화들이며 1학년이 읽기에 적당한 책부터 청소년 수준의 책까지 모아 보았다.

책에 관한 책

책 제목	지은이	출판사	대상
책 먹는 여우	프란치스카 비어만	주니어김영사	저학년
도서관	사라 스튜어트	시공주니어	
나는 책이 싫어!	맨주샤 퍼워기	풀빛	
나는 무서운 늑대라구	베키 블룸	고슴도치	
아름다운 책	클로드 부종	비룡소	저학년
책 읽기 좋아하는 할머니	존 윈치	주니어파랑새	
꿀벌 나무	페트리샤 폴라코	국민서관	
피튜니아 공부를 시작하다	로저 뒤봐쟁	시공주니어	
도서관에 간 사자	미셸 누드슨	웅진 주니어	
나는 책이야	김향이	푸른숲	중학년
샤를마뉴 대왕의 위대한 보물	나디아 웨트리	문학과지성사	
도서관에 가지 마, 절대로	이오인 콜퍼	국민서관	
도서관의 책	실비 드보르드	산하	고학년
책벌레 멜리타, 날씬해지고 사랑받고 부자 되다.	에바 헬러	주니어 김영사	
도서관에서 생긴 일	귀될	문학동네	
소설처럼	다니엘 페나크	문학과 지성사	청소년

♥작가별로 책 고르기

아이들에게 동화에 대한 흥미를 갖게 하는 방법으로 작가에 대한 관심을 갖게 하는 방법이 있다. 그림만 보고도 작가를 알고 관심을 갖게 되었다면 동화책을 읽을 때도 자연스럽게 작가에 대한 관심을 갖게 된다. 좋아하는 작가의 책들을 몽땅 골라 읽는 아이들도 쉽게 만날 수 있다. 동화 읽기에 관심이 적은 남학생들도 아주 흥미롭게 읽는 『찰리와 초콜릿 공장』의 작가 로알드 달의 작품도 많이 출간되어 있다. 그 밖에 『말괄량이 삐삐』의 작가 아스트리드 린드그렌, 『마당을 나온 암탉』의 황선미, 『고양이 학교』로 우리나라 판타지 동화의 문을 연 김진경 등이 있다.

아이들이 좋아하는 작가 로렌 차일드

학기 초에 아이들 관심을 끌기 위해 로렌 차일드의 유명한 책 『난 토마토 절대 안 먹어』(국민서관)를 읽어 주었다. 역시 아이들 반응은 대단히 좋았다. 그런데 그 책이 한 아이가 집에서 가져온 책이라 읽고 바로 돌려주었다. 얼마 후 교실에 학급문고를 준비하면서 도서실에서 이 책을 대출하여 가져왔다. 그러자 아이들 반응이 너무 좋았다. 서로 차례를 정해 기다리면서 이 책을 읽으려고 줄을 섰다. 무엇이 아이들 마음에 이토록 들었을까. 아마도 '오렌지뽕가지뽕' 같은 즐거운 어감과 함께 재미나게 표현된 주인공의 캐릭터일 것이다.

로렌 차일드의 다른 책들도 같이 인기다. 『난 하나도 안 졸려, 잠자기 싫어』, 『사자가 좋아』, 『난 학교가기 싫어』 등등의 책들을 집에서 가져오는 아이들이 있어 같이 읽어 주었다. 아이들은 책 그림만 보고도 로렌 차일드를 맞추었다. 로렌 차일드의 책들은 복잡하면서도 풍자적인 유머와 뉘앙스를 담고 있다. 그러나 아이들 입장에서도 쉽게 이해가 되고 어른이 보아도 그 절묘한 비유에 고개를 끄덕이게도 한다. 읽어지는 글자와 그림을 그대로 바라보는 이면에 작가가 의도한 또 다른 세상이 있음을 알아채게 하는 훌륭한 작가다. 아이들도 이렇게 딱 맞아 떨어지는 읽기의 즐거움을 즐길 줄 아는 것 같다. 아이들 책이라고 해서 무엇이든 다 설명해서 알려 주려고 하지 않아도 된다. 나름대로 추측하고 상상하여 다 찾아낼 수 있으니 말이다. 고급한 책 읽기로 이끌면서 적나라한 표현으로 스스럼없는 친근함을 보여 주는 글쓰기 방식 또한 로렌 차일드의 매력이다.

아이들이 좋아하는 작가가 또 생겼다. 반갑다. 우리 반 애들은 '오렌지뽕가지뽕'이라고 하면 모두 이 책을 떠올린다.

■ 언제 읽어 줄까?

♥ 매일 책 읽어 주기

책은 매일 읽어 주는 것이 좋다. 가끔씩 읽어 주는 것도 나쁘지는 않지만 이왕에 독서지도에 뜻이 있고 책 읽기에 흥미를 주기 위해서라면 매일 꾸준히 읽어 주는 것이 좋다. 아이들은 한결같은 선생님의 태도에 신뢰감을 얻고, 그 시간을 즐기고 기다리게 된다. 실제로 매일 책을 읽어 주면 아이들의 집중도가 훨씬 높아진다. 책을 읽어 줄 때는 가능하면 실감나고 재미있게 읽어 주도록 한다. 그래야 아이들이 더욱 재미있어 하고 상상력도 더 풍부해진다. 가장 중요한 것은 교사 스스로도 책을 즐기면서 읽도록 해야 한다.

♥ 정해진 시간에 읽어 주기

수업과 관련하여 관련 책을 공부 시간에 읽어 줄 수도 있고 수업 중에 여유가 있을 때 읽어 주는 것도 좋다. 하지만 이왕이면 정해진 시간에 꾸준히 읽어 주어서 그 시간이면 아이들이 집중할 수 있도록 하면 좋다. 아이들은 규칙적인 활동을 좋아하고 안정감을 느끼기 때문이다. 어린 아이들이 잠들기 전에 책을 읽어 주는 부모에게 느끼는 교감과도 비슷하다. 하교하기 직전에 책을 읽어 주면 아이들은 집에 돌아가서도 여운을 오래 간직한다. 또는 하루를 시작하는 아침 시간을 이용하여 읽어 주어도 좋다.

■ 어떻게 읽어 줄까

♥ 그림 없는 동화책 읽어 주기

그림책과 달리 그림 없는 동화책은 아이들의 시선 집중이 어려워 읽어 주기 어려울 수도 있다. 그러나 그림책 읽기가 자연스럽게 된 아이들이라면 듣기만 하면서도 얼마든지 책 내용을 상상하며 읽기가 가능하다. 실제로 책 읽기에 익숙하지 않은 채 성장한 고학년보다 중학년 이하로 갈수록 동화책을 읽어 주면 더 잘 듣는다. 책을 꾸준히 읽어 주기가 어려운 경우 그림책으로 시작한 후에 옛이야기 한 편이나 단편 동화 한 편씩을 읽어 준다. 아이들이 이야기 듣기에 재미를 붙였다면 중편 이상의 동화를 연속극처럼 끊어서 매일 조금씩 읽어 준다.

『바나나가 뭐예유?』 읽어 주기

학기 초인데 생각보다 아이들의 듣는 태도가 좋아서 신이 났다. 읽어 주는 노하우가 점점 늘어가는 걸까? 아니면 이야기에 목마른 아이들이라 그럴까? 아니면 애들은 원래 책 읽어 주면 좋아하는 걸까? 그래서 이번에는 동화책 읽어 주기를 일찍 시도했다. 옛이야기 버전에 사투리가 섞여 있어 읽어 주면 더욱 실감나는 이야기 『바나나가 뭐예유?』(시공주니어)다. 애들이 '굴러가유' 할 때마다 깔깔대며 웃는다. 읽어 주는 나도 함께 웃는다. 기땡이와 때보, 구구장 할아버지의 능청스러움에 함께 낄낄대고 웃는다. 전에도 극찬을 보냈던 작품이지만 읽어 주다 보니 더 재미있음을 새삼 깨닫는다. 다 읽어 주고 보니 3월이 갔다. 2주가 걸린 셈이다. 사정에 따라 어떤 날은 한 쪽, 어떤 날은 두 챕터를 읽어 주기도 했다. 아이들은 항상 "아우~~~"하면서 아쉬워했다.

직접 보여 주며 읽기

요즘 수업은 멀티미디어에 너무 의존하는 경향이 있다. 책은 이미 아날로그적인 아이콘이다. 가능하면 디지털과는 거리를 두기 위해 책을 접하게 하는 것도 좋다. 그래서 실물 화상기로 확대해 가면서 책을 보여 주거나 멀티 동화를 보여 주는 것도 좋지만 대부분은 직접 책을 보여 주고 읽어 주는 것이 좋다. 모니터를 통해 아이들과 관계를 맺기보다 직접 선생님과 눈 맞추고 목소리도 듣는 방법이 책과의 친밀감을 더 갖게 한다. 특히 동화책의 경우 그림이 없거나 적으므로 직접 책을 들고 읽어 준다. 가끔씩 시각적 효과와 집중을 위해서 OHP나 실물 화상기를 이용하거나, 커텐 치고 읽어 주기, 운동장 그늘에서 읽어 주기 등의 변화를 주는 것도 좋다.

■책 읽어 줄 때 주의할 점

늘 책 읽는 선생님의 모습을 보여야 한다.

아침 시간에 아이들에게만 "책 읽어라!"라고 하기보다는 10분이라도 함께 읽는다. 대부분의 동화책은 30분 정도면 한 권을 읽을 수 있다. 때로 신문이나 잡지를 읽는 모습을 보여 주는 것도 좋다. 책을 읽어야 아이들과 마음이 통하는 교사가 될 수 있다.

책 소개를 자주 해 준다

인터넷 정보나 신문 기사를 읽다가 좋은 책 정보라고 생각이 되면 아이들에게 맞는 책을 자주 소개도 해 주고 게시도 해 주면 좋다. 아이들과 교사의 안목이 날로 높아질 것이다.

수업 시간 중에 읽어 주어도 좋다

교과와 관련지어 읽어줄 책이 있다면 수업 시간에 읽어 주면 가장 효과적이다. 요즘은 교과 관련 도서를 소개하는 인터넷 사이트나 책들이 나오고 있으니 참고하는 것도 좋겠다. 예를 들어 1학년 슬기로운 생활 시간에 이 닦기에 대해 배운다면 『치과의사 드소토 선생님』(다산기획)이나 『충치 도깨비 달달이와 콤콤이』(현암사)를 읽어 주면 딱 좋다. 수업 자료로 그만이다.

학교 도서관에 있는 책을 읽어 준다

학교 도서관에서 좋은 책을 골라 읽어 주면 교사가 책을 읽어 주자마자 아이들은 도서관으로 달려가 그 책을 대출해 온다. 도서관에서 낯익은 책을 발견하는 기쁨은 도서관을 자주 가도록 도와주며, 대출과 반납에도 익숙해지게 돕는다.

2. 아이들에게 읽어 주면 좋은 동화책

■1학년에게 읽어 준 책 이야기

♥ 패러디 동화 읽어 주기

9월, 개학식을 하고 바로 도서관에서 빌려 온 책을 읽어 주었다. 열성 팬들은 여전히 앞자리를 지켰고, 세상사에 느긋한 몇 녀석은 오늘도 꾸물거리며 친구들을 기다리게 한다. 첫 날이라 아주 재미있는 걸 읽어 주어야 하기 때문에 심

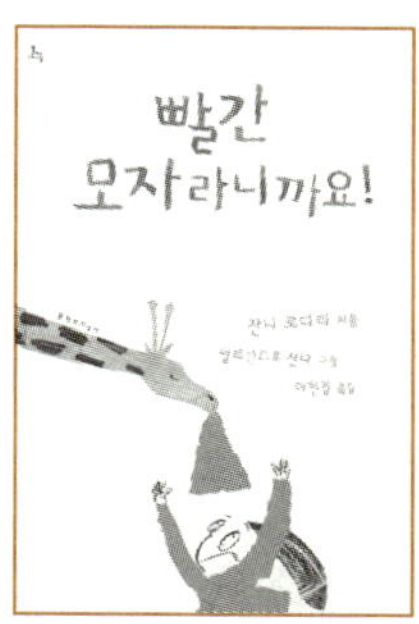

사숙고 끝에 고른 『빨간 모자라니까』(문학과지성사)를 펼쳐 들었다.

2학기부터는 지금까지 읽어 주던 방식에서 조금 벗어나 아이들과 이야기를 좀 많이 나누어 보려고 한다. 그동안의 읽어 주기 방식이 책과 친해지기, 책에 대한 신뢰감 갖기, 이야기에 매력 느끼기 차원의 즐거움 나누기에 있다면 앞으로는 책을 좀 더 깊이 이해하는 노력을 기울여 보려고 한다. 그래서 읽기 전에 책에 대한 이야기를 나누어 보고 중간 중간에도 그렇게 해 보려고 한다.

"빨간 모자 이야기 알지요?"

"예!"

그러나 그 사이로 그게 무슨 얘기냐며 모른다는 눈치의 몇 아이들의 어리둥절 눈빛이 스친다. 그래서 슬쩍 빨간 모자 이야기를 후루룩 해 준다. 그제야 아이들

이 눈치를 챘다. 어디선가 들어 봤던 이야기다. 이 책은 빨간 모자 이야기를 알고 있어야만 하는 패러디 동화이다. 그것도 이야기의 한 두 부분만을 바꾼 게 아니라 전체를 조금씩 바꾸어 가는 과정을 거치다가 끝내 아예 내 맘대로 이야기를 끝내고 말기 때문이다. 이처럼 왜곡 내지는 과장, 비틀기 같은 방법으로 이야기를 바꾸는 책을 이해하려면 원래 이야기를 잘 알고 있어야 그 맛을 충분히 느낀다.

이 책은 정말 장난스럽다. '빨간 모자야~~'가 아니라 '노란 모자야~~' 그러자 주인공 아이가 아니라고 주장한다. 그제야 '빨간 모자야~~'라고 부른다. 할머니께 가져다 드릴 빵 대신 이웃아주머니께 감자 껍질을 가져다 드리는 것으로 황당한 변신을 하기도 한다. 숲 속에서도 늑대가 아니라 기린을 만난다. 할아버지가 손주에게 이야기를 해 주는데 할아버지는 자꾸만 다른 소재와 스토리를 들이댄다. 손주는 아주 답답해하며 원래 그 이야기는 그게 아니라며 할아버지 이야기를 고쳐 준다. 그 대목에서 아이들이 박장대소한다. 할아버지의 엉뚱한 발상에, 그리고 답답해하는 손주의 빨개지는 얼굴에. 어쨌든 빨간 모자 이야기를 먼저 해 주고, 그 이야기의 마구잡이 변신을 함께 쫓아가며 아이들과 다음 장면을 상상하는 대화를 나누며 읽어 내려갔다. 아이들이 키득거릴 때 아!!! 요 녀석들이 내용을 이해하고 있음을 알아챘다. 그래서 함께 즐거웠다.

● **다양하게 변신한 빨간 모자 이야기들**

『빨간 모자』 그림형제 글, 베너뎃 와츠 그림, 시공주니어

『빨간 모자와 늑대』 그림형제 글, 수잔네 얀젠 그림, 마루벌

『빨간 모자』 로베르토 피유미니 글, 엠마누엘라 부솔라티 그림, 꼬마Media2.0

■6학년에게 읽어 준 책 이야기

♥내용은 같지만 작가에 따라 다른 동화 책 소개해 주기

텔레비전 드라마에서 〈눈의 여왕〉이 한창일 때다. '라플란트'에 가기를 꿈꾸는 여주인공의 독백이 인상적이다. 마침 학교 도서관에 책이 있어 아이들에게

읽어 주었다. 그런데 막상 찾아보니 두 권의 『눈의 여왕』이 더 있다. 아이들에게 선택하게 해서 텔레비전에 나오는 것과 다른 출판사의 책을 읽어 주었다. 비교해 보니 스토리는 물론 번역된 어휘까지 크게 다르지 않았다. 그런데 아이들이 지적한다. 그림 속에서 눈의 여왕이 주는 느낌이 아주 다르다고. 그래서 집에 있는 다른 출판사의 책까지 가져가 함께 비교해 보았다. 작가는 같은 안데르센이지만 그림으로 표현한 화가의 의도에 따라 눈의 여왕은 때로 마녀 같은 사악한 이미지로, 사랑을 갈구하는 애처로운 존재로, 때로는 자신의 내면을 감추고 드러내기를 꺼려하는 비밀스런 느낌으로도 보여졌다.

●비슷하지만 다른 느낌의 『눈의 여왕』

『**눈의 여왕**』 안데르센 원작, 김서정 글, 키릴 첼루슈킨 그림, 웅진주니어

『**눈의 여왕**』 안데르센 글, P.J.린치 그림, 어린이 작가정신

『**눈의 여왕**』 안데르센 글, 이브 스팡 올센 그림, 한길사

♥마음을 읽어 주는 책 읽기

동화를 읽어 주면서도 아이들 마음을 간단하게 탁~ 울리는 그림책이 더 필요하다는 생각이 들었다. 그런데 6학년에 맞는 책을 고르는 일은 정말 쉽지 않다. 그러다가 드디어 마음에 꼭 맞는 책을 골랐다. 『아빠는 하인리히거리에 산다』(아이세움), 『아주 특별한 선물』(길벗어린이)처럼 엄마 아빠가 따로 사는 아이의 이야기다. 『잃어버린 호수』(마루벌)는 아빠와 소년이 자연 속에서 서로를 이

해하고 사랑을 확인하는 이야기이다.

아빠네 집에서 여름 방학을 보내게 된 아이, 복잡한 어른들의 문제를 이제는 다 알고 있는 6학년 아이들, 그런 처지에 가슴이 타들어가는 아이들이 우리 반에는 참 많다. 그래서 아주 행복하게 잘 사는 이야기보다는 무언가 비슷한 처지의 아이들이 용기 있게 살아가는 이야기가 더 가슴에 와 닿는다. 그런 의미에서 이 책은 딱 맞는다.

아빠네 집에 왔지만 아빠는 바쁘고 말도 없다. 외로운 아이는 한 달을 그냥 보내고 만다. 그러다 드디어 아빠가 캠핑을 가자고 한다. 눈치만 보는 아이는 어리둥절 따라나설 뿐이다. 그리고 등산을 하면서 아빠와 아이는 이야기를 나눈다. 아빠 어릴 적 할아버지와 산에 오르던 이야기부터……. 아이는 가슴 한 구석이 뻑뻑해 오는 사랑을 읽는다.

그런데 아빠가 찾던 잃어버린 호수는 이미 관광지화 되었다. 그 씁쓸함에 아빠는 둘만의 호수를 찾자고 한다. 인적이 드문 숲 속 깊숙이 들어갈 때 아이는 아빠와 하나가 되어감을 느낀다. 그리고 밤을 보낸 아침. 눈이 부시다. 그곳에는 바로 잃어버린 호수가 있다. 오렌지 빛, 주황빛, 노란 호수다. 아름다운 환타지에 빠진 듯 따뜻하다. 유리 슐레비츠의 그림책『새벽』(시공주니어)과 아주 비슷한 느낌이 든다.『새벽』이 할아버지와 관계를 그렸다면,『잃어버린 호수』는 이혼하고 따로 사는 아빠와의 관계를 그렸다. 호수를 찾게 되면서 잃어버린 아빠와의 애정도 다시 확인한 셈이다. 여정과 함께 성장하고 발전해 가는 이야기의 모티브는 참으로 감동적이다.

아침밥을 먹고 우리는 산에 올라가 우리들의 호수를 내려다보았습니다. 어디에도 사람의 흔적은 보이지 않았습니다. 이 세상에 아빠와 둘만 있는 것 같았습니다. 나는 그 이상 아무것도 바랄 것이 없었습니다. 마지막 한 마디는 가슴 한 구석을 먹먹하게 한다. 우리 반 몇몇 아이들 눈시울이 뜨거워짐을 느꼈다. 차마 그 아이들 눈을 쳐다볼 수가 없었다.

■ 4학년에게 읽어준 책 이야기

♥ 짧은 동화책 읽어 주기

한동안 그림책을 읽어 주다 보니 책 읽기에 관심을 늦춘 아이들이 다시 이미 보았던 그림책만 뒤적이고 있다. 새로운 동화책 읽기에 도전하기가 귀찮은 녀석들이다. 이 녀석들을 위해 학급문고에서 동화책을 하나 골랐다. 얇지만 뭔가 재미난 사건이 벌어질 듯한 암시가 가득한 『우리 집에 온 마고 할미』(바람의아이들)다. 아이들이 재미있어 할 만하면 그만 읽기를 반복하여 3일 정도 읽어 주고 학예회 연습을 다른 반과 함께 하느라 짬이 나지 않았다. 그래서 다시 3일 정도 건너뛰고는 다시 읽어 주려 하는데 아이들이 난리가 났다. 많은 아이들이 그 뒷부분을 읽었단다. 마고 할미가 집에서 자꾸만 일을 벌이는데 도대체 그 정체가 궁금해서 참을 수가 없었단다. 물론 모두 읽은 건 아니었지만 많은 아이들이 읽었다기에 그럼 다른 아이들도 직접 읽어 보라며 책장을 덮었다. 아이들이 쉽게 도전할 만한 얇은 두께였기에 책 읽기를 귀찮아 하고 독서 능력이 좀 뒤떨어지는 아이들도 대부분 읽어 냈다.

3. 읽어 주면 좋은 상황별 동화책

■ 가족 이야기

『오른발 왼발』 토미 드 파올라 글·그림, 정해왕 옮김, 비룡소
『우리 할아버지』 존 버닝햄 글·그림, 박상희 옮김, 비룡소
『돼지책』 앤서니 브라운 글·그림, 허은미 옮김, 웅진주니어
『엄마의 의자』 베라 윌리엄스 글·그림, 최순희 옮김, 시공주니어
『동화책을 먹은 바둑이』 노경실 글, 신가영 외 그림, 사계절
『들키고 싶은 비밀』 황선미 글, 김유대 그림, 창비
『엄마는 파업 중』 김희숙 글, 박지영 그림, 푸른책들
『목걸이 열쇠』 황선미 글, 신은재 그림, 시공주니어
『내 이름은 나답게』 김향이 글, 김종도 그림 글, 사계절

『밤티 마을 영미네집』 이금이 글, 양상용 그림, 푸른책들

『또야 너구리의 심부름』 권정생 외 글, 원종찬·김경연 엮음, 창비

『너도 하늘말나리야』 이금이 글, 송진헌 그림, 푸른책들

『아빠가 내게 남긴 것』 캐럴 캐릭 글, 패디 부머 그림, 베틀북

『할머니가 남긴 선물』 마거릿 와일드 글, 론 브룩스 그림, 시공주니어

『놀기 과외』 로리 뮈라이유 글, 올리비에 마툭 그림, 비룡소

『로테와 루이제』 에리히 캐스트너 글, 발터 트리어 그림, 시공주니어

『마법의 설탕 두 조각』 미하엘 엔데 글, 진드라 케펙 그림, 소년한길

『당나귀 실베스터와 요술 조약돌』 윌리엄 스타이그 글·그림, 다산기획

■ 친구 이야기

『무지개 물고기』 마르쿠스 피스터 글·그림, 시공주니어

『내 짝꿍 최영대』 채인선 글, 정순희 그림, 재미마주

『까마귀 소년』 야시마 타로 글·그림, 비룡소

『까막눈 삼디기』 원유순 글, 이현미 그림, 웅진주니어

『모르는 척』 우메다 순사코·요시코 글·그림, 길벗어린이

『화요일의 두꺼비』 러셀 에릭슨 글, 김종도 그림, 사계절

『샬롯의 거미줄』 엘윈 브룩스 화이트 글, 가스 윌리엄즈 그림, 시공주니어

『까치 우는 아침』 황선미 글, 이은천 그림, 웅진주니어

『초대받은 아이들』 황선미 글, 김진이 그림, 웅진주니어

『짜장, 짬뽕, 탕수육』 김영주 글, 고경숙 그림, 재미마주

『친구랑 싸웠어』 시바타 아이코 글, 이토 히데오 그림, 시공주니어

『내겐 드레스 백 벌이 있어』 엘레노어 에스테스 글, 루이스 슬로보드킨 그림, 비룡소

『조커, 학교 가기 싫을 때 쓰는 카드』 수지 모건스턴 글, 미래유 달랑세 그림, 문학과지성사

『칠판 앞에 나가기 싫어』 다니엘 포세트 글, 베로니크 보아리 그림, 비룡소

『피자반장』 원유순 글, 박지이 그림, 푸른나무

『깡딱지』 강무홍 글, 이광익 그림, 사계절

『까모, 세기의 아이디어』 다니엘 페나크 글, 장 필립 샤보 그림, 문학과지성사

■ 세상 이야기

『여섯사람』 데이비드 매키 글·그림, 비룡소

『어머니의 감자밭』 아니타 로벨 글·그림, 비룡소

『미라가 된 고양이』 재클린 윌슨 글, 닉 샤랫 그림, 시공주니어

『네 잘못이 아니야』 고정욱 글, 황금두뇌

『민수야 힘내』 아오키 미치요 글, 하마다 케이코 그림, 한림출판사

『안내견 탄실이』 고정욱 글, 김동성 그림, 대교출판

『생명이 들려준 이야기』 위기철 글, 이희재 그림, 사계절

『동강의 아이들』 김재홍 글·그림, 길벗어린이

『시애틀 추장』 수잔 제퍼스 글·그림, 한마당

『내 친구에게 생긴 일』 미라 로베 글, 박혜선 그림, 크레용하우스

『우당탕탕 할머니 귀가 커졌어요』 엘리자베드 슈티메르트 글, 카롤리네 케르 그림, 비룡소

『떠돌이 할아버지와 집 없는 아이들』 나탈리 새비지 칼슨 글, 가스 윌리엄스 그림, 아이세움

『사실대로 말해줘』 레아와 낸시 휴스턴 글, 윌리 글라조어 그림, 바람의 아이들

■ **자아 찾기**

『물고기는 물고기야』 레오 리오니 글·그림, 산하

『줄무늬가 생겼어요』 데이빗 섀논 글·그림, 비룡소

『강아지똥』 권정생 글, 정승각 그림, 길벗어린이

『나쁜 어린이 표』 황선미 글, 권사우 그림, 웅진주니어

『흐린 후 차차 갬』 김선희 글, 김종수 그림, 비룡소

『틀려도 괜찮아』 마키타 신지 글, 하세가와 토모코 그림, 토토북

『우리 모두 꼴찌 기러기에게 박수를』 한나 요한센 글, 케시 벤트 그림, 시공주니어

『나무를 심은 사람』 장 지오노 글, 프레데릭 바크 그림, 두레

『나는 나야』 미라 로베 글, 수지 바이겔 그림, 혜인

『엉뚱이 소피의 못 말리는 패션』 수지 모르겐스턴 글·그림, 비룡소

『뚱보면 어때, 난 나야』 이미애 글, 최철민 그림, 주니어파랑새

『쏘피가 화나면 – 정말, 정말 화나면』 몰리 뱅 글·그림, 케이유니버스

『나 친구 안 사귈래』 파울 마어 글, 프란츠 비트캄프 그림, 아이세움

『영모가 사라졌다』 공지희 글, 오상 그림, 비룡소

강백향 _ 공주교육대학교와 아주대학교 대학원 국어교육과를 졸업하였다. 수원 화서초등학교에서 아이들과 함께 생활하고 있으며, '책 읽어주는 선생님' 누리집 www.mymei.pe.kr을 운영하고 있다. 지은 책으로는 『초등 공부 독서가 전부다』(공저), 『현명한 엄마는 초등 1학년부터 다르다』가 있다. 아이들에게 읽어 줄 어린이 책을 고르고 읽는 재

교과 관련 책 읽기 지도

강백향

교과 관련 책 읽기 지도가 필요한 이유

그동안 학교에서의 독서교육은 주로 국어 수업과 많이 관련지어져 왔다. 물론 기본적인 읽기, 쓰기, 내용 이해, 자기 생각의 표현이라는 관점에서 보면 국어는 독서를 위한 기초가 되기 때문에 중요하다. 또한 문학은 훌륭한 독서 자료이고, 다른 독서 자료에 비해 인간의 감정을 가장 잘 움직일 수 있을 뿐 아니라 우리 인간들의 삶 그 자체를 묘사하고 있기 때문이다. 그래서 문학은 누구나 친숙하게 접근할 수 있는 독서 자료가 되었다. 그러나 독서교육의 불이 지펴진 지금, 이제는 철학, 종교, 사회, 과학, 역사, 예술 등 다양한 분야에 대한 학생들의 지적 욕구도 함께 커지고 있다. 따라서 학교 현장에서 이루어지는 모든 교과 지도에 관련 분야의 책을 연결시킴으로 아이들의 호기심을 풀어주고 자기 주도적인 학습 방법을 배우는 데 바람직한 해결점을 찾을 수 있을 것이다.

실제로 과거 유럽 사회에서 학교라는 제도가 일반화되기 전까지는 집에서 가정교사를 두고 공부했는데, 기초적인 읽기, 쓰기와 예능을 배웠다. 그리고 대부분의 지식은 책을 읽으면서 선조들이 경험하고 정리해 놓은 책 속에서 배웠다. 그래서 상류층 가정에는 대대로 물려받은 장서로 가득했고, 그 장서 속에서 새로운 지식을 배웠다. 역사 소설 『아이반호』의 영국작가 월터 스콧은 8살 때 건강 때문에 휴학을 하고는 평생 집에서 책을 읽었다. 그 책이 워낙 방대해서 저택 전체가 책으로 가득한 도서관이 될 정도였다. 스콧이 지은 방대한 서사시나 27편이나 되는 장편 소설, 수많은 산문집 등은 그가 탐구한 지식을 바탕으로 얻어진 지적 생활의 소산이다.

그렇다면 우리 아이들이 어떻게 지적인 생활을 할 수 있도록 교사가 도와줄 수 있을까. 우선 교과 내용과 관련 있는 책을 찾아보고 읽어 보는 것이 가장 중요하다. 요즘은 인터넷 서점에서 찾아보면 책 안내에 관련 교과와 단원까지도 소개하고 있다. 따라서 마음만 먹으면 교과와 관련된 책을 찾는 일이 그리 어려운 일은 아니다. 또한 필요한 주제나 덕목에 따른 분류도 잘 되어 있어 인터넷을 활용하면 책 정보를 손쉽게 얻을 수 있다. 가끔 서점에 나가서 직접 책을 살펴보고 자료를 준비하는 것도 꼭 필요하다. 물론 인터넷 정보만 과신하는 것도 금물이다. 특히 요즘은 교과 관련 도서에 대한 관심이 커져서 다양하고도 깊이 있는 정보를 담고 있는 좋은 책들이 많이 출판되고 있다. 수많은 책들 중에 읽을 만한 책을 가려서 추천하는 일도 교사의 몫이다.

어떻게 활용할까?

1. 국어

국어과의 7차 교육 과정을 학년별로 살펴보면, 저학년에서는 주로 장면 상상하기, 말의 재미 느끼기 등 문학 작품에 대한 낮은 단계의 감상 활동이 이루어진다. 중학년에서는 작품의 구성 요소 알아보기, 감상한 내용을 등장인물이나 작가가 되어 표현해 보기, 또 동화 속의 내용을 현실과 연관지어 생각해 보기 등 작품에 대한 표현 활동의 범위를 넓혀 간다. 고학년에서는 작품의 구성 요소나 문학적 표현력을 따져 보면서 구성 요소에 따라 이야기를 재구성하고 재구성된 작품을 통해 작품과 현실을 새롭게 이해한다. 따라서 고학년의 문학 수업에서는 작품을 재구성해 보는 표현 활동에 더 비중을 두고 있다.

6차 교육 과정에서는 문학 텍스트에 대한 인지적 접근 학습이 주류를 이루었다면, 7차 교육 과정에서는 학습자가 개별 문학 작품을 능동적으로 수용하고 그 결과를 다양한 방식으로 표현하는 창조적 학습 활동이 강조되었다. 바람직한 변화의 한 부분이다. 따라서 문학 감상 수업은 수업 이후에도 꾸준한 독서로 이어져 자신의 생각을 자유롭게 표현할 수 있는 능력이 디딤돌이 되어 주어야 한다. 찾아보면 국어 시간에 아이들과 함께 읽을 책은 참 많다.

♥ 교과서에 나온 원문 찾아 읽기

좋은 글이 많은 부분에서 원작의 문학적 아름다움이 훼손된 채 줄거리 중심의 이야기로 변질되어 버리는 경우가 많다. 5학년 읽기에 나오는 『엄마는 파업 중』(푸른책들)을 살펴보자.

〈책〉	〈교과서〉
우리들의 아지트	우리들의 공간
꽃 내음	꽃 냄새
다음 날	이튿날
엄마	어머니
했답니다.	하셨답니다.

원작이 그리 길지 않은 데도 맛깔스런 우리말의 아름다움, 상황에 어울리는 적절한 비유, 생생한 구어체 문장 등을 삭제하여 문학의 미적 표현을 음미할 겨를이 전혀 없도록 재단해 놓았다. 작가의 의도가 담긴 어휘들이 달라진 것이다. 그러므로 원작을 찾아 읽어 보면 좋겠다.

학년	교과서 동화	원작 동화	지은이	출판사
1	괘종시계와 뻐꾸기	벽시계와 뻐꾹 시계	이영호	유진
	심심해서 그랬어요	심심해서 그랬어	윤구병	보리
	도도와 미미	도도와 미미	이경	유진
	강아지 똥	강아지똥	권정생	길벗어린이
	떡시루 잡기	떼굴떼굴 떡 먹기	서정오	보리
2	새싹의 전화	새싹한테서 온 전화	박성배	아동문예사
	숙제로봇의 일기	숙제로봇	신현득	웅진
	돌돌이와 민들레	꽃씨개미와 민들레	원유순	효성사
	메기야 고마워	마음 착한 메기	홍은순	보육사
	참매미 합창단	매미 유치원	이준연	한국프뢰벨
3	보들이야기	쿨쿨 할아버지 잠깬 날	위기철	사계절
	쫑쫑이와 넓죽이	아이템플 창작동화	윤수천	아이템플
	전학	타임 캡슐 속의 필통	남호섭	창비
	도련님과 인절미	암행어사 박문수전	김병규	대교출판
4	가끔씩 비 오는 날	가끔씩 비 오는 날	이가을	창비
	증기기관차 미카	증기기관차 미카	안도현	문학동네
	흙 한 줌	돌 구름 솔바람	정채봉	샘터사
	송아지 내기	영구랑 흙구랑	이금이	푸른책들
5	우리들의 일그러진 영웅	우리들의 일그러진 영웅	이문열	다림
	나도 그런 형이 될 수 있으면	영혼을 위한 닭고기 수프 1	잭 캔필드	푸른숲
	엄마는 파업 중	엄마는 파업중	김희숙	푸른책들
	이상한 나라의 앨리스	이상한 나라의 앨리스	루이스 캐럴	시공주니어
	아빠 좀 빌려주세요	뱅뱅이의 노래는 어디로 갔을까?	이규희	성바오로
6	소희의 일기장	너도 하늘말나리야	이금이	푸른책들
	옥계천에서	압록강은 흐른다	이미륵	계수나무
	달걀은 달걀로 갚으렴	달걀은 달걀로 갚으렴	박완서	다림
	나의 라임오렌지 나무	나의 라임오렌지나무	바스콘셀로스	동녘

과학 과목에 관한 내용이라도 읽기 교재에 나왔다면 이런 기회에 관련 책을 찾아볼 기회를 갖는 것은 정보를 활용하는 방법을 익히는 데 큰 도움이 된다. 우주에 관한 내용이 나왔다면 우주에 대한 관심을 가져 볼 좋은 기회가 된다. 교과서의 내용을 이해하는 배경 지식이 될 수 있고, 호기심도 해결하는 지식을 얻을 수 있어 책에 대한 긍정적인 생각을 가질 수 있다. 더구나 문학 작품 읽기가 싫어 책을 멀리한 아이들에게는 더욱 그렇다.

📘 4-1-3. 배우는 즐거움 – 한 걸음 더 나아가기

　제목 : 갯벌이 주는 이로움

▷ 관련 책 소개하기

　• 『하늬와 함께 떠나는 갯벌 여행』(창조사)

　• 『갯벌 탐사도감』(예림당)

　• 『갯벌』(우리교육)

▷ 모둠 별로 책 살펴보기

▷ 관련활동하기 – 알게 된 것 정리하기, 그림책 만들기

📘 3-1-2. 따뜻하고 너그럽게

　학습주제 : 이야기를 듣고 인물의 성격이나 마음의 변화를 생각한다.

　『치과 의사 드소토 선생님』(비룡소)

　덩치가 작은 생쥐치과의사가 커다란 동물의 입 안에 들어가 이를 치료해 주는 이야기

▷ 교과서 글을 읽고 활동하기

▷ 『치과 의사 드소토 선생님』 읽고 인물의 성격, 마음의 변화 알아보기

📘 4-1-2. 고운 꿈 아름답게

학습 주제 : 시를 읽고 시의 일부를 바꾸어 표현할 수 있다.

▷ 아이들이 직접 쓴 시를 함께 읽어보고, 살아있는 시의 느낌을 직접 느껴본다

- 『비 오는 날 일하는 소』(산하)
- 『아버지 얼굴 예쁘네요.』(온누리)
- 『허수아비도 깍꿀로 덕새를 넘고』(보리)

▷ 아이들의 체험이 살아 있는 시 쓰기 지도

♥ 장르별 책 찾아 읽기

문학 수업의 핵심은 '문학적 감동'을 체험하는 데 있으며, 그러한 체험을 위해서는 몇 가지 조건이 필요하다. 좋은 문학 텍스트, 알맞은 수업 목표, 아이들이 다양한 느낌과 반응을 자유롭고 즐겁게 표현할 수 있는 열린 분위기, 그리고 감상 활동 전략 등이 그것이다. 옛이야기, 생활 동화, 판타지 동화, 시 등 문학 작품을 장르별로 모아서 읽도록 지도할 수 있다.

2. 수학

수학은 대부분의 아이들이 계산만 잘하면 된다고 생각해서 저학년 때는 쉽게 여기다가 학년이 올라가면서 몇 가지 단서를 주고 문제 상황을 해결하는 여러 가지 문제를 겪으면서 수학은 어렵다고 생각하기 시작한다. 물론 계산도 단위가 커지고, 복잡해져서 그렇기도 하다. 수학에 관한 책들을 살펴보면 이러한 점을 잘 알아서 아이들이 새로 배우는 수학적 개념을 잘 설명해 주는 책, 만화로 되어 쉽게 볼 수 있는 책, 수학에 대한 재미와 역사, 학년별로 동화로 엮은 책 등이 다양하게 출판되어 있다.

무엇보다 수학적 사고는 논리력과 문제 이해력이 필수다. 따라서 수학을 잘하기 위해서는 기본 독서가 되어야 한다. 그래야 문제를 이해하고 문제 상황을 해결할 방법을 찾을 수 있기 때문이다. 얼마 전 신문 보도에서 보니 수학 영재들을 상대로 조사한 결과 어려서부터 모두 책 읽기를 좋아했고, 부모님도 책을

많이 사 주어서 꾸준히 많이 읽었다는 보고서가 발표되기도 했다. 독서지도의 필요성이 새삼 강조된다.

■ 저학년이 보면서 수학 개념을 키우는 책들

『WOW! 수학퍼즐』 나카무라 기사쿠·아베 게이치 글, 바다출판사

『수학아 놀자』 이원영 글, 한울림

『거북이가 풍덩』 캐스린 폴웰 글·그림, 아이세움

『항아리속 이야기』 안노 마사이치로 글, 안노 미쓰마사 그림, 비룡소

『원』, 『삼각형』, 『사각형』 캐서린 셀드릭 로스 글, 빌 슬래빈 그림, 비룡소

『분수놀이』 로렌 리디 글·그림, 미래아이

『나머지 하나 꽁당이』 엘리너 핀체스 글, 보니 맥케인 그림, 아이세움

『어린이가 처음 만나는 수학그림책 1~2』 안노 미쯔마사 글·그림, 한림

『놀다보면 수학을 발견해요』 재니스 반클리브 글, 미셀 니데노프 그림, 미래아이

■ 수학적 원리와 개념을 이해하고픈 고학년이 읽으면 좋은 책들

『수학이랑 악수해요-학년별』 김동균·최창남 공저, 웅진주니어

『수학귀신』 H.M. 엔젠스베르거 글, R.S.베르너 그림, 비룡소

『수학대소동』 길리언 오릴리 글, 다산어린이

『생각 씽씽 수학』 와우밸리 글, 조현숙·윤종태 그림, 아이세움

『그리스신도 수학공부 했을까』 최향숙 글, 강효진 그림, 바우솔

『수학이 자꾸 수군수군』 샤르탄 포스키트 글, 김영사

『수학자를 알면 공식이 보인다.』 과학동아 편집실 편, 성우

『수학 악마』 하인리히 헴메 글, 마티아스 슈베러 그림, 푸른숲

『수학은 밥이다』 강미선 글, 김영사

『우리 수학놀이하자』 크리스틴 달 글, 주니어김영사

『수학이 순식간에』 리즈 앳킨슨 글, 주니어김영사

■ 수학에 대한 재미를 알려주는 동화

『수학은 너무 어려워』 베아트리스 루에 글, 로지 그림, 비룡소

『수학의 저주』 존 셰스카 글, 레인 스미스 그림, 시공주니어

『**수학천재**』 베시더피 글, 자넷 윌슨 그림, 크레용 하우스
『**수학은 너무 어려워**』 베아트리스 루에 글, 로지 그림, 비룡소

♥ 수업 시간에 독서 지도

저학년의 경우 직접 책을 읽어 주면서 함께 상황을 풀어 가면 재미있다. 덧셈을 배울 때, 수를 배울 때, 모양을 배울 때 등 개념 이해를 돕는 데 큰 도움이 된다. 중학년 이상의 경우 학기 초에 학년에 맞는 책을 골라 소개를 해 준다. 그리고 평소에 읽도록 지도한다. 가능하면 수학의 역사나 배경 지식까지도 이해할 만큼의 수준 책이면 다소 어려우므로 여러 번 읽는 게 도움이 된다. 수학 시간마다 책 속의 예화를 자주 소개하면서 아이들이 관심을 갖도록 유도한다. 또 책에 나오는 재미있는 수학 문제를 내 주고 풀어 보게 하는 기회를 주는 것도 좋다. 이왕이면 학급문고로 배치하고 수시로 찾아보게 하면 효과적이다.

3. 사회

사회는 그야말로 독서가 된 아이들과 아닌 아이들의 차이가 학년이 올라갈수록 많이 벌어진다. 보통 '책을 읽어 똑똑하다', '아는 것이 많다'는 것은 사회과에 대한 지식 여부에 따라 판단된다. 현재 학교 독서 지도에서 가장 부족한 부분이 사회다. 교과서 내용도 방대하고 과제도 많아서 대부분의 아이들이 인터넷을 통해서만 쉽게 과제를 해결하려는 경향이 있으며, 자신이 호기심을 가지고 책을 읽는 경우는 소수에 불과하다. 독서는 동화 읽기도 바빠 엄두도 못 내거나 여학생의 경우 관심이 더 멀어지는 것이 대부분이다. 하지만 어린이들의 발달 단계로 보아 지적 호기심이 발동되는 3, 4학년 이후에는 인물 이야기와 역사 이야기, 신화 등에 관심을 갖는 시기이므로 중학년 이후에는 적절한 지도로 아이들의 관심을 동화에서 다양하게 확장시켜야 한다. 또한 5, 6학년이 되면 아이들의 지적 호기심이 왕성한 때다. 다양한 책을 읽어 알고 싶은 욕구를 직접 책으로 해결하도록 도와주자.

따라서 수업 시간에 교과서의 지식을 알려주는 데에 그치지 말고 끊임없이 관련 도서를 소개해 주고 읽도록 지도해야 하며, 과제를 내줄 때 책을 통해 찾아보도록 유도한다.

■ 문화 유적에 관한 책

『나라의 자랑 국보 이야기, 꼭 가보고 싶은 역사 유적지』 (랜덤하우스코리아)

『한국 생활사 박물관 1~4』 (사계절)

『유적 박물관』 (웅진주니어)

『흥미로운 국보 여행』 (산하)

『별난 박물관 별난 이야기』 (산하)

■ 역사에 대한 책

『옛날 사람들은 어떻게 살았을까』 (창비)

『열 두 달 풍속놀이』 (산하)

『새벽을 여는 온조』 (베틀북)

『밥 힘으로 살아온 우리민족』 (아이세움)

『고려가 고마워요』 (주니어김영사)

■ 인물에 대한 책

『겨레의 인걸 100인』 (산하)

『충무공 이순신』 (창비)

♥ 주제별로 구성해 보는 학급문고

6학년을 하고 보니 역사의 비중이 참 크다. 사회 교과서에 실린 내용이 방대할 뿐 아니라, 국어 교과서에서도 사회 공부를 돕는 방법으로 문화유산 알아보기나 일제 강점기를 시대적 배경으로 삼은 동화를 읽어 보게 하고 있다. 그런데 아이들과 수업을 하다보니 『삼국유사』를 시작으로 줄줄이 역사를 꿰고 있는 아이들이 있는가 하면, 전혀 무슨 이야기인지 감도 못 잡는 아이들도 있다. 물론 잘 모르는 아이들이 대부분이다. 그래서 『삼국유사』 이야기 중에서 하나씩 읽어주고 있다. 이해를 돕기 위해서이다.

그리고 아이들에게 아침마다 역사에 관련된 책을 가져와 읽으라고 하니, 집에서 잠자던 전집들을 하나씩 들고 오는 아이부터 낱권을 새로 구입하여 오는 아이들까지 있다. 또 아이들이 지속적으로 읽을만한 여건을 만들어 주기 위해 일단 학교 도서관에 있는 책들 중에 눈에 띄는 몇 권을 골라 대출했다. 물론 아이들의 관심을 끌기 위해 만화부터, 신문, 사진, 그림이 들어간 책들까지 다양하게 골랐다. 역사책으로 학급문고를 만들어 본 것이다.

■ **우리반 책꽂이로 이사온 책들**

『한국 생활사 박물관 1~7권』 (사계절)

『맹꽁이서당 시리즈 1~4』 (웅진주니어)

『역사야 나오너라』 (푸른숲)

『사진과 그림으로 보는 한국의 역사』 (웅진주니어)

『초등학생을 위한 인물 사전』 (시공주니어)

『역사신문 1~6』 (사계절)

『쉽게 풀어쓴 우리 고전 삼국유사, 삼국사기-역사속의 인물』 (교원)

『알쏭달쏭 우리 역사 상식』 (예림당)

『우리가 정말 알아야 할 우리 신화』 (현암사)

▼ 책 읽고 다양한 수업해 보기

사회 수업과 관련지어 아이들이 책을 찾아 읽고 역할극을 해 보거나, 인터뷰하기, 신문으로 만들어 보기 등의 다양한 활동을 하여 결과를 남긴다면 지적 탐구심이 확장되어 사회과의 수업 목표를 좀 더 효율적으로 달성할 수 있다.

과제 해결 시에 학교 도서관이나 지역 도서관을 활용하는 방법도 일러 주어야 한다. 도서관이 동화책을 읽거나 빌리는 장소 외에도 정보를 찾고 활용하는 공간으로도 이용할 수 있다는 생각을 갖도록 한다. 여건이 되면 수업 시간에 직접 도서관에 가서 백과사전도 찾고, 인터넷과 관련 책을 찾아보는 수업을 해 보자. 새로운 지식을 직접 찾아가는 아이들 모습이 훨씬 더 진지해질 것이다. 또 가정에 책을 두루 갖추고 있기는 어렵다. 따라서 도서관을 활용하면 집에 책이 없는 아이들에게 큰 도움이 된다.

문화재에 관한 전설 이야기, 지역에 관한 이야기, 인물에 관한 이야기는 책이 많이 나와 있다. 책에서 미리 찾아보고 수업 시간에 하나씩 읽어 주거나 들려주는 것도 좋다. 들어서 알게 된 이야기는 아이들이 쉽게 잊지 않는다. 관심을 갖게 하는 좋은 방법이다. 아니면 아이들끼리 하나씩 준비해 와서 들려주도록 하는 것도 좋은 방법이다.

4. 과학(슬기로운 생활)

과학에 대한 관심이 다른 아이들보다 더 많은 아이들이 있다. 학교 공부에서 배우고 익히기에는 다소 부족한 이론적 배경과 관련 지식들이 이런 아이들에게는 늘 궁금하다. 과학에 관한 지식을 주는 책은 찾아보면 많다. 그러나 학년이 올라가면서 이런 과학에 대한 책을 좋아하고 읽어 보는 아이들의 수는 적어지는 것이 현실이다. 바로 요즘 문제시되고 있는 우리나라 기초 과학 교육 부실과도 관계가 깊다. 그렇게 되는 현실에는 여러 가지 원인이 작용하지만 과학적 호기심을 채워줄 만한 책에 대한 정보가 교사나 부모나 아이들에게 부족하다는 것이다.

어린이는 과학적 지식을 주는 책을 만나면서 문제를 제기하고, 설명을 하고,

증명을 해 나가는 과정을 알게 되고 구체적인 것들을 추상화하여 하나의 체계로 정리하는 과정 또한 배운다. 단편적인 사실을 알게 되는 것을 넘어서 전체와 부분이 서로 연결되면서 개념을 이해할 수 있게 돕고 있기 때문에 이를 읽는 어린이가 과학적 사실 자체뿐만 아니라 과학적 태도 또한 배울 수 있게 되는 것이다.

♥ 관련 주제 책으로 학급문고 만들고 소개해 주기

가능하면 교과와 관련된 개념이 나오는 책들은 교실에 비치해 두고 수업 시간 외에도 찾아볼 수 있는 기회를 주면 좋다. 그리고 새로운 단원이 시작될 때마다 꼭 읽어 두면 좋은 책들을 소개해 주고, 한 부분씩 읽어 주어서 호기심을 갖도록 하는 것도 좋다.

♥ 학습 주제별로 책 찾아보기

새로운 개념을 배우는 단원이 시작할 때 관련 있는 책을 소개해 주고, 읽어 보게 한다. 수업 중에 책에 있는 사례나 개념을 설명하는 부분을 읽어 주거나 보여 준다. 단원 정리를 하면서 함께 읽은 책에 대한 이야기를 나눈다.

> 🅔 4-1-7. 강과 바다
> - 『바다는 왜?』 (지성사)
> - 『신화 따라 바다여행』 (아이세움)
> - 『아기 물방울의 여행』 (보리)

> 🅔 4-2-8. 별자리를 찾아서
> - 『별똥별 아줌마가 들려주는 우주 이야기』 (미래아이)
> - 『신기한 스쿨버스 시리즈』 (비룡소)

♥ 그 밖에 다양한 책 소개하기

좋은 책을 잘 골라서 설명해 주는 것은 여러 가지로 애쓰면서 설명하고 가르치는 수업보다 훨씬 더 효율적이다. 무엇보다 자기 스스로 개념을 찾아내고 이해하는 능력을 기르는 데 큰 도움이 된다. 지식 책은 어린이의 호기심을 만족시키되 어린이가 스스로 지식을 확장시키고 탐구해 나가도록 도와준다. 식물의 한살이 공부를 할 때 아이들에게 문제를 하나 던졌다.

"식물은 사막에서도 자랄 수 있나요?"

아이들은 자신이 알고 있는 사실로 답을 한다. 하지만 답변을 미룬 채 문제를 해결할 만한 책만 소개해 보았다. 어린이들의 궁금증만을 모아 놓은 책『왜 그런지 정말 궁금해요』(다섯수레), 『시루스 박사 시리즈』(비룡소)다. 아이들은 시리즈로 된 여러 권의 책 속에서 식물에 대한 것만 모아 놓은 책을 찾아 읽는다. 한 명만 찾아도 모두 함께 볼 수 있다. 아이들에게 던져진 궁금증은 저절로 해결이 되면서, 또 다른 호기심과도 만난다. 책 속에 있는 수많은 질문과 답변을 읽으면서 과학적인 호기심에 눈을 뜨는 순간이다. 이 책들은 아이들이 많이 읽어서 모서리가 다 낡았다. 더불어 보너스로 미국 사막에 사는 선인장의 일생을 담은 그림 동화책『선인장 호텔』(마루벌)을 읽어 주니 아이들은 한 번도 가 보지 않은 사막을 금세 여행하고 돌아왔다. 과학적 호기심을 발동시키고, 해결 방법도 안내해 주면 그 다음은 아이들 몫으로 남는다.

- 과학 관련 인물 이야기를 읽고 과학적인 원리를 밝히기까지의 과정과 노력 배우기.
- 환경 보호를 위해 생태계를 간접적으로 체험하며 알아보고, 보존하는 방법까지 알 수 있도록 환경 관련 책들을 자주 접하게 하고 이야기로 들려주기.
- 과학 동화를 통해 사실적인 개념을 쉽게 이해하여 과학적 호기심을 키우고, 보다 정확한 지식을 알아 가도록 하기.
- 저학년의 경우 그림책을 통해 더욱 쉽게 이해하기.

학교 도서관이 잘 마련되어 있어야 책을 통한 과학 수업을 하는 데 도움이 된다. 그 밖에 지역 도서관을 잘 활용하는 과제를 주는 것도 좋은 방법이다. 도서관 활용 여건이 마땅치 않다면 가정에 있는 책들을 모아서 교실에 두고 활용하는 것도 아이들이 무척 좋아한다.

♥ 현장 학습 활용하기

현장 학습은 교실 내에서 머리로 배우고 익히던 개념들과 실제로 만날 수 있는 의미 있는 체험 학습이다. 슬기로운 생활 시간에 봄에 피는 화단의 꽃들에 대해서 살펴보게 되었다. 우선 과제로 교과서에 나오는 봄에 피는 꽃 이름도 알아보고, 모양과 색깔을 집에서 조사해 오게 했다. 수업 시간에는 과제를 서로 발표하며 공부를 하고, 올해 새로 나온 책『들나물 하러가자』(보리)와『쉽게 찾는 우리 꽃-봄』(현암사)을 실물 화상기로 함께 살펴보았다. 교과서 사진보다 아이들은 더 호기심을 보였다. 그리고 학교 화단을 돌며 발견한 꽃의 이름을 적고, 그 중에 가장 맘에 드는 것을 하나씩 골라 친구로 삼고 이름도 지어 보고 편지도 써 보게 했다. 대부분의 꽃들이 먼저 살펴본 책들에 나오는 것이라 아이들은 꽃을 바라보는 눈빛이 다르다.

도감은 개인이 구입하기에는 부담이 되는 책이므로 교실에 두고 아이들이 자주 찾아볼 수 있도록 해 주면 좋겠다. 도서관에서 대출해서 모둠끼리 함께 살펴보면 더욱 좋다. 현장 학습 장소에 따라 숲과 강, 갯벌, 바다에 대한 책들을 미리 살펴보고, 현장 학습 때 직접 들고 다니며 살아있는 생물들을 직접 찾아보게 하자. 자신이 살고 있는 세계에 대한 새로운 호기심이 충만해진다.

▷ 출발 전에 과제로 책 읽고 출발하기
▷ 식물도감이나 동물도감 등을 가지고 가서 실제로 찾아보기
  • 『쉽게 찾는 우리 꽃, 나무, 나물, 약초, 곤충 / 봄, 여름, 가을, 겨울』(현암사)
  • 『나무도감』(보리)
  • 『우리가 정말 알아야 할 민물고기 백 가지』(현암사)
  • 『곤충 일기』(진선출판사)

5. 예술(즐거운 생활)

예술 교육에 대한 관심이 부쩍 커지고 있다. 불행하게도 학교 교육보다는 과외 교육을 통해 아이들이 예술 경험을 많이 한다. 이런 현실을 극복하는 여러 가지 방법이 있지만 독서지도를 통해 아이들의 살아있는 예술 감각을 불러일으키고 바람직한 감상법을 지도해 보자. 화가나 음악가의 일생, 작품에 대한 소개를 하는 책이 동화 형식을 빌거나 그림 중심으로 쉽게 이해할 수 있도록 출판된 책들이 많다. 교과 수업과 관련한 책 소개를 해 주어 인문 교양을 풍부하게 넓히는 기초를 쌓는 데 도움을 주도록 해 보자.

■ 미술 감상

다양한 표현 기법으로 자기 표현하는 것을 돕는 책, 미술가의 유명한 작품과 인생에 관한 책, 미술 작품을 감상하는 방법 등에 대한 책이 요즘은 많이 나오고 있다. 서양에서는 일찍부터 미술사를 배우고 작품을 감상하는 교육을 받는다고 한다. 작품이 있는 미술관이나 박물관 이용법도 함께 지도하면 더욱 좋다. 수업시간에 그림을 그리거나 만들기를 하기 이전에 참고 작품을 소개하게 된다. 유명한 미술가의 작품이 담긴 어린이 책을 소개해 보자. 실물 화상기로 작품을 확대시켜 보여 주면서 아이들에게 소개해 보면 의외로 아이들은 재미있어 한다. 언젠가 레오나르도 다 빈치의 책을 읽어 주며 함께 그림을 감상한 적이 있다. 4학년인데 레오나르도 다 빈치의 이름을 들어 본 아이는 2명이었다. 하지만 그 수업 이후로 다 빈치의 그림을 귀신처럼 척척 알아맞히는 아이들이 많아졌다. 얼마나 소중한 경험이었던가.

아이들이 미술과 먼저 친해지도록 미술 작품을 감상하면서 화가의 일생과 작품 세계에 대해 알아 가는 미술 감상책들이 많다. 책을 통해서 미술에 흥미를 느끼기 시작한 어린이들은 이제 미술이라는 예술 세계에 한 발짝 더 가까이 다가갈 기회를 얻은 것이다.

『팝 아트』(보림)

『신선이 되고 싶은 화가 장승업』(아이세움)

『미술관에 핀 해바라기』(크레용하우스)

『얼굴』(비룡소)

『모네의 정원에서』(미래사)

『앤서니 브라운의 행복한 미술관』(웅진주니어)

『피카소와 무티스가 만났을 때』(마루벌)

『우리 할아버지 이인성』(랜덤하우스코리아)

■ 음악 감상

7차 교육 과정에는 우리 음악이 많은 부분을 차지하고 있다. 요즘 아이들과 멀어진 국악에 대한 이야기를 책을 통해 들려주면서 아이들이 관심을 갖도록 도와주자. 편해문이 펴낸 『동무동무 씨동무 – 옛 아이들의 노래 1』과 『가자가자 감나무 – 옛 아이들의 노래 2』(창비)에 많은 자료들이 있다. 노래 CD도 함께 들어 있어 여러모로 활용이 가능하다.

『사물놀이 이야기』(사계절)

『얼씨구 국악 이야기 들어보세』(산하)

『초등학생을 위한 오케스트라의 모든 것』(주니어김영사)

『세상 모든 음악가의 음악 이야기』(꿈소담이)

『나와 악기 박물관』(미래아이)

『음악에 미쳐서』(비룡소)

『음악의 역사』(큰북작은북)

■ 학습 만화 지도는 어떻게 할까?

♥ 아이들이 만화를 왜 좋아할까?

아이들과 이야기를 나누었다. 만화가 왜 좋은가? 단연 '재미있고 쉽다'는 의견이다. '재미있다'는 너무 단순해 보이는 답이지만 그 안에는 많은 의미를 내포

한다. 지적인 욕구를 채워주는 재미, 문장 독해가 쉬운 재미, 방대한 지식을 한 꺼번에 습득할 수 있는 재미, 어려운 낱말보다는 우스꽝스런 그림으로 이해가 쉬워서 느끼는 재미까지 다양하다. 그러니 학습과 관련된 책과는 거리가 멀던 아이들을 끌어들이는 데 이만한 묘책이 없어 보이기도 한다. 결국 우리 반에서 는 아이들과 이야기를 나눈 후 아침독서 시간에 만화가 아닌 책들을 보기로 했 다. 쉬는 시간이나 점심시간에는 만화책을 봐도 좋다고 했다. 만화로만 치우치 는 것을 막기 위한 방법이며, 함께 가는 길이다. 아이들도 선생님도 만족이다.

♥ 만화의 두 가지 얼굴

만화도 엄연히 예술성을 띠는 작품의 범주로 들어갈 수 있다. 하지만 우리 아이들이 만나게 되는 대부분의 만화는 "악", "윽", "퍽"과 같은 감탄사로 하나

의 장면이 설명되는 단순한 수준에 머무는 경우가 많다. 만화가 가지는 두 가지 얼굴 중에 단점을 먼저 살펴보도록 하자. 가장 큰 문제는 어휘의 한계다. 한 쪽 안에 사용되는 낱말의 수가 지극히 적다. 그림이 대신 표현하기 때문이다. 묘사해야 할 부분을 그림으로 표현하고 꼭 전달해야 할 부분만 대사로 처리된다. 그 것도 최소한의 문장으로 표현한다. 다시 말하면 만화는 짧은 문장과 그림으로 상황을 설명하기 때문에 어휘력이 향상되기는 어렵다. 더구나 낮은 수준의 낱 말이 자주 반복되면서 일정 수준의 어휘에만 머물게 된다.

따라서 만화를 많이 보는 아이들이 글자만 있는 책을 읽을 때 어휘력 부족으로 내용 이해에 어려움을 겪게 된다. 따라서 책 읽는 일이 자꾸만 어려워지게 된다. 그래서 쉬운 만화에만 머물게 되고 독서 능력이 떨어지게 된다. 더구나 만화가의 경험과 지식 속에서 나온 그림을 계속 보게 되면서 자신만의 독창적

인 상상력으로 책을 읽는 일에 방해가 되기 마련이다. 또한 풍부한 어휘로 묘사가 된 문학 작품을 만화로 바꾸어서 나오거나 저급한 소재를 시류에 맞게 흥미 위주로 처리한 경우 어린이들의 상상력을 제한하게 되는 것은 물론이다.

그렇다면 만화가 반드시 나쁘다고 단정 지을 수 있을까. 만화가 가지는 유용함의 얼굴도 있다. 만화에는 어려운 내용을 쉽게 대할 수 있는 접근의 용이성이 있다. 그래서 역사나 과학, 위인 이야기의 같은 지식을 주는 학습의 경우 만화로 접했을 때 전체적인 흐름 속에서 상황을 이해하는 데 도움을 준다. 책을 멀리하는 아이들이 독서의 흥미 유발 단계에서 도움을 받을 수도 있다. 또한 독창적인 아이디어와 표현 기법으로 작가가 전하고자 하는 메시지를 만화로 표현한 예술적 가치가 있는 작품들도 있다. 무엇보다 가장 큰 장점이라면 유머와 위트로 각박한 현실을 이겨 내게 하는 해학성을 담고 있다. 책에서 얻기 어려운 또 다른 매력이다. 그렇다면 내용적인 면에서 볼 때 좋은 만화책의 조건은 좋은 책의 조건과 그리 다르지 않다.

♥ 좋은 만화책을 고르는 안목을 키우자

아침독서 시간에 아이들이 집에서 가져와 읽는 책을 보면 요즘 아이들이 좋아하는 책의 경향을 쉽게 알 수 있다. 그런데 만화책의 경우 수업 시간 틈틈이 선생님 눈을 피해 보는 모습을 자주 보게 된다. 대부분 요즘 유행하는 만화 종류다. 아이들이 선생님에게 감춘다는 것은 떳떳하지 못하다고 생각하기 때문이다. 그럴 때 차라리 만화를 함께 보면서 그 문제점을 찾아내고 이야기로 나누어 보는 것이 더 바람직하다.

예를 들면, 한 쪽에 몇 칸의 그림이 들어 있을까? 말은 몇 마디의 문장으로 이루어졌나? 이야기의 흐름이 자연스러운가? 재미와 감동이 있는가? 배울 점이 있는가? 새롭고 정확한 지식을 주는가? 등의 물음을 던지면서 객관적인 눈으로 만화를 비평해 보도록 해 보자. 아이들 스스로 내용이 시시하다, 말이 너무 단순하다, 같은 그림이 반복된다, 캐릭터가 특징이 없다는 등의 불만이 쏟아져 나오게 마련이다.

만화를 읽은 후 이와 같은 문제점들을 함께 지적해 보고 이야기를 나누게 하면 좋은 만화를 고르는 안목이 생겨나게 된다. 안목이 생기면 다음에 만화를 고를 때 그 점을 다시 한 번 생각해 보게 된다. 만화에 대한 무조건 부정적 의식을 벗어나 이제는 아이들이 선호하는 문화의 한 부분으로 이해하는 교사나 부모의 포용적 자세도 필요하다. 그리고 좋은 만화를 읽을 기회를 주자.

♥ 학습 만화에 빠진 경우 그와 관련된 책으로 연결시켜 주기

『그리스 로마 신화』(가나출판사)나 『마법 천자문』(아울북) 같은 시리즈가 유행을 타고 아이들이 빠지는 경우가 있다. 그대로 두면 만화만을 선호하여 다음에도 자신이 알고 싶은 지식을 만화로만 읽으려는 경향이 생길 수도 있다. 그리스 로마 신화에 발을 담그고 호기심을 갖게 하는 데 만화가 긍정적 영향을 미쳤다면, 그와 관련된 책을 찾아 읽도록 유도해 보자. 예를 들면 『그리스 신화』(에드거 파린 돌레르·인그리 돌레르 글·그림, 시공주니어), 『오뒤세우스의 방랑과 모험』(로즈마리 셧클리프 글, 앨런 리 그림, 국민서관) 같은 책을 읽게 하면 아이들이 만화에서 알게 된 지식과 경험을 바탕으로 책 내용을 즐겁게 읽어 낼 수가 있다. 또한 그리스 신화라는 경계를 넘어 중국 신화, 북유럽 신화, 우리나라 신화 등으로 폭을 넓혀 책을 읽도록 해 주는 것도 좋다.

♥ 학습 만화를 좋아하는 아이들의 개인적인 차이 살펴보기

독서 능력이 뛰어난 아이들은 학습 만화를 통째로 이해하는 것을 즐기고 그 지식을 바탕으로 다른 책이나 매체와 연결하여 확장하면서 생각의 폭을 넓혀 갈 줄 안다. 그러나 단편적이고 낮은 수준의 만화를 반복하여 보면서 즐기는 아이들은 웃기는 낱말이나 장면만 기억하면서 좀처럼 사고를 확장시키지 못한다. 아이가 읽고 있는 학습 만화가 어떤 면에서 즐거움을 주고 있는지 살펴볼 일이다.

♥ 만화도 보고, 책도 보고, 영화도 보게하자

어려서부터 다양한 문화를 접하면서 유연하게 자란 토양은 삶의 질에 영향을 미치게 마련이다. 책만 읽는 아이를 우선시할 것이 아니라 좀 더 폭넓게 만화도 보고, 책도 보고, 영화도 볼 줄 아는 아이로 키우자. 그래야 자기만의 독창적인 생각과 세상을 보는 보편적인 시각, 다른 사람에 대한 배려도 배우게 된다.

■ 유쾌하고 감동이 살아있는 만화들

『맹꽁이 서당』 윤승운 글·그림, 웅진주니어

『깨복이』 오세영 글·그림, 게나소나

『떠돌이 검둥이 1,2 』 이향원 글·그림, 산하

『짱뚱이의 나의 살던 고향은 1~6』 오진희 글, 신영식 그림, 파랑새

『나 어릴적에』 위기철 글, 이희재 그림, 게나소나

『골족의 영웅 아스테릭스』 르네 고시니 글, 알베르 우데르조 그림, 문학과지성사

『땡땡의 모험 1~16』 에르제 글·그림, 솔출판사

『못말리는 종이괴물』 루이 트롱댕 글·그림, 아이세움

『버드나무에 부는 바람』 케네스 그레이엄 원작, 미셸 프레시스 그림, 아이세움

『뒤코비는 너무해 1~5』 지드루 글, 고디 그림, 오유아이

『앙리에트의 못 말리는 일기장 1,2』 필립 뒤피, 샤를 베르베리앙 외 글·그림, 문학동네어린이

『도토리의 집 1~7』 야마모토 오사무 글·그림, 한울림어린이

■ 학습에 도움이 되는 만화들

『신의 나라 인간의 나라』 이원복 글·그림, 두산동아

『역사 속의 거인들』 박재동 글·그림, 웅진주니어

『만화 삼국지』 나관중 원작, 이문열 엮어옮김, 이희재 그림, 아이세움

『만화 살아있는 한국사 교과서 1,2』 이성호 외 글, 이은홍 그림, 휴머니스트

『이이화 선생님이 들려주는 만화 한국사 이야기 1~7』 이이화 글, 원병조 그림, 삼성출판사

『만화 과학은 흐른다』 정혜용 글, 신영희 그림, 청년사

『지도로 만나는 우리 땅 친구들』 전국지리교사모임 글, 조경규 그림, 뜨인돌어린이

『만화 서양미술사 1~5』 다카시나 슈지 엮음, 다빈치

강백향 _ 공주교육대학교와 아주대학교 대학원 국어교육과를 졸업하였다. 수원 화서초등학교에서 아이들과 함께 생활하고 있으며, '책 읽어주는 선생님' 누리집 www.mymei.pe.kr을 운영하고 있다. 지은 책으로는 『초등 공부 독서가 전부다』(공저), 『현명한 엄마는 초등 1학년부터 다르다』가 있다. 아이들에게 읽어 줄 어린이 책을 고르고 읽는 재미로 살고 있다.

독서가 행복한 놀이가 되는 그날까지!

강백향 책 읽어 주기나 독서 지도가 교사의 사명일지도 모른다는 의무감보다는, 즐겁고 신나는 마음으로 아이들과 함께 책을 읽는 하루하루가 되면 좋겠습니다. 아이들과 같은 책을 읽어 가며 생각을 공유한다는 것, 그것이 바로 책 읽기의 가장 큰 행복이 아닐까요!

강승숙 아이들이 책 읽는 즐거움을 만끽하도록 해 주는 것이 바른 독서 지도라 믿습니다. 그렇게 하다 보면 아이들은 평생 책과 동무 삼아 살아갈 것입니다. 이 책을 읽는 교사나 학부모도 어린이 책 읽기가 생활의 즐거움과 취미가 되기를 간절히 바랍니다.

김명옥 아이들에게 상상의 씨앗을 심어 주세요. 상상의 보물 창고를 선물해 주세요. 그곳에서 아이들이 마음껏 뛰어놀 수 있을 겁니다.

김서영 아이들이 책을 읽지 않아 고민이신 부모님, 그리고 선생님들! 아이들에게 책을 읽으라고 말하기에 앞서 아이들과 함께 책을 펼쳐 보세요. 멋진 이야기의 세계에 빠져 드는 자신을 먼저 만난다면 아이들을 책 세계로 안내하는 일은 그리 어려운 일이 아닙니다. 책 읽기는 행복한 놀이랍니다.

송언 어린이 책의 주인은 아이들이다. 그래서 책을 읽은 아이들의 느낌이나 반응이 무엇보다 중요하다. 어른들의 판단은 그 다음이어야 한다!

여희숙 좋은 책이 많은, 자유롭고 편안하고 따뜻한 교실에서, 책을 읽고 생각을 키우며 마음을 나누는 우리 아이들의 웃음소리를 그려 봅니다. 제 마음도 기쁨으로 가득해집니다. 토론이 있는 교실에서 이야기를 나누는 아이들과 선생님들 모두 함께 행복했으면 좋겠습니다.

정병규 우리나라 모든 동네에 공공도서관이 하나씩 만들어 지는 날, 그 곳에서 책과 예술을 함께 만날 수 있는 날, 혹시 그런 날이 오면 어린이 · 어른 모두가 평화로운 마음을 되찾는 때가 아닐까 혼자서 생각해 봅니다.

최은희 공부가 깊지 못해 여러 군데에서 빈 곳이 보입니다. 그럼에도 아이들과 함께 그림책을 가지고 즐겁게 놀기를 꿈꾸는 선생님들과 제 경험을 나누고 싶은 마음이 컸습니다. 빈 곳을 메우는 것은 이 글을 읽는 선생님들의 몫으로 떠넘기며 뻔뻔스러움을 감춰 봅니다.

☀ (사)행복한아침독서 소개

　(사)행복한아침독서(이사장 한상수)는 어린이와 청소년 독서운동에 필요한 일들을 연구하고 실천하는 비영리법인입니다. 그리고 '책과 도서관'을 통해 우리 사회가 좀더 행복한 사회가 되기를 꿈꾸는 독서운동과 도서관 전문 사회적기업입니다.

　(사)행복한아침독서는 이 땅에 사는 모든 아이들이 주어진 환경에 상관없이 좋은 책을 마음껏 볼 수 있는 권리를 누려야 한다는 생각으로 아이들의 책 읽을 권리를 제한하는 사회적 장애를 없애는 활동을 펼칩니다. 이를 통해 '독서를 통한 교육 격차 해소'라는 사회 가치를 실현하려고 합니다.

　(사)행복한아침독서 사람들은 자신이 처한 환경 때문에 책읽기의 행복을 누리지 못하는 아이가 한 명도 나오지 않는 세상을 꿈꿉니다. 교육 기회의 불평등이 날로 심화되고 사회적 문제로 대두되는 상황에서 이러한 꿈을 이루려는 절박한 마음이 바로 평범한 사람들로 하여금 독서운동에 나서게 만든 원동력입니다.

　(사)행복한아침독서 사람들은 오늘도 꿈을 꾸고 그 꿈을 조금이라도 현실로 만들기 위해 노력합니다. 매일 아침 아이들이 선생님과 함께 즐거운 아침독서로 하루를 시작하는 나라, 우리 아이들이 도서관 같은 교실에서 생활하는 행복한 나라, 전국 어디서나 걸어서 이용할 수 있는 도서관이 있는 나라, 누구라도 보고 싶은 책을 마음껏 볼 수 있는 멋진 나라를 꿈꿉니다.

　(사)행복한아침독서 사람들은 선한 뜻을 가진 이들이 함께하면 세상이 분명히 바뀔 수 있다는 믿음을 가집니다. 아이들이 행복한 삶을 누리길 바라는 이들과, 나라의 미래를 진지하게 고민하는 이들이라면 누구나 이 아름다운 일에 함께할 수 있습니다. 여러분의 참여와 관심을 기대합니다.

 **(사) 행복한아침독서가 하는 일**

1. 아침독서운동 홍보

아침독서운동에 대한 사회적 인식을 높이기 위한 홍보를 진행합니다. 이를 위해 각종 언론 매체와 누리집 등에 지속적으로 홍보 활동을 전개합니다. 또한 기회가 나는 대로 각종 전시회나 행사장에 나가 아침독서운동에 대한 사회적 관심을 환기시킵니다. 또한 교육청 주최 교사 연수나 각종 교사 모임, 학교 등에서 아침독서운동을 주제로 한 강연회를 꾸준하게 진행합니다.

2. 아침독서운동 누리집 운영(www.morningreading.org)

아침독서운동에 대한 종합적인 정보를 담은 누리집을 운영합니다. 이 누리집은 아침독서운동과 관련한 모든 자료와 회원들의 경험을 나누는 소중한 나눔과 소통의 공간입니다.

3. 정기간행물 발간 – 책둥이, 아침독서신문, 작은도서관신문

영·유아 독서교육과 아침독서운동, 작은도서관운동에 대한 이해의 폭을 넓히기 위해『책둥이』『아침독서신문』『작은도서관신문』을 월간으로 발행합니다. 신문에는 독서교육 소식, 교육기관별 사례, 추천 도서 소개, 도서관 관련 글, 전문가 기고 글 등이 실립니다. 정기간행물들은 누리집에서 PDF 파일로도 제공되며, 스마트폰과 태블릿PC 사용자들을 위해 모바일 애플리케이션(앱)으로도 제공됩니다.

4. 아침독서용 학급문고 보내기 진행

아침독서운동이 잘 되기 위한 가장 기본적인 환경이 좋은 책이 가득한 학급문고입니다. 아침독서를 하고 싶어도 좋은 책이 부족해서 어려움을 겪는 학급을 위해 학급문고를 보냅니다. 출판사와 기업, 공공 기관의 협조를 받아 가능하면 많은 책들을 보내려고 노력합니다. 2005년에는 23,000권, 2006년에는 47,000권(네이버, 국민일보, 대한출판문화협회 지원), 2007년에는 15,000권, 2008년에는 20,000권, 2011년에는 10,000권(국민은행, 인천항만공사 지원) 등 모두 115,000여 권의 책을 전국 초·중·고등학교에 학급문고로 보냈습니다.

5. 추천도서목록 발표

매년 신학기에 엄격한 심사 과정을 거친 좋은 책들을 선별해서 추천도서목록으로 발표합니다. 어린이책과 청소년책이 많이 출간되지만 독자들에게 주목받지 못한 채 묻혀버리는 책들이 많습니다. 신간 중심의 아침독서 추천도서 선정 작업은 이렇게 빛을 보지 못하고 묻혀버린 좋은 책들을 찾아내어 독자들에게 안내하려는 노력입니다.

6. 독서교육 관련도서, 홍보 포스터 발간

아침독서운동에 대한 체계적인 이해를 돕는 다양한 단행본을 발간합니다. 일본의 아침독서운동 사례집인『아침독서 10분이 기적을 만든다』와 우리나라 사례집인『대한민국 희망 1교시 아침독서 10분』(초등학교편, 중고등학교편)『선생님, 우리도 아침독서해요!』『교실을 바꾼 아침독서 10분』, 초등학교 독서교육 길잡이인『책이 좋은 아이들』, 유아교육기관 독서교육 사례집인『유치원 독서교육 길잡이』를 단행본으로 발간하였습니다. 또한 학교에서 아침독서운동 홍보에 활용할 포스터도 제작하였습니다.

7. 독서교육 교사 연수 실시

학교 현장에서 교사들이 독서교육을 하는 데 도움을 주기 위해 독서교육 연수를 실시합니다. 연수에서 진행된 교육 내용은 연수 후에 단행본으로 발간하여 연수에 참여하지 못한 교사들이 참고 자료로 활용할 수 있도록 합니다.

8. 아동복지기관과 함께하는 매일독서운동 진행

열악한 독서환경에 놓인 학생들이 독서의 즐거움을 느끼고 책 읽는 습관을 가질 수 있도록 지역아동센터와 그룹홈 등 아동복지기관과 함께 매일독서운동을 진행합니다. 이를 위해 독서교육 프로그램, 도서 지원, 교사 연수 등의 지원활동을 벌입니다.

9. 아이들에게 책을 보내는 '희망의 책 나눔' 운동

어린이책 출판이 비약적으로 발전했지만 아직도 가정형편 때문에 책읽기의 행복을 온전히 누리지 못하는 아이들이 많습니다. 이러한 현실을 조금이라도 개선하기 위해 진행하는 사업이 '희망의 책 나눔'(이하 책나눔) 운동입니다. 책나눔은 독서환경이 열악한 저소득층이나 농·산·어촌, 도서 벽지 아이들에게 책을 지원하는 독서운동입니다. 이는 소외 계층 아이들이 책과 함께 자랄 때 미래에 대한 아름다운 꿈을 키우고, 빈곤이 대물림되는 악순환의 고리를 끊을 수 있다고 생각하기 때문입니다.

10. 작은도서관 설립 및 운영 지원 사업

독서운동과 도서관 전문 사회적기업으로서 마을마다 작은도서관을 만들고 제대로 운영될 수 있도록 지원하는 작은도서관 사업을 진행합니다. 작은도서관을 지원하는 전담팀에서 공립 작은도서관, 아파트도서관, 민간 작은도서관, 교회도서관 등 다양한 형태로 만들어지는 작은도서관의 개관부터 운영까지 종합적으로 지원합니다.

아침독서 총서 1
초등학교 독서교육 길잡이 책이 좋은 아이들

지은이 | 강백향 강승숙 김명옥 김서영 송언 여희숙 정병규 최은희 한상수
초판 1쇄 발행 | 2007년 12월 1일
초판 6쇄 발행 | 2019년 6월 20일

펴낸이 | 한상수
편집인 | 장현주 조지연 김지원 박은아
마케팅 | 이기 백정수 조재훈
관리 | 홍병일 김진선
인쇄 | ㈜현문
제본 | 자현제책사

펴낸곳 | ㈐행복한아침독서
출판 등록 | 제406-2007-000099호(2007년 10월 29일)
주소 | (10881) 경기도 파주시 회동길 455-2, 3층
전화 | (031)955-7567
팩스 | (031)955-7569
전자우편 | morningreading@hanmail.net
누리집 | www.morningreading.org

ISBN 978-89-960391-1-2 14370
ISBN 978-89-960391-0-5 (세트)

만든 사람들
총괄기획 | 한상수
책임편집 | 황은주
편집디자인 | 강현정
일러스트 | 조진옥
사진 | 심주완